科学出版社“十三五”普通高等教育本科规划教材

高等学校医疗保险专业第一轮系列教材

健康保险法律制度

黑启明　金　浪　主　编

科学出版社

北　京

内 容 简 介

健康保险法，是与健康保险同步发展起来并逐步形成和完善的法域。它是指对健康保险予以调整的法律规则，是所有关于健康保险的法律规范的总称。换言之，健康保险法是一个包括了所有关于调整健康保险关系和健康保险业务活动的法律、法规、规章、办法等的规则体系。本书试图从广义上构建一个健康保险法律制度的框架体系，全书分为三大部分：第一部分是基础理论；第二部分是社会健康保险法；第三部分是商业健康保险法。

本书的适用范围：医疗保险专业、保险专业及经济管理类专业的本科生和研究生；医疗保险专业、保险专业及经济管理类专业的教师和研究人员；从事保险专业工作的管理人员、经理；从事社会医疗保险的干部及被培训人员。

图书在版编目(CIP)数据

健康保险法律制度／黑启明，金浪主编．—北京：科学出版社，2016.3

ISBN 978-7-03-047885-6

Ⅰ.①健…　Ⅱ.①黑…　②金…　Ⅲ.①健康保险－保险制度－中国－高等学校－教材　②医疗保险制度－中国－高等学校－教材　Ⅳ.①F842.62　②R199.2

中国版本图书馆CIP数据核字（2016）第058398号

责任编辑：王　鑫　郭海燕／责任校对：郭瑞芝
责任印制：李　彤／封面设计：陈　敬

科 学 出 版 社 出版
北京东黄城根北街16号
邮政编码：100717
http://www.sciencep.com
北京厚诚则铭印刷科技有限公司 印刷
科学出版社发行　各地新华书店经销
*
2016年3月第　一　版　开本：787×1092　1/16
2023年7月第五次印刷　印张：15
字数：390 000

定价：58.00元

（如有印装质量问题，我社负责调换）

丛书编写委员会

《健康保险法律制度》编委会名单

主　编　黑启明　金　浪

副主编　黎东生　吕宜灵　李　钧　吕　春

编　者　(按姓氏笔画排序)

王大红　海南医学院

付　昕　江西中医药大学

吕　春　西南医科大学

吕宜灵　湖北医药学院

朱宏晋　潍坊医学院

许明华　安徽中医药大学

李　战　内蒙古医科大学

李　钧　赣南医学院

李海军　锦州医科大学

张　娟　福建中医药大学

金　浪　福建中医药大学

高雪娟　福建中医药大学

黑启明　浙江大学劳动保障与公共政策研究中心（LEPP）
海南医学院

曾　见　江苏大学

黎东生　广州中医药大学

丛书出版说明

教材建设是专业建设中最基本的教学条件建设，直接关系到教学效果和人才培养质量。中国自20世纪80年代开始探索医疗保险制度改革之路，90年代启动试点和扩大试点范围，1998年国务院正式作出决定在全国建立城镇职工基本医疗保险制度，21世纪初开始新型农村合作医疗制度试点，随后又进行城镇居民基本医疗保险制度试点和建立城乡居民医疗救助制度。2009年开始的深化医药卫生体制改革（俗称“新医改”），使我国基本医疗保险制度建设得以迅猛发展，实现了历史性跨越。到目前为止，覆盖人数已达13亿人，95%的国民有了基本医疗保障，全民医保体系初步形成。

伴随着医疗保险事业的发展，我国医疗保险专业建设也走过了20年历程。目前全国已有约40所高校设立医疗保险专业（方向），这对教材建设提出了更高的要求。

为适应新时期医疗保险专业人才培养和高等医疗保险教育的需要，体现最新的教学改革成果，经相关核心高校商讨，决定编写高等学校医疗保险专业第一轮系列教材。2014年5月成立了“高等学校医疗保险专业第一轮系列教材编写委员会”，由王东进（中国医疗保险研究会会长、原社会保障部副部长）担任主任委员、郭清（教育部高等学校公共管理类学科专业教学指导委员会副主任委员、杭州师范大学副校长、博导、教授）、梁鸿（教育部高等学校公共管理类学科专业教学指导委员会副主任委员、复旦大学社会发异与公共政策学院院长、博导、教授）、林闽钢（教育部高等学校公共管理类学科专业教学指导委员会委员、南京大学政府管理学院副院长、博导、教授）等担任教材编写委员会副主任委员。

经编委会反复论证，确定了12门专业基础课和专业课作为该专业核心课程，并决定进行相关教材的编写。此后在全国范围内进行了主编、副主编、编者的申报遴选工作。2014年8月在江苏大学隆重召开“高等学校医疗保险专业第一轮系列教材主编、副主编聘任会暨全体编委会会议”，大会要求把这套教材编成有特色、有创新、有力度、有影响力的精品教材，2015年年底前完成编写任务。

本套教材是我国第一套医疗保险专业系列教材，是医疗保险专业高教工作者20年集体智慧的结晶，必将对我国高等学校医疗保险专业建设和人才培养产生深远的影响。

高等学校医疗保险专业第一轮系列教材编写委员会

2015年5月10日

前　言

健康保障制度是现代社会解决社会成员健康问题的一种制度安排，世界范围内的健康保障制度大体上可以分为保健服务型和医疗保险型两大类，主要有全民健康保障制度、社会医疗保险制度和商业医疗保险制度等主要形式，其核心内容是为保障国民在卫生筹资中的公平性和医疗服务的可及性等权利所做的制度安排。虽然人类追求健康的梦想源远流长，但健康保障制度的产生相对较晚。真正的健康保障制度起源于19世纪的英国，距今仅一百多年历史。其发展则历经了疾病保险、医疗保险、健康管理三个阶段。

健康保险法，是与健康保险同步发展起来并逐步形成和完善的法域。它是指对健康保险予以调整的法律规则，是所有关于健康保险的法律规范的总称。换言之，健康保险法是一个包括了所有关于调整健康保险关系和健康保险业务活动的法律、法规、规章、办法等的规则体系。本书试图从广义上构建一个健康保险法律制度（Health Insurance Law & Systems）的框架体系，

全书分为三大部分：第一部分是基础理论；第二部分是社会健康保险法；第三部分是商业健康保险法。

全书由博士生导师黑启明教授、硕士生导师金浪教授担任主编，黎东生、吕宜灵、李钧、吕春四位教授和副教授担任副主编，最后由黑启明统改定稿。其参编人员的具体分工是：第一章，黑启明（浙江大学劳动保障与公共政策研究中心/海南医学院）；第二章，曾见（江苏大学）；第三章，金浪（福建中医药大学）；第四章，黎东生（广州中医药大学）；第五章，吕宜灵（湖北医药学院）；第六章，李钧（赣南医学院）；第七章，朱宏晋（潍坊医学院）；第八章，张娟（福建中医药大学）；第九章，王大红（海南医学院）；第十章，许明华（安徽中医药大学）；第十一章，高雪娟（福建中医药大学）；第十二章，李海军（锦州医科大学）；第十三章，付昕（江西中医药大学）；第十四章，李战（内蒙古医科大学）；第十五章，吕春（四川医科大学）。周绿林、黎东生、金浪提出了修改意见，李钧、王大红、王阿凡和吴丹榕、常元星等研究生协助主编做了整理和校对工作，在此一并致谢。

健康保险法律制度的研究，在我国只是刚刚起步，至今还没有一部完整的《健康保险法》，也没有一部专门论述健康保险法的著作，本书只是初步研究的成果，期待广大读者和同仁不吝赐教。

黑启明

2016年1月31日于求是园

目　　录

第一篇　基础理论

第二篇　社会保险法

第三篇 商业健康保险法

第一篇　基础理论

第一章

导　论

内容提要

本章从广义上界定健康保险和健康保险法的概念；对西方国家和中国包括台、港、澳的健康保险法律制度的历史发展做了系统阐述；最后归纳了健康保险法律制度的类型模式，对健康保险法律制度的国际发展趋势做了展望。

第一节　健康保险法概述

一、健康保险的概念和功能

（一）健康保险的概念界定

健康保险（health insurance），可以理解为与人的身体状况（不包括寿命）相关的所有保险领域，如疾病、医疗、分娩、护理、意外事故、残疾、失能收入等保险事项，有广义和狭义之分。

广义上既包括由政府主办的社会健康保险（social or national health insurance），又包括由市场提供的商业健康保险（commercial or private health insurance），也包括其他形式的补充医疗保险（supplemental medical insurance）；狭义上仅指保险公司经营的商业健康保险。广义和狭义之间没有严格界限，只是保险范围和程度的差异。

广义的健康保险，它包括事前、事中、事后的全方位保障。其内容包括医药费用支出补偿、患者的收入补偿，以及疾病预防、卫生保健、康复服务等内容。其补偿范围不仅包括疾病给人们带来的医疗费用等直接损失，还包括疾病带来的误工工资等间接收入损失，以及分娩、疾病、残疾、死亡和疾病预防、保健康复、健康促进等医疗服务费用。狭义的健康保险即医疗保险（medical insurance），按其字面的含义是医疗费用保险（medical expense insurance），仅仅局限于事后弥补型的医疗保险金的提供，其补偿范围仅限于参保对象的医药费用支出。

健康保险究竟归属于社会保险系统，还是属于人身保险范畴，这在国内外一直没有统一的口径。健康保险有多种称谓，如医疗保险、伤害疾病保险等，虽名称不一致，但它们所反映出的实质内容都一样。医疗保险这一名称也并非为各国所通用，有些国家又称疾病保险、疾病津贴或健康保险等，我国也曾称为疾病保险，近年来则习惯统一用“医疗保险”一词。目前，各国对于健康保险和医疗保险的定义、分类及区别是不同的，部分国家将健康保险等同于医疗保险。疾病保险（sickness insurance）是对因伤病不能正常工作失去收入影响生活的一种收入保障，通常称为疾病津贴或生活补助。

从目前国际上的改革来看，医疗保险的范围正在不断扩大和完善，即向健康保险转变的趋势。在许多国家，健康保险是意外事故与疾病保险的统称，它是针对因疾病或者意外事故引起的人身伤害或死亡，或者针对两者共同导致的损失而进行的保险。我国正处于医疗保障体系建设时期，医疗保险在较长的一段时期内主要局限于狭义范围内，主要是指社会医疗保险；而健康保险则主要是指包括疾病保险、医疗保险、失能收入损失保险和护理保险的商业健康保险。但是，我国对预防保健界定为国家和地方应该给予经济支持的公共服务。因此，健康保险的内涵与外延比医疗保险更大更宽些。

现代意义上的健康保险起源于19世纪的英国，迄今已有150年的历史。健康保险的发展经历了疾病保险、医疗保险和健康管理三个阶段。20世纪70年代，健康管理作为一门学科在美国兴起，并很快被引入健康保险之中。由此，健康保险由原本被动的、危险发生后的经济补偿，变为积极的、防止被保险人疾病和事故发生，实现预防保健和医疗保险相结合，使健康保险发展进入新的领域。

（二）健康保险的相关概念

健康保险与相关概念联系紧密，是相互重叠、相互交织的关系。单一的从某个角度去划分健康保险的类别会影响我们看到健康保险内涵的全貌，因而我们有必要依据不同的分类标准对健康保险进行分类。

1. 社会保障和医疗保障

社会保障（social security）包括对人生、老、病、死、残及失业等方面的保障，保障的对象是社会化的风险。医疗保障（medical security）是指国民通过免费、适当缴费或全额缴费等方式加入到计划中，当其因生病、受伤或生育需要治疗时，国家（政府）或市场组织向其提供必需的或事先约定的医疗服务或经济补偿的制度。医疗保障是社会保障制度的一个子系统，是社会保障制度中保障国民的医疗服务需求的一系列制度的总称。

著名的《贝弗里奇报告》（1942）将社会保障划分为国民救助、社会保险和商业保险三个层次，并认为社会保险满足基本需要，国民救助解决特殊情况的需要，自愿保险用于满足超出基本需要的额外需要。与之相对应，医疗保障的主要内容包括医疗救助、社会保险和商业保险三个部分。

医疗保障有广、狭之分。广义是指整个医药服务提供及其保障系统，即整个医药卫生制度。狭义则专指以筹资为核心的医疗保险和医疗救助体系。医疗保障又分为基本（或社会）医疗保障制度和非基本医疗保障体系两类。基本医疗保障制度是指政府和社会为主导进行筹资和管理的医疗保障体系。在我国主要包括三大基本医疗保障制度和覆盖城乡的社会医疗救助制度。非基本医疗保障体系则主要由市场和社会提供的商业医疗保险、社区医疗保险、企业医疗保障、民间等慈善性医疗救助等构成。政府不直接介入非基本医疗保障，但承担为非基本医疗保障体系提供制度环境政策，引导和规制其发展的责任。

医疗救助和医疗保险是医疗保障体系中两大重要的组成部分，两者分别对于贫困人群、参加社会保险制度的人群的医疗需求给予保障，共同形成了对于人群的医疗需求的双层调节的保障格局。

2. 医疗救助和医疗服务

医疗救助（medical assistance）是保障贫困人口疾病风险及医疗服务的层次最低的医疗保障制度安排，通常由政府或社会组织（如慈善组织）承担主要责任，对社会贫困人群和因其他原因导致生活困难人群提供医疗服务或保障。世界卫生组织的数据显示，低收入国家每年有2%～7%的人口因病返贫。在我国的贫困人口中，因病致贫、因病返贫的因素占30%～60%，个别地区高达70%。医疗救助是我国社会救助的主要内容，也是多层次医疗保障体系中重要组成部分，这项制度主要采取财政资助、社会捐助、政府管理的办法，资助低保人群参加新农合和城镇居民医疗保险，并对部分医疗费用负担重的困难人群给予现金补助，实行属地管理。

医疗分为预防性的和治疗性的医疗服务。医疗服务（medical service）包括对患者进行诊断、治疗、防疫、接生、计划生育的服务，以及与之相关的提供药品、医疗器械等的业务。医疗保健对身体的健康状况有直接的影响作用，是影响健康最为重要的手段；医疗是使人们摆脱疾病状态，恢复健康最为有力的手段。医疗服务制度和医疗保险制度结合在一起，才能真正实现对遭遇疾病风险的人群的医疗需求的保障。

3. 社会保险和商业保险

社会保险（social insurance）是以法律保证的一种社会权利。其职能主要是以劳动为生的人，在暂时或永久丧失劳动能力时，能够利用这种权利，来维持劳动者及其家属的生活。通常而言，社会保险主要包括养老保险、医疗保险、生育保险、工伤残疾保险、死亡及遗嘱保险和失业保险等项目。社会保险的保障对象是劳动者，是人口中人数最大的部分；其所承担的社会风险最多，因而社会保险成为社会保障体系的核心内容。

商业保险（commercial insurance）是指投保人根据合同约定，向保险人（insurer）支付保险费，保险人对于合同约定的可能发生的事故因其发生所造成的财产损失承担赔偿保险金责任，或者当被保险人（insurant）死亡、伤残、疾病或者达到合同约定的年龄、期限时承担给付保险金责任的商业保险行为。社会保险起源于商业保险之后，社会保险的很多理论内容及技术手段直接来源于商业保险。社会保险和商业保险都承保人的意外伤害、疾病、生育、残疾、养老、死亡等风险；两者的最终目标都是保障人们生活安定，促进经济发展。但是，社会保险和商业保险的区别还是很明显的。两者既有联系，又有区别。

（1）社会保险和商业保险的联系。①社会保险和商业保险的社会目标和社会作用相同。两者的社会目标都是为了完善和健全社会保障体系，为健全的经济运行体制提供配套服务；其社会作用也是相同的，都是解决社会成员因生、老、病、死、伤、残、失业等造成的生活上的困难，提供生活保障的需要，从而保障和改善人民生活，促进经济发展，维护社会的稳定。②社会保险和商业保险在共济、经济补偿功能及保险责任上，也有所交叉，但社会保险的共济性比商业保险更为广泛。在经济补偿功能方面，社会保险的补偿表现为一般性和基本性；而商业保险的补偿更高级和更广泛（视投保人所购买的产品而异）。在保险责任上，商业保险涵盖了社会保险的责任范围。

（2）社会保险和商业保险的区别。社会保险和商业保险之间也有着本质的区别：社会保险是国家规定的劳动者应该享受的基本权利，体现着国家和劳动者双方的责任、权利和义务的关系，在立法方面属于劳动立法范畴；商业保险体现的是合同双方的责任、权利和义务的关系，属于经济立法的范畴。两者主要区别体现在几个方面：①目的不同。社会保险建立的目的是保障劳动者（有些国家可能惠及全体公民）在年老、伤残、失业、患病、生育等情况时的基本生活需要，从而维护社会稳定，而不是以盈利为目的，国家财政负有最终责任。而商业保险是一种以盈利为目的的经济活动，是在被保险人和保险人双方完全自愿的前提下，通过相互自由选择而结成的互利关系，并根据投保额决定补偿额，多投多保、少投少保、不投不保，基本属性是自愿性的商业经营活动，因而属于商业性质。商业保险在财务上实行独立核算、自负盈亏，国家财政不应以任何形式负担其开支需求。②性质不同。社会保险属于强制性保险，国家通过立法强制实施，劳动者个人和所在单位都必须依照法律的规定参加。社会保险的缴费标准和待遇项目、保险金的给付标准等，均由国家或地方政府的法律、法规统一规定。而商业保险属于自愿性保险，它遵循的是谁投保、谁受保，不投保、不受保的原则。其险种的设计、保费的缴纳、保险期限的长短、保险责任的大小、权利和义务的关系等均按保险合同的规定实施，一旦合同履行终止，保险责任即自行消除。③保险对象不同。社会保险是以社会劳动者及其供养的直系亲属为保险对象。不论被保险人的年龄、就业年限、收入水平和健康状况如何，一旦丧失劳动能力或失业，政府即依法提供收入损失补偿，以保障其基本生活需要。社会保险除了现金支付以外，通常还为劳动者提供医疗护理、伤残康复、职业培训和介绍、老年活动等多方面的服务。保障大多数劳动者的基本生活需要，由此稳定社会秩序，这也可以说是实施社会保险的根本目的。商业保险则是以投保人为对象，在被保险人遭遇到规定保险事故时，给予对等性的经济补偿，不具备调节收入分配、维护社会公平的职能。④待遇水平不同。社会保险的目的是为了保障劳动者在年老、伤残、失业、患病、生育等情况时的基本生活需要；商业保险的待遇水平是根据风险的概率及保险费缴纳的高低来确定保险金额的大小，其待遇水平是多样的，通常要比社会保险待遇高。⑤权利和义务对等性不同。社会保险分配制度是以有利于低收入阶层为原则的。社会保险待遇的给付一般不与个人劳动贡献直接相关联。享受者要做出贡献，但其享受并不是与其贡献完全一致的；而商业保险则是严格遵循权利与义务对等的原则，投保人权利享受是以“多投多保、少投少保、不投不保”作为前提的，保险合同一旦期满，保险责任自行终止，权利与义务的关系也不复存在。

4. 社会健康保险和商业健康保险

健康保险根据保险性质的不同，可分为社会健康保险和商业健康保险。前者是国家通过法律强制手段，筹集医疗保险基金提供基本医疗保障的一种制度，属于社会保险范畴；后者属于商业保险范畴，是以营利为目的，靠市场机制运行，自愿性的参保退保。

关于医疗保险（medical insurance）的概念，国内外有很多不同的表述方式，甚至连医疗保险名词本身也有很多称谓，有人称为社会医疗保险（social medical insurance），国外则常用社会健康保险（social health insurance）或全民健康保险（nationaloor universal health insurance）的称谓。在我国，社会医疗保险通常又称为基本医疗保险。严格意义上说，医疗保险是健康保险的一个子集，健康保险不仅补偿医疗费用，还补偿收入损失等。由于目前涉及补偿收入损失的国家和地区不多，社会健康保险和社会医疗保险的内容大体相同。

社会医疗保险是国家和社会根据法律法规，向保障范围内的特定人员，因疾病、负伤、生育而暂时丧失劳动能力后发生的基本医疗需求和生活问题提供收入或补偿保障的一种社会保险制度，是社会保障制度的重要组成部分。商业健康保险是由商业健康保险公司提供的，承担因健康原因导致的损失给付责任，其保险责任可以分为疾病保险、医疗保险、失能收入损失和护理保险等。商业健康保险是商业保险中人身保险的一个组成部分。人身保险一般可以分为人寿保险、意外伤害保险和健康保险等。根据《健康保险管理办法》（2006），商业健康保险可以理解为以下两点。

（1）商业健康保险所保障的是被保险人因疾病发生医疗费用，或因疾病不能正常工作导致收入损失，或因疾病、年老需要护理的费用。

（2）商业健康保险的给付责任主要包括三种类型：①因疾病所导致的医疗费用；②因疾病所导致的收入损失；③因日常生活能力障碍而产生的护理费用。

商业健康保险的出现早于社会医疗保险。目前，世界上发现最早的人寿保险单是1583年6月18日，迄今已有400余年的历史。社会医疗保险制度则是1883年的德国首创，迄今仅有100多年的历史。社会医疗保险是在商业健康保险基础上发展并逐渐独立出来的，两者有着明显的联系和区别。社会医疗保险与商业健康保险的联系主要表现在以下几个方面。

（1）保障范围基本相同。无论是社会医疗保险还是商业健康保险，其所提供的保障都是对人们因疾病导致死亡或是经济损失从经济上予以补偿。

（2）保障水平互为补充。从理论上讲，社会医疗保险的保障对象应该是全体国民，这就决定了其保障只能是一种基础性保障，很难满足不同人群的多种需求。商业健康保险在此基础上对社会医疗保险的保障水平和内容，对未能纳入到社会医疗保险范围内的居民，始终起着补充作用。

在社会医疗保险制度不够健全的条件下，商业健康保险对于减少疾病风险，保障人民健康有着重要作用。社会医疗保险保障基本医疗需求，商业健康保险可以满足更高层次的医疗需求。此外，为了减少管理成本、提高管理效率，部分医疗保险险种可以由社会医疗保险部门向商业健康保险公司投保或委托管理。

社会医疗保险与商业健康保险也存在着明显的区别。详见表1-1。

表1-1 社会医疗保险与商业健康保险的区别

	社会医疗保险	商业健康保险
保险关系产生的依据不同	通过国家立法产生，属于强制保险，由社会医疗保险	投保人自愿通过与保险公司订立保险合同而产生
保险对象不同	国家相关社会保险法律、法规所规定的参保人群	投保人自愿通过与保险公司订立保险合同而产生
保险费来源不同	社会保险金主要由个人、企业和政府共同出资	投保人
保险金给付原则不同	强调“社会公平”原则，即保障水平与缴费水平不完全对等	强调“个人公平”原则，即多投多保多收益
保障水平不同	满足基本医疗需求	高于基础保障水平

资料来源：李琼.2009. 解读健康保险［M］. 武汉大学出版社，22

5. 基本医疗保险和补充医疗保险

医疗保险亦有广义与狭义之分。广义的医疗保险包括社会医疗保险和商业医疗保险（commercial or private medical insurance）；狭义的医疗保险仅指社会医疗保险，即通常意义上的医疗保险，根据保险层次的不同，可分为基本医疗保险（basic medical insurance）和补充医疗保险。

基本医疗保险是医疗保险的主要内容，主要保障绝大多数社会成员的基本医疗需求。我国现阶段有城镇职工基本医疗保险、城镇居民基本医疗保险和新型农村合作医疗保险三种基本形式。在基本医疗保险范围之外的其他医疗保险，为补充医疗保险。补充医疗保险则主要是满足基本医疗保险范围以外的不同的医疗需求，有社会性和商业性两种形式。

基本医疗保险是法律强制规定由国家、用人单位和个人三方共同缴纳费用，建立医疗保险基金，个人因疾病或者意外伤害需要医疗服务时，由医疗保险机构支付医疗费用以解决个人因疾病或者意外伤害带来的医疗风险的一种社会保险。

基本医疗保险只能满足参保人员的基本医疗需求，补充医疗保险是对基本医疗保险的有益补充，能有效满足超出基本医疗保险范围之外的医疗需求，也是我国建立多层次医疗保障的重要组成部分之一。补充医疗保险是指单位和一定人群，根据企业的经济效益和职工疾病的严重程度，自愿多购一种辅助医疗保险，介于社会医疗保险和商业医疗保险之间。两者不同的是基本医疗保险是强制的社会保险，而补充医疗保险是由用人单位和个人自愿参加的保险。

补充医疗保险有自我保险和商业保险两种形式。自我保险方式是由某一行业组织按照保险原理筹集医疗保险基金并自行管理的自保方式；商业保险方式是由商业保险公司管理补充医疗保险基金的商业保险方式。它包括国家公务员医疗补助（medical allowance of state servant）、企业补充医疗保险、工会职工互助医疗保险、社会医疗救助、大额补充医疗保险和商业健康保险等。

补充医疗保险与商业医疗保险既有联系也有区别。补充医疗保险具有商业医疗保险的一般特征，如具体经营方式、费率确定、管理方式等与商业医疗保险相同，而且大多数补充医疗保险就是按照商业医疗保险的模式经营或直接交由商业医疗保险公司经办的。但是，两者也有本质区别，补充医疗保险被纳入社会医疗保险体系，属于社会保障范畴，因此可以享受财政、税收上的优惠政策。补充医疗保险常见的产品形式包括住院津贴保险（hospital indemnity insurance）、大额补充医疗费用保险（supplemental major medical expense insurance）、特殊疾病医疗保险（specified disease insurance），最常见的是癌症保险（cancer insurance）和重大疾病保险（dread disease insurance）。

目前，我国已逐步建立了以城镇职工基本医疗保险制度、城镇居民基本医疗保险制度和新型农村合作医疗制度三大制度为主体，以商业医疗保险、公务员医疗补助及大额补充医疗保险等为补充，以社会医疗救助制度为托底的多层次医疗保障体系。

6. 社会保险的项目分类

社会保险项目，亦称“险种”，是指该项社会保险制度是为遭受特定劳动风险的劳动者提供的基本生活保障。世界各国由于各自的国情及经济状况不同，其社会保险的项目设置也会不同。按照国际劳工组织1952年通过的第102号国际公约——《社会保障最低标准公约》的规定，社会保险全部项目有九个，分别是医疗、疾病、失业、老年、工伤、家庭补助、生育、伤残和遗属。批准该公约的国家必须至少实行上述九项中的三项，并逐步实行全部项目。在我国的现行制度中，社会保险主要包括养老保险、医疗保险、失业保险、工伤保险和生育保险五大类。其中，医疗保险、工伤保险和生育保险所承担的风险类型均涉及医疗服务，因此必须加以区分。

养老保险（endowment insurance）是国家依据法律规定，强制性征缴养老保险费（税），以保障劳动者在达到国家规定退休年龄，或因年老丧失劳动能力退出劳动领域后的基本生活的一种社会保险制度。与其他社会保险项目相比，养老保险是除医疗保险外覆盖面最广的项目，而且投保人享受待遇的时间长，随着医疗水平的提高和人类预期寿命的延长，领取养老金的时间将更长，因此，是社会保险项目中最重要的项目。目前，养老保险一般由基本养老保险、企业补充养老保险和个人储蓄养老保险三大支柱构成。

医疗保险是国家依据法律规定，强制性地征缴医疗保险费（税），当参保人（被保险人）患病、受伤或生育接受医疗服务时，提供基本的医疗服务，并由保险人（特定的组织或机构）提供经济补偿的一种社会保险制度。不少国家的医疗保险都是由基本医疗保险、企业补充医疗保险、商业健康保险等部分组成。

失业保险（unemployment insurance）是指劳动者由于非本人原因失去工作、收入中断时，有国家和社会依法保证其基本生活需要的一种社会保险制度。其核心内容是通过建立失业保险基金，分散失业风险，为失业者提供基本保障，并通过专业培训、职业介绍等形式积极促进其再就业。

工伤保险（industrial injury insurance）是指劳动者在社会生产经营活动中或在规定的某些特殊情况下遭受意外伤害、职业病，以及因这两种情况造成的死亡、劳动者暂时或永久丧失劳动能力时，受伤害者能够及时得到救治，他本人及其供养亲属或死亡者遗属能够从国家或社会得到必要的物质补偿的一种社会保险制度。它是社会保障制度中的主要组成部分，能有效地维护劳动者的合法权利，保障社会生产力的健康发展。随着社会的发展，工伤保险的职能也在不断地扩展，目前工伤预防、工伤救治与补偿、工伤康复，已形成工伤保险的三大支柱。

生育保险（childbirth insurance）是通过国家立法，在职业妇女因生育子女而暂时中断劳动时由国家和社会及时给予生活保障和物质帮助的一项社会保险制度。其宗旨在于通过提供生育津贴、医疗服务和产假，维持、恢复和增进生育妇女身体健康，并使婴儿得到精心照顾和哺育。生育风险本质上可以看成是一种特殊的疾病风险，同样需要享受相关的医疗服务。不同之处在于，生育风险是人为可以控制的。

除了上述五大险种之外，有些国家的社会保险体系还包括以下几个险种。

遗属保险，即有资格领取社会保险给付金者去世之后，由政府或社会保险机构对其遗孀（或鳏夫）或父母及其未成年子女，定期或一次性给付遗属年金的保险。

伤残保险，公民因伤残而享受的社会保险待遇，包括经济上的经常性补偿和一次性补偿及医疗服务、假期等尽可能使伤残者恢复健康的保险待遇。

护理保险，即对有需要的人群提供治疗护理，如某些内科慢性疾病或一些外科患者的医学、心理学康复护理，生活半自理或完全不能自理老年人的生活护理，以及病危老年人的心理护理和临终关怀等保险待遇。

（三）健康保险的功能和目标

一个国家的国民素质，尤其是劳动者的素质，关系国家和民族的命运。国民素质，一般是指思想道德素质、科学文化素质和健康状况的总和，是这三者的综合体现。其中，健康状况是物质基础。国家在提高全体国民健康素质的政策措施中，向全体国民，尤其是劳动者实施健康保险制度是最重要的一种。实行健康保险制度的国家，最初只是对劳动者推广疾病医疗保险，到20世纪下半叶纷纷转为向全体国民推行免费或优惠制的医疗保健服务，根本原因就在这里。健康保险在保障国民健康素质增进方面功能，可以通过下列指标显示出来。

（1）降低婴儿病死率，尤其是新生儿病死率。婴儿病死率水平如何，往往是反映国民健康素质状况的一个侧面。医疗保险制度会同生育保险发挥作用，可以有效降低婴儿病死率。

（2）幼儿死亡率。医疗保险制度除应注意降低婴儿、新生儿病死率外，也必须注意降低幼儿病死率，尤其是2岁幼儿的病死率。幼儿病死率降低表明其存活率提高，当然也就表明国民健康状况改善。

（3）降低残疾人比率。一个国家总人口中残疾者所占比例的高低，也是反映其国民健康状况的一个窗口。医疗保险制度与残障保险、疾病保险相配合，以及通过预防功能很强的医疗保健服务事业进行有效干预，有助于提高国民的健康水平。

（4）提高儿童的生长发育程度。通过医疗保险制度再加上有关儿童的社会福利项目，有助于提高儿童的生长发育程度，改善国民的健康状况。

（5）降低发病率和患病率。实行医疗保健制度，再辅之以其他社会福利措施，有助于降低患病率、发病率，从而保障全体国民的健康状况得以改善。

（6）降低传统疾病致死的比例。医疗保险制度不断发展，工作重心也有了改变，即从预防传染病、结核病过渡到了健康保健及精神卫生，后者实质上成了医疗保健服务的目的所在。

（7）提高预期的平均寿命。实行医疗保险制度逐渐以健康保健为核心，目的在于提高国民的平均寿命。其被看作健康状况的综合性指标。

表1-2所示为各国健康保险水平指标。

表1-2 各国健康保险水平指标（2011年）

国家	卫生总费用占GDP的比重（%）	预期寿命（岁）	婴幼儿病死率（‰）
德国	11.64	79.99	3.4
法国	11.88	81.37	3.4
英国	9.64	80.40	4.6
西班牙	9.54	81.63	3.9
瑞典	9.63	81.45	2.3
美国	17.89	78.24	6.5
加拿大	11.29	80.80	5.2
智利	7.96	78.89	7.7
日本	9.49	82.93	2.4

续表

国家	卫生总费用占 GDP 的比重（%）	预期寿命（岁）	婴幼儿病死率（‰）
韩国	6.93	80.76	4.2
新加坡	3.96	81.64	2.1

资料来源：世界银行网站，http：//data.worldbank.org.cn

二、健康保险法的概念和理论

（一）健康保险法的概念

健康保险法（health insurance law），是与健康保险同步发展起来并慢慢形成的完善的法域。它是指对健康保险予以调整的法律规则，是所有关于健康保险的法律规范的总和。换言之，健康保险法是一个包括了所有关于调整健康保险关系和健康保险业务活动的法律、法规、规章、办法的规则体系。健康保险法的概念可以理解为以下几点。

（1）健康保险法是一个历史概念，它是一步步慢慢形成的。

（2）它调整的主要是健康保险关系和健康保险业务活动。

（3）它不仅包括了关于健康保险的国家法律，也涉及各种法规和行政规章。

（二）健康保险法律关系

保险法是调整保险关系的法律规范体系的总称。在此，保险关系是指基于保险合同而在各方当事人之间产生的权利、义务关系和国家在对保险业实施管理监督过程中所产生的各种社会关系。广义的保险法是指以保险关系为调整对象的一切法律规范的总称，包括商业保险法和社会保险法。而狭义的保险法是指以民商保险关系为调整对象的法律规范，仅指商业保险法。保险法主要规范商业保险。

社会保险法是调整社会保险关系的法律规范的总和。社会保险关系从不同的角度可以做出多种划分。依其内容不同，可以划分为养老保险关系、医疗保险关系、失业保险关系、工伤保险关系、生育保险关系。依社会保险的体制划分，又可以分为社会保险费用征缴关系、社会保险待遇给付关系、社会保险管理监督关系等。

社会保险法律关系也有广义和狭义之分。广义的社会保险法律关系是指社会保险关系的主体在社会保险活动中依据社会保险法形成的权利、义务关系，包括社会保险基础法律关系、社会保险行政法律关系和社会保险监督法律关系。狭义的社会保险法律关系仅指广义社会保险法律关系中的社会保险基础法律关系。狭义的社会保险法律关系是社会保险当事人之间依法形成的收取和缴纳社会保险费、支付和享受社会保险待遇的相互权利、义务关系，即征缴主体、用人单位和被保险人之间的社会保险费征缴法律关系，以及给付主体、给付辅助机构和被保险人之间的社会保险待遇给付法律关系。其中，给付法律关系是社会保险法律关系中的基本关系，其他关系都是围绕其展开的。

1. 医疗保险法律关系分类

（1）公共医疗保险法律关系。它是由国家筹集资金，并授权经办机构进行基金管理，在实施社会保险服务的过程中与受益人之间形成的权利、义务关系。该种法律关系具有行政管理和服务的法律关系特征，但又不同于行政管理法律关系。其主体的权利和义务经常相互脱节，在这里，国家是义务主体，公民是权利主体，公民甚至不尽任何义务就可以享受权利。如 1948 年英国实施的《国民健康服务法》，即是完全由国家筹集资金，众多受益人不是纳税人。

（2）个人账户医疗保险法律关系。这是一种法定或自愿地由雇主或雇主与雇员共同为雇员建立个人账户的方式，该种筹资方式反映了社会对个人的要求，即要求个人为自己的基本保障负责，只有在个人能力不足时，才通过社会统筹基金提供帮助。目前，采用该种方式的国家主要有新加坡和中国（大陆）。在新加坡，个人账户由雇主和雇员按照同等比例共同缴费，个人账户中的资金用于养老、医疗、住房和家庭补助等各种社会保险。其中，医疗保险基金占个人账户总积累的6%，用于支付住院费等大病的医疗服务。

（3）商业医疗保险法律关系。这主要是指公民个人购买商业健康保险，即在商业保险市场中，保险人、投保人、受益人及医疗服务机构之间的保险合同法律关系。它是出于营利目的提供给个人和团体的医疗保险，这种保险合同关系属于平等的民事法律关系。尽管大多数国家已经建立了社会医疗保险法律制度，但商业保险制度在各国仍有很大的发展空间。

2. 医疗保险法律关系构成

医疗保险法律关系由三个部分构成，即主体、内容和客体，这三个部分又被称为医疗保险法律关系的三个要素。

（1）医疗保险法律关系的主体。医疗保险法律关系的主体是医疗保险关系的参与者，他们享有医疗保险法律规定的权利和承担一定的义务。医疗保险法律关系的主体应当是医疗保险权利能力和行为能力的人，既可以是公民（投保人和受益人），也可以是法人（定点医院等）或国家机关（经办机构）。医疗保险法律关系的主体比较广泛，它存在于医疗津贴、医疗待遇和生育津贴三个不同的法律关系中，包括医疗保险人、投保人、被投保人、受益人、医疗服务提供者和管理监督者。主体的广泛性决定了医疗保险法律关系的复杂性。在医疗保险法律关系中享有权利的一方为权利主体，承担义务的一方为义务主体。有些具有医疗保险法律关系的参保人员既是权利主体又是义务主体，也就是说参保人享受医疗服务的权利必须以缴纳一定的医疗保险费为前提。如在医疗津贴法律关系中，主体一方是提供津贴的国家、基金会或雇主，另一方是享有津贴的患病雇员。在医疗待遇法律关系中则有三方当事人，即进行医疗保险管理的经办机构、提供医疗服务的定点药店或医院和享有医疗待遇的患病雇员。除上述各方外，医疗保险法律关系的主体还可能包括保险代理人、保险经纪人、保险公证人。

（2）医疗保险法律关系的内容。医疗保险法律关系的内容是指医疗保险法律关系各方当事人依法应享有的权利和应承担的义务。主要涉及保险人的权利与义务、投保人的权利与义务、被保险人的权利与义务、受益人的权利与义务及医疗服务提供者的权利与义务。权利是指当事人一方实现某种利益的可能性，义务是指当事人一方为了满足对方利益而必须履行的职责。这些权利与义务不是主体的自由选择，而是由医疗保险法律规定并由国家强制力保障实施的。在一般情况下，权利与义务是相互依存的，但有时是脱节的，这种脱节是基于劳动关系产生的，如雇主有为雇员缴纳保险费。

（3）医疗保险法律关系的客体。医疗保险法律关系的客体是医疗保险利益，即医疗保险法律关系主体权利和义务所共同指向的对象，一般包括物质帮助权、物和行为三类。物质帮助权是医疗保险法律关系中最高层次的客体，也是医疗保险立法的宗旨。医疗保险法要贯彻国家发展社会保险事业的国家政策，使公民在需要医疗帮助时能够及时地从国家和社会获得物质帮助，维护其基本的生存权和健康权。医疗保险法律关系中作为客体的物主要是包括医疗津贴与补助、医疗待遇、药品、医疗器械等。行为主要包括定点医疗机构提供的医疗服务行为、医疗保险经办机构的经办行为、医疗保险行政管理机构的管理行为，以及用人单位及被保险人的参保行为与医疗消费行为。

健康保险法律制度（health insurance law and system）是调整在健康保险关系中形成的各种社会关系的法律规范的总称。因此，健康保险法的调整对象是健康保险法律关系（legal relation of health insurance)。健康保险法包括社会健康保险法(social or national health insurance law)和商业健康保险法(commercial or private health insurance law)。

社会健康保险法是国家通过立法对全体社会成员在生、老、病、死、伤、残、失业及其他生活困难时,国家和社会给予社会成员物质帮助的制度。社会健康保险法由养老保险法、医疗保险法、失业保险法、工伤保险法、生育保险法等构成。从世界各国的社会健康保险立法看,社会健康保险法基本上包括养老保险、医疗保险、失业保险、工伤保险、生育保险等制度;社会健康保险的对象是全体社会成员,而不仅仅是劳动者。我国的社会健康保险立法也涵盖了上述社会保险项目,但现阶段对象仅限于劳动者,而不是全体社会成员。

商业健康保险法的内容包括商业健康保险合同法律制度、商业健康保险业监督法律制度和商业健康保险特别法律制度。商业健康保险关系具体表现为商业健康保险合同关系;商业健康保险中介关系;商业健康保险监督管理关系。

(三) 健康保险法的理论基础

1. 新历史主义理论

19世纪末,在资本主义社会矛盾日益尖锐、工人阶级反对资产阶级的斗争日益高涨的形势下,社会改良思潮兴起。具有代表性的有德国新历史学派的施穆勒(Gustave Schmoller)、布伦坦诺(Franz Brentano)等提出的福利国家理论,对传统的经济学理论进行了修正。传统经济学理论认为,国家的职责就是维护社会秩序和国家安全,而不是干预经济活动。新历史学派则强调国家的经济作用,认为国家除了维护社会秩序和国家安全之外,还有一个"文化和福利的目的",而且主张由国家兴办一些公共事业来改善国民的生活,例如,实行社会保险、发展公共教育、改善卫生服务等。

2. 福利经济学理论

1912年,英国经济学家庇古(Arthur Cecil Pigou)撰写了《财富和福利》、《福利经济学》等著作,系统论述了福利经济学理论,其基本观点之一就是收入均等化,他认为一个人收入越多,货币收入的边际效用越少;反之,收入越少,货币收入的边际效用就越大。他还认为,收入转移的途径就是由政府向富人征税,补贴给穷人。补贴的方法可以采取建立各种社会服务设施、养老金、免费教育、失业保险、医疗保险、房屋供给等。庇古的福利经济学理论为"福利国家"提供了新的理论依据。此后,福利经济学和"福利国家"理论几经演变并广为流传,为社会保障制度的建立奠定了理论基础。

3. 凯恩斯主义

20世纪30年代,爆发了席卷资本主义世界的经济危机。西方主要资本主义国家工业凋敝,失业剧增,大批贫民流落街头,社会矛盾激化。在这种形势下,一些政治家和学者把摆脱经济、政治危机的措施和"福利国家"联系在一起。英国经济学家凯恩斯(John Maynard Keynes)在1936年出版的《就业、利息和货币通论》一书中指出:通过国家干预、扩大公共福利支出和公共基础设施建设等措施刺激需求增长,实现充分就业;还提出了建立累进税制和最低工资制等观点。凯恩斯的这些主张被称作凯恩斯主义,成为战后西方国家制定经济政策和重建社会保障制度的理论依据。

4. 贝弗里奇报告

1942年,英国经济学家贝弗里奇(William Beveridge)提出了一份社会保险和社会服务的报告,制定了一套对英国全体公民实行福利制度的指导原则,设计了"从摇篮到坟墓"的福利措施。贝弗里奇的报告建议社会保障激化应包括社会保险——满足居民的基本需要;社会救济——满足居民在特殊情况下的需要;自愿保险——满足那些收入较多的居民较高的需要。报告还提出了六条原则：基本生活资料补贴标准一致原则；保险费标准一致原则；补助必须充分原则；全面和普遍性的原则，即社会保障应覆盖全体居民并包括他们不同的保险需要；管理责任统一的原则；区别对待的原则。第二次世界大战以后，英国在贝弗里奇计划的基础上，建立了覆盖全体国民、内容广泛的高福利国民健康服务制度。

5. 健康经济学理论

1960 年，经济学家西奥多・舒尔茨提出了人力资本投资理论。1963 年，阿罗发表《不确定性与医疗保健的福利经济学》，提出了风险厌恶、不对称信息、道德风险、慈善行为的外部性等一系列问题。迈克尔・格罗斯曼（Grossman）模型认为，消费者对健康的需求主要是由于健康既是一种消费品，也是一种投资品。他把医疗服务的需求看成是健康需求的衍生。健康经济学以人力资本理论为基础，把国家投入的医疗卫生费和个人为监控保健支付的费用作为对人力资本的投资，投资的结果以人力资本存量的形态存在，并可给个人和社会带来相应的经济收益。健康经济学家进一步发现，个人行为和生活方式，如遗传禀赋、物质和社会心理环境及吸烟、饮食和运动等，构成健康水平决定的重要因素。

6. 贫困理论

世界银行在《2000/2001 年世界发展报告：与贫困做斗争》中指出，贫困的含义不仅指低收入和低消费，还指出教育、医疗卫生、营养及人类发展的其他领域取得的成就较少。另外，贫困的含义还可以扩展为权力、没有发言脆弱性和恐惧感。贫困和健康密切相关，一方面贫困人口更容易患病；另一方面疾病会降低居民的生产能力从而减低收入。因疾病而发生的现金卫生支出还可能导致家庭陷入贫困，或加剧其贫困的程度。世界银行《2004 年世界发展报告：让服务惠及穷人》认为摆脱疾病和接受教育是消除贫困的两条最重要途径。除了公共卫生设施建设、全民疾病预防、对贫困人群的医疗救助等，大多数政府都建立了医疗保险制度来满足公民基本健康需求。

7. 医疗卫生领域的公平问题

就医疗卫生领域的公平，世界卫生组织在 1996 年提出的“差异公平观”得到广泛认可。差异公平观提出，医疗卫生领域中公平的分配应该以需要为导向，而不是取决于社会特权、收入差异等其他条件。医疗卫生公平性的目的，在于努力降低社会各类人群之间，在健康和医疗卫生服务利用上的不公正、不平等和不应有的差距，并且要努力使每个社会成员都达到满足基本生存的医疗卫生标准。阿马蒂亚・森认为，GDP 的增长与人民生活水平的提高并没有必然的关系，人均 GDP 增加并不等于人民生活水平的提高，主张政府在追求经济增长的同时，要注意改善贫富悬殊不平等现象等。世界银行 2006 年的《世界发展报告》以“公平与发展（Equity and Development）”为主题，并明确提出公平的两项原则：一是机会公平；二是享有成果公平。

8. 医疗保障理论的新发展及健康分析

1998 年诺贝尔经济学奖获得者阿马蒂亚・森长期致力于社会最贫困人口的福利问题研究，他在《以自由看待发展》一书中考察了政治自由、经济条件、社会机会、透明性保证及防护性保障五种工具性自由，其中有三个涉及医疗保健和健康。社会机会就是指教育和保健方面的社会安排。防护性保障是为那些遭受天灾人祸或其他突出性困难（如失业、疾病）者、贫困者及老人、残障人士提供的社会安全网。医疗保障属于防护性保障，这种工具在于提升人们防护疾病对人体健康损害的可行能力及自由，并最终提高其健康水平。2002 年诺贝尔经济学奖获得者普林斯顿大学的心理学教授卡尼曼更从人的心理因素研究发展，用主观幸福代替了效用概念，提出了发展和幸福的关系。传统经济学过于依赖效用评估方法，限制了对人类幸福可能性的理解，主观效用法弥补了这一缺陷，因为主观幸福感不客观决定的效用更宽泛，包括了经验效用、程序（过程）效率等，是许多人的终极目标。

第二节 健康保险法律制度的历史发展

一、西方国家健康保险法律制度的历史发展

（一）健康保险法律制度的形成阶段

社会保险法最初产生于德国。19 世纪中叶，德国开始了工业革命进程，与此同时，工人阶级的力量也不断壮大，高涨的工人运动直接威胁到政权的稳定。当时德国“铁血首相”俾斯麦（Birsmarck，1815～1890）一方面采取措施镇压工人运动，另一方面为缓和劳资冲突，实行社会改良措施以维护统治秩序。社会保险是其中的一种措施。德国于 1883 年颁布了《疾病保险法》（Sickness Insurance Law）、1884 年颁布《工伤事故保险法》（Accident Insurance Law）、1889 年颁布《老年和残疾保险法》（Old-age and Disability Insurance Law），形成了现代意义上的社会保险法。1911 年，德国将前述三个社会保险立法合并，另增加《孤儿寡妇保险法》，汇编成为统一的《社会保险法典》。1927 年《失业保险法》（Unemployment Insurance Law）的颁布，标志着德国的社会保险制度初步形成，也为世界各国建立社会保险制度创造了先河，提供了经验。

1890～1911 年间，欧洲各国纷纷效仿德国，相继颁布了包括医疗、养老、失业、工伤等内容的社会保险法律。奥地利 1888 年建立个人医疗保险制度；瑞典于 1891 年制定《疾病保险法》，1901 年制定《工伤保险法》，1913 年制定《老年保险法》；英国 1875 年、1905 年先后通过了《公共健康法》、《失业工人法》，1908 年颁布了《儿童法》和《养老金法》，1909 年《劳工介绍法》；1911 年正式颁布了《国民保险法》（National Insurance Act —Health and Unemployment），明确规定在全国范围内实施工业劳动者的健康保险，是世界上第一部全国性的强制失业保险法，1918 年又通过了《妇幼儿童福利法》。法国于 1893 年颁布《工伤保险法》，1905 年制定《失业保险法》，1910 年制定《老年保险法》，1928～1930 年制定了《社会保险法》。加拿大于 1914 年在萨斯喀彻温省创立了第一个医疗保险组织——都市医疗计划，为投保人疾病医疗服务。比利时、荷兰、意大利等国家也陆续颁布法律，实施医疗保险制度。日本 1922 年颁布了《健康保险法》，为雇员超过 10 人的私营企业的个人提供医疗保险，1938 年颁布《国民健康法》，规定居民必须全民参加医疗保险。巴西于 1923 年建立了医疗保险制度，智利和秘鲁于 1924 年建立了医疗保险制度，意大利于 1928 年也建立了国民医疗保险服务体系。新西兰于 1938 年颁布了《社会保障法案》，为全民提供包括对疾病、失业、孤儿等的救济和援助。

苏联于 1912 年建立了社会主义性质的免费医疗制度，1918 年苏俄人民委员会批准了《劳动者社会保障条例》。波兰于 1920 年、古巴于 1934 年，通过国家举办医疗卫生服务事业，直接向所有劳动者提供免费医疗服务。

（二）健康保险法律制度的发展阶段

为应对 20 世纪 30 年代经济大危机的严重后果，美国采纳凯恩斯主义，强调国家干预经济生活，主要手段就是刺激总需求，发展社会保障。1935 年颁布了世界上第一部《社会保障法》（Social Security Act 1935），包括社会保险、公共救助和儿童福利服务三项内容，确定了老年社会保险、失业社会保险、盲人救济金保险、老年人救济金保险、未成年人救济金保险五种社会保险项目，实行以社会保险为核心的社会保障制度。《社会保障法》在社会保险立法史上具有划时代的历史意义，内容涉及社会保险、社会福利和社会救济等，确立了社会保险法的普遍性原则和社

会化原则，成为各国社会保险法的基本原则。

在贝弗里奇（1879～1963）的《社会保险和相关服务》（Social Insurance and Allied Services 1942）报告的影响下，英国在20世纪40年代中后期通过了一系列重要的社会保险立法，主要有《家庭补贴法》（Family Allowances Act 1945）、《国民保险法》（National Insurance Law 1946）、《国民工伤保险法》（Workman’s Compensation Act 1946）、《国民健康服务法》（National Health Service Act 1946）、《国民救助法》（National Assistance Act 1948），五部法律同时于1948年7月5日生效。英国从此形成了包括失业、伤残、疾病、养老、死亡、家庭津贴等内容的福利国家型的社会保障制度。1948年，英国宣布第一个建成福利国家（Welfare State）。

瑞典、法国、丹麦等发达资本主义国家，也纷纷宣布实行普遍福利。以瑞典为例，1947年瑞典建立了全民养老保险制度；1955年，建立了强制医疗保险制度；1959年，建立了补充养老金制度；1962年，养老保险与医疗保险制度合并为统一的社会保险制度。

此外，国际组织在社会保险领域发挥的作用更加突出，1952年国际劳工组织（International Labor Organization，ILO）通过了《社会保障最低标准公约》（Convention concerning Minimum Standards of Social Security）（第一百零二号），提出了社会保险制度的最低标准建议，为成员国提供了社会保险制度体系的框架。第一百零二号公约被誉为具有里程碑意义的“社会保障国际宪章”。

二战以后，社会医疗保险进入全球化发展阶段。英国、加拿大及瑞典、挪威、丹麦等北欧国家纷纷成为福利国家，他们为国民提供了“从摇篮到坟墓”的高福利医疗保险待遇。到20世纪70年代，社会医疗保险的覆盖率不断提高，德国达90%，日本为95%，法国98%，意大利91%，荷兰76%，奥地利92%，瑞士89%。一些经济比较落后的拉丁美洲和亚洲国家的社会医疗保险也逐步发展。

（三）健康保险法律制度的改革阶段

第二次世界大战至20世纪70年代，是医疗保险在全球普遍发展的时期，但随后70～80年代的两次石油危机，造成了发达国家社会保险制度的危机。经济滞涨、人口老龄化加剧，传统的医疗保险制度也遇到了许多问题，主要是医疗社会保险支出过度膨胀、医疗能力浪费严重、医疗服务质量较差等。为此，一些国家不得不进行社会保险制度的改革，这些措施总体来看就是增收节支，改革医疗社会保险制度，增加医疗机构之间的竞争性。主要是重建社会保险的责任分担机制，减少政府参与，强化个人保障意识，充分发挥社团、家庭和市场的作用等。

西方各国针对健康保险法律制度进行的改革与调整主要方向可归纳为两种，即增加社会保险基金收入和紧缩社会保险开支。具体表现如下。

（1）增加社会保险基金收入。①改变了原先社会保险的免税给付办法，开始征收所得税。如法国从1980年开始对养老金征收所得税；比利时从80年代开始对养老金和残废津贴开始征收所得税；荷兰从1983年开始对疾病津贴征收所得税。②提高社会保险费率。德国、法国、英国、加拿大、荷兰和比利时都不同程度地提高了雇主和个人的社会保险缴费比率；美国至1988年已将社会保险费率提高了30%。

（2）紧缩社会保险开支。①通过立法，大幅度削减社会保险开支。如英国政府于1977年降低了养老金和失业救济金标准。日本为缓解养老保险基金入不敷出的状况，于80年代末期通过立法，将领取养老金的年龄从60岁延迟到了65岁。②改革医疗保险制度。主要做法是让患者本人负担一部分医疗费用；缩小免费药品范围；延长领取疾病补贴的等候期等。

二、中国大陆健康保险法律制度的历史发展

（一）近代中国社会保险法律制度的历史演进

在中国传统社会里，以家庭为核心的互助机制作为一种经常性的保障形式，基本解决了社会成员的日常生活保障问题。只有当遇到灾荒这种重大的社会性问题的时候，国家保障才成为一种必需品。除了社会救济活动外，“在农业社会里，没有社会保险，也没有社会福利，社会保障即是救灾济贫事业”。

近代中国，劳资矛盾日益尖锐化，劳工阶级的不断壮大和觉醒是推动中国社会保险法制进程的重要社会动力。从1918年至1926年的9年间，历经“五四运动”和“五卅运动”，工人阶级罢工斗争出现了两次高潮，罢工达1233次，其中因经济压迫而罢工者，占罢工总次数的47.15%；因不堪虐待而罢工者，占罢工总次数的22.97 %，两者合计则改善待遇的罢工占总次数的60.12% 。

中国共产党早在1922年5月，就在《劳动法案大纲》中要求：“劳动者应参加一切保险，其保险费用应完全由雇主或国家负担”，首次提出了实行社会保险制度的主张。

南京国民党政府于1929年春组织编纂了《劳动法典草案》，在最后一编专门规定“劳动保险”包括伤害保险和疾病保险两个部分内容。20世纪30年代，国民党政府拟定了《强制劳工保险法草案》，开始尝试以单行法形式建立社会保险制度。与此同时，中国共产党在红色革命根据地颁布了《中华苏维埃共和国劳动法》，开始尝试在红色革命根据地创建社会保险制度。

1943年间，国民政府社会部选择四川省北部自流井一带的各个盐场，分别创设十个盐工保险社，以盐工为保险对象，试办盐工保险，参加保险的盐工达5万余人。川北盐工保险为近代中国举办社会保险进行了有益探索。1945年，中国国民党第六次全国代表大会又通过了《战后社会安全初步设施纲领》，将举办社会保险列为基本内容。抗战胜利后，国民政府行政院于1946年11月颁布了《中央社会保险局筹备处组织章程》，并于次年初成立中央社会保险局筹备处，负责施行社会保险的筹备工作。1947年11月，国民政府国务会议通过《社会保险法原则》，对保险对象、保险费率及保险给付等做了原则性的规定。这是南京国民政府在大陆期间制定并正式通过的唯一一部社会保险法规，成为国民党政府退居台湾后筹建社会保险制度的重要基础。同年12月，国民政府公布施行《中华民国宪法》，其中第十三章基本国策第四节社会安全第155条规定：“国家为谋社会福利，应实施社会保险制度。”成为台湾日后实施全民健康保险制度的最高指导原则和政策依据。

中国共产党在解放战争后期开始在各解放区广泛推行社会保险制度。1948年12月，由东北行政委员会公布的《东北公营企业战时暂行劳动保险条例》。自《东北公营企业战时暂行劳动保险条例》公布至全国统一的《劳动保险条例》颁布前，东北全境共有420个厂矿企业的79.6万名职工享受社会保险待遇，初步奠定了中国大陆地区社会保险制度的基础。

在20世纪时，世界上曾出现过三种比较有影响的社会保障模式，即以英国为代表的福利国家型模式、以德国为代表的社会保险型模式和以新加坡为代表的储蓄型模式。但在20世纪上半叶，世界上比较成熟并有代表性的社会保障模式只有前两种。从理论上讲，当时中国社会保障模式从传统向现代转换存在着两条可供选择的道路：一是转向福利国家型模式；二是转向社会保险型模式。但就中国近代的工业化程度及社会经济发展水平来看，福利国家型模式显然不适合中国，不具有现实可行性。因此，中国社会保障模式的近代转型实际上就是从社会救济主导型模式转向社会保险主导型模式的过程。

（二）新中国改革开放前的社会健康保险法律制度

我国社会保险立法始于20世纪50年代初期。1951年2月，政务院颁布了《中华人民共和国劳动保险条例》，是我国第一部综合性的社会保险行政法规，它标志着中国内地建立了除失业保险外，包括企业的养老、工伤、疾病、生育、遗属等在内的职工社会保险制度。该条例规定，社会保险费由企业负担，职工无须缴纳社会保险费，社会保险事物由工会办理。1953年1月，我国财政状况有了根本好转时，政府又修改了《劳动保险条例》，扩大了劳动保险的实施范围，提高了劳动保险的待遇。与此同时，国家机关的社会保险制度以单行法规的形式建立起来。此后，相继颁行了《革命工作人员伤亡褒恤暂行条例》（1950）、《关于全国各级人民政府、党派、团体及所属事业单位的国家工作人员实行公费医疗预防措施的指示》（1952）、《国家机关工作人员退休处理暂行办法》（1955）。1958年，国务院颁布了《关于工人、职员退休处理的暂行规定》，统一了工人和职员的退休制度，企业职工的养老保险与国家机关工作人员的养老保险纳入公共养老保险计划。1962年，国务院发布了《关于精简职工安置办法的若干规定》。在此期间，国家在城市开始兴建社会福利院，在农村开始建立农村合作医疗制度、集体五保户制度等。

1966年开始到1976年为止，社会保险制度受到严重破坏。1969年，财政部发布了《关于国有企业财务制度工作中几项制度的改革意见（草案）》，规定国有企业一律停止提取工会经费和劳动保险金，企业支付的退休金改在企业营业外列支，从而否定了《劳动保险条例》中的有关规定企业职工社会保险费统筹制度被迫废弃。劳动保险制度遭受重创，社会保险事业出现停滞和倒退。

（三）新中国改革开放以来的社会健康保险法律制度

20世纪80年代，我国开始对医疗保险制度改革。1978年，国务院颁布《关于安置老弱病残干部的暂行办法》、《关于工人退休、退职的暂行办法》。1982年《中华人民共和国宪法》第四十四条、第四十五条对社会保险制度做了原则性的规定。1986年的《国民经济和社会发展第七个五年计划》第一次明确提出了“社会保障”概念，将社会保险、社会福利、社会救助和社会优抚等制度统一纳入了社会保障体系。1986年，国务院颁布《国有企业实行劳动合同制暂行规定》，对劳动合同制个人的退休养老金实行社会统筹，该规定正式拉开了社会保险改革的序幕。同年，国务院颁布《国有企业职工待业保险暂行规定》，在我国首次建立了失业保险制度。1988年，《女职工劳动保护规定》统一了机关、企业、事业单位的生育保险制度。1989年，《关于公费医疗保险的通知》对公费医疗开始进行改革。

1991年，国务院发布《关于企业职工养老保险制度改革的决定》，提出了多层次养老保险目标，基本养老保险实行社会统筹。1993年，国务院发布《国有企业职工待业保险规定》，将失业保险范围进一步扩大。同年，党的十四届三中全会确定要建立社会统筹与个人账户相结合的城镇职工医疗保险制度。1994年《中华人民共和国劳动法》专章规定了“社会保险和福利”，对社会保险制度做了原则规定。1994年颁行的《企业职工生育保险试行办法》规定了生育保险制度的具体内容。同年，国务院开始在江苏镇江、江西九江进行职工医疗保险制度改革试点工作。1997年，国务院《关于建立统一的企业职工基本养老保险制度的决定》，确立了现行养老保险制度的基本框架和内容，是养老保险制度的纲领性文件。1998年，国务院在“两江”试点的基础上，发布《关于建立城镇职工基本医疗保险制度的决定》，在全国范围全面进行职工医疗保险制度改革，是城镇职工基本医疗保险制度的纲领性文件。1999年国务院颁布《失业保险条例》、《社会保险费征缴暂行条例》、《城市居民最低生活保障条例》及2003年颁布《工伤保险条例》（2010年修订），分别确立了我国的失业保险制度和工伤保险制度的基本内容。2002年10月，中共中央、国务院《关于进一步加强农村卫生工作的决定》，提出建立以大病统筹为主的新型农村合作医疗制度（简称“新农合”）。2003 年，国务院办公厅转发卫生部《关于建立新型农村合作医疗制度意见的通知》，着手解决农民的医疗保障问题，要求完善与发展新型农村合作医疗制度，并明确了政府对农民医疗保险的主要职能。

2004 年，党的十六届四中全会提出了构建社会主义和谐社会的目标，社会保障成为国家的基本社会政策。2006 年，党的十六届六中全会做出的《中共中央关于构建社会主义和谐社会若干重大问题的决定》，第一次明确提出了建立“覆盖城乡居民的社会保障体系”的目标，就是要“完善城镇职工基本医疗保险，建立以大病统筹为主的城镇居民医疗保险”，“加快建立适应农民工特点的社会保障制度”。这标志着我国的社会保障制度建设经过新中国成立以后从无到有、改革开放以来从单位保障模式到社会保障模式这两次重大转变后，进入从覆盖城镇职工为主向覆盖城乡全体居民的社会保障体系转变。2005 年，国务院颁布《关于完善企业职工基本养老保险制度的决定》，2006 年颁布《关于解决农民工问题的若干规定》，同年，卫生部等七部委联合下发《关于加快推进新型农村合作医疗试点工作的通知》。2007 年颁布《关于在全国建立农村最低生活保障制度的通知》和《关于开展城镇居民基本医疗保险试点的指导意见》。2009 年 3 月，中共中央、国务院颁布《关于深化医药卫生体制改革的意见》（一般称“新医改”），“新医改”坚持广覆盖、保基本、可持续原则，从重点保障大病，逐步向门诊小病延伸，不断提高保障水平，努力建立一个国家、单位、家庭和个人责任明确、分担合理的多渠道筹资机制，从而实现社会互助共济，到 2011 年基本医疗保障制度全面覆盖城乡居民，到 2020 年普遍建立比较健全的医疗保障体系。

2010 年 10 月 28 日，第十一届全国人民代表大会常务委员会第十七次会议通过了《中华人民共和国社会保险法》，该法于 2011 年 7 月 1 日起施行。《社会保险法》是中华人民共和国成立以来的第一部综合性的社会保险法律。它确立了社会保险法的基本宗旨和基本原则；规定了覆盖城乡所有居民的基本养老保险制度、基本医疗保险制度及适用于所有用人单位职工的失业保险制度、工伤保险制度和生育保险制度；明确规定了社会保险费的征缴制度、社会保险基金管理制度及社会保险经办和社会保险监督制度；规定了相关主体违反该法的法律责任。《社会保险法》确立了基本医疗保险制度的基本架构，将十多年医疗保障制度改革的一些成功经验上升到法律层面，也为制度的进一步完善和机制创新留出了一定空间。2011 年国务院发布了《关于开展城镇居民社会养老保险试点的指导意见》，对城镇居民社会养老保险做了原则性的规定。2011 年，《中共中央关于制定国民经济和社会发展第十二个五年规划的建议》中明确提出，“十二五”期间（2011 ~ 2015）健全覆盖城乡居民的社会保障体系的目标。坚持广覆盖、保基本、多层次、可持续方针，加快推进覆盖城乡居民的社会保障体系建设。2012 年 3 月，国务院颁布《关于印发“十二五”期间深化医药卫生体制改革规划暨实施方案的通知》，主要明确 2012 ~ 2015 年医药卫生体制改革的阶段目标、改革重点和主要任务，是“十二五”期间深化医药卫生体制改革的指导性文件。

纵观我国医疗保险制度（medical insurance system，MIS）改革，可以将其大致分为三个阶段。

第一个阶段是制度的探索期。从 1994 年江苏镇江、江西九江的职工医疗制度改革试点开始，到 1998 年国务院颁布《关于建立城镇职工基本医疗保险制度的决定》（国发［1998］44 号），这一阶段的主要任务是改革原有的公费、劳保医疗制度。

第二个阶段是制度的建设期。从 1998 年国务院颁布 44 号文件，在全国范围内开始推进城镇职工基本医疗保险制度改革，到 2007 年国务院颁布《关于开展城镇居民基本医疗保险试点的指导意见》（国发［2007］20 号），到 2010 年在全国全面推开城镇居民医疗保险制度，这一阶段的主要任务是在巩固城镇职工基本医疗保险制度建设的基础上，推进城镇居民基本医疗保险制度在全国普遍建立。与此同时，建立新型农村合作医疗制度和城乡社会救助制度，有中国特色“四位一体”的医疗保障制度体系框架初步形成。

第三个阶段是制度的完善期。从 2011 年到 2020 年，这一阶段的主要任务是以城镇职工基本医疗保险制度、城镇居民基本医疗保险制度、新型农村合作医疗制度和城乡社会救助制度为主体的覆盖城乡的医疗保障体系普遍建立的基础上，不断完善制度，逐步实现制度的合理衔接和管理的集约化，提高统筹层次，缩小保障差距，消除制约人力资源自由流动的制度性障碍。统一规划、统筹协调城乡基本医疗保险、补充医疗保险、商业健康保险、社会医疗救助等各项制度，基本形成保障层次分明、制度边界清晰、保障功能完善的医疗保障体系，实现让人人享有基本医疗保障的奋斗目标。

（四）新中国成立以来的商业健康保险法律制度

我国商业医疗保险的发展同整个保险业发展基本一致，即随着1949年中国人民保险公司的成立而开始办理，随着1959年国内保险业务停办而停止。计划经济时期几乎没有开展过商业健康保险。在医疗体制改革的大背景下，我国商业健康保险法律制度的变迁大致经历了三个阶段。

第一个阶段：商业健康保险法律制度初现时期（1949～1978）。

第二个阶段：商业健康保险法律制度成长时期（1979～2002）。

第三个阶段：商业健康保险法律制度完善时期（2003至今）。

新中国成立后，商业健康保险业务的开办可以追溯到1982年。原中国人民保险公司上海分公司经上海市人民政府批准于1982年经办了“上海市合作社职工健康保险”，这是恢复国内保险业务后我国的第一个健康保险业务。此后，中国人民保险公司各地的分公司根据自身的情况因地制宜，推出了不同名称、不同条款的险种。另外，中国人民保险公司还在部分地区为公费和劳保医疗提供第三方管理服务，有效地控制了医疗费用的过度上涨，促进了公费和劳保医疗体系的改革。从1985年开始，在卫生部直接领导下，美国兰德公司和我国有关专家在四川的眉山、简阳进行了农村医疗保险试点，把商业医疗保险的做法引入到我国的农村合作医疗中，为我国开展医疗保险进行了有益地尝试。中保人寿（现为“中国人寿保险公司”）20世纪90年代初曾推出含补偿门诊医疗费用的综合医疗保险。

自20世纪80年代初期恢复办理国内保险业务以来，商业医疗保险主要开展医疗保险费用保险。90年代后，在疾病保险、医疗护理、残疾收入等方面注入了新的内容，但业务格局并未发生大的改变，1993年政府开始推动社会医疗保险制度改革，从而推动了商业医疗保险发展，虽然规模不大，但发展迅速，目前的商业医疗费用保险现状在实际意义上代表了我国商业医疗保险的现状。

1998年12月，国务院正式颁布了《关于建立城镇职工基本医疗保险制度的决定》，全面推进社会基本医疗保险制度的改革，这标志着实施了40多年的公费、劳保医疗制度将被新型社会医疗保险制度所取代，此项改革也为我国商业健康保险的发展带来良好的发展契机。2002年修订的《中华人民共和国保险法》，允许财产保险公司经营短期健康保险，我国健康保险市场供给主体迅速增加到50多个，许多有着国际背景的合资寿险公司全面渗入我国保险市场，健康保险市场竞争日益加剧。2002年5月，财政部与劳动和社会保障部联合下发了《关于企业补充医疗保险有关问题的通知》，明确企业有选择补充医疗保险形式的自主权，保险费在职工工资总额4%以内部分可在税前列支。2002年12月，保险监督管理委员会制定了《关于加快健康保险发展的指导意见》，提出鼓励保险公司发展健康管理保险公司业务，加强健康保险的专业化经营和管理，建立适应国情的健康保险发展模式等方面的原则要求。自2003年国务院启动新型农村合作医疗制度（以下简称“新农合”）试点以来，商业健康保险公司积极参与医疗保障体系建设，积极开办城镇职工补充医疗保险、贫困居民重大疾病保险并参与农村新型合作医疗试点工作。经过20多年的发展，特别是20世纪90年代后期医疗的较快发展，中国商业健康保险覆盖人群逐步扩大，市场主体不断增加，保费规模不断扩大，市场主体不断完善，产品供给日益丰富，在积极服务于医疗保障体系建设中健康保险业的影响和地位不断提升。2005 年，财政部、国家税务总局在《关于保险公司开办一年期以上返还性人身保险业务免征营业税的通知》中，明确了具体免税保险产品的清单。中国保险监督管理委员会（以下简称“保监会”）也出台了一系列的政策措施。

2006 年，健康保险在制度建设方面取得突破性进展。6 月，国务院颁发《关于保险业改革发展的若干意见》指出，统筹城乡商业健康保险和健康保险，完善多层次社会保障体系。大力推动健康保险发展，支持相关保险机构投资医疗机构；积极探索保险机构参与新型农村合作医疗管理的有效方式，推动新型农村合作医疗的健康发展。8 月，为规范和促进健康保险的进一步发展，保监会制定的《健康保险管理办法》（以下简称《办法》）正式颁布，这是我国第一部专门规范商业健康保险业务的部门规章。2007 年 4 月，中国保险行业协会与中国医师协会共同组成“重疾险专家委员会”研究制定了《重大疾病保险的疾病定义使用规范》（以下简称《规范》），这是我国第一个重大疾病保险（critical illness insurance）的行业规范性指南。我国是继英国、新加坡、马来西亚之后第四个制定并使用行业统一的重疾定义的国家。《办法》和《规范》的颁布实施有利于维护被保险人的利益，为健康保险的发展奠定了坚实的基础。2009 年 5 月，中国保监会发布了规范性指导文件《关于保险业深入贯彻医改意见积极参与多层次医疗保障体系建设的意见》。

从市场主体看，随着《中国人民共和国保险法》（2002 年修订）的颁布，从 2003 年开始，寿险公司、产险公司都可以经营健康保险业务，这为形成健康保险市场的竞争局面扫除了法律障碍。与此同时，保监会积极致力于推动健康保险的专业化经营，2005 年 4 月 8 日，国内第一家专业化健康保险公司——中国人保健康保险股份有限公司在北京正式开业。截至 2011 年末，有近 100 家保险公司开办了各类健康保险业务，其中包括人保健康、瑞福德健康、昆仑健康、平安健康 4 家专业健康保险公司，形成了经营主体多元化的健康保险市场的竞争格局。

从产品结构看，健康保险的产品结构进一步优化。据统计，1992 年全国销售的各类健康保险产品仅有 70 余种，经过 20 多年的发展，保险公司已提供健康保险产品 1600 余种，基本形成了涵盖医疗保险、疾病保险、失能收入损失保险和长期护理保险在内的健康保险产品体系，并开始向居民的健康管理等服务领域延伸，初步实现了险种的专业化与样化。目前健康保险产品虽然以基本保险和医疗保险为主，但失能收入损失保险和长期护理保险在一些地区得到了较快的发展，健康保险的保障功能进一步显现。

从商业医疗保险占卫生总费用的比重看，截至 2010 年，我国补充医疗保险市场的覆盖人群仅占基本医疗保险人群的 6.3%，保费收入占卫生总费用的融资比例仅为 0.6%，占个人卫生费用支出的融资比例仅为 1.4%，远低于发达国家水平。

从保险行业看，根据保监会的数据，2009～2012 年，原保险保费收入总额由 11 137.3 亿元增加到 15 487.9 亿元，其中人身险占据其收入的大部分，2012 年为 64.9%。在人身险中，寿险占 87.7%，属于医疗健康保险范围的健康险和人身意外伤害险占人身险保费收入的比例仅为 12.3%，其比例之低显而易见。而在国外成熟的保险市场，健康保险保费收入一般占人寿保险保费的比例为 30% 左右。可见，我国健康保险发展规模和速度均较落后。

2012 年 3 月，中共中央、国务院颁发的《“十二五”期间深化医药卫生体制改革规划暨实施方案》中列出专条，为商业健康保险参与医保经办服务指明了路径：“完善商业健康保险产业政策，鼓励商业保险机构发展基本医保之外的健康保险产品，积极引导商业保险机构开发长期护理保险、特殊大病保险等险种，满足多样化的健康需求。”

2013 年 9 月，国务院颁布《关于促进健康服务业发展的若干意见》指出，在完善基本医疗保障制度、稳步提高基本医疗保障水平的基础上，鼓励商业保险公司提供多样化、多层次、规范化的产品和服务。鼓励发展与基本医疗保险相衔接的商业健康保险，推进商业保险公司承办城乡居民大病保险，扩大人群覆盖面。积极开发长期护理商业险及与健康管理、养老等服务相关的商业健康保险产品。推行医疗责任保险、医疗意外保险等多种形式医疗执业保险。通过调动保险公司等社会力量，到2020年，基本建立覆盖全生命周期、内涵丰富、结构合理的健康服务业体系，健康服务业总规模力争达到8万亿元以上，成为推动经济社会持续发展的重要力量。

2014年8月，国务院颁布《关于加快发展现代保险服务业的若干意见》（以下简称“新国十条”）。11月，国务院办公厅发布《关于加快发展商业健康保险的若干意见》（以下简称《若干意见》）。从“新国十条”到《若干意见》，国家为保险业尤其是商业健康保险进行顶层设计，这在我国保险业发展史上具有里程碑意义，商业健康保险将步入全新发展的时代。

我国已初步建立起覆盖全民的基本医疗保险制度，政府在医疗保险体系中起主导作用。商业健康保险具有有益的补充作用，“补充型”无疑是我国在一段时期内商业健康保险制度的发展目标。

三、中国台湾和港澳地区健康保险法律制度的历史发展

（一）台湾地区全民健康保险法律制度的历史发展

医疗保险在我国台湾省称为健康保险。1949年以来，台湾的健康保险制度大体上经历了两个阶段的变化。在1995年之前，实行的是多种健康保险制度，包括三个体系，即劳工健康保险、公务人员健康保险和农民健康保险，共计有13种之多，主要的如《劳工健康保险办法》（1950）、《公务人员健康保险法》（1958）、《私立学校教职工健康保险》）（1980）、《农民健康保险条例》（1985）、《低收入户健康保险》（1990）等。由于多种健康保险制度存在覆盖面过窄、保障水平参差不齐等弊端，1988年“行政院经济建设委员会”成立专责规划小组，着手规划实施全民健康保险。1994年8月，台湾公布了《全民健康保险法》，同年10月又公布了《全民健康保险法修正案》，增订“强制条款”，12月公布了《中央健康保险局组织条例》，1995年1月成立了“行政院卫生署中央健康保险局”，1995年3月1日正式开始实施全民健康保险（通称“一代健保”）。2004年颁布《全民健康保险预防保健实施办法》。2010年又颁布了《全民健康保险法修正草案》（一般称“二代健保”）。二代健保与一代健保的区别如表1-3所示。

表1-3　二代健保与现行健保的区别

制度项目	现行健保	二代健保
医疗质量	1. 医疗质量信息的提供待加强 2. 主要以服务量为支付的基础 3. 没有专责单位负责医疗质量	1. 提供医疗服务质量信息，协助民众方便就医 2. 品质好，给付较高 3. 成立医疗质量专责单位
信息公开	“健保法”未明订	1. 规定健保局及医疗院所定期公布医疗质量相关信息 2. 一定规模以上的医院应公开财务报告
收支连动	“监理会”与“费协会”两会分立，致收入与支出未能同步考虑	“监理会”与“费协会”合二为一，财务收支通盘考虑，落实财务责任制度
保费计算	1. 依照职业将被保险人区分为6类14目，各类目应自负保险费的比率亦不同 2. 投保金额，只考虑经常性之薪资，未考虑薪资外之所得	1. 被保险人不再依职业别来分类 2. 全部改以家户总所得计算应缴的保险费

续表

制度项目	现行健保	二代健保
行政效率	遇有转换工作或者调整薪资，均需办理转入、转出或调整投保金额等异动的手续	无论转换工作或者调整薪资，均无须再办理任何异动手续
回台就医	居住台湾外的人士，只要曾有加保记录，回台后立即可以加入健保，享受给付	居住台湾外的人士回台，必须设籍4个月，才可重新加保，以避免其平时在台外未缴保费，生病后要回台就医时临时加保，享受给付，而造成不公平的情形

资料来源：孙树菡，毛艾琳. 2012. 社会保险学［M］. 北京：北京师范大学出版社，161

全民健康保险是一种全民普及和强制参保的社会健康保险，目标是以市民入保、共同分担风险的方式提供市民平等的就医权益。台湾的全民健康保险基本上做到了“低保费，高保障”，大体是成功的。此外，针对重大伤病的民众免除部分负担，确实造福贫困及重症的家庭免于因病而经济困顿之窘。但同时，在实施过程中也存在一些问题，如缺乏消费者的有效管理机制，健保财务开支过大使政策阻力大，缺乏实证基础的支付标准等。这些问题与挑战都需要在未来得到有效地解决。

全民健康保险自1995年3月1日实施以来，2010年底参保率已经超过99%，实现了全民有保的首要目标，避免了民众因病而贫、因贫无法就医的情况。全民健康保险的保费负担较轻、行政经费较低及全民参保的经营效率在国际社会上广受好评，民众满意度也高达八成以上。然而，近年来全民健康保险的财政问题日益突出，公平性、医疗腐败等问题也引起了社会的广泛关注。台湾当局于2000年开始着手准备“《全民健康保险法》修订案”。此后修订案几经周折于2011年1月4日经“台湾立法院”通过，2013年1月1日开始正式实施。最受关注的家庭收入为单位的缴费基数问题建议未能得到保留，取而代之的是维持现行计费模式的同时收取补充保费的“双轨”之计费模式。缴纳补充保费是第二代全民健保的最大亮点，是有关二代健保财政收入和公平性方面的最重要改革内容。“中央健康保险局”估计，全台湾约有300万人需缴补充保费。“二代健保”改革的核心价值是“公平”、“效率”和“品质”。最主要的公平性改革是重新规定保费，提高了保险负担的公平性；效率方面，主要是建立权责相符的组织机制；品质方面，实现医疗品质提升和医疗资讯公开。

（二）香港特区全民健康服务法律制度的历史发展

香港特区现行的医疗保障制度是以全民健康服务（national health service，NHS）为主的多层次、全方位的医疗保障模式。1967年，香港发表《社会保障的若干问题报告书》，建议政府循序渐进地实施社会保障计划，首先解决疾病、医疗、体弱和生存的社会保障问题。1974年，提出医疗和卫生服务计划，形成了香港社会保障的基本框架。

香港的医疗服务体制是双重体制，公营和私立机构同时并存，医疗机构分三类：政府办的公立医院；由非营利团体主办、政府补助的医院，两者现统归法定的医院管理局管辖；私立医院以营利为目的，主要由卫生署审批、发牌及监管。成立于1990年的医院管理局，负责管理香港所有的公立医院，并通过特区政府卫生福利及食物局向政府负责。

医疗服务是香港特区社会福利的重要组成部分，市民只需缴付低廉的费用，便可获得医院管理局所属公立医院的服务，所以八成以上的市民都在公立医院诊治疾病，只有经济富裕的人到私立医院治病。私立医院是市场上经营性的行业之一，不是社会福利范畴，收费昂贵。

香港特区的公营医疗制度总体上公平的，不论贫富均可享受同等权益，为港民提供了可获取低廉医疗服务的机会。面对人口老龄化、科技进步导致医疗成本上涨，以及公众对医疗服务的期望越来越高等，港府财政压力日增。同时，还存在医疗服务质量参差、欠缺有效外界监管机制、医疗架构“分裂隔离”情况严重等问题，医疗保障制度改革已刻不容缓。有人建议推行“就业人士全民医疗保险计划”，也有人提出在继续维持公私营医疗双轨制并保持均衡发展的基础上，对公营医疗服务重新定位。

（三）澳门特区全民健康服务法律制度的历史发展

20 世纪 80 年代，澳门特区政府在医疗保健服务上采取放任的政策方针，而民间的慈善机构在提供医疗服务方面扮演了主要角色，满足了大部分居民的保健需要。1984 年政府通过法令决定建立一个综合的卫生医疗体系，并形成了现时澳门特区的医疗保健制度。1985 年开始逐步在澳门和离岛开设“卫生中心”以建立基层护理网络，20 世纪 90 年代初重建仁伯爵综合医院，成为这一制度发展史上的重要里程碑。澳门特区的医疗保健被认为是“半全民保健服务模式”（semi-national health service），与英国、瑞典等典型的全民保健服务模式相比，其公营体系的规模仍有一定的差距。

在医疗保健服务的供应上，澳门特区私营机构的角色相当重要，其规模比公营体系大，所提供的数量更超过公营机构。但在整体医疗保健成本的分担上，政府所占的比例较私人体系大。1998 年政府共支付了 79% 的整体医疗保健费用，而私人部分则只支付了 21% 的整体医疗保健费用。由于政府的基层医疗保健服务免费，专科及住院服务亦豁免了相当比例人口的收费，而其收费服务只是收回部分成本，实际上政府同样给予资助。所以，公营的医疗保健服务具有全民性的元素，无论贫富都享受公营的医疗保健服务。

虽然 10 多年来，澳门特区也出现了医疗保健费用不断上涨的情况，但是，一方面现时澳门特区医疗保健的支出仍是处于一个较低的水平，整体社会的负担绝不算沉重；另一方面现行的体制，在控制成本上具有一定的成效。因此，该体系在宏观效率（marco- efficiency）方面的表现比较理想。

第三节　健康保险法律制度的类型模式和发展趋势

一、健康保险法律制度的类型和模式

医疗保险制度（medical insurance system，MIS）是指以社会保险形式设立的，为国民提供因疾病所需医疗费用补助的一种社会保险制度。医疗保险制度受社会制度、经济制度及其发展水平、传统文化、价值观、历史沿革等因素的影响，迄今为止，世界上实行医疗保险的国家，没有哪两个国家的制度完全相同，而是各具特点。从总体上看，世界医疗保险制度大体上可以分为健康服务型（health service）和医疗保险型两大类型。健康服务型和医疗保险型都属于社会保障。从保障所有国民都有基本均等的医疗机会的角度考虑，健康服务型是比较理想的，但这往往受资金来源和经济承受能力的限制。而医疗保险型则有所不同，因为医疗保险费用是一项独立的基金，具有特定用途，而且由于其标准与劳动者的收入挂钩，来源比较稳定而且有增长性，因而成为大多数国家采用的医疗保险制度。即使那些基本上采用健康服务型的国家，近年来也出现了向医疗保险型转化的趋势。

医疗保险法是以人们对医疗服务的客观需要为核心产生和发展起来的。因此，以医疗服务的需求和供给，也就是筹资模式和服务模式为标准对医疗体制进行分类的意义最为突出。而对医疗保险法而言，所谓筹资模式，就是国家如何筹集医疗保险费抵御疾病风险的类型。不同类型的筹资模式基本上源自于各国在启动医疗保障体系时的政治体制、历史和社会文化等因素，但也反映了人民对个人和社会在医疗保障体系中的责任所持有的不同认识。在该层面上，目前国际上医疗保险制度可以分为四大类型，即国家出资、强制保险、自愿保险和强制储蓄。

医疗保险制度模式是指医疗保险制度的组织形式。就医疗保险来说，由于世界各国所采用的政策各不相同，从而形成了医疗保险的不同模式。从具体比较系统的医疗保险理念及完善的制度设计的角度看，目前世界上比较典型的医疗保险模式有以下四种：社会医疗保险模式、国家医疗保险模式、自愿医疗保险模式和储蓄医疗保险模式。

1. 社会医疗保险模式

该模式由国家立法规定一定范围的人群必须参加医疗保险，保险费由雇主和雇员承担，保险费实行现收现付，被保险人的年龄、性别和健康状况与缴费水平无关，享受的医疗待遇也不受缴费多少影响。低收入者或者没有工作者可能无力或无法参保，但是国家一般通过社会救助体系把弱势群体也纳入到全民社会医疗保险体系之中。这种医疗保险制度的抗风险性和公平性比较强。目前，世界上有100多个国家采取这种模式，如德国、法国、奥地利、比利时、波兰、俄罗斯、埃及、墨西哥、智利、阿根廷、秘鲁、土耳其、韩国、日本、越南、泰国、印度、荷兰、哥斯达黎加及我国的台湾地区等。其中，德国的医疗保险制度历史悠久，也最具代表性。该模式也称俾斯麦式（Bismarcking model）。我国从20世纪90年代以来，通过改革实践，也实行了社会医疗保险模式。

2. 国家医疗保险模式

其又称公费医疗保险模式，亦即全体国民无论贫富，均可获得近乎免费的医疗服务。这种模式较社会保险模式在公平性方面更进一步。该模式曾盛行于西方福利国家，尤以英国和瑞典最为典型，因此也称贝弗里奇式（Beveridgeant model）。加拿大、西班牙、南非、澳大利亚、新西兰、北欧国家、俄罗斯及东欧国家，爱尔兰、丹麦、芬兰等福利国家及我国20世纪计划经济时期实行的传统的公费医疗制度也基本属于这种模式。英国于1946年制定《国民健康服务法》（National Health Service Act），对全体国民实行免费医疗。国民（甚至外国籍居民）没有任何条件限制，均可免费享受国民健康服务（national health service，NHS）。加拿大于1966年制定了《全民疾病保险法案》，1972年全面实行全民健康保险制度。医疗保险基金主要来自联邦所得税和省所得税。所有公民不论其经济状况如何，都自动成为医疗保险计划的投保人和保险待遇享受者。

3. 自愿医疗保险模式

自愿医疗保险模式即国家不介入医疗保险的运行，由个人自愿选择医疗保险组织对其提供医疗保险。其中，又可分为社区医疗保险（community-based health insurance）和商业医疗保险两个小类，前者中的保险者属非营利组织，而后者中的保险者以赚取利润为目的。目前，无论是发达国家还是发展中国家，社区医疗保险模式仅仅扮演补充性的角色。我国的农村合作医疗制度和泰国的健康保险卡制度（health insurance card system，HICS）就是这种社区医疗保险模式。在发达国家中，以商业医疗保险模式或称市场型医疗保险模式为医疗保障制度主干的典型国家唯有美国。美国的医疗保险制度呈现多元化特点，主要包括两大类：第一类是私营医疗保险，主要有营利性的商业保险公司、非营利性的蓝十字（Blue Cross）和蓝盾（Blue Shield）、企业员工自保计划、管理式医疗组织（managed care，HMO，PPO，EPO，POS）等。20世纪80、90年代后，新兴的管理式医疗组织发展迅速，成为最受欢迎、发展势头最快的私营医疗保险形式。第二类是由政府举办的社会医疗保险、医疗救助项目，包括医疗照顾（medicare）、医疗援助（medicaid）和州儿童健康保险计划（SCHIP）。

4. 储蓄医疗保险模式

它是指国家通过立法强制劳资双方建立医疗保险储蓄账户并以支付个人及家庭成员的医疗费用的一种医疗保险模式。该制度完全实行个人积累，由雇主和雇员按月依工资的一定比例缴纳公积金，并存入医疗储蓄账户。医疗储蓄主要用于支付雇员及家人的住院费用。该模式最初是由新加坡创立的，也称“新加坡模式”。无论从风险分担还是公平性看，这一制度都不能令人满意，因此实施的国家和地区较少，其发展的历史也很短。

目前，大多数转型国家，采纳了德国俾斯麦式社会医疗保险的基本架构，只有我国城镇职工基本医疗保险制度改革在此基础上加上了新加坡模式（即个人账户）的要素，但是我国《社会保险法》（2010）并未明确规定医疗保险制度中采取个人账户模式。具有英国殖民背景的发展中国家和地区，如马来西亚、斯里兰卡及中国香港地区选择了英国贝弗里奇式的公费医疗体制。另外一些国家和地区则选择了加拿大的全民健康保险制度。

大多数国家根据各自的政治、经济、文化、社会状况和发展的需要，在不同的理论影响下，相互借鉴吸收，制定了各自不同的医疗保险制度。经过100多年（特别是二战后几十年）的发展，到现在，世界上已有160多个国家和地区建立了医疗保险制度（表1-4）。

表1-4 各国医疗保险制度类型及其覆盖人群

国家	医疗保险制度	覆盖人群	保障水平
德国	法定医疗保险	大部分国民，约占全国人口的88%	私人医疗保险和特殊医疗服务计划的保障水平高于法定医疗保险
	私人医疗保险	收入超过法定医疗保险缴费上限，约占全国人口的10%	
	特殊人群医疗服务计划	军人、警察、社会福利人员及收容所援助人员等	
法国	一般保险计划	工商业的职工及其家属，占全国人口的88%～89%	基本一致
	农业保险计划	农民和农业、矿业工作者及其家属，约占全国人口的6%	
	个体经营者保险计划	艺术家、商人及其他自由职业者，约占全国人口的5%	
英国	国民健康服务（NHS）	所有在英国有居住权的人	全民一致
西班牙	国民健康服务制度	所有在西班牙有居住权的人	全民一致
瑞典	医疗卫生服务体系	全体公民、在国外工作不足一年的瑞典人和在瑞典工作的外国人	全民一致
美国	医疗照护	65岁及以上的老年人，残疾人和晚期肾病患者	私人医疗保险的保障水平最高，但各个企业之间的水平差距比较大；医疗照顾的保障水平次之；医疗救助的保障水平最低
	医疗救助	AFDC和SSI的援助对象， 低收入家庭的小孩和孕妇， 低收入的医疗照顾对象， 有较大医疗开支的对象， 接受机构护理的人	
	私人医疗保险	企业、政府雇员	

续表

国家	医疗保险制度	覆盖人群	保障水平
加拿大	国民健康保险计划（NHI）	加拿大居民、公民和永久居民	全民一致
智利	公共医疗保障系统（SNSS）	覆盖了全国人口的64%	isapres 的保障水平高于 SNSS
	私有医疗保障系统（isapres）	覆盖了全国人口的26%	
日本	国民健康保险	农民、家庭主妇、自由职业者、退休人员、医生、律师、美容师等	基本一致
	健康保险	被雇佣者	
韩国	产业雇员医疗保险方案	产业工人	
	政府和私立学校雇员医疗保险方案	政府和私立学校的雇员，包括军事人员	全民一致
	自谋职业者医疗保险方案	农村和城市自谋职业者	
新加坡	保健储蓄（medisave）	每一个有工作的人，包括个体业主	保健储蓄（个人账户）支付小额费用，健保双全计划支付大病费用
	健保双全计划（medishield）	参加保险储蓄的会员	
	保健基金（medifund）	不能支付医疗费用的穷人	

资料来源：俞卫. 2013. 国际社会保障动态：全民医疗保障体系建设（社会保障橙皮书2013）[M]. 上海：上海人民出版社，207～208

二、国外健康保险的模式

医疗服务最早完全是个人的消费需求，医生个体开业，医疗费患者自理。随着社会、经济文化的发展，以及人们对医疗服务的认识不断深化，特别是保险的出现，健康险作为其中的一个重要组成部分越来越引起人们的关注。虽然健康险的出现仅有百年历史，但目前世界各地都已普遍程度不同地采用健康保险方式提供医疗服务。由于各国的实际情况不同，在实践过程中经过不断地探索、改进和完善，形成了各不相同的健康照护制度。

健康照护制度（health care systems）指的是一项整体性的医疗保健服务的提供。在20世纪60年代，世界卫生组织（WHO）尝试将健康照护制度分类，分为公共辅助（public assistance）、社会健康保险（social health insurance）和全民健康服务制度（national health services，NHS）。公共辅助是指多数发展中国家，健康照护普及，政府为宣示其对民众医疗照护的责任，在少数市区设置公立医院，而大部分的医疗则由私人医院或诊所提供，民众需自费获得医疗服务。

如果根据财务方式来划分健康照护制度的类型，主要可以分为政府医疗保障、政府保险、社会保险、储蓄制、商业保险、自费等方式，通常并不只局限于一种方式存在，经常会有两种方式并存的状态。如英国为政府医疗保障；加拿大和澳大利亚为政府医疗保障与政府保险并行；台湾地区是由政府办理的社会保险，德国及日本则为自主团体办理的社会保险；新加坡为政府医疗保障与个人储蓄制同时存在；美国为商业保险与社会保险；中国大陆则为社会保险与个人储蓄制同时运作。

目前，国外健康保险模式主要分为四大类（表1-5）。

表 1-5 国外健康保险模式

名称	私立型健康保险模式	全民健康保险模式		社会主义医疗服务保险模式	较完善的健康保险模式
代表性国家	美国	瑞典、法国、加拿大、日本	英国	前苏联、前东欧社会主义国家、朝鲜	德国、荷兰
医疗服务	个人消费为主	政府将医疗服务作为确保的消费项目提供给全体公民	由政府提供给消费者（属于社会福利的一部分）	为政府提供的公益服务，基本上免费	社会健康保险体系与商业健康保险体系共存
政府补助	对特殊人群（老年、残疾低收入等）提供费用补助，或采用特殊医疗保险方式				
医疗设施	部分隶属于国家，部分属于私立机构或个人	部分隶属于国家，部分属于私立机构或个人	绝大多数为公立	属国有资产	
医生	大多数为个体开业，并作为各种组织和团体成员	大多数为个体开业，并作为医学组织的成员	个体开业，并作为医学组织的成员	由政府雇用	
医疗服务费用	国家仅负担一小部分，部分转移给患者或企业	大多数由政府负担	由政府负担	完全由政府负担	
优点	政府经济负担很轻	企业、个人无经济负担	企业、个人无经济负担，卫生服务质量较高		保障充分、调动了社会各方财力、设计精密、政府的负担不重
问题或缺点	医疗服务费用急剧上升，失去医疗保险的人数与日俱增	管理及服务的满意度方面存在着亟待解决的问题	费用急剧上升，管理模式落后，各地服务水平差距大	低效益、服务质量差、管理漏洞多、卫生资源浪费严重	

资料来源：摘自《中国保险报》，转引自：黄占辉，王汉亮. 2006. 健康保险学［M］. 北京：北京大学出版社，54～55

健康保险在大部分发达国家都有一定的发展，不管是在商业健康保险占主导地位的美国，还是在商业健康保险作为社会医疗保险补充工具的德国，商业健康保险都有非常重要的地位。近年来，由于社会医疗保障体系面临越来越重的成本控制压力，在某些福利国家中，商业健康保险也有了发挥其作用的一席之地。在健康保险的整个发展历程中，有许多影响因素对其起到了很好的推动作用，但近年来出现的人口老龄化、慢性疾病增多和医疗费用不断增长等情况对健康保险造成的影响是需要人们不断去加以解决的。

21 世纪健康保险将以“人的健康”作为保险目标。人们将不满足于医疗保险给人的治疗保障，而追求的是人的健康保障。健康保险的目标将从得病后的传统医疗保险，转移到真正意义上的健康保险，提供更高品质的健康照护。

三、健康保险法律制度发展的国际趋势

健康照护（health care）是人类的基本权利，人人享有健康照护，是世界各国共同的目标。早在1948年的联合国《世界人权宣言》(Universal Declaration of Human Rights）就指出："每一个人都有权利拥有一定的生活水准，而使个人及家庭得到适度的健康和幸福，包括……医疗照护及必须的社会服务……且于患病时有权享受保障。"世界卫生组织（WHO）的《组织法》强调："健康是一项基本人权，并承诺确保为所有人提供可以达到的最高健康水平。"1978年世界卫生组织与联合国儿童基金会的《阿拉木图宣言》(health for All 2000）指出："全世界各国都需要采取紧急的行动，以基层医疗保健为手段，来保护并促进全人类的健康。"

世界卫生组织在《1999年世界卫生报告》中指出，健康照护制度（health care systems）发展共有六大目的，包括：①改善医疗水平（Improving health status)；②减少健康不公平（Reducing health inequalities)；③改善体系对民众期望的回应（Enhancing responsiveness to legitimate expectations)；④增加效率（Increasing efficiency)；⑤保障个人、家庭及社会免于财务损失(Protecting individuals，families and communities from financial loss)；⑥增加健康照护财务及健康服务的公平性（Enhancing fairness in the financing and delivery of health care)。

而世界卫生组织在《2000年世界卫生报告》中更加明确表示医疗制度（health systems）发展的五大方向：①服务范围能扩及全民入保；②成效上能够有成本效益的考量；③财务上能达到公平负担；④费用负担能达到有效率的购买医疗照护；⑤服务提供能提供有品质的服务。

医疗保障改革一直是困扰全球多数国家的难题。无论是发达国家还是发展中国家（地区）都致力于向广大民众提供公平、价廉、方便、可及的医疗服务，但几乎没有一个国家（地区）的医疗制度模式能达到完全满意的效果，而因各自的局限而饱受责难。各国和各地区都在医疗保障改革的道路中不断探索着，试图寻找出让公众满意的方案（表1-6)。

表1-6 世界医疗保障制度比较

医疗保障类型	参加机制	功能	覆盖人群	责任
个人储蓄	自主决定	个性化需求	所有人群，重点高收入者	个人
商业医疗保险	自由购买	多样化需求	所有人群，重点高收入者	个人、市场
社会医疗保险	强制参加	基本保障	所有人群	政府、单位和个人
社会医疗救助	强制提供	最低保障	低收入、临时需要群体	政府
慈善医疗救助	自主供求	拾遗补缺	临时需要群体	社会力量

资料来源：俞卫.2013.国际社会保障动态：全民医疗保障体系建设（社会保障橙皮书2013）[M].上海：上海人民出版社，316

如果把19世纪80年代德国推行疾病保险制度作为起点，把英国启动全民健康服务制度作为顶点，那么欧洲福利制度的创立足足用了半个世纪。而有些亚洲国家却只需10年。如果亚洲在建设福利国家上误入歧途，尤其是许下无法负担的承诺，世界上最具活力的一些经济体可能就此葬送了。但是，如果这些国家打造负担得起的安全网，它们不仅将改善该国国民的生活，也将成为各国学习的楷模。当前，在西方国家未能重新设计来应对老龄化人口和预算赤字攀升等问题之际，如果亚洲国家此时能够在福利制度方面有所作为，就能够在这个领域也超过西方。在我国医疗保险制度改革进入攻坚阶段之际，充分把握健康保险发展的国际趋势，深入比较和借鉴各国健康保险法律制度的得失，是非常有必要的。

各国的医疗保障制度或多或少存在亟待解决的问题，其中较为突出的是医疗费用增长过快、

财政压力巨大、医疗卫生制度效率不高、公平性不够和便利性缺乏等。针对医疗保障制度运行与体制中的突出问题与弊端，世界各国结合本国的具体情况和模式特点进行了多种形式的改革探索与实践。这些改革朝着提高制度效率性、促进制度公平性、增进医疗服务质量的方向发展。

2012 年 12 月 12 日，联合国大会一致通过全民保健决议，敦促各国政府努力向所有人提供负担得起的高质量卫生保健服务。该决议强调了卫生在实现国际发展目标方面发挥的重要作用，并呼吁各国、民间社会和国际组织将全民保健纳入国际发展议程。世界卫生组织在《2013 年世界卫生报告：全民健康覆盖研究》中指出：全民健康覆盖（universal health coverage，UHC）指所有人都获得所需要的卫生服务（health services），而在付费时不会陷入经济困境。它应涵盖全面的高质量基本卫生服务，确保所有人获得促进健康、预防疾病、提供治疗和康复的服务。这就需要有一个强有力、高效、运转良好的卫生系统（health system）；一个为卫生服务供资的制度；可获得基本药物和技术；以及数量充足、受到良好培训且积极进取的卫生工作者。多数国家面临的挑战是如何扩展卫生服务，利用有限的资源来满足日益增长的需求。

全球化条件下，各种医疗保障模式互相影响、借鉴，全民医疗保障模式借鉴了很多市场主导模式的竞争机制，而商业医疗保障为主的模式也借鉴学习了很多全民保障的理念。全球的医疗改革有一个共同的目标，就是达到 3A（即 available 可获得性、affordable 可负担性、appropriate 适宜性）。可以看到共同的发展趋势如下。

（1）普遍性，确保所有不能承受私人医疗保险的居民有平等的机会享受到医疗卫生服务。

（2）公平性，较少健康的不公平性被认为是政府的重要目标之一。

（3）社会责任，健康事务问题主要由医师团体、医院团体和医疗保险团体责任。

近年来国外医疗保障的目标从单纯的保险走向提高健康水平。为了实现这个目标，各国的医疗保障制度越来越趋向于对国民健康的全面保障，把很大一部分资源和时间用于预防。以医疗保障引导民众改变不良生活习惯，加强锻炼，为提高健康水平做努力。从国际上看，为应对医疗保障基金入不敷出的严峻局面，世界各国几乎都把改革供方费用偿付方式作为本国医疗保险制度改革的突破口和控制不合理费用增长的主要手段，提高效率及增加患者的责任也是较好的办法。

总之，医疗保障制度改革的成功与否取决于合理的模式选择和良好的制度设计。就多数国家而言，医疗保障制度改革不能完全商业化，各国医疗保险的改革，也是在更加公平、更有效率、质量更高的既定目标前提下，探索市场竞争与政府干预结合的最佳形式，更好地保障人们的医疗保险需求。从目前全球趋势来看，保证公益性是最基本的医疗目的，在此基础上，随着投入增加和机制完善，才能逐步改善服务的效率与质量。

世界各国的医疗制度经过不断改革，出现了一些共同的发展趋势，很多国家将医保筹资者与医保付费者分开，从而让医保付费走上专业化竞争之路。具体而言，在实行全民公费医疗制度的国家中，国家通过税收筹集医疗资金，但是设立专门的机构负责资金配置以向医疗机构付费；在实行社会医疗保险制度的国家，原本筹资与付费职能一体化的医保机构一分为二，形成“有管理的竞争”（managed competition）格局。从长远来看，走向“有管理的竞争”，同样是中国医疗保障制度改革的大方向。

（黑启明）

复习思考题

1. 简述健康保险的概念界定。
2. 简述社会医疗保险与商业健康保险的联系和区别。
3. 试述健康保险法的理论基础。
4. 试论健康保险法律制度发展的国际趋势。

案例

德国医改：6000 多次修订依然无终点

1883 年德国颁布了《疾病保险法》，建立了世界上第一个医疗保险制度。其后，德国医疗卫生制度历经多次修改，仅 1977 年至今，德国针对卫生领域的法规就做出了 6000 多次的修订，但是改革还没到终点。目前，德国由政府和社会共同承担卫生领域的组织与管理，实行社会保险模式医疗制度。

建立世界上第一个医保

1883 年德国颁布了《疾病保险法》，建立了世界上第一个医疗保险制度。此后德国医疗卫生制度不断完善。20 世纪 90 年代以来立法及修订十分频繁，如 1992 年《医疗保险结构法》、1996 年《健康保险费豁免条例》、1998 年《增进法定医疗保险公司之间的团结法令》、2002 年《药品开支限制法》、2003 年《法定医疗保险现代化法》等。实际上，仅 1977 年至今，德国针对医疗卫生领域的法规就做出了 6000 多次的修订。

目前，德国约有 8200 万人，各级各类医院约 2200 所，医疗卫生人员 420 万。2010 年的医疗卫生财政预算总支出达 3195 亿欧元，比 2009 年增加 5.3%。

医保系统曾濒临破产

2003 年 7 月，德国通过了《法定医疗保险现代化法》，其目标是增加医疗保险收入，减少支出；引入市场竞争机制，提高医疗服务的效率和质量。具体措施：将原来的基本免费医疗改为收取部分费用，并减少法定医疗保险覆盖的项目；成立联邦药品质量与经济性检验中心，作为新型的医疗评估机构；增加投保人的医保附加费。此次改革实现了医保费用支出在 1 年后降低 3.3% 的目标，多数法定医疗保险公司开始扭亏为盈，竞争意识增强。

然而，收支失衡的问题依然没有解决。伴随着近年来经济发展缓慢，人口结构发生变化，医疗费用不断上涨。尽管政府一再提高医疗保险费的缴费比例，但其增长速度仍然赶不上医疗费用开支的增长速度。而且，法定投保人数由于失业人数的不断增加出现明显下降，导致许多法定医疗保险公司赤字严重。截至 2003 年亏空已达 25 亿欧元，到 2004 年，整个医疗保险系统濒临破产。看来小修小改并不解决问题，大规模改革势在必行。

2007 年新一轮医改启动

以 2007 年 4 月 1 日实施《法定疾病保险强化竞争法》为标志，德国开始了新一轮的医改。这次医改方案是大联合政府中两派政治力量妥协的产物。德国总理默克尔对大联合政府就医疗改革基本达成一致表示高兴并指出，通过医疗系统的结构性改革，国家将会节省大量资金。改革方案主要涉及：将医疗保障覆盖到全民；改善医疗服务的提供，注重用药的经济性，通过法律限定最高药价；成立一个国家性质的法定医疗保险机构联合会，目前的 253 个法定医疗保险机构将适当合并，实行自我管理；改革融资方式，创建卫生基金。

其中，最为关键的是要求从 2009 年 1 月 1 日起设立一个健康基金。设立后法定医疗保险机构只能从这个基金中领取每个医疗参保人的、统一数额的医疗保险费（约 170 欧元/月）。此外，从 2011 年 1 月起，医保费将从占工资总额的 14.9% 上涨到 15.5%。

总体上，新医改有如下特点：追求公平，对所有居民都进行强制性医疗保险，员工的医疗保险是由雇主提供，员工家人也能得到相应保险；强调效率，医疗服务领域引进更多的竞争机制，不管是私人的还是公共的医疗机构，都对所有人公开；讲究团结，建立一个公共医疗卫生基金，以统一全国范围内的法定医保费率，平衡人口不均衡地区的医疗费用风险；加强国家作用，也强调个人责任。

社会保险型医疗模式形成

经过多年的发展完善，德国社会保险型医疗模式形成以下特征。

（1）政府和相关社会组织有机协作。政府管理以宏观管理为主，重点在加强监督。新医改方案加强了政府在法定医保领域职能的多元化，强化了政府的服务职能。

（2）法定保险（强制）为主、私人保险（自愿）为辅的体系。对所有居民都进行强制性医疗保险，医保费用的缴纳由雇主和雇员各承担一半。法定医保领域引入竞争机制，投保人拥有较大的自由选择空间，法定医疗保险几乎支付全部的治疗费用。

（3）医院服务和门诊服务分离。德国医疗服务体系包括四个部分：开业医生主要负责初级医疗、次级门诊医疗服务；医院（公立医院、非营利医院和私营医院）负责各种形式的住院医疗服务；康复机构负责经医院治疗后的康复；护理机构负责老年及残疾者的护理。

（4）均衡服务与公平性。在德国，所有参加了保险的人，只要患病，所产生的医疗费用都由第三方支付，即保险机构支付。同时无论投保的是哪家法定保险机构及实际缴费额的高低，患者所享受到的医疗水平基本一致，体现公平性。

话说回来，新一轮医改还存在一些问题而受到有关方面的抗议。反对党质疑改革的公平性，各地医疗界人士举行了大规模的示威抗议，医保公司和医疗行业协会也纷纷发表联合声明加以谴责和抵制。争论焦点集中在健康基金的建立和组建统一的联邦法定医保总会上，普遍认为这两项政策无益于改变法定医保业存在的结构性问题。由此看来，德国的医疗制度改革是没有终点的。

（资料来源：赵新立 . 2011. 德国医改：6000 多次修订依然无终点［J］. 第 10 版 . 法制日报）

问题：如何评价德国的医改？

提示：医疗保障制度改革的成功与否取决于合理的模式选择和良好的制度设计。

拓展阅读

新报告显示，4 亿人不能获得基本卫生服务

世界卫生组织和世界银行集团今天推出一份报告，指出 4 亿人不能获得基本卫生服务，并且低收入和中等收入国家 6% 的人口因卫生支出而陷入或更深地陷入赤贫。

“这份报告是个警钟：它表明我们远未实现全民健康覆盖。我们必须扩大提供卫生服务并保护最穷人群不因卫生支出而陷入严重经济困境”，世界银行集团卫生、营养和人口部资深主任 Tim Evans 博士说。

该报告题为“跟踪全民健康覆盖”，是衡量卫生服务覆盖和财务保护措施以评估各国实现全民健康覆盖进展的系列报告中的第一份。报告审查了 2013 年全球在获取基本卫生服务，包括计划生育、产前保健、熟练接生服务、儿童免疫、抗逆转录病毒治疗，结核病治疗及获取清洁水和卫生设施方面的情况，发现至少 4 亿人无法获取上述至少一种服务。

“世界最弱势的人群甚至不能获得最基本的服务”，世界卫生组织卫生系统和创新助理总干事 Marie-Paule Kieny 博士说，“对公平的承诺是全民健康覆盖的核心。卫生政策和规划应侧重于向最贫穷的人群、妇女和儿童、农村居民及少数群体成员提供优质卫生服务”。报告还发现 37 个国家有 6% 的人口因必须自付卫生服务费用而陷入或更深地陷入赤贫之中（每天 1.25 美元）。如果研究将每天 2 美元这个贫困标准作为因素计入，那么这些国家有 17% 的人口因卫生支出而陷入或进一步陷入贫困。

“当穷人必须自费支付自己的紧急医疗费用时便会发生这类高度致贫现象，对消灭极端贫穷的目标构成重大威胁”，世界银行集团高级副行长兼首席经济学家 Kaushik Basu 博士说。“随着我们向 2015 年后发展时代过渡，我们必须对这些调查结果采取行动，否则世界的穷人可能被遗落在后面”。

世界卫生组织和世界银行集团建议推行全民健康覆盖的国家应力争使基本卫生服务的人口覆盖率达到至少 80%，并且世界各地人人都应得到保护，免于灾难性和可能致贫地卫生支付。

“随着更多国家对全民健康覆盖做出承诺，它们面临的一项主要挑战是如何跟踪进展”，世界卫生组织卫生统计和信息系统司司长 Ties Boerma 博士说：“该报告指出，有可能从卫生服务和财务保护覆盖这两方面对全民健康覆盖进行量化并跟踪其主要目标的实现进展。”这是世界卫生组织和世界银行在跟踪各国实现全民健康覆盖进展方面将编制的年度报告系列的第一份。

“正如所说的‘能衡量，始能执行。’随着世界各国采取步骤提供全民健康覆盖，确认差距和有效衡量进展的能力将大大增加这一全球运动的势头。”洛克菲勒基金会常务董事 Michael Myers 说：“这是各国用以实现全民健康覆盖和建设更具应变能力卫生系统的一项重要工具。”

洛克菲勒基金会和日本厚生劳动省为本报告提供了支持，6 个月后，12 月 12 日时将举办第二个一年一度的全民健康覆盖日活动。

（资料来源：世卫组织/世界银行联合新闻稿，2015 年 6 月 12 日）

第二章

西方发达国家健康保险制度

内容提要

医疗保险起源于第一次工业革命以后的欧洲。发展至今，在西方发达国家已经形成了四种基本的医疗保险模式：社会保险模式、全民保险模式、储蓄保险模式和商业保险模式。各国医疗保险制度的发展受到特定历史、文化、政治和经济等因素的影响，因此各种模式之间既有相似性，也有独特性，各有所长，也各有所短。本章着重介绍各种模式的发展历程、主要内容及面临的问题。

第一节 社会保险模式

社会保险模式的基本特点是医疗保险基金实行社会统筹，主要由雇主和雇员共同缴纳，政府酌情提供一定的财政补贴，由全社会共同分担医疗成本。德国和日本是社会保险模式的典型代表。下文以德国为例，对社会保险模式进行简要介绍。

一、德国医疗保险制度发展历程

德国是世界上最早建立社会保障制度的国家，其于1883年所颁布的《疾病保险法》是世界上第一部社会保险法律。以《疾病保险法》为基础发展起来的医疗保险制度经历了两次世界大战与东、西德分裂，虽然面临不断改革的压力，但是至今仍然是德国医疗保险制度的基础。

如今，德国实行的是以强制性社会医疗保险（法定医疗保险）为主，商业医疗保险为辅的医疗保险政策。根据2011年的法定标准，年收入低于50 850欧元或者月收入低于4237.50欧元的居民必须参加法定医疗保险。收入高于上述标准的居民可以自愿参加法定医疗保险，或者购买商业医疗保险。根据2012年的统计数据，86.6%的居民都参加了法定医疗保险。因此，法定医疗保险在德国起着至关重要的作用。

德国的法定医疗保险分为法定医疗保险与护理保险两个部分，目前法定医疗保险的缴费标准为个人收入的15.5%，其中雇员个人承担7.2%，雇主承担8.3%，护理保险的缴费标准为1.95%。商业医疗保险的保险费则根据商业保险合同的相关规定进行确定。由于法定医疗保险只提供了基本的医疗保障，患者更高的保障要求则必须通过购买商业保险来解决。尤其是对于高收入人群来说，商业医疗保险可能更符合其要求。

法定医疗保险与商业医疗保险的区别主要在于：①法定医疗保险的保障水平通常低于商业保险。根据法律规定，商业医疗保险的保障标准不得低于法定医疗保险。②保险费的计算依据不同。法定医疗保险强调地是互助共济原则，单纯以被保险人工资收入为计算标准，而商业医疗保险则以保险风险为主要计算依据。③法定医疗保险强调一人参保，全家受益。只要夫妻一方参保，配偶与子女均享受保险保障。而商业医疗保险则原则上只保障被保险人个人的健康风险。所以，如果子女众多，商业医疗保险的保费支出就会很大。④两者的法律依据不同。因法定医疗保险产生的纠纷，原则上根据《德国社会法典》的相关规定由社会法院审理。而商业医疗保险则适用《德国保险合同法》等相关民商事法律规范，由普通法院管辖。

二、德国法定医疗保险制度的基本内容

与商业保险相比，德国的法定医疗保险制度非常复杂，是涵盖医疗卫生管理的一个有机整体，涉及医务人员管理、医疗机构运营、药品管理，以及社会保障等多个方面。

（一）法定医疗保险机构

法定医疗保险机构是法定医疗保险的承保人。由于历史传统的缘故，德国的法定医疗保险机构并不统一，既存在区域性的保险机构，也存在行业性的保险机构，如海员保险机构、农民保险机构。随着德国近年来多次进行的医疗保险改革，法定医疗保险机构开始有走向统一的趋势，并且各机构之间自由开展业务竞争。

（二）医保医师协会和医院协会

法定医疗保险机构虽然承保医疗保险，但是其自身并不直接向民众提供医疗服务，而是要向医生及医疗机构购买医疗服务。这一交易过程不是法定医疗保险机构与医生及医疗机构之间一对一的协商，而是由双方各自在联邦层面的代表机构，即联邦医保机构协会与医保医师协会及各州的医院协会，签订集体合同，约定具体结算方式与年度预算总额。

（三）药品经营企业

根据德国药品管理法律制度，药品由药品经营企业（通常被称为“药房”）专营，医生及医疗机构都不能直接经营药品，其所需的药品必须由药品经营企业提供。医生通常只负责开处方，由患者本人持处方与保险卡到药品经营企业取药。处方药品的价格也是由联邦医保机构协会与药品经营企业通过谈判确定。药房原则上不向患者收取药费，而是定期与法定医保机构结算。

（四）保险范围

德国法定医疗保险的保障水平相当高。所有为了甄别、治疗、预防及缓解病痛所“必要的”诊疗都属于医疗保险支付范围，具体主要包括医生门诊（包括精神病门诊）、外科整形、药品、医疗器械、家庭护理、住院、康复治疗、不孕不育治疗，以及必要的误工与交通补贴。对于所有的保险项目，患者只需要支付少量的费用，就可以享受个人支付最高限额的保护。商业医疗保险的保障水平更高，患者在就医时可以享受更好的待遇，如要求专家诊疗、指定手术医师、享受单间病房等。如果参保法定医疗保险的患者也希望享受这些待遇，则必须自行承担费用，或者另行购买相应的附加保险。

（五）费用结算

法定医疗保险机构对医院及门诊医生费用的结算采取的基本是病历包干，即对一些常见病规定了费用标准，超过规定的标准，必须得到医疗保险机构的认可，否则，超过部分只能由医院自己消化处理。医疗保险机构不直接对诊所医生进行费用结算，而是将通过谈判预先确定的总费用支付给医保医师协会，再由医保医师协会与医生进行个别费用结算。

三、德国医疗保险制度面临的问题

随着社会的发展和人口老龄化的日趋严重，德国的医疗保险体系也面临着严峻挑战。其中保

险费的增长速度赶不上医疗保险费用支出的增长速度是一个突出的问题。而且这个矛盾日趋尖锐，已经严重威胁到这种全民医疗保障体系的生存。为解决医疗开支迅速增长的问题，德国政府被迫一再提高医疗保险费缴费比例。在过去30年中，法定医疗保险的缴费占工资比例已经从平均8%增加到15.5%。这等于变相增加工资附加成本，反过来对就业市场造成了负面影响，从而形成恶性循环。在这种情况下，德国政府不得不推行医疗改革，一方面引进竞争机制，迫使各大医疗保险机构加强自身管理、降低成本，另一方面扩大缴费基数，取消部分医疗保险保障项目，如安装假牙、验光配镜等，同时提高了患者自付费用的数额。近年来，增加患者自付医疗费用的比重被德国政府视为控制医疗费用膨胀的有效手段，开始建立费用共担机制。患者每次就医或者开处方，将会承担不同程度的费用。这种医疗费用共担机制的实施一定程度上防止了患者对医疗资源的过度浪费。

第二节　全民保险模式

全民保险模式，也被称为国家医保模式，特点是政府直接举办医疗保险，医疗保险作为社会福利向全民提供，资金来源主要依靠税收。政府承担医疗费用并控制预算，将医疗保险基金直接拨给医疗机构及医生。虽然患者不是完全免费就医，但是个人承担的费用也非常少。这种医疗保险模式可以在最大程度上保证医疗资源的公平性分配。实行这一医疗保险模式的国家有英国、加拿大、澳大利亚、新西兰及北欧国家。下文以英国为例，对全民保险模式进行简要介绍。

一、英国医疗保险制度的发展历程

英国的医疗保险制度最早可以追溯到1536年颁布的《济贫法》。根据该法，贫困人口患病时可以获得政府的医疗救助。从1871年开始，社会性的互助会和共济会等组织也被纳入医疗救助体系，英国政府对贫困人口的医疗救助力度不断加强。英国议会在1911年通过《国民保险法案》，要求雇员和雇主按工资比例共同缴纳社会保险金。缴纳社会保险金的人有资格享受免费医疗服务、补充养老金和失业保险金等福利。由于该法案覆盖的人口有限，导致当时建立的医疗体系只能解决部分人群的就医困难，出现了一类人群看病免费，而另一类人群完全自己承担医药费用的两极现象。两次世界大战的发生阻碍了英国医疗保险体制的进一步改革，直到1941年新一轮的大规模改革才得以开始。1946年通过的《国民健康服务法案》（National Health Service Act）正式启动了全民保险模式，对全体国民提供无差别的免费医疗服务。

在初期阶段，国民健康服务系统实行完全的免费医疗制度，但是由于二战结束后英国政府财政困难，从1952年开始对患者收取一先令的处方费。此后，为了应对医疗费用的持续上涨并遏制浪费，针对患者自行承担的处方费和其他自费医疗项目，如牙科和眼科的部分医疗服务，一直都处于不断地调整当中。由于国民医疗服务体系运行过程中不断出现问题，国家的经济形势和财政状况等因素，再加上不同政府的施政方针，英国的国民健康服务体系也一直是改革的焦点，迄今已经经历了四次重大改革。

（1）1974年威尔逊政府：改革卫生管理体制，组建中央、大区和地区三层管理模式，加强中央集权，从原有的中央和地方分治的多元结构，变成中央垂直领导的一元分层架构，增强了中央政府调配资源与协调能力，大大削弱了地方政府在医疗卫生管理方面的职能。

（2）1982年“铁娘子”撒切尔政府：重组医疗卫生管理机构，简化管理层次，进一步强化了中央集权。引入了医疗服务的竞争机制，导入总额预算制度，将国家卫生服务的支出冻结在国民生产总值的6%左右，控制医疗支出的过度增长。

（3）1991年梅杰政府：改革国家卫生服务组织结构，进一步精简机构。建立内部市场竞争机制，将管理者和医疗机构的关系转变为买方和供方的关系。建立医疗服务质量评价体系，完善初级医疗服务制度，控制药品费用。

（4）1997年布莱尔政府：下放权力，加大医院管理层和医生的自由度，根据其需要决定资金的分配和使用。加强对医疗机构的监督管理，提高医疗服务质量。引入新的费用结算机制，与医疗服务质量挂钩。吸引民间资金，将私人医院纳入国家的医疗卫生服务体系。

从2011年开始，卡梅伦政府发起了针对国民健康服务体系的新一轮改革，旨在通过促进国民健康服务体系内部的竞争，来提高效率并削减开支。这一改革计划在政府机构、卫生部门及公众中引起广泛质疑和争论。例如，英国政府2011年提出了《医疗和社区健康服务法案》，希望进一步把医疗经费的控制权由卫生部下放到基层医疗单位，甚至是医生和患者本人，以减少管理成本。但是该法案遭到广泛质疑，英国政府不得不于2011年4月4日宣布，冻结该法案的法律程序。因此，这一轮改革的具体实效如何，还有待于时间的考验。

二、英国医疗保险制度的基本框架

英国医疗保险管理方式主要实行统一管理，其中包括三个层次组织结构：①首相任命和委派领导国家卫生和社会保障部的国务大臣；②大区卫生局，负责若干个地区的医疗卫生管理；③地区卫生局。相关部门职能大致如下。

国家卫生和社会保障部是负责医疗卫生行政管理最高权力机构，负责制定医疗卫生总体规划、决策，控制资源分配，但具体只管理英格兰的国民健康服务系统，威尔士、苏格兰和北爱尔兰的国民健康服务系统由各自政府自己负责。国家卫生和社会保障部设有政策委员会，由卫生国务大臣兼任主席；该委员会为国家医疗服务的运行及医疗服务制度的制定和实施提供战略规划。

大区卫生局的主要职能是执行国家卫生和社会保障部的决策，并制定相应的大区医疗卫生服务计划，承担大型医疗机构的建设项目，向下一级地区卫生局分配资源，负责大区内医疗卫生科研项目管理和医务人员的培训等工作。

地区卫生局是各地区负责提供医疗保健服务的执行机构，其主要任务是管理、协调和保证本地医疗机构的正常运行，为本地居民购买医疗服务，评估居民身体健康状况，收集有关死亡、疾病及医疗服务需求等信息。

英国的医疗服务主要由两个方面提供：一方面是各级公立医疗机构；另一方面是提供初级医疗服务的全科医生。医院负责向患者提供床位及诊疗服务，服务范围包括急诊、门诊、短期住院和长期住院。全科医生主要负责患者的首次诊断，承担了绝大部分初级医疗保健工作。每个英国居民都必须预先在一名全科医生处登记注册，患病时由该医生首诊，并根据需要转诊到专科门诊或者住院治疗。医院没有门诊，患者只有通过全科医生转诊才能看专科医生或住院治疗。全科医生与政府签约，其负责的居民越少到医院治疗，该医生的奖金就越多，因此全科医生有很大的动力为其患者提供集体免疫、体检和预防保健服务。全科医生也因此被称为“健康守门人”。

三、英国医疗保险制度面临的问题

英国医疗保险体制（国民健康服务系统）的资金来源主要是税收，由国家直接管理医疗服务，因此不仅管理成本低，而且医疗服务的公平性和可及性都比较好。但是，这一制度自从诞生之初就一直有其自身的严重问题。首先是政府的财政压力大。随着国民健康服务系统的覆盖面逐步扩大，英国政府的投入也越来越多。1948年国民健康服务系统刚刚建立时，英国政府的医疗财政预算是4.37亿英镑，约合现在的90亿英镑。而到2012～2013年，英国政府对国民健康服务系统的投入预算是1089亿英镑，是最初预算的10倍还要多。其次是患者就医的等待时间过长。通过全科医生转诊之后，患者通常要经过很长的时间才能得到专科医生的治疗。英国的标准实践是将任何需要“选择性”处理的患者列入等待名单，只要不是危及生命的，就可以等待。再次，全科医生的初级医疗服务体制也产生了一些负面影响：其一是在人口相对稀少的农村地区，由于全科医生的收入无法得到保障，仍然存在看病难的问题；其二，全科医生也存在着“撇脂”行为。虽然法律禁止全科医生选择患者，但是为了提高自己的奖金，仍然有一些全科医生歧视高风险患者。最后，由于医院医生是政府雇员，领取固定工资，收入相对较低，因此英国医生的稳定性较差。为了补充医生的不足，英国不得不大量引进发展中国家的医生（主要是前英联邦国家），目前有超过1/3的医生不是英国本土培养的，从而制约了英国整体医疗水平的提高。

第三节　储蓄保险模式

储蓄保险模式的基本特征：国家通过立法，要求雇主、雇员缴费建立以个人或家庭为单位的医疗储蓄账户，政府给予适当补贴，用于支付家庭成员患病所需的医疗费用。实行这一制度的国家主要有新加坡、马来西亚、印度尼西亚和印度。新加坡是实行这种医疗保险模式的成功典范。

一、新加坡医疗保险制度发展历程

1974年以前，作为前英国殖民地，新加坡在医疗保障制度方面借鉴了英国模式。在70年代医疗卫生费用急剧膨胀之后，新加坡政府意识到当时的医疗保障制度难以为继，必须进行改革，于是从以税收资助医疗保健的英国模式，转向由国家和个人共同分担费用，并且以个人缴费为主的模式。1984年新加坡政府把原本适用于养老保障的强制储蓄制度拓展到医疗保障，建立了保健储蓄计划（medisave）。所有雇员，包括自由职业者，都必须将月收入的一定比例存入设在公积金局的个人保健储蓄账户，用于支付本人及家庭成员的住院和部分门诊诊疗费用。为了补充保健储蓄计划，新加坡政府1990年推出了健保双全计划（medishield）。这是专门保障大病及慢性病治疗的政策性商业保险，个人自愿投保，由政府指定的商业保险公司承办，保险费从个人保健储蓄中扣除，缴费标准随着年龄逐渐递增。从2015年底，健保双全升级为全民化的终身健保（medishield life），变成一种全民强制参与的新医疗保险计划。为了解决贫困人口的就医问题，新加坡政府于1993年创立了保健基金计划（medifund），确保每一个国民都能享受基本医疗服务。概括来说，新加坡当前的医疗保险体制主要由三个方面组成：保健储蓄计划（medisave）、健保双全计划（medishield）和保健基金方案（medifund），被通俗地称为“3M”。

二、新加坡医疗保险制度基本框架

（一）保健储蓄计划

保健储蓄计划是新加坡医疗保障体系的基础。所有雇员，包括自由职业者，都必须参加，根据年龄段的不同，适用不同缴费标准。每月的缴费由雇主和雇员各承担一半。但是从2015年1月1日起，雇主缴纳的部分增加一个百分点（表2-1）。

表2-1　保健储蓄计划缴费标准

年龄	35岁及以下	36～45岁	46～50岁	51岁以上
保健储蓄账户（工资百分比）	7	8	9	9.5

保健储蓄计划包括一般住院费用（标准为 B2 到 C 级病房）和部分门诊诊疗费用。为了防止保健储蓄金被浪费，新加坡政府设立了日住院费用提取限额，并根据手术的难易程度对不同的外科手术规定了提取限额，限制患者使用保健储蓄支付私人医院和公立医院高级病房的费用。政府设定的提取限额通常足以支付普通的住院和治疗费用。

保健储蓄账户有一个封顶线（medisave contribution ceiling），当前为 48500 新加坡元。当保健储蓄账户余额达到封顶线时，超出部分将根据账户所有人的年龄进行不同处理。

当保健储蓄账户的所有者超过 55 岁时，可以提取一定的保健储蓄金，但在账户上要保留最低限额（medisave minimum sum），目前为 43500 新加坡元。这是为了保障账户所有者在年老时，有足够的保健储蓄支付其住院费用。另外保健储蓄金可以作为遗产，并且免征遗产税（表 2-2）。

表 2-2　保健储蓄账户余额处理

账户所有人年龄	超出部分转移至
55 岁以下	公积金特别账户
超过 55 岁，公积金账户没有达到最低数额的	退休账户
超过 55 岁，公积金账户达到最低数额的	公积金普通账户

（二）健保双全计划和终身健保计划

健保双全计划是针对基本医疗保障的一项低费用大病保险计划。它的设立是为了帮助参加者支付大病医疗费用。保险金直接从保健储蓄账户中扣除，不需要另行支付。与保健储蓄不同，健保双全计划是自愿参加的，但是如果保健储蓄的成员没有明确选择不参加，则将自动成为健保双全计划的成员。目前新加坡有 93% 的居民参保。

健保双全计划主要用于支付大额住院费用和一些较贵的门诊治疗费用，如肾透析、癌症患者的放疗与化疗等。为了实现更好的可及性和鼓励参保积极性，健保双全计划不仅保险费低，而且越早参保，就可以享受越高的保险费折扣。另外，由于健保双全计划只保障普通病房（B2 / C）的住院费用，如果参保人选择高级病房（A / B1）或者私立医院，就只能报销部分费用，对于自行承担的部分，还可以选择参保经过批准的、与健保双全计划配套的商业医疗保险。从 2015 年底开始，健保双全计划将全面升级为终身健保计划，取消了参保年龄上限，转变为强制参加制度，从而在现有健保双全计划的框架内扩大了覆盖面，并且进一步提高了保障水平。为此，新加坡政府在终身健保计划实施首 5 年拨款 40 亿新加坡元。

（三）保健基金方案

保健基金实际上是一种医疗救助基金。为了解决前述保健储蓄计划和健保双全计划覆盖不到的少数人口的就医问题，新加坡政府 1993 年捐资 2 亿新加坡元（简称新元），并决定以后在财政有结余的年度予以追加，截止 2012 年这笔资金数额已达 30 亿新元。政府利用这笔资金的利息收入实施医疗费用救助。在 2011 财政年度，新加坡政府通过保健基金方案提供的援助金总额达 9080 万新元，成功获得保健基金的申请者总数达 518 000 人次，申请保健基金的成功率为 99%。

在保健基金方案下，还有 2007 年 11 月启动的银发族保健基金（medifund silver）和 2013 年 3 月启动的少儿保健基金（medifund junior）。前者专门用于老年人的医疗救助，启动基金为 5 亿新加坡元，后者是专为 18 岁以下少年儿童患者设立一个保健基金，每年分配 800 万新元给医疗机构灵活处理，以帮助有需要的家庭进一步减轻医药费负担。

（四）乐龄健保计划（E1derShield）

前述三项制度（“3M”）构成了新加坡医疗保障的核心。为了补充“3M”筹资制度的不足，新加坡政府在2002年6月实施了乐龄健保计划，每5年进行一次调整。这是一项新的低费用保险方案，用于向严重残疾，从而生活不能自理的参保人提供必要的经济来源保障。40岁以上的保健储蓄账户所有人都自动参保，除非当事人明确声明拒绝参保，保险费缴纳到年满65岁，从保健储蓄账户扣除。参保人如果发生严重残疾，可以获得每月400新元的生活费，最长期限为6年。

三、新加坡医疗保险制度面临的问题

与英国的全民保险模式和德国的社会保险模式相比，新加坡的储蓄保险模式更有利于减少医疗资源的浪费，激励人们审慎地利用医疗服务，并且能够解决老龄人口筹集医疗费用的问题，让每一代人的医疗保健费用问题由本代人来解决，避免出现医疗费用的代际转移。然而，这种医疗保险模式也存在严重的问题。第一，因为雇主要为雇员支付高额的医疗保险费用，加大了企业的运营成本，削弱了企业的国际竞争力；第二，雇员因为已支付了医疗储蓄，所以医疗保障需求减弱；第三，投保人要先履行缴费义务才能享受医疗保障，由于个人的支付能力不同，医疗服务不平等现象严重；第四，这种模式社会统筹差，缺乏互济性，经济能力最差的低收入或无业人员得不到充分保障，因此需要政府投入巨额医疗补贴，专门解决贫困人口的就医困难问题。

第四节　商业保险模式

商业保险模式的典型特征是指将医疗保险作为一种特殊商品，按市场原则自由经营，通过市场来筹集费用和提供服务，保险费用原则上由市场自发调节，政府基本不干预或者较少干预。除了少数非营利性保险组织以外，大多数都是以营利为目的。美国是实行商业保险模式的典型国家。

一、美国医疗保险制度的发展历程

美国是目前唯一没有实现全民医疗保险的发达国家。其医疗保险制度的基本特点是私人保险公司举办的商业性医疗保险为主、政府实施的各种医疗保障计划和社会群体举办的非盈利性医疗保险为辅。其医疗保险制度的发展历程大致可以划分为以下几个阶段。

（一）贝勒计划与双蓝计划

1929年，美国爆发了灾难性的经济大危机，大量人口无法支付医药费用。得克萨斯州达拉斯贝勒（Baylor）大学医院的贾斯廷·福特·金博尔（Justin Ford Kimbal）创立了一个医疗保险项目——贝勒计划。在该医疗保险项目中，每个投保教师每月只需缴纳50美分，患病时就可以享受21天的住院治疗。同一时期，美国西北部太平洋沿岸地区的伐木和采矿工人也开始向当地医生支付小额月费以获得医疗服务。这种保险模式取得了成功，并且获得了美国医院协会的赞同。以此为基础，先后成立了非营利性医疗保健组织：蓝十字协会和蓝盾协会。其经营的医疗保险项目也相应被称为“蓝十字计划”与“蓝盾计划”，合称“双蓝计划”。蓝十字计划主要解决的是患者住院问题，而蓝盾计划主要解决外科与一般门诊费用问题。

（二）1965年开始的社会医疗保险

美国国会1965年通过了《医疗保障法案》。根据该法的授权，美国建立了两项社会医疗保险：

①针对退休老人和残疾人的“医疗照顾计划”，由联邦政府负责；②针对低收入居民的“医疗补助计划”，由州政府负责。此后，美国在社会医疗保险制度的建设方面进展缓慢，直到1997年《预算平衡法》通过以后，才在“医疗照顾计划”和“医疗补助计划”的基础上，针对不能加入“医疗补助计划”的18周岁以下未成年人设立了“州儿童健康保险计划”（state children's health insurance program，简称SCHIP），由美国联邦政府和州政府联合出资，并由后者负责具体管理工作。

在前述三项社会医疗保险之外，美国还有专门针对退伍军人群体的退伍军人医疗保险，这也是美国唯一由政府直接提供服务的医疗保障。美国联邦政府提供财政拨款，设立国营的专门医疗机构，由退伍军人事务部下属的退伍军人医疗事务局管理。

（三）从第二次世界大战期间开始发展的商业医疗保险

在第二次世界大战期间，由于美国参战人数众多，导致美国国内劳动力短缺。为了防止通货膨胀，美国政府冻结了工资水平，但是医疗福利费用不计入工资之内，雇员也不必为此缴纳个人所得税。许多公司为了吸引劳动力，纷纷为雇员购买医疗福利，这一做法一直持续到二战结束以后。这就为私立商业保险公司的发展创造了有利条件。这类商业性医疗保险与“双蓝计划”展开了激烈竞争。现代商业保险公司的发展已经远远超过了非盈利的“双蓝”计划组织。

1973年美国尼克松政府通过了《健康维护组织法案》（Health Maintenance Organization Act），为管控式商业医疗保险的发展创造了制度上的便利，使其逐渐成为主流。管控式医疗保险是在商业性医疗保险的基础上发展起来的一种医疗保险运作模式，将保险公司与医疗机构一体化管控，直接介入医疗过程，分配医疗资源。其管控既针对投保人，也针对医疗服务机构，其目的是减少对医疗资源的滥用，压低医疗费用，从而实现其自身的利润。

（四）2010年奥巴马医疗改革

2010年3月23日，美国总统奥巴马在白宫签署了《患者保护与平价医疗法案》（Patient Protection and Affordable Care Act），主要内容包括美国政府将在10年内投入9400亿美元，把医疗保险覆盖到全美国3200多万目前没有医疗保险的人，从而实现全民医保的目标；明确了非歧视性原则，禁止保险公司因为投保人的健康状况或病史差别对待或者拒绝承保；从2014年起，所有美国人都必须购买医疗保险，雇主必须为雇员提供保险，否则将被罚款。这是奥巴马执政以来最重要的立法成果之一，被称为美国社会保障体系45年来最大变革。然而该法案同时也是奥巴马执政以来最有争议的一项，自签署生效以来，医疗改革法案面临的法律诉讼接连不断，导致该法案至今尚未真正全面实施。美国民众在医改问题上也存在严重分歧，《纽约时报》与哥伦比亚广播公司2012年3月26日公布的民调显示，47%的人支持医改，36%的人反对医改。

二、美国医疗保险制度的基本框架

美国的医疗保险制度主要包括社会医疗保险和私人医疗保险两个部分。私人医疗保险还可以进一步划分为营利性与非营利性的私人医疗保险。由于美国的医疗保险体制长期主要建立在市场化、私有化的基础之上，因此私人医疗保险比社会医疗保险占有更重大的比重，也具有更重要的社会作用。

（一）双蓝计划

双蓝计划是美国最早开始的非营利性私人医疗保险，至今仍然具有极其重要的地位。这种医疗保险实际上是美国蓝十字蓝盾协会（Blue Cross Blue Shield Association）旗下运营的非营利性医疗保险的统称。蓝十字蓝盾协会是由蓝十字蓝盾医保联合会（双蓝联合会）和39家独立经营的蓝十字蓝盾地区医保公司组成，是美国历史最悠久、规模最大、知名度最高的专业医疗保险服务机构。蓝十字蓝盾系统为近1亿参保人（美国总人口的三分之一）提供医疗保险和健康保险产品。

双蓝计划作为非营利性医疗保险，运作模式与社会医疗保险比较接近：蓝十字蓝盾地区医保公司与医疗服务提供方签订合同，为其参保人购买医疗服务，并要求其参保人必须到合同医院或者医生处就诊；患者就医后通常不需要另行支付费用，或者只需要承担较少的费用；由于非营利性的法律定位，双蓝计划享受一定程度的税收优惠，因此保险费用也比普通商业医疗保险略低。当前双蓝计划也在经历关键性的历史转变。蓝十字蓝盾协会于1994年作出决定，其成员可以自愿转化为营利性保险公司。产生较大社会影响的转变事件有：2002年伟彭公司（Well Point）公开上市，2004年帝国蓝十字蓝盾公司（Empire Blue Cross and Blue Shield）转变为营利性公司。

（二）营利性商业医疗保险

营利性商业医疗保险有两种组织机制，一种是个人或者家庭自行参保，另一种是大中型企业的雇主将医疗保险作为企业福利为雇员支付部分或者全部。由于投保条件的不同，参保者享受的待遇也存在很大的差别。这些营利性商业医疗保险基本都属于管控式医疗保险（managed care），根据其管控程度的不同，主要分为健康维护组织（health maintenance organization）、优选医疗组织（preferred provider organisation）、混合型组织（point of service plan）三大类。

1. 健康维护组织

这种医疗保险的保险费相对便宜，主要针对低收入人群。参保人就医时除支付少量挂号费以外，基本上不用另行付费，但是所看的医生必须由保险公司指定，如果需要指定范围以外的专科医生，必须事先征得保险公司的同意。

2. 优选医疗组织

这种医疗保险的保险费较高，主要针对经济富裕人群。参保人可以自选医生，同时要自行承担较高的挂号费和诊疗费用。

3. 混合型组织

这种医疗保险综合了前述两种医疗保险的特点，保险费用介于两者之间，减少了针对参保人就医的控制手段，但是要有指定的保健医生，经保健医生同意，可以自由看专科医生。

（三）社会医疗保险

与名目繁多的私人医疗保险相比，美国只有三种主要的公立社会医疗保险，即根据1965年通过的《医疗保障法案》建立的“医疗照顾计划”和“医疗补助计划”，以及1997年《预算平衡法》建立的“州儿童健康保险计划”。

1. 医疗照顾计划——老年人的公费医疗

医疗照顾计划是美国联邦政府为65岁或以上老年人，不足65岁但有长期残障的人士或者是永久性肾脏衰竭患者提供的政府医疗保险。申请者本人或配偶必须已向国家缴纳医疗保险税（medicare tax）10年或者40季度以上。医疗照顾保险项目由联邦政府管理，各州实行统一政策。医疗照顾保险的住院保险部分是强制保险，资金通过政府征收的工薪税（medicare tax）来筹集。雇主和雇员需要分别缴纳工资收入的1.45%，总计收入的2.9%用于支付住院医疗保险。

2. 医疗补助计划

“医疗补助计划”是由美国联邦政府和各州政府合作，为低收入人群提供的医疗救助。医疗补助保险主要由州政府出资，联邦政府通过联邦医保和医助服务中心（CMS）提供部分资金。在联邦政府指导下，各州政府制定本州的医疗补助保险计划并具体实施，因此其保障水平在州际之间差异较大，也是各州削减医疗卫生费用的主要对象。

3. 州儿童医疗保险

各州在联邦政府的指导下制定各自的儿童医疗保险计划，由州政府自行管理。各州可以自行确定其儿童医疗保险计划的保障范围，但儿童医疗保险必须包括常规检查、预防免疫、门诊和住院医疗、化验检查、X 线检查、牙科、视力这些基本医疗服务。怀孕妇女可以在生产和产后 60 天以内获得医疗服务。

三、美国健康保险制度的问题

长期以来，美国政府对医疗保险体系的干预能力极其有限。这种以商业保险为主体的医疗保险模式，一直饱受诟病，与其“超级大国”的地位极不相称。私立或者商业健康保险的最大缺陷是医疗保险的主动权掌握在保险机构一方，那些有严重疾病或者家族病史的人，或者老弱病残注定要消费高额医疗费的人都不能被商业医疗保险所接纳。据统计，2010 年美国未参加任何医疗保险的人口数量达 3200 万，接近美国总人口的 15%。与此同时，由于私立保险机构，尤其是商业保险公司的逐利性本能，再加上医疗费用的持续上涨，许多享受医疗保险的人也仍然无力承担医疗费用。

近一个多世纪以来，美国许多有识之士都提出应当仿效欧洲，建立政府主导的覆盖全民的医疗保险。美国历届政府也多次尝试推动医疗保险改革，但是收效甚微。究其原因，主要在于美国医疗保险产业已经形成强大的利益集团，资金雄厚，游说能力超常，总是能够成功杯葛改革方案。近年来，奥巴马的医改法案在美国乃至全世界都备受关注，改革进程可以说一波三折、几经坎坷，主要原因也还是因为触动了各方的既得利益。2012 年 6 月 28 日，美国联邦最高法院以 5 票赞成、4 票反对的微弱优势，裁决奥巴马医改法案的核心内容没有违反宪法，为该法案的实施扫清了一大障碍，但可以预见的是，医改法案在今后的推动、落实进程中依然阻力重重，任重而道远。

（曾　见　黑启明）

1. 四种不同医疗保险模式之间具有哪些共性？
2. 提高医疗保险的可及性和普遍性面临哪些障碍？
3. 四种不同医疗保险模式对发展中国家有哪些借鉴意义？

案例

台湾全民健保一天花掉 15 亿新台币，还能撑多久？

曾被称为“台湾之光”的全民健康保险（健保），最近似乎成了“不能说的话题”，记者和台湾人一聊到这个话题，他们都会情绪激动。“台湾的健保快完了！”如今，台湾健保一天就有 100 万人次看病，平均要花掉 15 亿元（新加坡台币，下同），此情此景，当局还能撑多久？

医疗资源浪费多

29 岁的台北公务员佳玲，其 4 万多元的月薪中，每月要扣除 1000 元健保费，凭一张健保卡，今年她已就医 18 次，所看科目包括外科、内科、皮肤科等，每次她只需付 200 元以内的挂号费，就可享受全免费的医疗服务。“去医院很有放松享受福利的感觉。”佳玲坦言。

“我的邻居只是得了小感冒，可他从早到晚把台北的几家医院都走透透。你说这是不是资源浪费？”杨女士愤愤不平地说。

记者曾陪一位朋友到台大医院看病，看到许多白发苍苍的老人在悠闲地排队等着拿药，有的老人显然是这里的常客，护工记住了许多熟面孔。“现在窗口拿药的那位老人，他每次都拿一堆药，回去经常忘记吃或被丢掉，过几天又来开相同的药。”一名护工悄悄对记者说。

目前，台湾注册医院不到600家，私人诊所近2万个。由于就医费用低，致使民众就医意愿大增，导致医疗体系受到严重挑战。有媒体形容台湾的医院“5分钟看一个患者”，好像吃“流水席”。

面对健保给付偏低、医护人员过劳且医疗纠纷刑责加身、医院暴力事件频繁的现状，岛内医护人员严重流失，“许多医院招不到急诊科医师，又害怕医疗纠纷，纷纷把患者往外推。”新光医院急诊科主任张志华说，“健保原本是台湾足以傲世的骄傲，但目前许多医院急诊室人满为患，造成床位不敷使用，患者被迫躺在地上接受诊疗或急救。真的不可想象!”

包山包海　经费赤字

台湾居民都可以自由地到任何一家医院就诊，小到牙痛，大到癌症，医疗开支均由健保埋单。其给付的范围包括门诊、住院、牙医、中医、检验检查、居家护理、处方药品、预防保健8个方面。

健保包山包海，当局的医疗开支无疑过度增长。具体来说，如果患者每次看病时，药费在100元以下者，则无需缴纳任何费用；药费在101元至200元时，需自缴费20元；药费在1000元以上者，也只需自缴费用200元。

更有甚者，某个在海外定居很久的台湾人，突然有一天回到台湾，原因是得了癌症回来享受健保，全部治疗费及药费所需的100多万元，当然都要当局健保埋单。对这些打着“飞的”回台湾看病的人，台湾民众讽刺他们为“蹭保族”。

“健保每天有百万人次看病，平均要花15亿元。”台湾“健保局长”黄三桂说，“健保面临严重的赤字危机。”事实上，健保的财政支出一直处于“入不敷出”的状态，每年的收入成长率为4.58%，而支出率则达到5.71%。

眼下什么都涨价，可健保费只要涨价就会遭到全民痛骂，台湾当局着实很苦恼。虽然当局为庞大的医疗开支头痛，但无论哪个党派上台，谁也不敢轻易动这个“烫手山芋”。

“得罪了健保就丢失了选票。”会计师蔡先生告诉记者，“民主政治也害了台湾，为了选票，只会不断对民众许诺，谁敢轻易改革?”

偏激情绪危害大

台湾健保至今已实施17年，换句话说，台湾民众在医疗保健方面已经幸福了17年。台湾曾经很富裕，其健保制度让全世界的人羡慕。但随着岛内经济状况大不如前，老龄人口不断增加，当局对此越来越吃不消。台湾执政者曾试图增加保费，结果却遭到排山倒海般的痛骂，已享受惯福利的台湾人不会轻易接受提高保费的“改革”，对他们来说，医疗服务越多越好，保费缴得越少越好。

当然，也有理性的民众提出建议，如制定政策让民众小病自己看，大病公家看；还有民众提议参考汽车保险，如果一年看病次数多花费高，第二年就要提高保费等，但是这些措施的区分标准必定又会引起一番“惊涛骇浪”。

因为健保，台湾民众中出现了许多偏激情绪。如对当局给予在台陆生健保大肆指责，声称“他们不缴税，凭什么享受福利?”不仅如此，还有民众把矛头对准了“自己人”。记者在采访中，一位中年妇女语出惊人：“有很多老家伙活过100岁了，还躺在医院里浪费医疗资源!”

曾经让世人羡慕的台湾健保，如今已有些入不敷出，一些民众为此变得狭隘自私甚至相互指责，对台湾当局来说，这着实是一个大难题。

(来源：新华网，2012年10月25日)

问题：台湾全民健保存在哪些问题?

提示：医疗资源浪费、医疗品质、诈领健保费用及“诚实”问题。

拓展阅读

世界各国（地区）医疗保险覆盖面的主要模式

一、全民医保模式

瑞典

瑞典是全民医保的典型国家。1962年瑞典通过卫生立法，规定本国公民在患病（或生育）时有资格领取由地区社会保险局支付的“医疗费用补助”。16岁以下的未成年人随其父母参加医疗保险，16岁以上在本国长期合法居住的公民都必须参加瑞典法定医疗保险，每个家庭中只要有收入的成员将收入的2.8%交医疗保险税，全家即可享受公费医疗待遇。到外国工作不超过1年的瑞典人也可以参加医疗保险。在瑞典受雇于外国雇主的外籍人，如果有意在瑞典工作1年以上，同样可以参加医疗保险。

英国

英国也实行全民医疗保险。1911年英国通过《国民保险法》；英国1944年提出“国民健康服务”的口号和建议，在1948年通过并颁布了《国民健康服务法》，将所有医疗机构国有化，医疗保险范围也扩大到全体公民，这一制度又称为国民健康制度（national health system，NHS）。1964年颁布的《国家健康服务法》对所有公民提供免费医疗。2012年3月，国会通过NHS新一轮改革方案《健康和社会保健法案》。英国的国民健康制度，保证凡居住在英国的人无须取得保险资格即可在免费或低费用的情况下享受相当完善的医疗保健服务。

我国香港特区

香港医疗保障制度覆盖所有持香港身份证的市民。香港医疗保障制度基本上沿袭英国的全民健康服务制度，由政府直接主办一体化的医疗健康照护服务，为市民提供高质量、全方位的医疗保健服务。市民也可以自行购买商业健康保险。由于香港公立医院提供的服务质量高、收费低，市民一般都选择公立医院提供的住院和专科门诊服务。

二、按职业类别参保模式

德国

德国社会医疗保险的筹资主体是非营利性质的保险专业组织——社会医疗保险基金会（GKV）。2007年，GKV的参保人数为7034万人，约覆盖总人数的88%。2009年之后，德国医疗保险实现了全民覆盖，其中法定医疗保险覆盖了89.2%，私人健康保险及其他形式的保障覆盖了其他10.8%的人口。2011年，德国的法定医疗保险覆盖率保持在90%左右。根据参保人员的行业与地域特征，德国GKV分为几个基金会：①AllgemeInen Ortskankenkassen（AOK）基金会，主要针对社区居民包括没有工作的人的基层基金组织；②Betriebskrankenkassen（BKK）基金会，主要参保对象为特定大型企业职员，如西门子、大众汽车等大型公司；③Innungskrankenkassen（IKK）基金会，为特定行业的手工业者提供保险；④Verband der Angestellten（VdAK）基金会，参保对象为一般企业的白领及技术人员，并提供附加的福利；⑤Arbeiter-Ersalzkassen-Verband（AEV）基金会，为工人提供的保险基金会；⑥其他，如农业医疗保险（LKK）基金会、矿业医疗保险（Knappschaft）等。三大基金会的参保人员占总参保人员的八成多。德国这种按职业类别适用不同医疗保险的模式被我国台湾地区所采用。

法国

法国医疗保险覆盖该国全体国民，包括企业单位雇员、事业单位雇员、公务员、工人、农民、自由职业者及退休人员，2011 年医疗保险覆盖率占全国总人口的 99.9%。法国目前已建成了以基本医疗保险为主、补充医疗保险并存的多层次医疗保险体系。其中，全体国民必须参加法定的基本医疗保险，基本医疗保险大体可分为两大类：①一般保险。此种保险为一般劳动者所设立，投保人最多，全国有 5000 多万人，占参保总人数的 80%。②特种保险。参加这种保险的人数占 20% 左右，具体包括：一是农业类保险种，是农业工种互助会为农业雇工或自耕农设立的，投保者 400 多万人；二是非农业、非受雇、自由职业者保险种，是为商人、手工业者、实业者及自由职业者设立的；三是为公务员和军人、铁路、公交、水电局职工等高风险或特殊工种人员设立的特殊保险。

我国台湾地区

台湾地区的全民健康保险以“全民参保、强制性投保”为原则，在原公、劳、农保被保险人的基础上，扩展至其眷属并将其他人口也纳入保险。被保险人依其职业类别与其所属单位，分为六个类别，有职业者（包括其无工作的眷属）通过所属单位投保，没有职业者（包括无挂靠亲属的退休人员）可通过乡（镇、市、区）公所投保。为提升健保参保率，对经济困难的居民采取了专项优惠办法，无健保卡的困难居民患有重症、急症时，可先就医后参保，同时，对长期拖欠保险费而无力参保的困难人员，可获准在 1 年内免除或缓缴先前的欠费，以将他们尽快地纳入健保的保护下。台湾《全民健康保险法》1994 年 7 月 19 日通过，1995 年 3 月 1 日开始正式实施；《全民健康保险法》修正案 2011 年 1 月 4 日通过，2013 年 1 月 1 日开始正式实施。目前参保率已经超过 99%，民众满意度也高达八成以上。

三、就业者与居民分别参保模式

日本

日本 1922 年颁布了《健康保险法》，建立了以受雇者为对象的医疗保险制度；1938 年颁布《国民健康法》，建立起以地区为单位的医疗保险制度，规定居民必须全民参加医疗保险；1956 年制定了新的《国民健康保险法》，规定全国市町村必须实行；1959 年制定了《国民养老保险法》，规定其适用于全体劳动者。1961 年国民健康保险制度完全普及，从而实现了“全民皆保险”，使日本所有国民都成为医疗保险的被保险人。日本现行医疗保险可分为受雇者保险、国民健康保险及以两者为基础的老人医疗，按职业和地区细分成“马赛克型”。受雇者保险包括政府掌管健康保险（面对中小企业，由政府运营）、组合掌管健康保险（由大企业运营）、船员保险、各种共济组合（国家和地方公务员、私立学校教职员）。国民健康保险由市町村运营，以居住地范围内的一般居民、自营业者和农民为对象。

韩国

韩国国民健康保险制度实施于 1977 年 7 月 1 日，最初仅纳入拥有 500 个以上职工的企业，并建立医疗救助制度。以后逐步扩大参保对象，到 1989 年实现了全民医保，覆盖城镇个体劳动者及其家属。其健康保险适用人口分为两部分：一部分是企业职工参保者，占总人口的 52.6%；另一部分是地区参保者，占总人口的 44.3%。

四、社会保险与商业保险共存模式

美国

美国没有覆盖全民的医疗保障项目，其医疗保障主要包括两大类：一是社会健康保险，主要由政府资助承办；二是私人健康保险，主要由私人或社会组织承办，可分为非营利性和营利性两种。第一类主要覆盖那些无法得到雇主提供医疗保障的弱势群体，如低收入家庭、老年人、残疾人、儿童和怀孕的妇女。主要包括医疗照顾制度、医疗救助制度、儿童健康保险计划。在此三个制度之外还有退伍军人医疗保险计划。第二类为私人医疗保险，是自愿的、没有强制性，主要是跟工作关联的由雇主提供的商业保险，也有一小部分人群从社会组织或保险提供商直接购买医疗保险。支付资助的保障计划仅仅覆盖了将近27%的人口，包括65岁以上的所有人员（13.7%），还有13%的非老年人口。全国仍然有4580万（15.7%）的人员没有任何形式的医疗保险。美国总人口约3亿，三个政府组织的医疗保险制度覆盖人口约1.1亿。除此之外的约1.9亿人口中，1.4亿工作人口完全由工作单位购买的商业保险计划所覆盖，商业医疗保险是美国医疗保险体系的主体。美国1800多家商业医疗保险组织为80%以上的国家公务员和74%的私营企业雇员提供了商业医疗保险，这些人未受到社会医疗保险的保护。2010年3月23日，美国总统奥巴马签署了医疗保险改革法案，成为美国医疗保险体系45年来的最大变革，医改将使3200万人获保，医保覆盖率从85%升至95%。

由此可见，美国政府主要通过社会医疗保险帮助和保障老弱病残和穷人等弱势群体，而把有自保能力的普通居民的医疗保险留给市场，由企业为其缴纳医疗保险费购买医疗保险，通过商业保险的模式解决其医疗问题，其他普通居民只能自愿购买私人健康保险。

（资料来源：根据林嘉.2012. 社会保障法学［M］. 北京：北京大学出版社，93～95；中国医疗保险研究会国际劳动保障研究所.2013. 部分国家（地区）最新医疗改革研究（国外医疗保障改革追踪研究2012年报告）［M］. 北京：经济科学出版社，122～171等有关文献增删改写。）

第三章

中国健康保险法律制度建设

内容提要

本章主要介绍新中国健康保险法制建设的演进、新中国健康保险法制建设的主要成就及我国健康保险法律制度的问题与对策。新中国健康保险法制进程向人们昭示，发展经济、改革创新、多元竞争、立足国情和以人为本是推进健康保险法制建设的基础。

第一节　新中国健康保险法制建设的演进

新中国的健康保险法制，几乎是与新中国的经济建设同时起步的。从大的方面说，其形成和发展经历了五个阶段，即20世纪50年代末之前的初创阶段；50年代末至70年代末的受挫波动阶段；80年代至90年代中叶的迅速发展阶段；90年代中叶至2002年体系初建阶段；以“全民医保”为目标的健康保险制度的建立（2003年以来）。

一、初创阶段（40年代末至50年代末）

新中国建立后，国家主要从四个方面着手创设健康保险。首先，对旧中国的商业保险业进行整顿和改造。从1949年5月28日至10月23日，有21家由人民政府接管的旧保险机构被停业。而中国产物保险公司和中国航联意外责任保险公司则经过批准恢复营业，由人民政府予以监管。1949年7月，在人民政府的鼓励下，由上海47家华商私营保险公司（当时总数是64家）自愿成立了“民联分保交换处”，开始经办火险的分保险业务。1951年至1952年，在当事人自愿、中国人民保险公司参股（50%以上）的基础上，有25家保险公司相继组合成立了公私合营的“太平保险公司”和“新丰保险公司”，其所从事的业务中也包含了健康保险的内容。这样，旧政权留下来的保险公司逐步被清理和改造，走上了为新中国经济建设和人民生活服务的轨道。当然，在上述过程中，我们尚未能颁行保险法律，基本上是依靠人民政府和人民解放军的政策、命令等完成上述任务的。

其次，新政权建立自己的保险组织，并开始保险领域的建章立制工作。1949年10月20日，在新中国刚诞生之时，建立了第一家国有独资中国人民保险公司，开展保险业务。公司总部设在北京，中国人民银行划拨资金300亿元（后增资到600亿元，均为旧币），由中国人民银行副行长胡景坛任总经理。同年12月23日，政务院财政经济委员会发布了《关于国营公营企业必须向中国人民保险公司进行保险的指示》，要求各企业都要投保，且其费用可列入生产成本之内。这虽然是一个笼统的保险规范，但已经涉及疾病与健康保险的内容。1951年2月3日，政务院又发布了《政务院关于实行国家机关、国有企业、合作社财产强制保险及旅客强制保险的决定》。4月24日，政务院财政经济委员会发布了六个保险条例，其中《轮船旅客意外伤害强制保险条例》和《铁路旅客意外伤害强制保险条例》，对涉及意外伤害引发的疾病和残疾等保险范围、期限、责任和给付等做了规定。1954 年 12 月 15 日，财政部又发布了《解放前企业未清偿的人寿保险契约给付办法》。在此前后，有关部门还制定了若干个人寿、团体人身保险办法。

再次，健康保险在劳动保险制度中展现。正是在该时期，我国确立了劳保医疗保险制度。1950 年初，我国开始了第一部劳动保险条例的起草工作，10 月 27 日，政务院第五十六次会议通过了条例草案。1951 年 2 月 23 日，《中华人民共和国劳动保险条例》经政务院第七十三次会议正式通过，于同月 26 日公布施行。1953 年 1 月 2 日对该条例进行了修正，并配套制定颁布了一批办法和实施细则。该条例对职工的健康保险做出了规定，即职工的疾病和养老保险，都按该企业工龄的长短而规定不同的待遇。如职工因公负伤后，应在企业指定的医院进行治疗，如该医院无法治疗，由企业行政或资方转送其他医院治疗，全部治疗费、药费、住院费及住院时的膳费和就医路费，以及必须安装的假肢、镶牙、补眼所需费用，完全由企业行政或资方负担。治疗期间，工资照发。对于职工因公致残、死亡和由职工供养的直系亲属的治病，以及女职工的生育等问题，条例也做了相应的规定。1956 年完成社会主义改造后，该条例的适用扩大至县以上集体企业，县以下企业参照执行。与此同时，虽然不是属于医疗保险性质，但与其密切相关的带有强制保险色彩的、由国家统包的公费医疗制度也得以确立。1952 年 8 月 24 日，政务院批准《国家工作人员公费医疗预防实施办法》，参加对象包括国家机关、党派、团体和文教卫生等事业单位工作人员、革命残废军人和大专院校在校学生。开始时约 400 万人，至 1980 年达 2300 万人，离退休人员 1693 万人。劳动保险医疗和公费医疗在 1998 年实行了并轨。

这样，尽管在上述法律和法规中，涉及健康保险的内容不多，规定比较零星，尚未形成系统，政策代替法律的成分也很多，如中国人民保险公司的成立，既没有法律，也没有政府法令，甚至没有公文，只是由时任财经委副主任的薄一波的一封书信，上面所写的也不是批准，而是“同意”。但是，这些草创时期的法律、法规、命令、公文甚至书信的颁布与执行，为新中国的健康保险法制（当然，主要是以国家的强制保险为主）的起步开辟了道路。

二、挫折波动阶段（50 年代末至 70 年代末）

1958 年，在“大跃进”的背景之下，一方面，因公私合营和社会主义改造运动的深入，外商保险公司全部撤离了中国；另一方面，我们党的指导思想此时发生了“左”的偏差，认为在建设共产主义的高潮中，国家和集体对人民群众的生、老、病、死，以及自然灾害和意外事故都可以包下来，（商业）保险已经完成了历史使命，没有再存在下去的必要。1958 年 10 月，在西安财贸工作会议上，决定停办国内保险业务，并于次年正式实行。中国人民保险公司仅经营国外保险业务。之前，农业保险已经于 1953 年年底停办。1966 年爆发的“文化大革命”，进一步加剧了对保险和保险法制的虚无主义，商业保险被认为是资本主义的行业，是瓜分剩余价值的行为。连国际保险业务也遭停业。国外保险业务由于周恩来总理的干预，才勉强维持。在这种局面之下，作为商业保险之一的健康保险也当然不会再存在下去。

与此同时，国家对当时刚刚创办起来的农村人民公社的健康保险问题，则予以比较多的关注。1958 年，曾出台一部《卫生章程草案》，它要求建立农村的合作医疗事业，强调合作医疗是人民公社社员依靠集体力量，在自愿互助的基础上，建立起来的一种社会主义性质的医疗保险制度，是社员群众的集体福利事业。草案提出，实行合作医疗的生产大队，要建立合作医疗站（卫生所）。此外，草案还对合作医疗的基金筹措、管理和社员看病吃药的医疗费报销比例做了原则规定，对赤脚医生的培训及待遇等具体问题做出了明确的规定。虽然，之后由于“三年自然灾害”等原因，中国的经济发展状况恶化，农村的合作医疗制度未能顺利推进，但其提出的合作医疗事业建设设想为中国以后的农村健康保险制度的发展提供了思路和经验。

进入 60 年代之后，尽管国家的法制建设状况不甚理想，但也开始重视健康保险方面的问题，如医疗保险的改革事项等。1965 年 10 月，卫生部、财政部在《关于改进公费医疗的办法》中，门诊挂号费和出诊费，改由个人缴纳。但因公致残、二等乙级以上革命残废军人例外，由国家负责。1966 年“文化大革命”爆发之后，商业性的健康保险被否定，残存在医疗保障方面的就只有公费医疗、劳保医疗和农村的合作医疗。前两者享受者主要是国家工作人员和在职职工，受益人群并不多，后者于 1958 年前后提出设想后，至 1968 年 12 月在湖北省长阳县乐园公社取得了试点经验，随后在全国推开，并形成了高潮，至 1976 年，全国以生产大队为单位计算，举办合作医疗的比例达 90% 以上，人口估算在 7 亿以上。当然，从总体而言，此时尚残存的健康保险（保障），作为国家统包下的社会保障、社会福利的一个组成部分，虽然解决了人民群众基本的看病吃药问题，但属于一种低水平的医疗保障层次。而在法制建设方面，也更谈不上有什么建树了。

三、迅速发展阶段（70 年代末至 90 年代中叶）

1976 年粉碎“四人帮”以后，中国的各项事业开始得以复兴，这为健康保险事业及其立法的开展提供了前提。1979 年 4 月 25 日，中国人民银行下发了《关于恢复国内保险业务和加强保险机构的通知》，同年 11 月，中国人民银行召开全国保险工作会议，决定从 1980 年起，恢复停办了 20 余年的国内保险业务。1981 年 4 月 13 日，中国人民保险公司发布《关于保险公司管理体制的通知》，明确规定中国人民保险公司是中国人民银行领导下办理保险业务的专业公司。各级分支公司接受同级人民银行和总公司的双重领导。健康保险开始重新起步。

1982 年，对于新中国的健康保险来说，有了新的意义。这一年的 12 月 17 日，国务院批复中国人民银行《关于成立中国人民保险公司董事会的报告》，27 日又批准了《中国人民保险公司章程》。章程分五章，共十三条，对中国人民保险公司的性质、资本、组织、财务审理等做了规定。章程指出：中国人民保险公司是国有企业，是经营保险业务的专业公司；总部设在北京；资本金 5 亿元人民币；公司设董事会，由 17 至 23 名董事组成，董事长与副董事长由董事会推选，国务院任命；公司承保各种财产、人身、责任、信用和农业的保险。此外，章程还对公司的监事会及财务运作等问题做了规定。章程的颁布实施，对中国新时期的健康保险业务的恢复和开展具有重要的意义。1982 年，中国人民保险公司还相继推出了三个重要的保险条款：《中国人民保险公司团体人身保险条款》（八章十四条）、《中国人民保险公司团体人身意外伤害保险条款》（八章十三条）、《中国人民保险公司公路旅客意外伤害保险条款》（十七条）。这三个条款对此三种保险的对象、期限、金额，保险的责任、除外责任、保险费率，保险手续和保险费的缴付，保险金的申请和给付等做了规定，并分别附有三个险种的“保险金额给付表”。鉴于这三种保险的特殊性，这三个条款着重对死亡、严重伤害（两目或一目永久完全失明、两肢或一肢永久完全残废等）、丧失手指足趾及身体其他部位的伤残等的治疗、住院、保险费的支付等做了详细的规定。1985 年以后，在健康保险法制建设方面，国务院及相关职能部门又相继制定颁布了《保险企业管理暂行条例》（1985 年 3 月 3 日）、《中国人民保险公司简易人身保险条款》（1987 年 3 月）、《中国人民银行关于依法加强人民银行行使国家保险管理机关职责的通知》（1988 年 3 月 26 日）、《中国人民保险公司、公安部、农业部关于实施拖拉机第三者责任法定保险的通知》（1988 年 11 月 12 日）、《国务院办公厅关于加强保险事业管理的通知》（1989 年 2 月 16 日）、《中国人民保险公司人身保险条款管理办法》（1990 年 6 月 18 日）、《中国人民保险公司专职保险代理管理暂行办法》（1990 年 7 月 26 日）、《中国人民银行关于对保险业务和机构进一步清理整顿和加强管理的通知》（1991 年 4 月 13 日）、《中国人民保险公司、公安部关于贯彻实施<道路交通事故处理办法>有关保险问题的通知》（1992 年 2 月 26 日）、《保险代理机构管理暂行办法））（1992 年 11 月 2 日）等。这些法律、法规和规章，对健康保险的规定，有的多一些，有的少一点，但总体上，对健康保险的范围、程序、机构、职权等有所规定，一定程度上丰富了健康保险法制的内涵。

1995年6月30日，在改革开放经历了10多年、健康保险法制取得了长足进步的基础上，我国终于推出了保险领域中的基本法《中华人民共和国保险法》，该法由第八届全国人大常委会第十四次会议通过，分八章一百五十二条，于同年10月1日施行。除了共同适用的一些原则和规定如保险监管的基本原则、保险合同、保险公司、保险经营规则、保险业的监督管理、保险代理人和保险经纪人及法律责任等之外，其中具体规范健康保险的有十八个条文（第五十一条至第六十八条），主要内容为：①投保人对被保险人所具有的保险利益；②投保人申报的被保险人的年龄必须真实，否则所应当承担的责任；③被保险人所应当具备的条件；④健康保险合同的签署及效力；⑤保险费的缴纳；⑥保险合同受益人的指定和变更；⑦被保险人死亡后保险金的继承；⑧投保人、受益人和被保险人的缺乏诚信行为和不法行为的处理；⑨健康保险中的第三者责任；⑩保险合同的解除及其保险费的退还。

四、体系初建阶段（90年代中叶之后至2002年）

1995年《保险法》的颁布实施，在新中国保险法制发展史上具有里程碑的意义。对健康保险法制的推动作用，也是极其巨大的。在《保险法》的引导下，进一步推出了一批法律和法规，如《保险代理人管理暂行规定》（1996年2月2日，1997年11月30日修订）、《保险管理暂行规定》（1996年7月29日）、《健康保险精算规定》（1999年6月8日）、《保险公司管理规定》（2000年1月3日，2002年3月15日修订）、《保险代理机构管理规定》、《保险经纪公司管理规定》和《保险公估机构管理规定》（均为2001年11月16日）、《中华人民共和国外资保险公司管理条例》（2001年12月5日）、《中华人民共和国外资保险公司管理条例实施细则》（2004年3月15日）等。而在上述保险的立法中，对健康保险法制建设最为重要的就是于2006年6月12日由中国保险监督管理委员会主席办公会议审议通过且于同年9月1日起施行的《健康保险管理办法》。该办法分八章五十三条。其内容大体涉及如下几个方面。

第一，关于健康保险、疾病保险、医疗保险、失能收入损失保险、护理保险，长期健康保险和短期健康保险，保证续保条款，费用补偿型医疗保险和定额给付型医疗保险的含义。

第二，可以经营（普通）健康保险业务的保险公司，以及可以经营短期健康保险业务的保险公司，以及其所应当持续具备的条件。

第三，保险产品管理，如保险条款和保险费率的申报审核，给付金额的额度，合同犹豫期，保险费率的浮动，除外责任，健康保险与公费医疗、社会医疗保险的关系等。

第四，保险销售管理，保险公司销售保险产品的申报与审批，在销售健康保险产品中的禁止性行为，保险公司对投保人的告知义务及告知内容，解除团体投保合同时的程序等。

第五，精算要求，即经营健康保险业务的保险公司，应当按照中国保监会有关规定提交上一年度的精算报告或者准备金评估报告，并由精算责任人签字确认。同时，精算要求中还涉及长期和短期健康保险未到期责任准备金的计提办法等事项。

第六，法律责任。保险公司及其法律责任人、精算责任人等如违反本法的，中国保监会将视其情况，做出责令其限期改正、警告、3万元以下罚款、停止销售该（保险）产品等处罚。

五、以“全民医保”为目标的健康保险制度的建立（2003年以来）

2003年，一场史无前例的非典型性肺炎（SARS）疫情在全国蔓延，使中国卫生体系漏洞完全暴露，也使中国开始反思公共卫生体系的漏洞和整个卫生事业改革。市场化到底是不是医改的方向成为争论的焦点。经过较长时间的酝酿，2006年6月，国务院成立由国家发改委、卫生部牵头，相关部门参加的深化医药卫生体制改革部际协调工作小组，负责研究提出深化医药卫生体制改革的总体思路和政策措施。2007 年中共十七大报告提出“人人享有基本医疗卫生服务”的建设目标，并明确“坚持公共医疗卫生的公益性质”、“强化政府责任和投入”，指明了医药卫生体制改革的指导原则和方向。同年，为解决城镇非从业居民的医疗保障问题，2007 年国务院颁发《关于开展城镇居民基本医疗保险试点的指导意见》，将不属于城镇职工基本医疗保险制度覆盖范围的中小学阶段的学生、少年儿童和其他非从业城镇居民纳入保障范围，采取家庭缴费为主，政府（有能力企业）给予适当补助的形式，建立起以大病统筹为主的城镇居民基本医疗保险制度。据统计，当年城镇居民基本医疗参保人数达到4068 万人。2009 年3 月，国务院颁布《关于深化医药卫生体制改革的意见》及《国务院关于医药卫生体制改革近期重点实施方案（2009 ~ 2011 年)》，也即是“新医改”，进一步明确了多层次医疗保障体系建设的架构，即建立和完善以政府主导的基本医疗保障为主体，其他多种形式补充医疗保险和市场主导的商业健康保险为补充，覆盖城乡居民的多层次医疗保障体系；政府主导的基本医疗保障包括城镇职工基本医疗保险、城镇居民基本医疗保险、新型农村合作医疗和城乡医疗救助。

经过不断发展，中国基本医疗保障制度建设进展顺利。2011 年末，全国参加城镇基本医疗保险的人数 47 292 万人，占全国城镇人口的 76%；农村居民参加新农合人数 8. 32 亿人，参合率为 97. 5%；当年城乡医疗救助 8090 万次，医疗求助支出 154. 3 亿元。2013 年末全国参加城镇基本医疗保险人数为 57 073 万人，比上年末增加 3431 万人。其中，参加城镇职工基本医疗保险人数 27 443 万人，比上年末增加 958 万人；参加城镇居民基本医疗保险人数为 29 629 万人，比上年末增加 2474 万人。同一阶段，商业健康保险也得到较快发展，主要表现在以下几个方面。

（一）保费收入大幅增长

自 2002 年以来，健康保险的年平均增长速度超过了国民经济和保险业的平均增长速度，达到了 27%。从 2014 年的 1 月至 9 月，商业健康保险保费的收益更是达到了 1260. 36 亿元，同比增长了 46. 97%。共有 2300 多种备案销售的健康保险产品，而开展了商业健康保险业务的保险公司达百家之多。从 2009 年到 2014 年的第三季度，共支付赔款 1949 亿元，为投保人积累的医疗保障资金超过了 3296 亿元。

（二）市场主体快速增加

截止到 2011 年末，共计 89 家保险国内公司经营健康保险业务，其中财产保险公司 36 家，人寿保险公司 49 家，专业健康险公司 4 家。从市场竞争格局看，当年前五家保险公司实现健康保费收入 400. 14 亿元，占健康保险总保费的 69. 71%；专业健康保险公司发展相对滞后，人保健康险公司实现保费收入 235. 26 亿元，平安健康实现保费收入 0. 95 亿元，昆仑健康实现保费收入 0. 84 亿元，昆企瑞福德健康因股东变更，业务发展停滞。

（三）保险领域不断拓展

经过 20 多年的发展，健康保险的保障责任已经从单一的疾病保险，发展到包括疾病保险、医疗保险并开始涉足收入损失保险和长期护理保险等新领域。各保险机构在险种上推陈出新，目前备案销售的健康保险产品达 1600 余款，初步实现了险种的专业化与多样化。目前城乡居民大病保险也已在全国有序开展。2014 年前三季度，共有 13 家保险公司在全国 27 个省开展了 373 个大病保险统筹项目，覆盖城乡居民 6. 5 亿人，患病群众的保障水平普遍提高了 10 ~ 15 个百分点。此外，在创新服务领域，保险机构也在逐步加强与医疗机构的合作。2014 年上半年，医疗责任保险保费收入 11. 64 亿元，保险金额 179. 7 亿元，保单件数 3. 91 万件，赔偿金额 12. 79 亿元（含已决赔款和未决赔款）。2010 ~ 2013 年，由保险机构参与的医疗纠纷调解委员会共调解医疗纠纷 22. 2

万件，调解成功率达 86% 。

除了以上主要内容外，《健康保险管理办法》（以下简称《办法》）的一个最大亮点，就是体现了对消费者（投保人）的权益的保护。例如，在现在的健康保险市场上，多个公司推出了含有保证续保条款的产品，但对于保证续保的确切含义，市场却没有统一的标准，在具体执行时往往是公司说了算，消费者处于劣势的地位。这次《办法》明确规定，在前一保险期间届满后，如投保人提出续保申请，保险公司必须按照约定费率和原条款继续承保。这一规定有利于防止保险公司的逆向选择，保护消费者的合法权益。这样，在《办法》等一批健康保险法律和法规颁行后，我国的保险法制体系初步建成。第一，保险法律和法规日益配套，对保险业务的规范覆盖面不断扩大。第二，保险业务通过法制得到初步规范，保险业务平衡发展，保险费的收人、保险密度、保险深度、保险公司总资产等指标都有大幅度上升。第三，在法制框架下，保险主体多元化竞争格局逐步形成，除中资保险公司不断增加之外，外资保险机构也开始进入中国市场。第四，保险中介机构沐浴法制春风茁壮成长，保险服务业不断走向规范。第五，公民的保险意识日益高涨，健康保险法制建设的社会环境和氛围进一步形成。

第二节　新中国健康保险法制建设的主要成就

经过 60 年的曲折发展，中国的健康保险法制初步形成一个体系。该体系，既包括了关于健康保险的各项原则和制度，也涉及保险机构的组织和运行规则，还覆盖了由多元的保险主体所确立起来的一系列的章程、合同和条款，以及在健康保险纠纷之处理方面形成地有一定参考价值的判例和行业规则，由这些内容组成的健康保险法制体系在保障人民身体健康，安心工作和学习，促进家庭和谐和幸福，关怀老、弱、病、残等各个方面，都起到了重要作用，为中国社会发展与稳定奠定了基础。

一、界定了健康保险的若干关键概念

讨论和发展我国的健康保险法制，需要界定一些关键概念，以便在一定的语境下形成共识，推进制度建设。

(1) 健康保险的界定。《健康保险管理办法》第二条明确指出：“本办法所称健康保险，是指保险公司通过疾病保险、医疗保险、失能收入损失保险和护理保险等方式，对因健康原因导致的损失给付保险金的保险。”

(2) 疾病保险、医疗保险、失能收入损失保险和护理保险的界定，即疾病保险是指“以保险合同约定的疾病的发生为给付保险金条件的保险”；医疗保险是指“以保险合同约定的医疗行为的发生为给付保险金条件，为被保险人接受诊疗期间的医疗费用支出提供保障的保险”；失能收入损失保险是指“以因保险合同约定的疾病或者意外伤害导致工作能力丧失为给付保险金条件，为被保险人在一定时期内收人减少或者中断提供保障的保险”；护理保险是指“以因保险合同约定的日常生活能力障碍引发护理为给付保险金条件，为被保险人的护理支出提供保障的保险”。

(3) 费用补偿型医疗保险和定额给付型医疗保险的界定。由于医疗保险又分为费用补偿型医疗保险和定额给付型医疗保险两种，因此该办法第四条又对这两种保险下了定义：费用补偿型医疗保险是指“根据被保险人实际发生的医疗费用支出，按照约定的标准确定保险金数额的医疗保险”；定额给付型医疗保险则是指“按照约定的数额给付保险金的医疗保险”。

(4) 此外，该办法第三条还对长期健康保险（1 年以上）和短期健康保险（1 年及 1 年以下），以及“保证续保条款”（即在前一保险期间届满后，投保人提出续保申请，保险公司继续承保的约定）等做了解释。

对于上述关键概念，学术界和实务界过去仁智互见，争论不休。通过法律规范对上述健康保险的关键概念予以界定，对健康保险业务的展开，以及出现纠纷时的妥善解决，都有着重要意义。

二、确立了经营保险业务主体多元性原则

按照保险法律和法规的规定，我国目前从事健康保险的主体，是多元的。即除了依法成立的人寿保险公司、健康保险公司，经中国保监会核定的其他保险公司，均可以经营健康保险业务。具体而言，目前的经营主体为：全国性的保险公司，有1996年成立的新华、泰康两家人寿保险公司，1998年在中国人民保险（集团）公司所属的中保人寿保险有限公司的基础上，重组成立的中国人民健康保险股份有限公司，2002年成立的海康人寿保险有限公司，以及在此前已经开始营业的中国平安保险公司（1988年）、太平洋保险公司（1991年）等。区域性的有天安保险股份有限公司（1994年）、大众保险股份有限公司（1995年）等。不仅如此，一批从事其他保险险种（如财产保险）的保险公司和保险中介机构也开始出现于健康保险市场之中。前者如2004年成立的永诚财产保险股份有限公司，后者是为各家保险公司拓展业务的代理、经纪、公估等机构。至2006年底，全国的专业保险中介机构共计20家，其中，专业保险代理公司为1563家，保险经纪公司为303家，保险公估公司为224家。与此同时，外资保险公司也进入了中国健康保险市场，如1992年9月，美国友邦保险公司在上海设立了分公司，开展人身保险业务。

三、健康保险的内涵日益丰富，承保险种越来越多

健康保险，是人身保险的三大险种之一（另外两种是人寿保险和意外伤害保险）。随着60年健康保险法制的进步，我国的健康保险的内涵也日益丰富，承保险种越来越多，法律和法规的规范也越来越周密。具体言之，目前我国的健康保险主要分为四大领域。

（一）疾病保险

法律上将此保险列为健康保险之首。在实践中，各大保险公司也都设置了疾病（或重大疾病）的保险。如中国人寿保险股份有限公司目前推出的“国寿康裕重大疾病保险”，专门针对医学界公认的29种最为严重的疾病，如恶性肿瘤、急性心肌梗死、中风后遗症、冠状动脉搭桥手术等进行投保。投保人缴纳一定数额的保费后，在规定的时间内如发生上述重大疾病，即可从保险公司获得保险金。

（二）医疗保险

它实际上是与疾病保险连在一起的，但是我国法律将其与疾病保险并列规定，疾病保险侧重于保险金的支付在于因投保的疾病的发生，而医疗保险的保险金的支付则侧重于因疾病发生而医疗行为的发生。在实践中，医疗保险的事项有时和疾病保险合在一起，有时也与其分开而独立设保。如中国人民健康保险股份有限公司目前推出的“守护专家住院定额个人医疗保险”和“守护专家住院费用（推广版）个人医疗保险”就是这方面的险种。该种保险作为社保的补充，适合于有住院补贴需要的人群，从0岁至59周岁均可，保期1年，续保可至69周岁。其保障范围包括因一般疾病住院、因意外伤害住院、因意外或疾病住院治疗且入住重症监护病房等住院津贴，以及手术津贴等。投保人缴纳一定的保险费之后，当住院医疗之事发生时，按照条款规定就可以获得保险金。

（三）失能收入损失保险

失能，一般理解为失去劳动能力，实际上也是一种残疾保险。一方面，失能收入损失保险与疾病、意外伤害保险和医疗保险互相联系，是这些保险约定的疾病、伤害或行为发生之后可能出现的后果，投保人是为了在这种后果出现时能够从经济上获得补偿和保障而进行的保险活动，因此在实践中，失能收入损失保险经常是与重大疾病保险和医疗保险组合在一起的。如永诚财产保险股份有限公司目前推出的“永保一生医保计划（自由选）”中，就包括了失能收入损失保险的内容。另一方面，针对社会需求的日益增加，许多保险公司也专门推出了失能收入损失保险，如泰康人寿保险股份有限公司目前推出的“泰康意外伤害保险（E 款）”，就是专门就被保险人遭受意外伤害而导致的残疾而失去全部或部分劳动能力的情况做出保障。

（四）护理保险

它与失能收入损失保险的区别是，前者是为失去劳动能力而造成的收入损失者设置的保险，而护理保险则是为失去日常生活自理能力而必须请人护理照顾而引发的费用支出的保险。由于护理保险与疾病、伤害和残疾等紧密相连，故在前三种保险中，往往也包含了护理保险的内容。尤其是随着我国慢慢进入老年社会，随着独生子女学习工作压力的增加，对家庭事务的关注和照顾精力不够，护理保险的重要性日显突出。在实践中，护理保险又分为长期护理保险（LongTermCareInsurnaec，以下简称长护险）和短期护理保险。目前，市场上主要有两款长护险保险产品，分别是国泰人寿保险有限责任公司 2005 年 1 月推出的康宁长期看护健康保险（以下简称“康宁长期看护险”）和人保健康 2006 年 6 月 15 日推出的全无忧长期护理个人健康保险（以下简称“全无忧长期护理险”）。应该说，以上四种健康保险，基本上涵盖了与健康有关的各种费用的支出范围，是在我国社保之外形成的一个健康保险体系，对提高人民生活的质量、推动社会经济的发展起了重要作用。

四、健康保险合同日益规范，并向保护被保险人倾斜

经过 60 年尤其是 1995 年《保险法》颁布实施以来近 20 年的发展，目前，无论是法律的规定，还是保险实务的运作，健康保险合同均开始向规范化和人性化方面发展。从立法上看，2002 年和 2009 年的两次修订，都对 1995 年《保险法》中的合同部分做了比较大的改正，尤其是 2009 年的修订，在第十二条（关于保险合同的客体）的规定中，修改合并了原保险法的第十二条、第二十二条第 2 款、第三十三条、第五十二条的规定，从三个方面修改完善了保险利益原则：①增加了被保险人作为具有保险利益的主体；②区分了财产保险和人身保险的不同情况，对具有保险利益的时点做了明确规定，即人身保险的投保人在保险合同订立时，对被保险人应当具有保险利益；③删去了原法第十二条第 2 款关于“投保人对保险标的不具有保险利益的，保险合同无效”的规定，主要是考虑到目前保险实务中人身保险合同履行过程中投保人对被保险人可能因离婚等原因丧失保险利益，如果仅仅因为投保人对保险标的不具有保险利益而宣告保险合同无效，会引起很多纠纷。而这些修改，既进一步规范了健康保险合同的条款，同时也都是为了突出对被保险人的保护。结合第十五条的修正“保险合同成立后，投保人可以解除合同，保险人不得解除合同”之规定，这一点就更加明显了。而从实务界的情况来看，各大保险公司在其保险合同条款中，也都日益规范、周密和人性化，如中保人寿保险有限公司、中国人民健康保险股份有限公司、新华人寿保险股份有限公司、泰康人寿保险股份有限公司、海康人寿保险有限公司、中国平安保险公司、太平洋保险公司、天安保险股份有限公司、大众保险股份有限公司等推出的最新版本的健康保险合同，都比以前更加重视合同条款的规范化，以及对被保险人利益保护的人性化。

五、健康保险产品管理和销售管理步入法制轨道

随着中国健康保险法制的健全，保险市场的日趋规范，我们对保险产品（险种）管理和销售管理也日趋规范和成熟。在保险产品的管理上，一方面，保险公司拟定的健康保险的保险条款和保险费率，都必须按照中国保监会的有关规定报送审批或者备案；另一方面，在健康保险产品的保障方面，强调了精算责任人负有的判断、确定责任；此外，《健康保险管理办法》还对长期、短期健康保险的合同犹豫期和费率浮动，短期团体健康保险中的产品参数，含有保证续保条款的健康产品的生效时间、保险责任和责任免除及准备金计算办法，设定保险条款时的精算要求、医学诊断标准、被保险人的医疗权利、被保险人的公费医疗和社会医疗保险的各种情况及医疗机构的指定等，都做了明确的规定。

在健康保险的销售管理上，第一，法律规定了保险公司销售健康保险产品，应当严格执行经审批或者备案的保险条款和保险费率，在销售时不得在医疗机构内或者委托医疗机构、医务人员销售健康产品；第二，法律也明确规定了保险公司在销售健康保险产品时的告知义务（由投保人签字）和告知事项，不得夸大、不得隐瞒、不得诱导；第三，如果是补偿性医疗保险，销售保险的公司还必须向投保人询问被保险人是否拥有公费医疗、社会医疗保险和其他费用补偿性医疗保险的情况；第四，承保的团体健康保险，保险公司应当以通知书等形式，书面告知每个被保险人其参保情况及相关权益；第五，在退保、投保人在犹豫期内的权利和义务、附加险的投保、调整约定医疗服务机构网络、投保人的查询、关于健康保险中专业术语的解答等，法律也有了比较详细而明确的规定。

六、细化精算法制要求

精算是对于保险公司经费运作的要求。首先，法律规定，经营健康保险业务的保险公司应当按照中国保监会有关规定提交上一年度的精算报告或者准备金评估报告，其中应当详细报告健康保险的准备金计算基础、方法、结果，以及对公司偿付能力的影响，并由精算责任人遵循审慎原则签字确认。其次，法律规定，保险公司应当采用逐案估计法、案均赔款法等合理的方法，谨慎提取已发生、已报案未决赔款准备金；保险公司应当详细报告已发生未报案未决赔款准备金的基础数据、计算方法和参数设定，并说明基础数据来源、数据质量及准备金计算结果的可靠性；对短期健康保险业务，保险公司应当提取未到期责任准备金。最后，在精算要求中，法律还规定了再保险中的责任准备金的提取，提取责任准备金的方法，经验数据的年限等。

七、实行对健康保险的监管

与健康保险事业的发展同步，我国法律对健康保险的监管也越来越细密。第一，法律明确了健康保险业务的监督管理机构是中国保监会，明确了保监会负责核定经营健康保险业务的责任。第二，法律明确了经营健康保险的保险公司所应当具备的条件，即必须建立健康保险业务单独核算的制度，建立健康保险精算制度和风险管理制度；建立健康保险核保制度和理赔制度；建立健康保险的数据管理制度；建立功能完整相对独立的健康保险信息管理系统；配备了具有相关专业知识的精算人员、核保人员和核赔人员；以及满足中国保监会规定的其他条件等。第三，中国保监会对保险公司拟定的健康保险条款和保险费率，负责进行审批或备案，接受保险公司提交的精算报告。第四，保险公司违反保险法律、法规之规定的，由中国保监会视情节之轻重予以处罚，如责令限期改正、警告、停止销售、罚款等。

第三节 我国健康保险法律制度的问题与对策

我国健康保险法制建设，走过了坎坷的花甲之路，取得了骄人成就，也有诸多教训。总结历史经验，对于推进健康保险事业，完善健康保险法制，不无裨益。

一、我国健康保险法制存在的主要问题

（一）尚未建立起完善的健康保险法律体系

新中国经过60年的曲折发展，社会保险法制体系已经初步建成并取得一定的成效。2010年颁布的《中华人民共和国社会保险法》在保障公民身体健康、帮助老弱病残等弱势群体得到良好救助及在促进家庭幸福和保障社会稳定和谐等方面发挥了重要的作用。然而，尽管我国社会保障体系在不断地完善，商业健康保险立法却一直未取得显著性的成效。截至目前，商业健康保险行业的准入机制、行业规范及评价、监督等方面在立法上尚无明确的规定。商业健康保险作为社会保障体系的补充，在市场经济中不可避免地会面临激烈的竞争，如何保证公平竞争、维护健康保险行业秩序，促进健康保险的健康发展，都需要国家从立法的层面给予规定。

（二）现有健康保险法律存在盲点和矛盾

目前，我国在健康保险领域虽然初步构建了法律规范体系，但还是存在不少盲点和矛盾。我国现有健康保险法律法规和规章，因为未能及时修订和编纂，存在相互矛盾之处，司法适用解释也未能及时跟上，导致健康保险执法和司法不统一，甚至混乱现象。一旦出现了商业保险机构销售误导、非理性竞争及泄露客户隐私的情况，执法部门往往采取了双重标准，危害了法律的公信力和执行力。

（三）商业健康保险缺少国家财政税收法律的支持

2014年国家出台了《国务院办公厅关于加快发展商业健康保险的若干意见》，指出要借鉴国外经验并结合我国国情，完善健康保险有关税收政策。研究完善城乡居民大病保险业务保险保障基金政策。落实和完善企业为职工支付的补充医疗保险费有关企业所得税政策。坚持市场配置资源，鼓励健康服务产业资本、外资健康保险公司等社会资本投资设立专业健康保险公司，支持各种类型的专业健康保险机构发展。

一直以来，商业健康保险在医疗保障体系中所发挥的作用还有待增强，健康保险在医疗总费用筹资比例中占比偏低。对于发达国家来说，即使是以社会保险为医疗保障的主体，其商业健康保险在居民的医疗费用融资比重中也达到10%左右，而这个指标在我国目前还停留在4%左右。这说明商业健康保险在我国的医疗保障体系中还没有很好发挥补偿作用。探索并推进商业健康保险机构承办城乡居民大病保险，从城镇居民医保基金、新农合基金中划出一定比例或额度作为大病保险资金，委托商业机构承办城乡居民大病保险，从政策上给予商业机构一定的补贴和支持。

（四）健康保险法律设计不完善

作为我国社会保险体系中的重要组成部分，城镇职工基本医疗保险，城镇居民基本医疗保险，以及新型农村合作医疗保险在保障我国人民生活幸福、安居乐业发挥了重要作用。然而，在健康保险法律制度上，制度设计存在不合理，主要体现在三种保险存在着比较大的差别，即第一种城

镇职工的基本医疗保险待遇要远好于后两种即新型农村合作医疗保险及城镇居民基本医疗保险，医疗资源的配置不公平。又同时，新型农村合作医疗保险的水平太低，农民个人自愿交费、国家和地方财政分别补助，加在一起人均1年的保费也只有30元至60元，尚无法解决农民的大病治疗问题，农民“因病致贫”、“因病返贫”等现象比较严重。此外，在城镇职工和居民的医疗保险体制中，患者自己出的费用比率过高（一般都在60%以上），医院等医疗保险的供应方的医疗服务供应不足和水平参差不齐，医药费用持续居高不下。这些都制约了我国健康保险事业的持续发展。

二、我国健康保险法制建设的对策

（一）发展经济是推进健康保险法制建设的基础

从1840年鸦片战争到1949年新中国成立，是帝国主义列强对东方文明古国疯狂侵略、掠夺的110年，也是中国人民推翻封建王朝，抵御帝国主义入侵，谋求自身解放，浴血奋战，可歌可泣的110年。百年战争，苍夷满目。只有恢复和发展经济，才能医治创伤，站稳脚跟，创设包括保险在内的各项事业。

首先要有保险事业，然后才有保险法制。健康保险的创设和运作，需要资金。只有大力发展经济，才能为保险资金的筹措奠定良好基础。新中国成立之初，面对百废待举的局面，不遗余力恢复国民经济，纲举目张，带动了健康保险等事业的创设与发展。“文化大革命”十年动乱，经济到了崩溃的边缘，健康保险与法制难逃受挫厄运。近30年来，中国经济的腾飞，中国奇迹的创造，带来了健康保险事业的繁荣和健康保险法制建设的可喜成就。今后，我们要持续发展健康保险事业，不断健全健康保险法制，仍然要牢记发展这一硬道理，发展经济，富民强国，让企业对健康保险有更多的投资，让公民有更多的财力去购买健康险。

（二）改革创新是推进健康保险法制建设的动力

新中国成立后，实行计划经济体制，使国家机关和城镇国有企事业单位的干部和职工有了“劳保”。这对于城镇劳动者增强“翻身感”和“主人翁意识”发挥过历史进步作用。但是，僵化的体制，特定人群生、老、病、死有保障的健康社会保险，不仅增加了成本，使企业和国家不堪重负，而且不利于公平、公正原则的贯彻和稳定和谐社会的建设。因此，改革体制，创新制度，成为人民的呼声和历史发展的要求。实行由个人、企业和国家三者结合的社保基金筹措机制，是现阶段对传统“劳保”制度进行改革的明智选择。而改革传统“劳保”制度，又为商业性健康保险事业的发展和法制的构建带来了契机。不仅在城镇工作的国家机关和企、事业单位的公民有了投保健康险的需求，农民也逐步加入了投保健康险的行列。这样，构建完备的体现公平和效率相统一的健康保险法制环境，就被提上了议事日程。

（三）多元竞争是推进健康保险法制建设的路径

中国人民保险公司在新中国成立初期，开创了保险业从无到有的历史。但是，没有竞争，就没有活力。商业保险公司不是国家机关，它植根于市场，服务于市场，只有在市场适度竞争的气候条件下，才能茁壮成长。从现实看，人民保险公司正是在太平洋保险公司、平安保险公司等保险企业相继出现，并与之争夺市场份额的背景下，重新焕发青春。

从事健康保险业务的保险公司是企业市场竞争主体。在市场经济条件下，健康保险法制建设的任务，不是用多如牛毛的条款去束缚企业的手脚，而是要通过法治，营造适度竞争，公平宽松和运作有序的市场环境。中国加入世界贸易组织以来，一直认真践行承诺，加速金融市场开放，保险市场开放。目前，西方发达国家保险公司正在加紧逐鹿中华。友邦公司和安联公司等保险公司在中国的保险业绩呈现跨越发展趋势。包括健康保险在内的中国保险业，已经不以民族狭隘主义者的意志为转移，形成了多元竞争的态势。我们有必要通过健康保险法制建设，促成境内保险企业构建有利于培育核心竞争力的现代企业制度，打造境内外健康保险企业有序和适度竞争的法治环境。

（四）立足国情是推进健康保险法制建设的宗旨

社会主义国家的健康保险事业和健康保险法制建设，是一项前无古人的探索事业和系统工程。中国还是发展中国家，正处于社会转型时期。一方面，经济建设和经济体制改革成果令人刮目相看；另一方面，历史包袱很重，城乡二元分割未根本打破，人均收入处于世界落后国家行列，全面建设小康社会任重道远。我们不能照搬外国的健康保险制度。50 年代我们照搬前苏联的“劳保”制度并一直沿袭下来，成了改革的对象，需要痛定思痛。西欧和北欧名噪一时的“福利国家”已经风光不再，也应引以为戒。我们必须从中国的国情出发，借鉴西方国家成功法治经验，循序渐进地推进医疗和养老保险体制改革，逐步加大商业健康保险范围与力度。我国的健康保险法制建设，应当在这一伟大进程中，充分发挥引导、调节和保障作用。

（五）以人为本是推进健康保险法制建设的目标

近年来，随着人权运动、劳工运动、消费者运动、环保运动和企业社会责任（CSR）运动的相继高涨，赢利是企业唯一宗旨的传统观念受到广泛质疑。从事健康保险事业的企业有义务将营利与自觉承担社会责任的目标有机结合起来，关注利益相关者的利益保护问题，营造“企业公民”的良好形象。实现健康保险的终极目标，是通过管理和分担风险，提高公民的健康和生活水平，提升人均寿命，增进社会福利来完成的。现阶段，我国保险法制建设，应当贯彻落实科学发展观，以人为本。通过不断健全法制，调节健康保险市场，鼓励健康保险企业开源节流，降低投保费，提高保险服务质量和水平，寻求营利和承担社会责任的最佳结合点。

（金　浪）

1. 新中国的健康保险法制其形成和发展经历了哪几个阶段，各有什么特点？
2. 新中国健康保险法制建设取得了哪些主要成就？
3. 试述如何完善我国健康保险法律制度？

案例

目前，商业医疗保险作为政府基本医疗保险的补充，市场规模有限。2013 年，3 种基本医疗保险的筹资总额已经超过 1 万亿元，而商业健康险的保费收入为 1123.5 亿元，仅为前者的 10% 左右。考虑到真正的赔付型医疗保险只是商业健康险的一部分，实际上真正意义上的商业医疗保险的市场规模更小一些。现今商业健康险中约 30% 为团体业务，主要包括面向企业的团体医疗补充保险；另外 70% 为个人业务，其中一大部分为储蓄理财型。虽然规模与政府医保相比尚小，但在市场需求和政策支持的推动下，今年发展趋势良好，以年均 25% ~30% 的速度增长。2012 年发布的《关于开展城乡居民大病保险工作的指导意见》，试点由商业医疗保险机构通过招投标方式承办大病补充保险的运营并承担费用风险，为商业医疗保险公司带来了业务拓展的新方向，也为其介入到政府医保的运营管理提供了契机。2013 年十八届三中全会的《中共中央关于全面深化改革若干重大问题的决定》和 2014 年国务院发布的《关于加快发展现代保险服务业的若干意见》（又称“国十条”），进一步规划了健康保险业在城乡社会保障一体化和参与更多医疗卫生体制改革中的作用，提出了“把商业保险建成社会保障体系的重要支柱，充分发挥商业保险对基本养老、医疗保险的补充作用”，并且“按照全面开展城乡居民大病保险的要求，做好受托承办工作”。这无疑对商业保险行业来说又是重大的好消息。此外，针对商业健康保险的个人税收优惠政策也正在研究中，虽然优惠幅度和政策细节尚待确定，但政策的方向已无疑问。可以说，随着政策的推动和市场潜在需求的释放，商业健康险业大有商机，将在不久的将来成为我国医疗保障系统中不可或缺的重要组成部分。而商业保险机构自身精细化经营管理水平将是决定其市场竞争力的一大关键。

（资料来源：http：//www. 36dsj. com/archives/26924）

问题：根据以上资料，请思考我国商业健康险的未来发展趋势及相应法律制度应从哪些方面相应配套？

拓展阅读

个人税收优惠型健康保险法律制度

2015 年 8 月 20 日保监会发布《个人税收优惠型健康保险业务管理暂行办法》。所谓个人健康保险税收优惠，是指纳税人在购买商业健康险后，可以在当年（月）计税时予以税前抵扣的部分。简单来说，投保人购买这类产品后，可以少缴税，相当于以较低的价格为自己又购买了一份医疗保险。个人税优健康保险产品采取万能保险方式，包含医疗保险和个人账户积累的两项责任。医疗保险应当与基本医保、补充医疗保险相衔接，用于补偿被保险人在经基本医保、补充医疗保险补偿后自负的医疗费用。而个人账户积累仅可用于退休后购买商业健康保险和个人自负医疗费用支出。

《个人税收优惠型健康保险业务管理暂行办法》规定，保险公司应按照长期健康保险要求经营个人税优健康保险，不得因被保险人既往病史拒保，并保证续保。而目前，商业医疗、健康类保险产品通常会对带病投保人拒保，或者投保人患病后第二年不能续保，或者对既有疾病部分做出除外责任、加费等处理。因此，个人税优健康险具有一定的公益属性。

（摘自 http：//news. 163. com/15/0828/03/B22U0HC500014AED. html？ f=jsearch）

第二篇　社会保险法

第四章

社会医疗保险法律制度

内容提要　本章主要介绍社会医疗保险的法律制度，内容包括社会医疗保险法的概念、特征与原则；社会医疗保险法律关系的概念；我国社会医疗保险法律关系的主体、客体与内容。

第一节　社会医疗保险法律制度概述

一、医疗保险法的概念

医疗保险的法律包括社会医疗保险和商业医疗保险方面的法律。本书关于医疗保险法律是指社会医疗保险方面的法律。一般来说，医疗保险法是调整在医疗保险中形成的各种社会关系的法律规范。具体来说，医疗保险法是指人们因生病或非因工负伤需要治疗时，由国家或社会为其提供必需的医疗服务及物质帮助的一种社会保险法律制度。例如，1927 年第 10 届国际劳工大会通过了《工商业工人及家庭佣工疾病保险公约》（第 24 号）和《农业工人疾病保险公约》（第 25 号），规定实行强制性疾病保险，在劳动者患病时，应向其免费提供治疗和供给药品及用具，对中断收入者给予现金补助。1969 年第 53 届国际劳工大会对 24 号公约和 25 号公约进行了修订，通过了《医疗护理与疾病津贴公约》（第 130 号），将医疗保险的受保人扩大到所有经济活动人口和居民，这是当前关于这两项保障的主要国际劳工公约。我国也在 2010 年 10 月 28 日第十一届全国人民代表大会常务委员会第十七次会议通过了《中华人民共和国社会保险法》，其中第三章为基本医疗保险的内容，共 9 条，对我国职工基本医疗保险、新型农村合作医疗制度、城镇居民基本医疗保险制度做了原则上的规定。

二、社会医疗保险法的特征

（一）以实现公民的物质帮助权为宗旨

我国宪法第四十五条规定，“中华人民共和国公民在年老、疾病或者丧失劳动能力的情况下，有从国家或社会获得物质帮助的权利。国家发展为公民享受这些权利所需要的社会保险、社会救济和医疗卫生事业”。上述规定赋予了公民一系列获得物质帮助的权利。医疗保险法则是实现公民在患病时获得物质帮助权利的法律保证。

社会医疗保险是社会保障制度的重要组成部分，是指由政府或社会组织为解决居民健康问题提供医疗服务或为发生的医疗费用给予经济补偿的各种社会保障制度总称。社会医疗保障制度一般包括免费医疗、医疗保险、医疗救助、强制性雇主责任、强制性个人账户储蓄等内容。因为社会医疗保险是由政府举办的具有一定社会福利性质的事业，这种医疗保险能保证参保人在生病时得到基本医疗服务，避免出现“因病致贫”、“因病返贫”现象。因此，政府要投入一定量的资金，以减少个人负担，提高参保人的保险待遇。

（二）医疗保险法涉及的法律关系十分复杂

法律是用来调整一定社会关系的规范，医疗保险法律是以社会医疗保险作为调整对象。由于社会医疗保险涉及的主体较多，所以法律关系也十分复杂。

任何医疗体制都有筹集资源和提供服务两个关键功能，而这两个功能的落实，涉及政府、医疗保险机构、医疗服务机构和被保险人，可能还包括用人单位等多方面复杂的权利、义务关系。医疗保险制度在现实中要取得立法者欲达到的效果，与公共卫生资源的合理配置、医疗卫生体制和医疗流通体制规范合理等紧密相关。因为医疗方与患者之间的信息不对称，而医疗费用又是第三方社会保险机构给付，易导致对医疗服务的先天约束不足。

（三）权利与义务的不对等性

作为法律核心内容的法律关系其实质就是关于法律关系各方权利和义务的规定，而且以权利与义务对等为原则，即法律关系的主体所享受的权利与其所承担的义务相一致。但医疗保险法属于例外。医疗保险法对保险金的筹集与支付的规定体现了参保人所享受的权利与他所承担的义务的不一致性。个人交纳保险金以其收入百分比而定，高收入者多交，低收入者少交，在保险金的支付上，却并不是根据交费多少而定。而是根据实际需要支付保险金，这就形成了权利与义务的不对等性。从单位所交纳的保险金部分来看也如此。比如说老企业的老人、患者多；新企业年轻人多，实际消耗医疗费用少，但两者交纳的标准却是一样的，这也形成了权利与义务的不对等性。要说明的是，这种权利与义务的不对等性不能与不公平性划等号，它是实现医疗保险的保障性所必需的。

（四）法律关系从形式到内容的强制性

任何法律都是由国家强制实施的，医疗保险法也不例外。但社会医疗保险法的强制性还表现在其具体内容规定上。在参保人方面，凡属于保险范围内的个人都必须投保，医疗保险的承办机构必须接受投保，双方都没有选择余地；在保险金的征收方面，凡参加保险的个人和单位都必须依法交纳一定的保险费，保险费率由政府主管部门与有关各方协商制定，参与保险的各方无权更改保险费率；在医疗保险的经济利益方面，不是实行多投多保的原则，医疗保险的实质就在于对国民收入强制进行分配与再分配，以上强制性具体内容是其他商业保险法所没有的。

（五）法律规范的科学技术性

医疗保险与其他保险一样，要运用科学技术及管理知识作为依据。因此，医疗保险法的许多具体条款都将体现科学性内容，否则就难以做到公平合理，甚至要影响医疗保险制度的建立和健康发展。

三、社会医疗保险法的基本原则

社会医疗保险法的基本原则，是贯穿于医疗保险法中，指导医疗保险法的制定和实施等活动的基本准则。现阶段，全国许多城市都在探索试行以医疗保险为基本形式的社会医疗保障制度，并且已出台了一系列的法规、规章。尽管各地实际情况各不相同，实施方案各具特色，但有关医疗保险的法规规章都必须遵循一些能反映医疗保险法律规范的精神实质和价值目标的一般性准则，以确保医疗保险事业向着健康的方向发展。然而，医疗保险立法又是一项政策性、业务性都很强的工作，在操作过程中应遵循以下一些基本原则。

（一）与国家宪法、法律及医疗制度改革方向相一致的原则

中华人民共和国宪法规定："劳动者在年老、疾病时，有获得社会保障的权利"；《国务院关于建立城镇职工基本医疗保险制度的决定》中明确提出："加快医疗保险制度改革，保障职工基本医疗，是建立社会主义市场经济体制的客观要求和重要保障。"以上都是医疗保险立法应遵循的基本思想。

（二）权利与义务相结合原则

我国的医疗保障制度构建时必须以权利和义务相结合作为一条基本原则。在筹集医疗保险基金时，必须由国家、用人单位和被保险人三方分担，这就要求医疗保险的权利享受者必须履行交纳一定比例费用的义务，而不能将医疗保险办成一种纯福利性事业，否则，社会医疗保障事业将会难以为继。

（三）统一性与多样性相结合原则

我国全面推行的医疗保障制度的改革涉及社会的许多方面，是一项艰巨的社会系统工程，必须进行统一规划并制定统一的政策法规（即在医疗保险的性质、范围、目标、管理体制等方面做出原则性规定），统一领导并精心组织实施；同时，由于我国是一个幅员辽阔、人口众多的国家，各地的经济发展水平不一致等客观情况，各种差别性决定了在建立我国医疗保障制度的过程中，必须实行分门别类、分阶段进行的策略，允许存在多形式、多层次的医疗保险。

四、社会医疗保险法律关系

任何法律都是用来调整社会关系的。社会医疗保险法律关系是指法律在调整社会医疗过程中所形成的权利和义务关系。社会医疗保险法律关系由主体、客体、内容三要素构成。

第二节　社会医疗保险法律关系的主体

一、社会医疗保险法律关系主体的内涵

医疗保险法律关系的主体是指享受权利、承担义务的当事人。与其他社会保险法律关系相比，医疗保险法律关系具有多重性和复杂性，既涉及宪法性的国家与公民的关系，又涉及社会组织与劳动者间的劳动关系，还涉及卫生事业管理中的行政关系、医疗机构与个体患者间的医患关系。医疗保险法律关系的主体包括政府、医疗保险机构、医疗服务机构和被保险人，在我国城镇职工基本医疗保险中，还包括用人单位。

二、我国社会医疗保险关系的主体

（一）政府

政府承担的医疗保险法上的义务来源于宪法中国家对生存权的保障。作为法定权而存在的现

代生存权以国家为基本义务主体，不少国家的宪法明确规定了国家要保障公民生存权的内容，大多数国家通过制定相关法律制度（医疗保险等）、设立医疗保健机构、提供医疗帮助和救助等方式履行自己的义务。

（二）医疗保险机构

医疗保险机构（医保局）是具体经办医疗保险事务并管理医疗保险基金的机构，它必须借助医疗机构才能为参保人员提供医疗服务。

（三）医疗服务机构

我国医疗保险制度中的医疗服务机构被称为定点医疗机构，是指通过劳动与社会保障行政部门资格审查，与社会保险经办机构签订合同，为基本医疗保险参保人员提供医疗服务并承担相应责任的医疗机构，包括医院与药店。

（四）被保险人

被保险人（参保人）既是享受医疗服务的权利主体，也是承担缴纳医疗保险费的义务主体。包括职工、城市居民、农村居民等。

（五）用人单位

在我国城镇职工基本医疗保险制度中，用人单位负有强制性的缴费义务。而在新型农村合作医疗保障制度和城镇居民基本医疗保险制度中，因不存在用人单位，所以就不存在用人单位这个主体。

第三节　社会医疗保险法律关系的客体

一、社会医疗保险法律关系客体的内涵

关于医疗保险法律关系的客体学术界存在争论。第一种观点：认为是保险法律关系之标的，包括物及其有关利益或者人的生命和身体；第二种观点：认为是保险利益，也就是被保险人对保险标的所具有的利益；第三种观点：认为既不是保险标的，也不是产生于保险标的之上的保险利益，而应当是保险标的与行为的统一体，是体现一定物质利益的行为，即发生保险事故时，对保险标的损失进行补偿的行为。本书认为医疗保险法律关系的客体是指医疗保险法律关系主体的权利和义务所指向的对象，包括物质帮助权、物、行为和资金。

二、社会医疗保险法律关系客体的表现形式

（一）物质帮助权

物质帮助权即指中华人民共和国公民在年老、医疗或丧失劳动力情况下，有从国家和社会获得物质帮助的权利。

（二）物

在社会医疗保险法律关系中，作为客体的物指各种与医疗保险有关的费用、药品、医疗器械等。

（三）行为

在社会医疗保险法律关系中，这类客体包括约定医疗单位的医疗服务行为、用人单位及被保险人缴纳保险金的行为，医疗保险管理机构的管理行为和支付行为等。

（四）资金

包括政府、用人单位、社会、个人对医疗保险的资金投入。在我国的社会医疗保障制度中，政府的财政投入、用人单位的缴费、职工的缴费、城镇居民和农村居民缴费共同组成了社会医疗保障的主要资金来源。

第四节　社会医疗保险法律关系的内容

一、社会医疗保险法律关系内容的内涵

医疗保险法律关系的内容是指医疗保险法律关系主体之间的法律权利和法律义务。社会医疗保险的主体较多，它们依法具有一定的权利和义务。

二、社会医疗保险法律关系内容的体现

（一）政府的义务

在社会医疗保障制度中，政府只有义务没有权利。在医疗保险中政府通常负有的义务：①为医疗保险提供制度性框架，并通过制定法律和政策，为医疗保险的运行提供依据；②监督医疗保险的运行，确保医疗保险在规定的轨道上健康发展；③提供社会医疗救助，发展公共卫生事业，为医疗保险制度提供良好的基础与配套；④必要时对医疗保险给予相应的财政支持，以及对医疗服务与医药产品进行计划调节；⑤提供医疗救助。

（二）社会保险经办机构的权利和义务

1. 社会保险经办机构的义务

（1）保险费征缴义务。保险费征缴是启动基本医疗保险法律关系的首要环节，是医疗保险待遇实现的关键前提。我国现有立法政策并未统一规定保险费征缴机构，个别地区将保险费征缴任务交由税务机关完成，但大多数地区是由社会保险经办机构来承担此项义务的。

（2）保险待遇给付义务。按时足额支付医疗保险待遇是社会保险经办机构负担的一项法定义务。不同于其他社会保险项目，我国医疗保险待遇支付是通过医疗辅助机构来完成的。一旦被保险人生病，即可持有证明其参保人身份的医保卡到定点医院接受看病或到定点零售药店买药。当定点医院或定点零售药店核实被保险人的医保身份后，就应当提供相应的医疗服务和药品，这时，定点医院或定点零售药店的身份是社会保险经办机构的履行辅助人。如果发生怠于支付医保待遇或不当支付医保待遇的情形时，被保险人有权直接向社会保险经办机构诉求。

（3）说明义务。由于存在着社会保险经办机构与参保方之间的信息不对称和射幸性，与商业保险相似，基本医疗保险的保险人（社会保险经办机构）对参保方同样负有说明义务的履行。说明义务履行的时间为基本医疗保险法律关系成立生效之后，内容以与参保人切身利益相关的缴费与待遇记录情况为主。社会保险经办机构说明义务可以分为主动履行与被动履行两类。前者是指

社会保险经办机构定期主动向参保人报告个人权益记录情况。劳动和社会保障部1999年颁布的《社会保险费申报缴纳管理暂行办法》第十五条就规定："社会保险经办机构应当至少每年向缴费个人发送一次基本养老保险、基本医疗保险个人账户通知单。"《社会保险法》第七十四条第三款规定："社会保险经办机构定期将个人权益记录单免费寄送本人。"后者是指社会保险经办机构开放医疗保险个人权益记录查询程序，根据参保人的查询告知其个人权益记录情况。《社会保险法》第七十四条第四款规定："用人单位和个人可以免费向社会保险经办机构查询、核对其缴费和享受社会保险待遇记录，要求社会保险经办机构提供社会保险咨询等相关服务。"2011年7月实施的《社会保险个人权益记录管理办法》第四章"查询和使用"又对《社会保险法》第七十四条内容进行了具体化规定。

（4）保密义务。定点医疗机构向社会保险经办机构提出增加诊疗项目的申请，并提供审查所需的有关资料，社会保险经办机构对该资料有保密义务。

（5）举报义务。定点医疗机构违反协议规定虚报费用或医护人员串通参保人员骗取医疗保险基金的，社会保险经办机构应上报有关行政部门处理，触犯刑律的，应向司法机关举报。

2. 社会保险经办机构的权利

（1）监督指挥权。社会保险经办机构有权对定点医疗机构参保人员医疗费用、定点零售药店处方外配服务情况进行检查和审核。

（2）单方面变更或解除合同权。定点医疗机构或定点零售药店如果严重违反协议且影响到公共利益时，社会保险经办机构可以单方面解除协议。医生为参保人员进行检查治疗的收入与医生所在科室收入直接挂钩，情节严重的，社会保险经办机构可以单方面中止协议。

（3）违约制裁权。违约制裁权表现为拒绝支付违约的医疗费用、扣除医疗费用（或违约金额）。

（4）代位求偿权。《社会保险法》第三十条第二款规定："医疗费用依法应当由第三人负担，第三人不支付或者无法确定第三人的，由基本医疗保险基金先行支付。基本医疗保险基金先行支付后，有权向第三人追偿。"该法条中的"有权向第三人追偿"的"有权"指的就是代位求偿权。代位求偿权就是社会保险经办机构在先行支付程序中享有的一项重要权利。

（三）参保方的权利和义务

1. 用人单位的权利义务

（1）申请登记义务。1999年1月国务院颁布实施的行政法规《社会保险费征缴暂行条例》第七条规定："缴费单位必须向当地社会保险经办机构办理社会保险登记，参加社会保险。"申请登记是一项强制性的公法义务，是启动医疗保险法律关系的初始环节，社会保险经办机构审核完毕，发放登记证之时，基本医疗保险法律关系成立。根据《社会保险法》第八十四条，用人单位不办理社会保险登记的，将受到社会保障行政部门责令限期改正、罚款等行政处罚。

（2）保险费缴纳义务。保险费的按时足额缴纳是用人单位必须履行的一项法定强制义务。该项义务既属于用人单位与医疗保险经办机构之间因行政征收而产生的公法义务，也属于用人单位与劳动者之间因劳动合同而产生的社会公法义务。因此，违反该项义务，用人单位可能被社会保险行政部门处以行政责任，也可能被职工按照劳动争议处理程序要求承担损害赔偿责任或解除劳动合同。

（3）提起行政复议、行政诉讼的权利。根据我国《社会保险费征缴暂行条例》、《社会保险行政争议处理办法》的规定，用人单位对于社会保险行政部门的处罚决定不服，认为经办机构在办理社会保险登记、变更或者注销手续、审核社会保险缴费基数等方面存在问题，有权向社会保险行政部门申请行政复议，或者向人民法院提起行政诉讼。

2. 参保人的权利义务

（1）保险费缴纳义务。在我国，保险费缴纳是参保人享有基本医疗保险待遇的必要前提。按照我国现有的基本医疗保险体系，城镇居民医保与新农合医保的保险费完全由参保人个人缴纳，而城镇职工医保的保险费由参保职工及其用人单位共同缴纳，参保职工个人缴纳的保险费部分由用人单位代扣代缴。

（2）医疗保险待遇请求权。基本医疗保险制度存在的目的在于实现参保人的基本医疗保险待遇，因此，医疗保险待遇请求权是参保人享有的一项最重要的权利。与其他保险项目不同，基本医疗保险待遇是通过定点医院和定点零售药店提供医疗服务和药物实现的，因此，参保人基本医疗保险待遇请求权的行使对象是定点医院和定点零售药店，此时定点医院和定点零售药店的身份是社会保险经办机构的履行辅助人。

（3）知情权。参保人的知情权的内容主要针对保险费的缴纳与保险待遇的享有两个方面，因此，参保人知情权的实现也涉及两方面：一是用人单位缴纳保险费的真实情况。《社会保险法》第六十条规定："用人单位应当按月将缴纳社会保险费的明细情况告知职工本人。"二是参保人自身的保险权益。《社会保险法》第七十四条第三款、第四款规定：社会保险经办机构应定期将参保人个人权益记录单免费寄送本人；参保个人有权向社会保险经办机构免费查询保险待遇情况。

（4）提起行政复议、行政诉讼的权利。基本医疗保险参保人的保险待遇请求权、知情权的实现在遭遇障碍时有赖于诉求权利的行使。我国《社会保险法》第八十三条规定："参保人对社会保险经办机构不依法支付社会保险待遇、办理社会保险转移接续或侵害其他社会保险权益的行为，可以依法申请行政复议或者提起行政诉讼。"

（四）定点医疗服务机构的权利和义务

在社会基本医疗保险中，定点医疗服务机构的权利和义务主要由法律法规及医疗服务协议决定。

1. 解除权

1995 年原劳动和社会保障部、卫生部、国家中药管理局联合发布的《城镇职工基本医疗保险定点医疗机构管理暂行办法》第十一条规定：社会保险经办机构与定点医疗机构"任何一方违反协议，对方均有权解除协议。"可见，定点医疗机构在社会保险经办机构违反协议的情况下，对协议有解除权。2000 年发布的《城镇职工基本医疗保险定点医疗机构服务协议文本》第四十三条规定：社会保险经办机构与定点医疗机构"双方无论以何种理由终止协议，必须提前 X 日通知对方。"可见，在社会保险经办机构违反协议的情况下，定点医疗机构享有协议的解除权。

2. 行政救济权

作为一种典型的行政合同，在协议文本履行过程中发生争议，定点医疗机构可以按照《中华人民共和国行政复议法》和《中华人民共和国行政诉讼法》的有关规定，向同级劳动保障行政部门申请行政复议或向人民法院提起行政诉讼。

3. 协议中的主要事务性义务

定点医疗机构要认真贯彻、自觉遵守基本医疗保险法规政策、严格执行首诊制和因病施治等基本原则类的义务。同时还需承担以下事务性的义务。

（1）合作义务。定点医疗机构有义务为社会保险经办机构提供基本医疗保险有关的材料和数据，社会保险经办机构如需查看参保人员病例及有关资料、询问当事人等，定点医疗机构应予以合作。

（2）通知义务。参保人员在定点医疗机构就诊发生医疗事故时，定点医疗机构应自事故发生之日起的规定日期内通知甲方。

（3）审查与识别义务。定点医疗机构在参保人员就诊时应认真进行身份和证件识别。具体有两个方面：一是定点医疗机构在参保人员办理门诊挂号或住院登记手续时应认真审查医疗保险卡并根据甲方提供的名单审查该证件是否有效，凭无效证件就诊发生的医疗费用社会保险经办机构不予支付；二是定点医疗机构在参保人员就诊时应进行身份识别，发现就诊者与所持医疗保险证身份不符时应拒绝记账并扣留医疗保险证件，并及时通知社会保险经办机构。

（4）上报义务。定点医疗机构应在每月规定日期前，将参保人员上月的住院费用及清单报给社会保险经办机构，由社会保险经办机构进行审核。

（5）协议中的其他义务。除了上述事务性义务外，为了保障医疗保险基金的安全，维护参保人的权益，防止道德风险，针对就诊、诊疗项目管理、药品管理等环节，定点医疗机构需承担许多其他常规性义务。

（黎东生）

1. 简述医疗保险法的概念与特征。
2. 社会医疗保险法的基本原则有哪些？
3. 社会医疗保险法律关系的概念。
4. 联系我国实际谈谈社会医疗保险法律关系的构成要素。

案例

民营医院骗取医保增收，流水化作业套取医保基金

2009 年 2 月至 12 月期间，重庆市高新区某民营医院由于效益不好，由犯罪嫌疑人梁某提议，以多种方式找来医疗保险参保人的医保卡，伪造参保人员在该医院住院的虚假住院手续，向重庆市医保中心骗取医保统筹基金。

犯罪嫌疑人杨某负责对重庆市医保中心及各个涉及医保的部门进行行贿，买通关键环节。犯罪嫌疑人梁某负责医院财务管理及对诈骗的赃款进行分成，犯罪嫌疑人石某担任医保员，负责申报各项医保材料并积极协调医保各部门。

而犯罪嫌疑人李某、张某、马某、王某、刘某等以多种方式找来医疗保险参保人的医保卡，伪造参保人员在该医院住院的虚假住院手续，向重庆市医保中心骗取医保统筹基金。犯罪嫌疑人刘某伪造参保人员住院病历（住院病历中的检验单部分）吴某、刘某找来医保卡协助伪造病历。

经查，这家民营医院涉嫌合同诈骗金额为 394 319 元。最终，法院一审判决梁某有期徒刑 1 年 9 个月；杨某有期徒刑 1 年 6 个月、缓刑 1 年 6 个月；石某有期徒刑 1 年 6 个月、缓刑 1 年 6 个月；李某、张某、马某、王某、刘某等分别被法院判处罚金。

（资料来源：法制日报）

问题：如何通过强化监管堵住医保资金漏洞？

提示：应从医保实施全过程加强监管。

拓展阅读

人力资源和社会保障部 财政部关于做好 2015 年城镇居民基本医疗保险工作的通知

（摘要）

一、完善筹资和待遇调整机制

（1）建立稳定可持续的筹资机制。2015 年各级财政对居民医保的补助标准在 2014 年的基础上提高 60 元，达到人均 380 元。其中，中央财政对 120 元基数部分按原有比例补助，对增加的 260 元按照西部地区 80% 和中部地区 60% 的比例给予补助，对东部地区各省份分别按一定比例给予补助。地方各级财政部门要按照要求足额安排地方财政补助资金，并及时拨付到位。同时，平衡政府与个人的责任，逐步提高个人缴费占整体筹资的比重，建立政府和个人合理分担可持续的筹资机制。2015 年居民个人缴费在 2014 年人均不低于 90 元的基础上提高 30 元，达到人均不低于 120 元。地方各级人力资源和社会保障部门要做好个人缴费征缴工作，宣传个人缴费义务，落实个人缴费责任，切实拓宽筹资渠道，改善筹资结构。

(2) 完善与筹资水平相适应的待遇调整机制。实施全民参保登记计划，实现应保尽保，减少重复参保。完成“十二五”医改规划的任务目标，落实基本医保和大病保险待遇政策，实现居民医保政策范围内住院费用报销比例达到 75% 左右，逐步缩小与实际住院费用支付比例之间的差距。同时，避免广泛福利化倾向，防止待遇攀比对费用分担机制造成冲击。积极支持建立分级诊疗制度，完善不同级别医疗机构的医保差别支付政策。继续做好居民医保门诊统筹工作，不断完善居民医保门诊统筹保障机制。

二、完善居民医保制度，强化管理服务

(1) 全面推进大病保险制度。2015 年底所有地级市以上统筹地区全面启动实施城乡居民大病保险，覆盖所有居民医保参保人员。科学合理确定筹资水平，在确保居民医保基金收支平衡和待遇稳步提高的前提下，逐步提高大病保险筹资标准，建立多渠道筹集机制。进一步提高经基本医保报销后需个人负担的常规医疗费用支付水平，实际支付比例不低于 50%。做好基本医保、大病保险与医疗救助等各项制度的政策衔接和费用结算服务。

(2) 建立和完善基金运行分析与风险预警机制。巩固完善市级统筹，探索省级统筹，增强基金抗风险能力。高度认识防范基金风险的重要性，基于医疗保险信息系统，建立和完善基金运行分析和风险预警机制，定期对基金运行情况进行分析，监控基金支出增速、基金结余等关键性指标，及时发现潜在风险。做好基金风险应急处理预案，统筹基金出现赤字的地区，在一定时期内应暂缓提高医保待遇，妥善处理基金收支不平衡问题。加强医保基金中长期精算工作，并基于精算结果，将基金结余保持在合理水平。

(3) 深化支付方式改革，加强医疗服务监管。按照《人力资源和社会保障部关于进一步推进医疗保险付费方式改革的意见》(人力资源和社会保障部发〔2011〕63 号) 和《人力资源社会保障部、财政部、卫生部关于开展基本医疗保险付费总额控制的意见》(人力资源和社会保障部发〔2012〕70 号)，加大改革力度，加快改革步伐，全面推进按人头付费、按病种付费和总额控制等复合付费方式，切实控制医疗费用过快增长。贯彻落实《人力资源和社会保障部关于进一步加强基本医疗保险医疗服务监管的意见》(人力资源和社会保障部发〔2014〕54 号) 相关要求，加强对医疗服务行为和医疗费用的监管，完善定点医疗机构服务协议，将监管延伸到医务人员医疗服务行为，明确基金监管职责，分类处理监管发现的问题。

(4) 强化医保信息化管理手段。加快推进金保工程二期建设，全面推进社会保障卡应用和服务，建设和完善基本医疗保险信息系统，逐步提高系统集中层级；优化信息化监控手段，建立医疗保险监控系统；充分利用医保信息系统建设成果，做好与商业保险机构的系统对接，确保数据安全；逐步形成支持城乡联动和跨地区协作的信息化支撑体系，实现更为便捷高效的服务。

第五章

养老保险法律制度

内容提要

养老保障是一个全球性的话题，随着我国社会经济的快速发展和社会人口老龄化趋势，社会养老保障问题也越来越受到关注。本章主要阐述了我国养老保险制度的发展、养老保险制度的框架，从养老保险法律关系的主体、客体和内容三个方面介绍了我国养老保险法律的基本制度。

第一节　养老保险法律制度概述

一、我国养老保险制度的发展

我国养老保险制度主要以城镇职工为核心，其发展历史大体可分为三个阶段：计划经济时期的养老保险、改革开放初期的养老保险及21世纪的养老保险。在整个改革与发展的过程中，我国的补充养老保险总体上还处于初级摸索阶段，尚未形成一套明确有效的补充养老保险的制度。

（一）计划经济时期的养老保险制度

在计划经济体制下，我国政府就非常重视养老问题，为广大的城镇正式职工建立了以工作单位为依托的退休金制度。但不是国家正式职工（包括国家机关工作人员、事业单位职工、国有企业单位职工和集体所有制企业单位职工）的老年公民主要依靠家庭成员提供的养老保障。此外，国家还通过社会救济制度的方式帮扶缺乏劳动能力和缺乏家庭成员保障的鳏寡老人。

1951年国家颁布了《劳动保险条例实施细则修正草案》，该条例对保险费的征集、管理和发放、保险项目和标准，以及执行与监督都做了明确的规定。据资料记载，1957年全国实行《劳动保险条例》的企业职工达1600万人，社会保险制度的覆盖面达到了当时国营、公私合营、私营企业职工总数的94%。

1958年国务院公布了《关于工人、职员退职处理的暂行规定》，统一了企业和国家机关的退职办法，适当放宽了退职条件，提高了待遇标准，解决了企业和国家机关退休退职办法不统一的矛盾。

1966年随着“文化大革命”开始，我国各项工作都遭受到了巨大的损失，养老保险制度也不例外。已经建立的养老保险制度被废除，1969年，财政部发布了《关于国有企业财务工作中几项制度的改革意见（草案）》，宣布“国有企业一律停止提取劳动保险金”，“企业的退休职工、长期病号工资和其他劳保开支，改在营业外列支”，使得新建立的社会统筹养老保险制度，变成了企业保险，导致不同企业负担差别很大。

1978年“文化大革命”结束后，国务院针对“文化大革命”中出现的不正常现象和制度缺陷，重新规定了离退休的条件及待遇标准。但从总体上来看，在当时计划经济体制下，就业与保障高度结合，就业成为享有养老保障的重要基础；从离退休金的来源看，国家机关工作人员由国家拨付，企、事业单位自己负责本单位的离退休职工的离退休金的筹集与发放，其他成分的职工长期被排除在制度之外。社会老年保障覆盖范围较小，政府职能仍处于摸索阶段。

（二）改期初期的养老保险制度

1984 年，党的十一届三中全会召开，《关于经济体制改革若干问题的决定》的颁布标志着我国经济体制改革拉开序幕。从计划经济体制向市场经济体制改革转变的大背景下，自主经营、自负盈亏的商品生产和经营企业已不能容忍负担过重的养老保险制度。所以，从 1985 年开始，各地纷纷进行了重建养老保险社会统筹制度的试点。

1986 年 4 月通过的《中华人民共和国经济和社会发展第七个五年计划》明确提出，要逐步建立和健全适应新形势需要的社会保障制度，并首次提出要以社会化管理为主。1986 年 7 月，国务院颁布《国有企业实行劳动合同制暂行规定》，决定国有企业新招收的职工一律实行劳动合同制，并对合同制工人的养老保险做出了规定。

1991 年国务院颁布《关于企业职工养老保险制度改革的决定》，确立了我国养老保险实行社会统筹，三方共担费用的原则和基金筹集实行“部分积累”的模式，提出了今后要建立起基本养老保险、企业补充养老保险和个人储蓄性养老保险相结合的多层次养老保险制度。与此同时，部分城市开始了基本养老保险社会统筹与个人账户相结合的试点工作。

1993 年，党的十四届三中全会做出了《关于建立社会主义市场经济体制改革若干问题的决定》，提出建立社会统筹和个人账户相结合的养老金制度，提出由现收现付的养老保险向基金制过渡。

1994 年颁布了《劳动法》，其中规定“国家鼓励用人单位根据本单位实际情况为劳动者建立补充养老保险”。同时，原劳动部对企业建立补充养老保险的基本条件、决策程序、资金来源、管理办法、待遇给付、经办机构、投资运营等提出了指导性意见，确立了基本的政策框架。

1995 年国务院《关于深化企业职工养老保险制度改革的通知》进一步提出了要深化养保险制度改革的要求，明确了养老保险实行统账结合的原则，以及资金来源多渠道和保障方式多层次的目标，并同时推荐了“大账户、小统筹”和“大统筹、小账户”两个具体的操作方案。两个方案均采取了社会统筹和个人账户相结合的办法，但对个人账户和社会统筹的界限没有明确划分。因此，在实践中形成了多种不同的实施方案，如养老费征收和支付的标准不一、统筹水平和层次较低等情况。

在该阶段，养老保险制度在一定程度上实现了养老基金的部分积累。同时，伴随着社会主义市场经济的发展，保险业的兴起也为社会保障体系的完善和社会进步做出了贡献。

（三）21 世纪的养老保险制度

国务院于 1997 年颁发了《关于建立统一的企业职工基本养老保险制度的决定》，决定按照社会统筹和个人账户相结合的原则，建立我国城镇职工的社会养老保险制度，并提出了“统一制度、统一标准、统一管理、统一调剂使用基金”的目标。方案规定了社会统筹部分的缴费由企业负担，企业缴费的最高限为企业工资总额的 20%，个人账户部分的缴费由职工个人和企业共同承担，按个人缴费工资的 11% 建立基本养老保险个人账户，个人缴纳基本养老保险费的比例，1997 年不得低于本人缴费工资的 4%，1998 年起每两年提高一个百分点，达到本人缴费工资的 8%。个人缴费部分全部划入个人账户，其余部分从企业缴费中划入。随着个人缴费比例的提高，企业划入的部分逐步降低为 3%。个人账户储存额每年参考银行同期存款利率计算利息，个人账户只用于职工养老，不得提前支取。职工调动时，个人账户全部随同转移，若职工或退休人员死亡，个人账户中的个人缴费部分可以继承。

1999年国务院下发国务院批转整顿保险业工作小组《保险业整顿与改革方案的通知》，明确界定企业补充养老保险属于商业保险范畴，规定社会保险机构不得进入企业补充养老保险领域，这标志着我国的企业补充养老保险开始迈入社会化和商业化经营。

2000年国务院颁布《关于完善城镇社会保障体系试点方案的通知》，将企业补充养老保险正式更名为“企业年金”，确立了企业年金是社会保障体系第二支柱的地位。同时提出：有条件的企业可为企业职工建立企业年金，并实行市场化运营和管理。

2004年劳动和社会保障部颁布的《企业年金试行办法》规定：企业年金的目的是为建立多层次的养老保险制度，更好地保障企业职工退休后的生活，完善社会保障体系。同时，对企业年金的定义，建立企业年金的企业的条件、企业年金方案的内容、企业年金的缴费、企业年金的设立方式、企业年金的领取、转移与继承、企业年金的管理等内容均做出了一系列的规定。

2004年劳动和社会保障部、银监会、证监会、保监会联合发布了《企业年金基金管理试行办法》，对我国企业年金具体采用的模式、法人受托机构、账户管理人、投资管理人、托管人的条件和职责、企业年金基金的投资、企业年金管理的费用等内容做出了详细的规定。

2005年劳动和社会保障部陆续出台《关于企业年金基金证券投资有关问题的通知》、《企业年金管理指引》、《企业年金基金管理机构资格认定暂行办法》等有关企业年金制度方面的政策法规。2005年中国保监会积极研究制定了《养老保险管理办法》，规范养老保险的发展规则。

2010年10月28日，第十一届全国人民代表大会常务委员会第十七次会议通过并颁布了我国的《社会保险法》。该法对我国基本养老保险等内容做出了明确的规定。

2014年2月21日，国务院发布《关于建立统一的城乡居民基本养老保险制度的意见》（国发〔2014〕8号），按照党的十八大精神和十八届三中全会关于整合城乡居民基本养老保险制度的要求，依据《中华人民共和国社会保险法》有关规定，在总结新型农村社会养老保险（简称新农保）和城镇居民社会养老保险（简称城居保）试点经验的基础上，国务院决定将新农保和城居保两项制度合并实施，在全国范围内建立统一的城乡居民基本养老保险（简称城乡居民养老保险）制度。

这一时期的养老保险制度主要表现为实现了由“企业保障”向“社会保障”的转变。初步建立了社会养老保险、企业补充养老保险、个人储蓄性养老保险及商业养老保险的多层次的养老保障体系，体现了制度的社会互济作用。

二、养老保险法律制度的框架

养老保险制度是一个国家社会保障体系中重要的组成部分，是公民老年生活收入来源的重要保障。从20世纪70年代末，世界各国由于人口老龄化、经济增长减速等原因，大多数发达国家出现了公共养老制度危机，于是多数国家都建立起了公共养老金、职业补充养老金、个人储蓄养老金等多种养老保险体系。我国也不例外。

养老保险法律制度是对在养老保险法律关系中形成的各个主体行为规范的总和。

养老保险法律关系是指国家养老保险法律所确认和保护的具有权利、义务内容的社会关系，是养老保险制度主体之间的权利、义务关系，即养老保险中的保险人、投保人、被保险人和受益人之间，因养老保险费的缴纳、养老金的支付、养老保险基金的管理和监督所发生的权利、义务关系。根据养老保险资金的来源和管理方式，可将养老保险法律关系分为以下三种。

一是公共养老保险法律关系。公共养老保险法律关系是指在国家筹集资金、国家授权的经办机构进行基金管理，实施社会养老保险服务的过程中，与受益的公民之间形成的权利、义务关系。发生在公共养老保险领域的法律关系，具有行政关系的特征，但又不同于行政管理法律关系。

二是个人账户养老保险法律关系。个人账户养老保险法律关系是指在个人账户养老保险制度下形成的，雇主和雇员之间、投保人和保险人之间的权利、义务关系。

三是自愿储蓄养老保险法律关系。自愿储蓄养老保险主要指公民个人自愿购买商业人寿保险，是在商业保险市场中，保险人、投保人、被保险人和受益人之间的保险合同法律关系。

三、世界各国的养老保险制度类型和模式

（一）世界各地不同国家的养老保险制度分类

（1）储金型养老保险。储金型养老保险制度在一批新兴市场经济国家实行，以新加坡、智利等国家为代表，强调自我保障的原则，实行完全积累的基金模式，建立了不同类型的个人养老保险账户或“公积金”账户。

（2）国家型养老保险。国家型养老保险制度曾经在大多数计划经济国家实行，以苏联、东欧国家为代表。按照“国家统包”的原则，由用人单位缴费，国家统一组织实施，工人参与管理，待遇标准统一，保障水平较高。

（3）传统型养老保险。传统型养老保险以美国、德国、法国等发达市场经济国家为代表，贯彻“选择性”原则，即并不覆盖全体国民，而是选择一部分社会成员参加，强调待遇与工资收入及缴费（税）相关联，因此也可称为“收入关联型养老保险”。

（4）福利型养老保险。福利型养老保险以英国、澳大利亚、加拿大、日本等发达市场经济国家为代表，贯彻“普惠制”原则，基本养老保险覆盖全体国民，强调国民皆有年金，因此称为“福利型”或“普惠制”养老保险。

（5）混合型养老保险。原来实行福利型养老保险的国家，如今大多已经或正在向一种混合型制度转轨。即福利型养老保险与“收入关联型养老保险”同时并存，共同构成第一支柱的基本养老保险。英国与加拿大就是这种。

（二）世界各国实行养老保险制度的三种模式

1. 传统型

传统型的养老保险制度又称为与雇佣相关性模式（employment-related programs）或自保公助模式，最早为德国俾斯麦政府于1889年颁布养老保险法所创设，后被美国、日本等国家所采纳。个人领取养老金的工资替代率，然后再以支出来确定总缴费率。

个人领取养老金的权利与缴费义务联系在一起，即个人缴费是领取养老金的前提，养老金水平与个人收入挂钩，基本养老金按退休前雇员历年指数化月平均工资和不同档次的替代率来计算，并定期自动调整。除基本养老金外，国家还通过税收、利息等方面的优惠政策，鼓励企业实行补充养老保险，基本上也实行多层次的养老保险制度。

2. 国家统筹型

国家统筹型（universal programs）分为两种类型。

（1）福利国家所在地普遍采取的，又称为福利型养老保险，最早为英国创设，如今适用该类型的国家还包括瑞典、挪威、澳大利亚、加拿大等。

该制度的特点是实行完全的“现收现付”制度，并按“支付确定”的方式来确定养老金水平。养老保险费全部来源于政府税收，个人不需缴费。享受养老金的对象不仅仅为劳动者，还包括社会全体成员。养老金保障水平相对较低，通常只能保障最低生活水平而不是基本生活水平，如澳大利亚养老金待遇水平只相当于平均工资的25%。为了解决基本养老金水平较低的问题，一般大力提倡企业实行职业年金制度，以弥补基本养老金的不足。

该制度的优点在于运作简单易行，通过收入再分配的方式，对老年人提供基本生活保障，以抵消市场经济带来的负面影响。但该制度也有明显的缺陷，其直接的后果就是政府的负担过重。由于政府财政收入的相当一部分都用于社会保障支出，而且须维持如此庞大的社会保障支出，政府必须采取高税收政策，这样加重了企业和纳税人的负担。同时，社会成员普遍享受养老保险待遇，缺乏对个人的激励机制，只强调公平而忽视效率。

（2）国家统筹型的另一种类型是苏联所创设的，其理论基础为列宁的国家保险理论，后为东欧各国、蒙古、朝鲜及中国改革以前所在地采用。

该类型与福利国家的养老保险制度一样，都是由国家来包揽养老保险活动和筹集资金，实行统一的保险待遇水平，劳动者个人无须缴费，退休后可享受退休金。但与前一种所在地不同的是，适用的对象并非全体社会成员，而是在职劳动者，养老金也只有一个层次，未建立多层次的养老保险，一般也不定期调整养老金水平。

随着苏联和东欧国家的解体及中国进行经济体制改革，采用这种模式的国家也越来越少。

3. 强制储蓄型

强制储蓄型主要有新加坡模式和智利模式两种。

（1）新加坡模式是一种公积金模式。该模式的主要特点是强调自我保障，建立个人公积金账户，由劳动者于在职期间与其雇主共同缴纳养老保险费，劳动者在退休后完全从个人账户领取养老金，国家不再以任何形式支付养老金。个人账户的基金在劳动者退休后可以一次性连本带息领取，也可以分期分批领取。

国家对个人账户的基金通过中央公积金局统一进行管理和运营投资，是一种完全极细小的筹资模式。除新加坡外，东南亚、非洲等一些发展中国家也采取了该模式。

（2）智利模式作为另一种强制储蓄类型，也强调自我保障，也采取了个人账户的模式，但与新加坡模式不同的是，个人账户的管理完全实行私有化，即将个人账户交由自负盈亏的私营养老保险公司，保险公司规定最大化回报率，同时实行养老金最低保险制度。该模式于20世纪80年代在智利推出后，也被拉美一些国家所效仿。强制储蓄型的养老保险模式最大的特点是强调效率，但忽视公平，难以体现社会保险的保障功能。

第二节 养老保险法律制度的主体

养老保险法律关系的主体，是指参加养老保险法律关系、享受养老保险权利和承担养老保险义务的当事人。养老保险的主体可以是自然人、法人，也可以是其他社会团体，一般由养老保险法律直接规定。根据养老保险法主体权利、义务、责任的不同，其可分为养老保险的保险人、投保人、被保险人、受益人和监管人。

一、养老保险的保险人

养老保险的保险人即养老保险的提供者、管理者或经营者。在养老保险法律制度中，保险人一般是国家授权或者委托的机构，其职责是依据养老保险法律规范具体负责养老保险的受理、养老保险费的计收、养老保险金的给付及养老保险基金的管理等日常工作。世界各国养老保险的保险人主要有三种：一是在公共养老保险法律制度的国家，保险人是国家授权或者委托的机构，如中国、日本、加拿大、美国和瑞士等；二是由政府监督下的自治机构作为养老保险人，如新加坡、德国、瑞典等；三是由私营基金公司作为养老保险人，代表国家是智利、法国等。

我国目前采用的是政府设立专门机构充当保险人的模式。依照《社会保险费征缴暂行条例》

的规定，由劳动保障行政部门设立事业性质的社会保险经办机构，具体承办养老保险工作。

二、养老保险的投保人

养老保险的投保人即养老保险的申报、登记和缴费人。在实行非缴费型的公共养老保险制度中，没有投保人，只有纳税人。其余各类型的养老保险制度中均有投保人，包括雇主、雇员、个体劳动者和其他自愿缴费人。从各国养老保险制度实践来看，养老保险的投保人有四种组合方式：①由雇主、雇员和国家三方共同投保负担的方式，如英国、德国和意大利等国家，这种方式最普遍；②由雇主和雇员双方投保分担的方式，如法国、荷兰、葡萄牙、新加坡等；③由雇主和国家投保分担的方式，如瑞典2000年以前就采取这种方式；④完全由雇员个人投保的方式，如智利。

在我国，按照《国务院关于企业职工养老保险制度改革的决定》规定，我国养老保险的投保人为用人单位、劳动者个人和国家。

三、养老保险的被保险人

养老保险的被保险人即养老保险的保障对象，是具备法定条件参加具体养老保险法律制度的人。从一般意义上说，养老保险的被保险人应是全体劳动者，但是，因受到各国经济社会结构的制约，各国养老保险人的覆盖范围都经历了从小到大的发展过程。此外，由于各国养老保险的模式不同，养老保险的被保险人的范围也有较大的差异。

目前，我国城镇职工基本养老保险制度覆盖的养老保险人包括城镇各类企业职工、个体工商户和灵活就业人员。而广大农民，限于目前城乡二元经济和社会结构的现实，还难以纳入城镇职工基本养老保险的覆盖范围，由正在试点的农村养老保险制度来覆盖。

四、养老保险的受益人

养老保险的受益人即被保险人和他们的家庭成员，被保险人的家庭成员可能是遗属抚恤金的受益人，或者养老保险个人账户资产的继承人。各国法律对受益人的规定显示了不同国家养老保险制度适用范围的延伸。

在我国，《关于建立统一的企业职工养老保险制度的决定》（以下简称《决定》）规定，该《决定》实施后参加工作的职工，个人缴费年限累计满15年的，退休后按月发给基本养老金。职工对个人养老账户资产享有被继承权。

五、养老保险的监管人

养老保险的监管人即养老保险基金的监督人，是对养老保险基金的管理行为和结果负有监督责任的人。根据各国养老保险法律的规定，养老保险的监管人可以是政府、政府授权或者委托的机构，也可以是专设机构（如审计部门），也可以是由雇主、雇员（工会）两方或者雇主、雇员（工会）和政府三方构成的委员会。

目前，我国养老保险的监管人是人力资源和社会保障部门，此外，财政、审计部门也承担着养老保险的相关监督职责。另外，相关基本养老保险的政策还要求养老保险统筹地区人民政府应当成立由参加养老保险的用人单位代表、个人代表，以及工会代表、法律专家、精算专家等组成的社会保险监督委员会，实施社会监督。

第三节　养老保险法律制度的客体

养老保险法律关系的客体，即养老保险法律关系主体权利、义务所指向的对象。养老保险法律关系的客体包括行为和物。行为是指养老保险人向投保人、被保险人、受益人所提供的服务行为。例如，我国《社会保险费征缴暂行条例》规定，经办机构（保险人）为缴费人（投保人）建立和保存缴费记录，并保护其完整、准确和安全。物在养老保险制度中主要指现金，如养老金、病残抚恤金、遗属抚恤金，也不排除其他物质补贴。如我国《社会保险法》规定，缴纳基本养老保险费未达到国家规定领取基本养老金最低年龄时，因病或者非因工致残完全丧失劳动能力的，可以领取病残津贴；因病或者非因工死亡的，其遗属可以领取一次性丧葬补助金和遗属抚恤金。我国相关养老保险的政策和行政法规、规章对养老保险法律制度的客体做了专门详细的规定。

一、养老保险基金及其筹集和管理

养老保险基金是依法征缴的用于养老保险支出的专项基金，是养老保险制度的物质基础。

（一）养老保险基金的来源与统筹

养老保险基金的来源是指养老保险基金的筹资渠道。根据我国现行政策规定，基本养老保险基金由用人单位和个人缴费及政府补助组成。

养老保险基金的统筹是指政府对一定的行政区域内的养老保险基金统一筹集、管理和使用。统筹层次的提高，可在较大范围内调剂使用基金，按照大数法则分散养老风险，增强养老保险基金抵御风险的能力。从理论上来说，养老保险统筹层次越高，基金调剂范围越大，越利于分散风险。但是由于我国地域广阔、经济发展不平衡且养老保险制度起步较晚，所以养老保险制度的统筹层次有一个逐步提高的过程。我国《社会保险法》规定，基本养老保险基金实行省级统筹，逐步实行全国统筹。

我国的养老保险基金筹集后的管理方式包括社会统筹基金与个人账户基金。其中，用人单位缴费全部记入社会统筹基金，个人缴费全部记入个人账户基金。这两部分基金可以开展相应的投资运营，但还缺乏完整的政策与法律规范。另一块与养老保险基金相关的基金是全国社会保障基金理事会管理的全国社会保障基金，即中央社会保障储备金，这一部分基金已开展实质性的投资运营试验，2001 年财政部与劳动社会保障部联合颁布的《全国社会保障基金投资管理暂行办法》规定，社会保障基金的投资方向包括四个方面：银行存款、国债买卖、投资企业债券和金融债券，进入证券市场。

（二）养老保险基金的支出

养老保险的目的是保障老年人的基本生活需要。因而，满足老年人退休的基本生活需要就是养老保险基金支出的主要方向。由于养老保险的享受时间长，在给付期间不可避免会遇到物价上涨或通货膨胀的情况，为保障退休者的实际生活水平与整个社会消费水平相适应，应根据物价指数与通货膨胀率的变动情况，适时调整养老保险金的水平。我国老年人口数量庞大，老龄化发展迅速，但生产力水平和人民生活水平不高，因此，在较长一段时间内，大多数劳动者退休后，养老金水平只能维持在保障基本生活需要这一层次上。我国《社会保险法》第十六条规定，国家建立基本养老金正常调整机制，根据职工平均工资增长、物价上涨情况和基本养老保险基金的承受能力，适时提高基本养老保险待遇水平。

（三）养老保险基金的监管

养老保险基金是养老保险制度运行的基础，是众多劳动者退休后的基本生活来源，关系到社会的安定与和谐。因而，必须有严格的管理和监督制度，防止被侵占、挪用、贪污。我国相关政策和现行行政规章规定，人力资源和社会保障部门负责养老保险的一般监督工作；人力资源和社会保障部门委托的社会保障经办机构是养老保险基金的管理和运营机构；养老保险费由社会保障经办机构统一收缴、管理和支付；养老保险费存入财政部门在银行开设的社会保障基金财政专户；养老保险缴费单位接受本单位职工的监督；社会保障经办机构接受行政、业务和社会监督。

二、养老保险费及其缴纳

养老保险费是养老保险的投保人参加养老保险所缴纳的费用。养老保险费的确定主要考虑的因素包括未来的养老负担、基金的保值增值、通货膨胀率、企业的合理负担、现行劳动力市场和工资水平等，对这些因素综合考虑，以确定一个相当长时期内比较稳定的缴费比例或标准，再根据这个缴费标准来筹集养老保险基金。

我国相关政策明确，养老保险费由用人单位、劳动者个人和国家交纳。企业交纳基本养老保险费的比例，一般为企业工资总额的20%左右，职工缴费比例为本人缴费工资的8%，并全部记入个人账户；城镇个体工商户和灵活就业人员参加基本养老保险的缴费基数为当地上年度在岗职工平均工资，缴费比例为20%，其中，8%记入个人账户。政府缴费为财政补贴，是在企业和职工个人双方负担的基础上，承担养老保险费收不抵支的部分。

三、养老保险储备金

养老保险基金应当留有一定比例的储备金，用于统筹地区人口老龄化的时间性和结构性差异时养老保险的待遇支付。储备金不足支付的，由统筹地区的人民政府垫付。储备金占基金总额的具体比例和储备金的使用办法，由省、自治区、直辖市人民政府规定。

第四节　养老保险法律制度的内容

养老保险法律关系的内容，指养老保险法律关系主体之间的权利（权力）、义务和责任。养老保险法中，主体之间的权利（权力）、义务、责任具有不对等性。受益人主要享有养老保险权，投保人主要承担缴费义务，而保险人、监管人行使职权并承担相应责任，此外对于社会所有的单位和个人承担着养老基金的安全保障义务。

一、受益人的养老保险权

养老保险权是指养老保险的被保险人遭遇老年风险时要求社会保险经办机构予以物质帮助的权利。《社会保险法》规定了公民的养老保险权，即国家建立基本养老保险、基本医疗保险、工伤保险、失业保险、生育保险等社会保险制度，保障公民在年老、患病、工伤、失业、生育等情况下依法获得物质帮助的权利。

（一）养老保险权的取得

养老保险权的取得又称养老保险待遇的享受条件，具体指养老保险受益人享有养老保险权所需满足的条件。一般包括退出劳动领域、年龄、工龄和缴费年限等条件。

1. 退出劳动领域

养老保险的目的就是为了保障劳动者因年老退出劳动领域而丧失劳动收入时的基本生活。因此，劳动者退出劳动领域，终止了收入，才能享受基本养老保险待遇，这是国际公认的准则。

2. 达到法定退休年龄

达到法定退休年龄是取得养老保险权的又一必要条件。各国都根据本国社会经济发展的实际、人口平均寿命及劳动力供给状况等因素对退休年龄做出明确规定。一般在60～65岁。

3. 满足法定退休工龄条件

工龄是劳动者以工资收入为其全部或主要生活来源的劳动年限。工龄的长短表示劳动者劳动时间的长短，为社会积累劳动贡献的大小及技术熟练程度的高低，因而也成为确定劳动者能否享受养老保险权及享受多少权利的一个重要依据。各国关于退休工龄的规定不一致，短的15年，长的40年，多数国家规定为15～20年。我国规定，退休职工一般须连续工龄满10年；国家公务员提前退休一般须连续工龄满20年，连续工龄满30年提前退休可不受年龄限制；因公伤残而完全丧失劳动能力的职工退休不以连续工龄为条件。

4. 满足一定的缴费年限

在大多数实行个人缴费制度的国家，都规定缴费年限为取得养老保险权的条件，以防止有的人在接近退休年龄时才参加养老保险，或为了获得养老保险待遇而迁入移民。同时，规定一定的缴费年限，使得缴费时间长短不一的人享受不同的养老保险待遇，体现养老保险参加者之间权利与义务的平等，以激励劳动者缴费的积极性和自我保障意识的提高。我国养老保险相关政策明确，养老保险制度实施后，职工个人缴费年限满15年的，退休后按月发给基本养老金。对实行个人缴费制度之前就业，并在实行个人缴费制度之后退休的人员，可以将实行个人缴费制度之前的就业年限视为缴费年限，并与其后的缴费年限连续计算。

（二）养老保险权的享有

养老保险权的享有是指依据养老保险法规定的养老受益人可以享受到的养老保险待遇。根据现行政策规定，我国职工养老保险待遇因不同情况而有所不同。

（1）职工达到法定退休年龄且个人缴费满15年的，退休后按月发给基本养老金。基本养老金由基础养老金和个人账户养老金组成，退休时的基础养老金月标准为省、自治区、直辖市或地（市）上年度职工月工资的20%，以后缴费每满1年增加一定比例的基础养老金，总体水平控制在30%左右，个人账户养老金月标准为本人账户储蓄额除以120。不过，按照国家对基本养老保险制度的总体设计思路，未来基本养老保险目标替代率确定为58.5%，可以看出，基础养老金的比例还会提高。

（2）对于个人缴费年限累计不满15年的，退休后不享受基础养老金待遇，其个人账户储蓄额一次支付给本人，终止基本养老保险关系。

（3）对于缴纳基本养老保险费达到国家规定年限的个人，但未达到国家规定领取基本养老金最低年龄时因病或者非因工致残完全丧失劳动能力的，我国《社会保险法》规定，可以领取病残津贴；因病或者非因工死亡的，其遗属可以领取一次性丧葬补助金和遗属抚恤金。

（三）养老保险权的丧失

我国现行养老保险政策规定，职工死亡时养老保险权丧失。此外，职工个人缴费年限不满15年的，其个人账户储蓄额一次性支付给本人，并终止基本养老保险关系，养老保险权从养老保险关系终止之日起丧失。

理论上，立法还可以对特殊情况下养老保险被保险人丧失养老保险权的条件做出特别规定。例如，养老被保险人在服刑期间，或者未达到养老保险权享受条件之前已移居境外。

（四）养老保险权的转接

职工个人跨统筹地区就业的，养老保险关系随之转迁。此时，不仅养老保险权转接，缴费义务也予以转接。《社会保险法》对养老保险权转接做了明确规定，个人跨地区就业的，其基本养老保险关系随本人转移。个人退休时，基本养老金按照退休时各缴费地的基本养老金标准和缴费年限，由各缴费地分段计算、退休地统一支付。

二、养老保险投保人的缴费义务

社会保险制度是按照权利、义务相一致的原则建立起来的，养老保险受益人的养老保险权的取得取决于投保人是否履行了缴费义务。我国对社会保险费的缴纳做了统一规定，养老保险投保人缴费义务适用《社会保险费征缴暂行条例》和《社会保险费申报缴纳管理暂行办法》的规定，《社会保险法》也在第七章予以一并规定。

三、养老保险人、监管人的职责

保险人、监管人的职责包含两层含义，不仅有职权，还包括责任，只有在权责统一的情况下，才能保证权力的正当行使，防止其滥用。

（一）养老保险人的职责

社会保险经办机构具体承办养老保险工作，负责养老投保人的登记、调查、统计，按照规定负责养老保险基金的管理，核定养老保险待遇，为养老保险参与人提供免费咨询服务及国家规定由其履行的其他职责。养老保险相关政策规定，社会保险经办机构工作人员违反规定向退休人员开具领取养老金或者享受其他养老保险待遇单证，致使养老保险基金损失的，由劳动保障行政部门责令追回；情节严重的，依法给予行政处分。社会保险经办机构的工作人员滥用职权、徇私舞弊、玩忽职守，造成养老保险基金损失的，由劳动保障行政部门追回损失的养老保险基金；构成犯罪的，依法追究刑事责任；尚不构成犯罪的，依法给予行政处分。

（二）养老保险监管人的职责

养老保险的监管主体是人力资源和社会保障行政部门，其有贯彻实施养老保险法律、法规和政策、指导社会保险经办机构的工作、对养老保险费的征收和养老保险待遇的支付进行监督检查的职责。《社会保险法》规定，国家机关工作人员在社会保险管理、监督工作中滥用职权、玩忽职守、徇私舞弊的，依法给予处分。

四、养老保险基金的安全保障义务

基本养老保险基金（简称养老基金）是广大群众的“养命钱”，也是重要的公共资金。当前，随着覆盖城乡的社会保障体系不断完善，养老基金积累快速增加，现行政策规定的银行存款、购买国债方式已不能适应基金保值增值的需要；我国经济发展进入新常态，人口老龄化挑战愈益严峻，养老基金支付压力逐步加大。对此，要在继续加强基金管理的同时，加快完善基金投资政策，拓宽投资渠道，积极稳妥地开展养老基金的投资运营，实现基金的保值增值。这不仅有利于增强制度的吸引力，调动参保积极性，扩大覆盖面；更有利于拓宽基金来源，增强养老基金的支撑能力，促进制度可持续发展。

2015年8月23日，国务院印发《基本养老保险基金投资管理办法》（以下简称《办法》）。《办法》明确，养老基金实行中央集中运营、市场化投资运作，由省级政府将各地可投资的养老基金归集到省级社会保障专户，统一委托给国务院授权的养老基金管理机构进行投资运营。《办法》强调，养老基金投资运营，必须坚持安全第一的原则，严格控制风险。《办法》要求，养老基金投资运营必须坚持依规运作，公开透明，接受公众监督，对人民和社会负责。

养老保险基金是退休人员的重要的生命钱，全社会所有的单位和个人都有义务和责任保证养老保险基金的安全。对此，相关养老保险的政策和现行行政规章规定，任何单位、个人挪用养老保险基金的，追回挪用的养老保险基金；有违法所得的，没收违法所得，并入养老保险基金；构成犯罪的，依法追究刑事责任；尚不构成犯罪的，对直接负责的主管人员和其他直接责任人员依法给予行政处分。养老保险受益人不符合享受养老保险待遇条件，骗取养老保险金和其他养老保险待遇的，由社会保险经办机构责令退还；情节严重的，由人力资源和社会劳动保障行政部门处以骗取金额1倍以上3倍以下的罚款。

（吕宜灵　黑启明）

1. 简述我国养老保险制度的发展变迁。
2. 简述我国养老保险基金的筹集与管理。
3. 我国养老保险法律关系的主体有哪些？各自的权利和义务是什么？

案例

养老产业空间巨大 如何利用好社会保险体系将是关键

根据人均GDP增长的初步测算可以判断，我国即将进入养老地产的快速发展期，需求与供给均会有大幅增长；参考发达国家经验，这个过程至少需经历20年，期间养老市场将创造出新一轮的创新及变革。

克而瑞研究中心分析师蔡建林指出，目前外资投资商和个别房企所运作的以出租床位为主的养老地产模式，大多瞄准中高端客户，但也由于定价和客户定位问题，运营情况不容乐观。未来，养老产业还需要政府和企业通力合作，而如何利用好社会保险体系将是一大关键。

克而瑞研究中心发布的研报显示，国内养老地产目前大约有六种模式，包括本地出售型社区模式、异地出售型社区模式、租售组合型综合社区模式、养老房产金融组合型社区模式、会籍制社区模式及租赁型养老机构模式。

模式虽多，成功者寥寥。国内市场上涌现出大批养老地产项目，然而从已实施的项目来看，或多或少存在一些规划设计类问题，如一些项目直接照搬了美国的可持续护理社区（CCRC）布局，但采用的是国内普通居住区的运营管理模式。

还有一些项目引入了很多养老设施，但实际这些设施的使用率很低。更多的养老地产项目仅配置了一些基本医疗护理设施，养老社区功能并不完善。

产生这些现象的原因，除了市场经济功利主义的影响外，还有一个重要的原因，就是目前针对养老地产的规划设计，一直缺少普遍适用的标准。

中国天地控股有限公司总裁张华纲深切体会到，养老地产空间很大，但面临的问题也很多。首先是土地，政府虽有养老产业专门的划拨土地，但收费有限制；其次是服务。

雍柏荟老年护养（杭州）有限公司副总裁柴海燕也指出，养老产业的瓶颈在于时间成本与专业的护理团队。她直指，前面5年肯定是投入期。对于进入中国市场的障碍，柴海燕说：“因为没有专门批给外资养老服务机构的土地，我们拿的是商业用地，价格很高；营业执照申领不知道是归工商部门还是民政部门管；大楼建设还需要建设、消防、环保等十多个部门审批，这些审批好多还是互为前置的。”

柴海燕指出其所在的雍柏荟希望做成熟之后再与房企合作，“房企还是跳不出他们自己的思维，他们所有的社区设计、户型设计对于养老产业的运营挑战都非常大，甚至连小区内道路设计都有问题”。

除却土地、服务，盈利也成为养老地产或养老机构要面对的最大问题。蔡建林指出，从房企角度看，持有型养老服务产业投资大、回收期长，在运营层面也比商业、工业等持有型物业的运营要求更为细致，人员投入也大。过去大部分房企习惯“赚快钱”，短期大举进入持有型养老项目可能性不大。目前多数房企所谓运营成功的养老地产项目，多以房产销售为主，而养老设施仅作为有限配套而存在，服务很难跟上。

同策咨询研究中心数据显示，综合预计2015年全国城市商业化养老机构的潜在需求为自理老人床位数174万~185万张，需要护理老人床位数30万~32万张。按照一个项目最优化床位数400张计算，未来三年市场上将需要至少4500个项目的建设，空间巨大。而从供应角度来看，目前市场上养老机构的现状是档次低、服务差。大部分养老机构配套设施落后，缺乏现代化的管理方式，服务及费用参差不齐，且由于长期护理经验不足，导致一些养老机构不愿接收入住前就已失能的老人。

（来源：21世纪经济报道，作者：刘易斯，2015年9月17日）

问题：制约我国养老产业发展的因素是什么？如何解决？

提示：土地、服务、盈利模式及社保体系建设等。

拓展阅读

《基本养老保险基金投资管理办法》点评

事件：国务院关于印发基本养老保险基金投资管理办法的通知（国发〔2015〕48号），自印发之日起施行。指明养老基金投资应当坚持市场化、多元化、专业化的原则，确保资产安全，实现保值增值。

规定要点

（1）办法所称基本养老保险基金，包括企业职工、机关事业单位工作人员和城乡居民养老基金。

（2）委托人：省、自治区、直辖市人民政府作为养老基金委托投资的委托人，可指定省级社会保险行政部门、财政部门承办具体事务。

（3）受托机构：指国家设立、国务院授权的养老基金管理机构。

（4）托管机构：指接受养老基金受托机构委托，具有全国社会保障基金、企业年金基金托管经验，或者具有良好的基金托管业绩和社会信誉，负责安全保管养老基金资产的商业银行。

（5）投资管理机构：指接收受托机构委托，具有全国社会保障基金、企业年金基金投资管理经验，或者具有良好的资产管理业绩、财务状况和社会信誉，负责养老基金资产投资运营的专业机构。

（6）投资比例（按公允价值）规定：投资1年期以上相关存款、债券的比例合计不得高于养老基金资产净值的13.5%。投资股票、股票基金、混合基金、股票型养老金产品的比例，合计不得高于养老基金资产净值的30%；参与股指期货、国债期货交易，只能以套期保值为目的。投资国家重大项目和重点企业股权的比例，合计不得高于养老基金资产净值的20%。

（资料来源：中银国际证券，2015年8月26日）

第六章

失业保险法律制度

内容提要 本章主要通过对失业保险的概念、特征、发展阶段、失业保险法律制度的主体、客体、主要内容等的介绍，帮助读者理解失业保险法律制度，进一步明确失业保险法律制度建立、实施及相关内容的认识。

第一节　失业保险法概述

一、失业的界定

（一）国际劳工组织对失业的界定

最早对失业做出界定的是1919年国际劳工大会的《建立有效的失业保险制度建议书》。1988年，国际劳工组织在第75届国际劳工大会上对失业做出新的界定，凡在特定的年龄以上，在特定的时间里属于下列情况的，称为“失业”：①无工作，即不在有报酬的就业或自营职业中；②本人当前可提供工作，具有劳动能力；③正在寻找工作，并且确实在采取各种方式寻找工作。即凡有能力参加经济活动，可以工作，并且确实在寻找职业而未能得到适当工作，以致没有任何工资收入、生活无着落的劳动者，均属于失业者。

（二）我国对失业的界定

我国所讲的失业是指劳动年龄内具有劳动能力并有劳动意愿的劳动者得不到劳动机会或者就业后又失去工作的状态。这里的劳动年龄一般是指男性16~60周岁，女性干部16~55周岁，女性工人16~50周岁。劳动能力，是指失业人员具有从事正常社会劳动的行为能力。劳动和社会保障部办公厅出台的《关于落实再就业政策考核指标几个具体问题的函》（劳动和社会保障部函[2003]227号）对失业概念进行的界定是在法定劳动年龄内，有工作能力，无业且要求就业而未能就业的人员；或者虽然从事一定社会劳动，但劳动报酬低于当地城市居民最低生活保障标准的，视同“失业”。

根据对失业的界定，失业人员必须具备以下条件：第一，必须处于劳动年龄阶段。未达到就业年龄的少年或者已经达到退休年龄的老人，不存在失业问题。对于从事有毒、有害工种和符合条件的患病、因工致残职工可以降低退休年龄。第二，必须有劳动能力。失业人员必须具有从事正常社会劳动的行为能力。第三，必须有工作意愿。失业人员在失业期间，由于客观条件制约未能实现就业目的。

（三）失业的类型

从经济学角度分析，失业分为自愿性失业和非自愿性失业。所谓自愿性失业是指劳动者有就业机会，但不愿接受现行工作，或因其他自愿的原因而引起的失业。非自愿性失业是愿意接受现行的工作条件和工资水平但仍然处于失业状态。

非自愿性失业又可分为以下六种。

（1）结构性失业。结构性失业是指一定时期内由于国民经济的产业结构变化和生产形式、生产规模的变化，部分劳动者无法与之相适应而导致的失业。这主要是劳动力供求双方结构不匹配的结果。

（2）季节性失业。季节性失业是指某些行业具有较强的季节特征，受行业自身对劳动力需求季节性的影响，当行业需求进入淡季时，劳动者的需求相对减少，造成一部分劳动者暂时失业的现象。如旅游业、建筑业等。

（3）周期性失业。周期性失业是指在经济发展的周期性波动中，由于经济萧条引起的劳动力供给过剩而引起的失业。这种失业是经济衰退的重要标志，也是经济危机向政治危机转化的直接因素，是对社会危害最大的一种失业状态。

（4）摩擦性失业。摩擦性失业是指劳动力市场因暂时或偶然的供需失调而造成。

（5）暂时失业。暂时失业任何时期都不可避免，这种失业受劳动力流动的频率、劳动者职业的稳定程度的影响。

（6）技术性失业。技术性失业是指由于使用新机器设备和材料，采用新生产工艺和新的生产管理方式，导致劳动者不能适应技术水平的变化而形成的失业。

（四）失业与健康

失业是反映劳动力市场状况的一项重要指标，同时反映了经济发展状况和社会的稳定程度。失业产生的影响主要是社会影响和经济影响。但失业与健康之间的关系同样值得人们思考。诸多研究表明，失业会影响健康，并对健康带来很多负面的影响。失业之后，人们会面临巨大的精神压力和经济压力。而高血压、心脏病、糖尿病等疾病与长期巨大的压力有一定的关系。哈佛大学公共卫生学院城市研究所和皮尤研究中心共同发布了一份报告，总结了失业对人们身心健康所造成的七大危害：①增加罹患心脏病风险。因非个人因素而被临时解聘的人，在 1 年半内患上高血压、糖尿病或心脏病的风险会增倍，即使他们很快就找到一份新工作，这个风险依然存在。②影响孩子的学业。父母失去工作会造成孩子在学校中被留级的可能性增加 15%。③身体发胖。年收入每下降 50%，体重就会增加约 2.3 千克。④慢性病风险增加。如果因为公司破产而失去工作，雇员患上一种新疾病的可能性增加了 83%。⑤早亡。工龄长的男性一旦失业，其死亡率在接下来的一年里会比预计的死亡率高出 50%。⑥失去朋友。失业长达 6 个月以上的人中，有 43% 的人会因为失去工作与他们的朋友不再联系。⑦心理健康。长期失业会增加人患上重度抑郁症的风险。上述危害中，有五个都跟健康相关，并对其产生了不利的影响。

英国帝国理工学院医学系的学者发现：失业时间较长的男性其身体老化速度会加快，这种衰老迹象在他们的 DNA 中体现得最为明显，即端粒的长度变短。端粒长度变短与人们患上与年龄老化相关的疾病风险较高之间存在关联，如心脏病和Ⅱ型糖尿病。长期失业是一种令人感到紧张的生活体验，会引发人体细胞 DNA 的永久性改变。

大多失业人员会出现情绪低落、睡眠紊乱、压力增加、运动较少等现象，并会由于失业引起一系列身心健康受损的表现，最终危及健康乃至寿命。此外，经常担心自己会失业的人，由于长期处于紧张不安状态，既担心工作难保又心存侥幸，却不知如何应对，所面临的心理压力往往很大，对心理健康的危害也比常人更多。

二、失业保险的界定、特征与历史沿革

（一）失业保险的界定

失业保险是指国家通过立法强制缴费建立失业保险基金，对因失业而暂时中断生活来源的劳动者，在法定期间内给予失业保险金，以维持其基本生活水平的一项社会保险制度。失业保险是失业劳动者基本生活的保障，对于促进再就业和培育统一的劳动力市场有积极的作用。

失业保险的一般特征

各国失业保险都有不同的特点，但通常具有以下六个方面的共同特征。

（1）普遍性。失业保险是保障有工资收入的劳动者失业后的基本生活的，其覆盖范围十分广泛。

（2）强制性。失业保险是国家立法规定强制实施的。在失业保险制度覆盖范围内的用人单位及其职工必须依法履行缴费义务，依照规定缴纳失业保险费，不履行缴费义务的单位和个人将承担相应的法律责任。

（3）互济性。失业保险基金主要由国家、单位、个人三方共同负担，缴费比例和缴费方式相对稳定。筹集的失业保险费，不分来源渠道，不分缴费单位的性质，全部并入失业保险基金，在统筹地区统一调度使用以发挥互济功能。我国《失业保险条例》第七条规定："失业保险基金在直辖市和设区的市实行全市统筹；其他地区的统筹层次由省、自治区人民政府规定。"

（4）保障性。失业保险旨在保障劳动者在遭遇失业时，能够从国家获得必要的帮助，通过保障失业人员的基本生活，维持社会稳定和秩序。

（5）专款专用。失业保险基金只能用于法律法规规定与失业保险有关的支出项目，不得用于平衡财政支出和其他不相关支出。

（6）水平适度。失业保险待遇的给付必须与经济发展水平相适应，在保障失业人员基本生活的同时，尽可能减轻用人单位和政府的负担。

（二）失业保险的自身特征

失业保险待遇的享受对象是非自愿失业者。失业保险遵循非自愿失业原则，即非劳动者个人自愿导致的失业，才可享受失业保险。我国将失业保险对象限定为已经就业但非因本人意愿中断就业的并办理失业登记的部分劳动者。

失业保险待遇的享受有一定的时限性。失业保险并不是无限期给付的。它属于短期支付的险种，有期限的限制。由于劳动者的失业通常与经济发展的周期性或经济结构的调整有关，多表现为一种暂时的现象，经济稳定或恢复后，失业人员可以获得再就业的机会。另一方面为了避免由于长期给付所带来的劳动者不再积极寻找就业机会，靠保费过活的懒惰心理，待遇的给付必然有时间的限定，促使其实现再就业。

失业保险具有双重功能。失业保险既是为了保障失业人员在失业期间的基本生活，不至于其基本生活受到失业的威胁，也是为了促进再就业，使劳动者在失业期间，积极寻找工作，获得就业机会。

三、我国失业保险制度发展的历史沿革

失业保险制度是伴随失业现象的出现而产生的。新中国成立初期的失业救济，形成了新中国最早的失业保险制度的雏形。我国现行失业保险制度自1986年建立至今，大致经历了四个阶段。

第一阶段，1986年7月至1993年4月。这一阶段我国确立了失业保险制度的基本框架，也是

失业保险初步发挥作用的时期。其标志是1986年国务院《国有企业职工待业保险暂行规定》的颁布和实施。该规定仅适用于国有企业，范围包括四类人员：宣告破产企业的职工，濒临破产的企业法定整顿期间被精减的职工，企业终止、解除劳动合同的工人和企业辞退的职工。待业保险基金由企业按照其全部职工标准工资总额的1%缴纳。待业救济金按本人标准工资50%～75%发放。据统计，自1986年10月至1988年6月，全国共登记的失业人员为6.3万人，筹集的失业保险基金为8.1亿元，同期发放的失业救济金为313万元，享受失业救济的人员为5.83万人。1989年，劳动部发布了《国有企业职工待业保险基金管理办法》，加强对失业基金的统筹和管理。1990年，劳动部又发布了《关于使用职工待业保险基金解决部分企业职工生活问题的通知》，要求妥善解决治理整顿期间关停企业的职工生活问题。

这一阶段，由于失业现象不突出，享受失业保险待遇的人数有限，失业保险的作用没能充分发挥。尽管在制度初建时期，失业保险的覆盖范围、缴费方式等方面还不完善，但其影响深远，并为以后失业保险制度的发展和完善奠定了基础。

第二阶段，1993年4月至1999年1月。这是我国失业保险制度进一步调整的阶段，其作用开始加快发挥，标志是1993年国务院《国有企业职工待业保险规定》。20世纪90年代，随着社会主义市场经济体制的建立，我国加快了国有企业改革的步伐，企业下岗失业人员增多，失业保险运行机制加快。到1992年底，参加失业保险的职工人数达7440万人，全国共建立2100多个失业保险专门管理机构。1993年4月，国务院发布《国有企业职工待业保险规定》，失业保险的适用范围扩大到七类人员，除1986年规定的四类人员外，还增加了几类：按照国家有关规定被撤销、解散企业的职工，按照国家有关规定停产整顿企业被精减的职工，企业除名或者开除的职工及依照法律、法规或者按照省、自治区、直辖市人民政府规定享受待业保险的其他职工。根据《国有企业职工待业保险规定》的要求，各地先后出台了地方性法规或规章，加强了失业保险制度化建设。

第三阶段，1999年1月至2010年。这一阶段我国失业保险制度走向基本完善，失业保险逐步成为失业人员基本生活保障的主要形式，其标志是1999年国务院《失业保险条例》的颁布和实施。1999年1月22日国务院颁布的《失业保险条例》，取代了1993年的《国有企业职工待业保险规定》，并改待业保险为失业保险。《失业保险条例》分设总则、失业保险基金、失业保险待遇、管理和监督、罚则和附则，共六章33条。该条例的颁布，标志着我国初步建立起了与市场经济相适应的失业保险制度。为配合《失业保险条例》和《社会保险费征缴暂行条例》的贯彻实施，劳动和社会保障部于1999年3月20日下发了《关于贯彻两个条例扩大社会保险覆盖范围加强基金征缴工作的通知》（劳动和社会保障部发［1999］10号）。为推动事业单位参加失业保险工作，劳动和社会保障部、财政部和人事部于同年8月31日联合下发了《关于事业单位参加失业保险有关问题的通知》（劳动和社会保障部发［1999］29号），就缴费所需资金的列支渠道和管理体制等问题做出了规定。《失业保险条例》总结吸收了我国失业保险制度建立和发展的实践经验，形成了中国特色的基本完善的失业保险制度，该条例的颁布实施是社会保障体系发展完善的重要成果，意义重大。

第四阶段，2010年起至今。我国失业保险立法上升到法律层面，失业保险法的位阶大大提升，其标志是2010年通过的《社会保险法》。《社会保险法》是新中国成立以来社会保险领域第一部综合性的基本法律，是我国社会保障法制建设中的一个里程碑，是我国社会法部门中的一部标志性立法，是中国特色社会主义法律体系中起支架作用的重要法律制度。《社会保险法》共十二章98条，其中第五章“失业保险”用九个条文分别对失业保险的适用范围和缴费、领取失业保险金的条件、失业保险金的给付期限、失业保险金标准、失业期间的医疗保险、失业期间的丧葬补助金和抚恤金、失业保险金的领取程序、停止领取失业保险待遇的情形及失业保险关系的转移接续等做出了原则性规定。

第二节　失业保险法律关系

一、失业保险法的定义

失业保险法是国家制定的、规范失业保险主体的权利、义务关系的法律规范的总称。失业保险法有广义和狭义之分。广义的失业保险法是指一切调整失业保险关系的法律规范，包括宪法、法律、行政法规、地方性法规、部门规章、地方性政府规章、其他规范性文件及司法解释等规范性文件中关于失业保险的内容。狭义的失业保险法是指全国人大及其常委会制定的调整失业保险关系的法律规范，主要的失业保险法律参照表6-1。

表6-1　失业保险相关法律

法律名称	通过日期、实施日期	立法主体	条文部数
《劳动法》	1994年7月5日、1995年1月1日	全国人大常委会	107条
《公务员法》	2005年4月27日、2006年1月1日	全国人大常委会	107条
《就业促进法》	2007年8月30日、2008年1月1日	全国人大常委会	69条
《社会保险法》	2010年10月28日、2011年7月1日	全国人大常委会	98条

《劳动法》第九章“社会保险和福利”对社会保险制度进行了原则性规定，明确了社会保险中包括失业保险，劳动者在失业时依法享受社会保险待遇。

《公务员法》和《就业促进法》中只有个别条文涉及失业保险的内容。如《公务员法》第七十七条第一款规定：“国家建立公务员保险制度，保障公务员在退休、患病、工伤、生育、失业等情况下获得帮助和补偿。”由此可见，公务员保险制度包括失业保险。第八十五条第二款规定：“被辞退的公务员，可以领取辞退费或者根据国家有关规定享受失业保险。”《就业促进法》第十六条规定：“国家建立健全失业保险制度，依法确保失业人员的基本生活，并促进其实现就业。”

《社会保险法》中关于失业保险的规定是目前我国失业保险的基本法。

二、失业保险法律关系

（一）失业保险法律关系的概念

失业保险法律关系是国家失业保险法律确认和保护的具有权利、义务内容的具体社会关系，是失业保险法律调整人们行为的过程中，在失业保险制度主体之间形成的权利、义务关系，即失业保险人、失业保险投保人、失业保险被保险人和失业保险受益人之间，因失业保险费的缴纳、失业保险金支付、失业保险基金监管、再就业服务所发生的权利、义务关系。失业保险活动最终是以保障和维护劳动者劳动权和就业权展开的。

（二）失业保险法律关系的特征

失业保险法律关系具有以下法律特征。第一，强制性。失业保险法律规定的企业、事业单位及其劳动者必须参加失业保险，缴纳失业保险费，履行相应义务，并以法律的强制力保证实施。第二，法定性。失业保险主体的权利和义务是基于法律事先规定，不允许当事人约定免除义务。

此外，失业保险法律关系的产生、变更和消除都是由法律直接规定。第三，双重法律性质。失业保险法律关系既具有民事法律关系的性质，又具有行政法律关系的性质，这主要是由失业保险主体的多元性和保险活动的多样性决定的。

三、失业保险法律关系的主体

失业保险法律关系的主体，简称失业保险主体，是指参加失业保险法律关系，享受失业保险权利和承担失业保险义务的当事人。失业保险的主体，可以是自然人、法人，也可以是国家机关和其他社会团体，一般由失业保险法律直接规定。根据《失业保险条例》的规定，我国失业保险主体包括各级政府、劳动保障行政管理部门、社会保险经办机构、城镇企业事业单位及其职工、失业人员等。确定失业保险法律关系的主体及其权利与义务，有利于认识失业保险法律制度，也是构建失业保险法律关系所必须的。

（一）失业保险法律关系主体的分类

从失业保险责任分类，失业保险法律关系主体有以下几类。

1. 国家、政府和社会保险行政管理部门

国家和政府是失业保险法律关系中的重要主体之一。我国宪法第四十二条规定“国家通过各种途径，创造劳动就业条件，加强劳动保护，改善劳动条件”；《劳动法》第五条规定“国家采取各种措施，促进劳动就业，发展职业教育，制定劳动标准，调节社会收入，完善社会保险”；第十一条规定：“地方各级政府应当采取各种措施，发展多种类型的职业介绍机构，提供就业服务。”从宪法和法律上明确了国家和政府在创造就业机会和维护劳动者社会保险权利的责任。

国家和政府作为失业保险中的主体，主要是作为一个立法者、监督者和最后责任人出现的。作为一个立法者，主要通过立法制定失业保险制度，规定失业保险覆盖范围，通过征收失业保险费，建立失业保险基金，在一定程度上调节国民收入的分配状况，缩小贫富差距，实现国民收入的再分配，从而保障失业者的基本生活和促进其再就业。作为一个监督者，主要是确保失业保险法律制度的贯彻执行，尤其是失业保险基金的运营与使用，劳动者权利的维护，离不开政府强有力的监管。作为最后责任人，主要是对失业保险基金给予财政补贴，负责失业保险管理活动的费用和支付工作人员的工资，弥补失业保险预算赤字，对失业保险承担最后的责任。同时，政府还可以积极地参与失业保险活动，使失业保险制度发挥更大的作用，例如，通过一定的税收优惠政策提高用人单位和劳动者参与失业保险的积极性，通过适当的补贴政策鼓励用人单位对劳动者进行职业培训以提高劳动者的素质，通过稳定就业措施减少企业裁员，通过积极的就业政策促进再就业和鼓励企业对失业人员的雇用等。可以说，国家和政府是社会保障中最大的责任主体，是最重要的保险人，在失业保险制度运行中起着非常重要的作用。社会保险行政管理部门是国家和政府的社会保障职能机构，是社会保险执行部门，主要负责社会保险管理和监督工作，其相对人是社会保险经办机构和用人单位及劳动者，它与社会保险经办机构之间，是一种管理与被管理关系，两者主体地位具有明显的隶属性。用人单位和劳动者在参与失业保险活动和履行失业保险缴费义务时，也要受社会保险行政管理部门的管理和监督，形成失业保险行政管理法律关系。

2. 社会保险经办机构

社会保险经办机构，是指由国家设立的、依法负责社会保险受理、保险费计收、保险金给付和保险基金管理的保险机构，其职能是依据社会保险法，具体承办社会保险工作，包括失业保险的日常管理工作。《失业保险条例》第二十五条规定：“社会保险经办机构具体承办失业保险工作，履行下列职责：（一）负责失业人员的登记、调查和统计；（二）按照规定负责失业保险基金的管理；（三）按照规定核定失业保险待遇，开具失业人员在指定银行领取失业保险金和其他补助金的单证；（四）拨付失业人员职业培训、职业介绍补贴费用；（五）为失业人员提供免费咨询服务。”社会保险经办机构受社会保险行政管理部门领导，负责失业保险的具体工作，是失业保险法律关系中的一个重要主体。社会保险经办机构与用人单位及劳动者之间形成失业保险征缴法律关系，与劳动者之间又形成失业保险待遇给付法律关系，与社会保险行政管理部门之间形成社会保险行政法律关系，其中与劳动者形成的法律关系是最基本的失业保险法律关系，它直接落实保障劳动者的保险权利。

3. 用人单位

用人单位与劳动者通过劳动关系，产生失业保险关系。用人单位承担缴纳失业保险费的义务，维护劳动者的保险权利。《劳动合同法》第二条规定：“中华人民共和国境内的企业、个体经济组织、民办非企业单位等组织（以下简称用人单位）与劳动者建立劳动关系，订立、履行、变更、解除或者终止劳动合同，适用本法。”据此，用人单位包括企业、个体经济组织、民办非企业单位、其他组织、国家机关、事业单位、社会团体。凡适用《劳动合同法》的用人单位都应当参加失业保险。

4. 劳动者

劳动者是失业保险法律关系中具有直接保险利益的主体，是保险法律中最重要的主体，在失业保险法律制度中处于中心地位。劳动者通过与用人单位的劳动关系而称为失业保险的主体。从保险业务分类，失业保险法律关系主体有以下几类。

（1）失业保险人。即失业保险的提供者、管理者或经营者。其职责是依法收缴、管理、支付失业保险金，对进行失业登记的失业人员提供再就业培训、介绍安置工作。

（2）失业保险投保人。失业保险投保人是为被保险人的利益投保失业保险的主体。即失业保险的申报、登记和缴费人，包括雇主、雇员和个体劳动者。

（3）失业保险被保险人。失业保险被保险人是对失业保险具有直接保险利益的主体。即具备法定条件参加具体失业保险制度的人。通常情况下被保险人就是缴费者。

（4）失业保险受益人。失业保险受益人是基于被保险人的一定关系而享有一定保险利益的主体。

四、失业保险法律关系的客体

失业保险法律关系的客体是指主体间的权利和义务所指向的共同对象，它是法律关系的主体发生权利和义务联系的中介，主要包括物和行为。物主要是指失业保险金；行为通常包括投保人申报、登记、缴费行为及失业保险经办机构向失业者发放失业保险金、提供再就业服务的行为。

（一）失业保险法律关系客体的特点

（1）行政性：失业保险是政府特定的，所有当事人不得自由约定，这是失业保险客体的行政属性。

（2）强制性：失业保险客体表现的行为是特定的，当事人必须严格履行，不得自行其是，这是失业保险客体的强制性。

（3）互济性：失业保险基金主要来源于社会筹集，由单位、个人和国家三方共同负担，缴费比例和缴费方式相对稳定。我国《失业保险条例》第七条规定：“失业保险基金在直辖市和设区的市实行全市统筹；其他地区的统筹层次由省、自治区人民政府规定。”

（二）失业保险法律关系客体的主要表现形式

1. 失业保险基金

根据《失业保险条例》的规定，我国的失业保险基金是依法征缴的用于各项失业保险开支的专项基金，是劳动者在失业期间获得救济的资金保证，是社会保险基金的重要组成部分。从其来源看，主要由三部分组成：参加失业保险的单位和个人缴纳的失业保险费、财政补贴及失业保险基金孳生的利息。其中，单位和个人的缴费是失业保险基金的主体，基金不够使用时国家财政给予的补贴构成失业保险基金的必要后备，失业保险基金存入银行和购买国债所得的利息则是基金的必要补充。

2. 给付行为

给付行为是失业保险法律关系的主要客体。主体间的权利与义务是围绕着失业保险人向失业保险受益人给付失业保险待遇及提供再就业服务的行为展开的。在失业保险法律关系中权利主体是失业保险受益人即符合法定条件的失业者。受益人一定是被保险人但并不是所有的被保险人都会发生失业的后果，并且实际上只有其中的少数人最终失业。所以失业保险更好地体现出分散风险、社会互济的保险法原理。失业保险待遇具有财产属性与人身属性的两重性。人身属性值得强调的是失业保险待遇只能给付于具有相应主体资格的失业者本人，不可以转让或继承。

（1）失业保险待遇构成及给付标准。失业保险待遇包括的项目：失业保险金；领取失业保险金期间的医疗补助金；领取失业保险金期间死亡的失业人员丧葬补助金和其供养的配偶、直系亲属的抚恤金；领取失业保险金期间接受职业培训、职业介绍的补贴。2011 年 7 月 1 日施行的《社会保险法》将领取失业保险金期间的医疗补助金调整为失业人员领取失业保险金期间参加职工基本医疗保险的费用。《社会保险法》第四十七条规定：“失业保险金的标准，由省、自治区、直辖市人民政府确定，不得低于城市居民最低生活保障标准。”在确定失业保险金标准时，一般以失业保险基金统筹地区的最低工资标准为依据。

（2）失业保险金的申领。根据《失业保险条例》规定：失业人员从失业保险基金中领取失业保险金应当符合三个条件：①失业前本人及其所在用人单位已经按照规定缴纳失业保险费满 1 年的；②非因本人意愿中断就业的；③已经进行失业登记并有求职要求的。办理失业登记是失业人员申领失业保险金的必经程序。在认定失业人员是否有求职要求时，应以其是否在职业介绍机构登记求职，并参加求职活动为标志。

（3）失业保险金的发放。按照《失业保险条例》的规定，经审核的各个失业人员，从其办理失业登记之日起计发失业保险金。经办机构根据失业人员累计缴费时间核定其领取失业保险金的期限。

失业保险金按月发放，由经办机构开具单证，失业人员凭单证到指定银行领取。失业保险金及医疗补助金、丧葬补助金、抚恤金、职业培训和职业介绍补贴等失业保险待遇的发放标准按各省、自治区、直辖市人民政府的有关规定执行。

经办机构对领取失业保险金期限即将届满的失业人员，应提前 1 个月告知本人。失业人员领取失业保险金期满，或在领取失业保险金期间，发生重新就业、应征服兵役、移居境外、享受基本养老保险待遇、无正当理由拒不接受当地人民政府指定的部门或者机构介绍的适当工作或者提供的培训的，经办机构即行停止其失业保险金发放，并同时停止其享受其他失业保险待遇。

五、失业保险法律关系的内容

失业保险法律关系的内容是指失业保险法律关系主体之间的法律权利和法律义务。失业保险法律意义上的权利是指当事人一方事先获得某种利益的可能性，就是失业保险法律所规定对法律关系主体可以自主决定做出某种行为的许可和保障。失业保险法律意义上的义务是指当事人一方为满足对方利益要求而履行一定行为的必要性。

（一）国家、政府和社会保险行政管理部门的权利

国家、政府和社会保险行政管理部门的主要权利包括制定相关的社会保险方面的法律法规，负责失业保险的管理工作，对社会保险基金的运营、使用进行管理和监督，对失业保险活动进行指导、调控和协调，指导社会保险经办机构的相关工作，有权责令用人单位和劳动者缴纳保险费，制裁社会保险中的违法行为。从宪法和法律上而言，国家和政府有保障劳动者生存权和就业权的义务，有义务为劳动者创造就业机会，保障劳动者的保险权利的实现。具体而言，就是对失业保险基金给予财政补贴，承担保险基金给付不足时的最后保障责任，为劳动者再就业创造有利条件，发展职业培训教育，完善劳动力市场建设，正确执行法律，依法行使职权，接受社会的监督。

（二）社会保险经办机构的权利和承担的义务

社会保险经办机构享有的权利：①依法征缴失业保险费的权利。即社会保险经办机构依照法律规定的基数和比例对被保险人和其所在单位征缴保险费的权利。②管理和使用保险基金的权利。即有权对社会保险基金进行管理，按照法定比例提取失业保险存储金依法统筹安排保险基金，调剂使用失业保险统筹基金；有权决定失业保险基金的使用，支付劳动者相应的失业保险金或就业津贴。③运营保险基金的权利。即有权在保证社会保险基金安全的情况下在法律规定的投资渠道和规定的投资规模，依法运营保险基金，实现基金保值增值。④依法采取必要制裁措施的权利。即在用人单位和被保险人不缴或不按时缴纳保险费时，有权采取的必要制裁措施，以确保保险费的收缴。

社会保险经办机构所承担的义务：①审核登记义务。《社会保险法》第五十七条第一款规定："社会保险经办机构应当自收到申请之日起十五日内予以审核，发给社会保险登记证件。"②支付保险待遇的义务。当被保险人非自愿性失业时，社会保险经办机构应按照法律规定向失业人员支付各项失业保险待遇，包括支付失业保险金，提供就业服务。③保密义务。《社会保险法》第八十一条规定："社会保险行政部门和其他有关行政部门、社会保险经办机构、社会保险费征收机构及其工作人员，应当依法为用人单位和个人的信息保密，不得以任何形式泄露。"④确保保险基金安全的义务。社会保险经办机构必须确保基金的安全管理与使用，严格按照法律规定开支保险基金。⑤提供社会保险服务的义务。《社会保险法》第七十四条第四款规定："用人单位和个人可以免费向社会保险经办机构查询、核对其缴费和享受社会保险待遇记录，要求社会保险经办机构提供社会保险咨询等相关服务。"

（三）用人单位在失业保险登记和缴费方面的权利和承担的义务

用人单位在社会保险费征缴中享有程序性权利，主要包括：第一，免费查询核对缴费记录和请求提供社会保险服务的权利；第二，举报、投诉的权利；第三，提请法律救济的权利。《社会保险法》第八十三条第一、二款规定："用人单位或者个人对社会保险经办机构不依法办理社会保险登记、核定社会保险费、支付社会保险待遇、办理社会保险转移接续手续或者侵害其他社会保险权益的行为，可以依法申请行政复议或者提起行政诉讼。"

用人单位在失业保险登记和缴费方面承担的义务主要有：第一，登记义务。用人单位有办理包括失业保险登记在内的社会保险登记、变更或者注销登记的义务。第二，缴费义务，含代扣代缴义务。用人单位有按时足额缴纳失业保险费的义务。第三，告知和协助义务。用人单位应当按月将缴纳社会保险费的明细情况告知本人，并对社会保险经办机构有告知义务。《社会保险法》

第五十条规定："用人单位应当及时为失业人员出具终止或者解除劳动关系的证明，并将失业人员名单自终止或者解除劳动关系之日起十五日内告知社会保险经办机构。"

（四）劳动者在失业保险登记和缴费方面的权利和承担的义务

劳动者享有获得失业保险待遇和再就业服务的权利，同时又负有缴纳失业保险费和履行其他相应的义务，其享有的基本权利主要包括：第一，参加失业保险的权利。即法律规定范围内的劳动者有权通过缴纳失业保险费，参加失业保险，实现参加失业保险的权利，社会保险经办机构不得以任何理由拒绝。第二，享有保险待遇请求权。即用人单位在为其职工缴纳保险费后，有权依法为其职工主张保险待遇请求权，劳动者在保险事件发生后有权要求社会保险经办机构支付保险待遇，同样有权请求国家为其提供相应物质帮助和就业帮助。第三，监督的权利，包括举报、投诉的权利。《社会保险法》第四条规定："个人有权监督本单位为其缴费情况。"第八十二条第一款规定："任何组织或者个人有权对违反社会保险法律、法规的行为进行举报、投诉。"

（五）失业人员在领取失业保险待遇和再就业服务的权利和承担的义务

失业人员在领取失业保险待遇方面的权利：第一，享受失业保险待遇的权利。具体包括：失业人员领取失业保险金的权利；请求失业保险基金中支付失业人员应当缴纳的基本医疗保险费的权利；失业人员遗嘱领取一次性丧葬补助金和抚恤金的权利。第二，获得损害赔偿的权利。如果社会保险经办机构及其工作人员没有尽到法定义务，给失业人员造成损失的，失业人员享有获得损害赔偿的权利，社会保险经办机构应当依法承担赔偿责任。第三，举报、投诉的权利。对社会保险待遇给付中的违法行为，失业人员可以向社会保险行政部门、卫生行政部门、社会保险经办机构、财政部门及审计机关等进行举报、投诉。

失业人员在领取失业保险待遇时必须承担一定的义务：第一，失业登记义务。《社会保险法》第五十条第二、三款规定："失业人员应带持本单位为其出具的终止或者解除劳动关系的证明，及时到指定的公共就业服务机构办理失业登记。"第二，告知与协助义务。失业人员申请失业保险待遇时，应当如实告知与享受失业保险待遇相关的重要事实。社会保险经办机构对是否享有失业保险待遇权利及权利内容进行确认时，失业人员有协助调查的义务。

（李　钧）

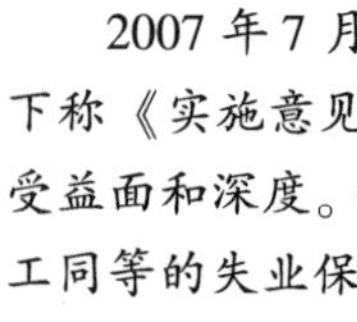

1. 什么是失业？失业保险的基本特征是什么？
2. 简述我国失业保险制度改革发展的历程。
3. 失业保险法律关系的主体、客体和内容是什么？

案例

农民工可以领取失业保险金

2007年7月13日舟山市发布《舟山市人民政府关于全面推进城乡统筹就业的实施意见》（以下称《实施意见》），这是舟山市失业保险工作的一次创新和实践扩大了企业职工享受失业保险的受益面和深度。《实施意见》规定各类用人单位招用的农村劳动者在自愿的前提下纳入城镇企业职工同等的失业保险缴费范围实行与城镇职工同比例缴费，享受与城镇失业人员同等待遇。允许农民工自主选择个人是否缴费，对从2007年9月个人缴费之前的连续参保记录可以视作个人缴费。此举极大地激发了农民工个人缴费的热情。截止到2008年6月底本市申领失业保险金的农民工有178人，办理职工失业证139本。

徐某原来是舟山某电子有限公司农村户籍职工，公司从2003年8月以农民工身份为其参加失业保险，个人不缴费。2007 年 9 月按照《实施意见》的规定徐某本人自愿实行与城镇职工同比例缴费，个人开始缴纳失业保险费。2007 年 10 月舟山某电子有限公司实行产业结构调整，徐某与公司就变更劳动合同事项未达成一致。公司解除了和徐某的劳动合同。徐某及时向舟山市劳动和社会保障局失业保险科申请失业保险待遇，经审核徐某可以领取 7 个月失业保险金享受与城镇失业人员同等待遇。而《实施意见》出台前徐某只能领取一次性生活补助金总额不足 1400 元，也没有其他促进再就业的补助而现在她能领取 7 个月失业保险金总额是原来待遇的 2.7 倍以上，还能享受培训补贴、职业介绍补贴等一系列失业保险待遇。

（摘自舟山市人事劳动社会保障局失业保障科：“消除城乡歧视 农民工可以领取失业保险金——从案例看失业保险政策”，载舟山人力资源网）

问题：失业保险给员工带来哪些好处？

提示：失业保险给企业职工在离职失业的经济支持和再就业方面都带来好处。各社会保险统筹地区在失业保险制度上都在不断完善、不断增加职工受益广度和深度中推进。

拓展阅读

国外失业保险的典型模式

国外失业保险的主要成果之一，就是向强调多重保障的方面逐步发展，特别是复式保障结构已受到普遍重视。其目的：①扩大失业保障覆盖面；②提高失业者及其家庭的生活保障程度。目前，下列三种复式结构模式颇为典型，且发展令人注目。

1. 德国的“失业保险+失业救济”的衔接型

德国的强制性失业保险几乎涵盖了所有就业人口（公务员和雇主除外），保险费由劳资折半负担，享受的给付标准，为本人失业前 3 个月平均基本工资的 63%，领取期限根据工作年限（1 年以上和 10 年以上），最短为 6 个月，最长至 32 个月。

但是，如果失业者在规定的失业保险给付期间仍然未能找到工作而发生生活困难时，当事人不是被归入社会公共救济系统，而是被归入领发失业救济金之列。当然，当事人必须符合失业救济的某些条件，并接受劳工局对其及家庭进行的调查，被确认后，再须经过半年的过渡期方能领取失业救济金。由于失业救济金的财源来自国家财政，因此失业者不承担缴费义务，其待遇水平也要低于失业保险给付额水平（约低 10%），期限亦短（1 年），这一方面体现了失业救济与失业保险在性质和权益上的不同，同时又考虑到救济对象是失业者（而非社会贫困者），其待遇水平要比社会救济高些，目的仍是促进当事人的再就业。失业保险与失业救济的衔接，为失业人员又提供了一个新层次的保障，避免了部分失业者因未能及时再就业而陷入难以维生的贫困境地。

2. 美国的“失业保险+企业补充失业津贴”的补充型

美国的强制性失业保险虽然因州而异，但根据美国联邦政府颁布的《社会保险法》，其失业保险的覆盖面还是很广的，除一般雇员外，公务员和家佣也被包括在内。失业保险所需费用主要由雇主承担，给付标准较低，各州通常都将保险给付限制在原工资的 50% 以下。

为了不使失业者及其家庭的基本生活受到严重影响，从 1955 年起，美国福特汽车公司就率先在企业内实施补充失业津贴制度，并逐渐延伸到行业内其他企业乃至其他行业。享受企业补充失业津贴的条件：①获得领取法定失业保险金的资格；②企业工龄 1 年以上。企业补充失业津贴的费用由雇主和工会共同承担，津贴标准约为本人失业前工资收入的 30% 左右，领取期限为 1 年。企业补充失业津贴制度的建立，无疑是对法定失业保险的较好补充，它减缓了失业对失业者及其家庭的冲击，同时也为降低法定失业保险的给付水平创造了条件。目前，这种企业补充失业津贴在大企业比较普及，企业效益仍是实行这种补充手段的前提。

3. 加拿大的“失业保险+特殊失业补助”的援助型

它是加拿大社会安全保障体系中的主要支柱，其费用由雇主、工人和政府三方共同承担，失业保险给付可达本人失业前工资的57%，期限最长为50周。加拿大被联合国定为世界上最易居住的国家，社会福利发达，在失业保障领域也表现得十分明显，即在普遍实施失业保险的同时，对失业者中有特殊困难的弱者，还给予社会性援助，这就是特殊失业补助。其对象既有特殊困难的伤病失业者，亦有老年失业者和女性孕期失业者。这种特殊失业补助的职能，主要是对失业保险对象中的特殊困难者提供1～15周的补助。老年失业者即使未能取得失业保险的资格，亦能取得相当3周失业保险金额的一次性补助。取得特殊失业补助的条件是当事人一般应是失业保险的受给者，而伤病和孕妇失业者必须在过去52周内有超过20周的就业经历，并且具备医生的病情证明。由于加拿大的特殊失业补助的财源来自国家财政，因此它的性质应是一种国家援助，它不同于失业救济，是专门针对法定失业保险受给者中特殊困难者的，是国家保护失业弱者的一项政策性措施。

第七章

工伤保险法律制度

内容提要

本章从工伤保险的概念、特点、意义入手，介绍了工伤保险法的概念、历史沿革和法律现状，随后就工伤保险法律关系的主体、内容、客体，现行工伤保险法律中工伤认定和劳动能力鉴定等核心规定进行了分析与阐述。

第一节 工伤保险法概述

一、工伤保险的概念和特点

（一）工伤保险的概念

工伤保险，又称职业伤害保险，是指劳动者在工作中或法定情形下，遭受意外伤害或患职业病导致暂时或永久丧失劳动能力或死亡时，劳动者或其遗属从国家和社会获得物质帮助的一种社会保险制度。

工伤保险，本质上说，是通过社会统筹的途径，集中用人单位缴纳的工伤保险费用，建立工伤保险基金，对劳动者在生产经营活动中遭受意外伤害或患职业病，并由此造成死亡、暂时或永久丧失劳动能力时，给予劳动者法定的医疗救治及其必要的经济补偿的一种社会保障制度。这种补偿既包括医疗、康复所需要的费用，也包括保障基本生活必要的费用。在工伤保险中，工伤不管什么原因，责任在个人或在企业，工伤劳动者均享有社会保险待遇，即工伤保险遵循补偿不究过失原则。

（二）工伤保险的特点

1. 工伤保险的对象具有特定性

工伤保险保障的对象是在生产劳动过程中的劳动者。由于职业危害无所不在，无时不在，任何人都不能完全避免职业伤害。因此工伤保险作为抗御职业危害的保险制度适用于所有职工，任何职工发生工伤事故或遭受职业疾病，都应毫无例外地获得工伤保险待遇。

2. 工伤保险的责任具有赔偿性

劳动者的生命健康权、生存权和劳动权受到影响、损害甚至被剥夺时，工伤保险是基于对工伤职工的赔偿责任而设立的一种社会保险制度。

3. 工伤保险实行无过错责任原则

无论工伤事故的责任归于用人单位还是职工个人或第三方，用人单位均应承担保险责任。

4. 工伤保险的缴费主体是用人单位

工伤保险不同于养老保险等险种，劳动者不缴纳保险费，全部费用由用人单位负担。即工伤保险的投保人为用人单位。

5. 工伤保险的保障内容更加丰富

相比商业意外保险，工伤保险保障的内容更加丰富。除了在工作时的意外伤害，也包括职业病的报销、急性病猝死保险金、丧葬补助（工伤身故）等。

二、工伤保险的意义

建立工伤保险制度，对于保障劳动者生命财产权利、降低用人单位经营风险、保障社会公平与稳定，均有重大意义。

（一）保障工伤者基本权利、维护社会公平与稳定

工伤保险作为社会保险制度的重要组成部分，是国家通过立法强制实行的，是国家对职工履行的一种社会责任，也是职工应该享受的基本权利。实施工伤保险，对工伤者及其亲属进行保障和补偿，对维护社会公平与稳定有重要作用，也是人类文明和社会发展的标志和成果。

（二）及时补偿当事人、保障其基本生活

实行工伤保险，通过工伤保险基金对工伤职工及其亲属进行及时的经济补偿，可以有效保障其基本生活质量不受太大影响，在一定程度上解除了职工和家属的后顾之忧。

（三）减轻企业经营风险、促进企业安全生产

不同的行业面临不同的经营风险，而对于工伤事故和职业病造成的职业风险，一定程度上是客观存在的。通过筹集工伤保险费，形成工伤保险基金，统一对工伤者进行赔付，可以减轻企业经营风险，均衡企业成本负担。此外，工伤保险与生产单位改善劳动条件、防病防伤、安全教育，医疗康复、社会服务等工作紧密相联。工伤保险的实施，对提高生产经营单位及其劳动者的安全生产，防止或减少工伤、职业病，保护劳动者的身体健康，至关重要。

三、工伤保险法的概念及历史发展

（一）工伤保险法的概念

工伤保险法是调整工伤保险法律关系的法律规范的总称。具体来说，它是调整遭受事故伤害和职业性疾病的劳动者及其亲属获得物质帮助时发生的社会关系的法律规范的总称。

（二）工伤保险法的历史沿革

历史上最早对工伤保险进行立法的是德国。1884 年，德国颁布《劳工伤害保险法》，首次为工伤意外事故进行保险。国际上最早对工伤保险进行的立法是 1921 年国际劳工大会《关于工人赔偿（包括农业工人）公约》（第 12 号）。该公约中将工伤事故定义为：“由于工作直接或者间接引起的事故为工伤事故。”1964 年 6 月 17 日，经国际劳工局理事会召集，国际劳工大会第四十八届会议在日内瓦举行，期间决定采纳会议议程第五项关于工伤事故和职业病津贴的某些提议，最终于 1964 年 7 月 8 日通过了《工伤事故和职业病津贴公约》，成为目前国际上广泛使用的工伤保险法律文件。

在我国，早在 1951 年就制定了《中华人民共和国劳动保险条例》及《劳动保险条例实施细则》，对工伤保险事故范围包括“因工”和“因公”做了具体规定。1957 年由卫生部颁布的《职业病范围和职业患者者处理办法的规定》，首次在我国将职业病列入工伤保险范围。1996 年，劳动

部颁布《企业职工工伤保险试行办法》，2003 年国务院颁布《工伤保险条例》，并与2004 年1 月1 日起正式施行。2010 年 12 月 8 日，《国务院关于修改〈工伤保险条例〉的决定》由国务院第 136 次常务会议通过，并于 2011 年 1 月 1 日起施行，这也是正在实施的工伤保险法领域最重要、最全面的法律。

（三）工伤保险法的现状及发展趋势

目前国际上，规定工伤保险的最主要的国际法律文件是《工伤事故和职业病津贴公约》和《工伤事故和职业病津贴建议书》。其中，《工伤事故和职业病津贴公约》主要内容：①职业伤害保险的范围覆盖到公营、私营学徒和被他们供养的家庭成员；②工伤与职业病的法律特征是处于病态、因病不能工作、体能下降或永久不能工作、由于供养人死亡失去生活来源；③工伤事故应当包括上、下班往返途中；④各国通过立法制定职业病名单；⑤伤病和职业病的医疗服务范围和津贴支付原则（不低于工资的60%）、期限和方法及指数化调节；⑥抚恤金的支付原则（不低于被保险人津贴的50%）和方法及指数化调节；⑦被保险人权利的丧失；⑧争议申诉和医疗事故的处理。《工伤事故和职业病津贴建议书》的主要内容：①将职业伤害保险的覆盖范围扩大到个体劳动者、学生、义务参加公益活动的人员、劳动的囚犯等；②将工作途中延伸到主要住宅、用餐地点和领取工资的地方；③将受供养亲属的范围延伸到父母、兄弟姐妹和孙辈。

而在我国，有关工伤保险的立法多以试行办法、暂行条例、条例的形式出现，至今尚未颁布完整的工伤保险法，立法层次不高。虽然我国相继制定了《职业病防治法》、《安全生产法》、《工伤保险条例》等一系列涉及工伤保险方面的法律、法规。但迄今为止，我国立法始终未将工伤补偿与工伤预防和工伤康复三个方面有机结合于同一部法律文件当中。《工伤保险条例》已经制定并正在实行，但是与之配套的法规政策体系明显滞后，条例的许多规定还远未落实。如工亡直系亲属供养办法的规定仍不够完善，工伤保险诊疗项目目录、工伤保险药品目录等配套办法一直未出台，评残制度漏洞太多等问题，都亟待完善。

从未来发展看，无论是国际还是国内，工伤保险立法将日趋完善，而且其重要的发展方向便是将工伤保险与工伤预防和工伤康复事业密切结合起来。

首先，重视工伤预防，也就是要建立安全生产制度，这主要是预防和减少职业伤害发生的制度安排，相当于单纯支付工伤保险待遇这种消极的制度安排，工伤预防则是更为积极的制度安排。工伤保险与工伤预防相结合有重要的社会意义：①可以促进工伤事故率减低，降低工伤保险给付总额；②部分保险资金用于安全生产的宣传教育和支持企业改造设备，可以有效促进安全生产的项目建设，使职业安全工作进入良性循环状态；③浮动费率的实行可以促使企业更加重视安全生产和保障工人利益。

其次，重视工伤康复，也就是要立足于“基本康复”的原则，利用现代康复的手段和技术，为工伤残疾人员提供医疗康复、职业康复等服务，最大限度地恢复和提高其身体功能及生活处理能力、劳动能力，让其尽快重返工作岗位的服务。工伤康复包括工伤医疗康复、职业康复、心理康复和伤残部位功能恢复等诸多内容，其核心则是医疗康复和职业康复。重视开展工伤康复工作，是政府关注民生的创新举措。对于减轻工伤职工的伤病痛苦，降低企业的意外伤害和职业伤害，提高工伤保险基金保障效能具有极其重要的作用。如我国有些地方立法已经开始试点，将工伤康复内容写进地方规章，如 2009 年 9 月 17 日北京市人力资源和社会保障局就发布了《北京市工伤康复管理办法（试行）》，并从 2009 年 10 月 1 日起正式施行。

第二节 工伤保险法律关系的主体

一、工伤保险法律关系的概念及三大要素

工伤保险法律关系，是指工伤保险法律规范所调整的利益相关主体间的权利、义务关系，是工伤保险制度实施过程中相关主体之间社会关系在法律上的表现，是多种权利、义务关系的集合。

工伤保险法律关系的要素，是构成工伤保险法律关系的必要条件。与其他法律关系相同，工伤保险法律关系也必须具备法律关系的三大要素，即主体、客体、内容。

二、工伤保险法律关系的主体

工伤保险法律关系的主体，是指根据工伤保险法律制度规定，依法参与工伤保险法律关系，依法享受工伤保险法律权利和承担工伤保险法律义务的个人和组织。根据目前我国现行工伤保险法律制度的规定，工伤保险法律关系主要有五大主体，即社会保险行政管理部门、社会保险经办机构、劳动能力鉴定机构、用人单位、工伤职工及其家属。

三、工伤保险法律关系的五大主体

（一）社会保险行政管理部门

社会保险行政管理部门，是指政府设立的依法对社会保险事务进行管理与监督，确保社会保险制度良性运行的行政管理部门，它通过自身的抽象行政行为和具体行政行为参与工伤保险法律关系，是工伤保险法律关系的重要权利和义务主体。

在我国，政府依法设置不同级别的劳动保障行政管理部门，专门行使社会保险管理职能。具体是指各级劳动保障行政部门，如人力资源和社会保障部、民政部等国务院行政部门，各省级政府的人力资源和社会保障厅（局）、民政厅（局）等行政部门。

（二）社会保险经办机构

社会保险经办机构，是指法律、法规授权的劳动保障行政部门所属的专门办理养老保险、医疗保险、失业保险、工伤保险、生育保险等社会保险事务的工作机构。社会保险经办机构是业务管理机构，属事业单位性质，重要职责之一就是收缴和调剂运用工伤保险基金，是工伤保险法律关系的重要权利和义务主体。在我国，最高经办机构是社会保险事业管理中心（隶属人力资源和社会保障部），其在各地的系统分支机构一般称为“社会保险基金中心”。

（三）劳动能力鉴定机构

劳动能力鉴定是给予受伤害劳动者保险待遇的基础和前提条件。我国设立专门机构，根据国家鉴定标准，运用有关政策和医学科学技术的方法、手段，对劳动者的伤残程度和丧失劳动能力程度进行综合评定。这些专门机构就是劳动能力鉴定机构，它们以其鉴定行为参与工伤保险法律关系，是工伤保险法律关系的重要主体。

根据我国法律规定，劳动能力鉴定由用人单位、工伤职工或者其直系亲属向设区的市级劳动能力鉴定委员会提出申请。省、自治区、直辖市劳动能力鉴定委员会和设区的市级劳动能力鉴定

委员会分别由省、自治区、直辖市和设区的市级劳动保障行政部门、人事行政部门、卫生行政部门、工会组织、经办机构代表及用人单位代表组成。

（四）用人单位

用人单位是指具有用人权利能力和用人行为能力，组织劳动者进行生产劳动，并向劳动者支付工资等劳动报酬的组织。具体包括企业、个体经济组织、国家机关、事业组织、社会团体。

用人单位在工伤保险法律关系中，是重要的工伤保险义务主体。首先，用人单位负有工伤保险缴费义务。我国法律明文规定，工伤保险由用人单位支付保险费，劳动者不承担保险费，用人单位是保险法律关系中的投保人，是法定的投保义务主体。此外，由于《工伤保险条例》规定部分工伤经济赔偿是由用人单位承担的，所以用人单位还负有工伤保险的赔偿义务，是工伤保险法律关系中的重要赔偿义务主体。

（五）工伤职工及其家属

工伤职工及其家属是工伤保险法律关系的最重要的主体，而且主要是权利主体。这主要是指，工伤保险的受益主体是工伤职工及其家属，职工及其家属是工伤保险法律关系中的受益人，他们通过工伤保险救济这一途径，获得医疗救治、生活保障、经济补偿和职业康复等所需要的必要物质帮助，是法定的工伤保险权利主体。

第三节 工伤保险法律关系的客体

一、法律关系的客体

法律关系客体是指法律关系主体的权利和义务所指向的对象，它是法律关系发生和存在的前提，是构成法律关系的三大要素（主体、客体、内容）之一。

本质上，法律关系客体是一定利益的法律形式。任何外在的客体一旦承载某种利益价值，就可能成为法律关系的客体。法律关系建立的目的是为了保护某种利益、获取某种利益，或分配、转移某种利益。所以，实质上，客体所承载的利益才是法律权利和法律义务联系的中介。这些利益，从表现形态上可以分为物质利益和精神利益、有形利益和无形利益、直接利益和间接利益；从享有主体的角度，利益可分为国家利益、社会利益和个人利益等。

二、工伤保险法律关系的客体

工伤保险法律关系客体与主体相对应，它是指工伤保险法律关系主体之间形成工伤保险法律关系权利和义务内容的目标性事物，本质上是工伤保险关系各主体间争夺的各种相关利益。法律关系的客体一般包括四种具体表现形式：物、行为、智力成果、特定精神利益。在工伤保险法律关系中，客体主要表现为两种形式，即物和行为。

（一）以物形式出现的客体

工伤保险法律关系中以物形式出现的客体非常多，包括工伤保险费、各类先进性经济补偿待遇等，这些客体是以货币实物的形式出现。此外，工伤治疗、工伤康复中的各类辅助器具等，这些客体则是以器械实物的形式出现。无论以哪种物的形式出现，它们都是工伤保险法律关系的重要客体。

（二）以行为形式出现的客体

工伤保险，是社会保险的一种。它不同于商业保险，商业保险是一种自由保险，而工伤保险则是法定保险，法律直接规定了工伤保险主体的多种行为。具体来说，就是规定了工伤保险法律关系主体的诸多具体活动，如投保劳动者的投保缴费行为；用人单位的缴费行为；工伤保险基金管理部门接受投保、建立保险关系的行为；工伤认定机构的工伤认定行为；劳动能力鉴定机构的鉴定行为、社会保险经办机构的待遇发放行为；受益者接收补偿的行为等，这些都是以法定的行为，都是以行为形式出现的工伤保险法律关系的客体。

第四节　工伤保险法律关系的内容

一、工伤保险法律关系内容的概念

工伤保险法律关系的内容，是指工伤保险法律关系的主体所享有的法律权利和承担的法律义务和责任。根据我国法律规定，工伤保险法律关系的每一个主体都拥有法定的权利和义务。但是基于工伤保险特殊的制度设计，法律赋予工伤保险法律关系每一主体的权利和义务又是不同的，如用人单位主体以义务承担为主，而工伤劳动者及其亲属主体则以权利享受为主。

二、工伤保险法律关系的具体内容

在我国，工伤保险法律关系的具体内容，也就是指我国工伤保险法律中规定的工伤保险法律关系主体的主要权利和义务。根据我国工伤保险法律制度的相关规定，不同工伤保险法律关系的主体所享有的权利和履行的义务均有不同。具体来说，其权利和义务规定如下。

（一）社会保险行政管理部门的权利和义务

在我国，社会保险行政管理部门负有一系列法定权利和义务，包括工伤保险领域的权利和义务。如《中华人民共和国社会保险法》第七十七条规定：“县级以上人民政府社会保险行政部门应当加强对用人单位和个人遵守社会保险法律、法规情况的监督检查。”第七十九条规定：“社会保险行政部门对社会保险基金的收支、管理和投资运营情况进行监督检查，发现存在问题的，应当提出整改建议，依法做出处理决定或者向有关行政部门提出处理建议。社会保险基金检查结果应当定期向社会公布。社会保险行政部门对社会保险基金实施监督检查，有权采取下列措施：查阅、记录、复制与社会保险基金收支、管理和投资运营相关的资料，对可能被转移、隐匿或者灭失的资料予以封存；询问与调查事项有关的单位和个人，要求其对与调查事项有关的问题作出说明、提供有关证明材料；对隐匿、转移、侵占、挪用社会保险基金的行为予以制止并责令改正。”根据这些法律规定，社会保险行政管理部门对工伤保险基金的收支、管理和投资运营有监督检查的权利和义务。

（二）社会保险经办机构的权利和义务

在我国，社会保险经办机构具体承办工伤保险事务。经办机构具体履行下列职责：①根据省、自治区、直辖市人民政府规定，征收工伤保险费；②核查用人单位的工资总额和职工人数，办理工伤保险登记，并负责保存用人单位缴费和职工享受工伤保险待遇情况的记录；③进行工伤保险的调查、统计；④按照规定管理工伤保险基金的支出；⑤按照规定核定工伤保险待遇；⑥为工伤职工或者其直系亲属免费提供咨询服务。因此，在工伤保险法律关系中，社会保险经办机构既享有法定的行政管理和监督的权利，也负有法定的行政义务。

（三）用人单位的权利和义务

根据我国工伤保险法律规定，我国境内的各类企业，包括有雇工的个体工商户在内，均应为职工缴纳工伤保险费，职工个人不缴纳工伤保险费。职工发生工伤的，由工伤保险基金和用人单位按法律规定的工伤保险待遇项目和标准，向工伤职工或其直系亲属支付费用。用人单位应当参加工伤保险而未参加的，由劳动行政部门责令改正；未参加工伤保险期间用人单位职工发生工伤的，由该用人单位按照《工伤保险条例》规定的工伤保险待遇项目和标准，向工伤职工或者其直系亲属支付全部费用。

由此可见，在工伤保险法律关系中，用人单位具有缴纳工伤保险费的义务。当然，用人单位通过承担缴纳工伤保险费的义务，也可以享受到分散工伤风险的利益。即用人单位可以通过申请工伤认定，由工伤保险基金支付职工相应的工伤待遇，这是其在工伤保险法律关系中享有的法定权利。

（四）工伤职工及其亲属的权利和义务

在《劳动法》和《企业职工工伤保险试行办法》及新颁布的《工伤保险条例》中明确地规定了工伤职工的权利和义务。

工伤保险法律制度中有关工伤职工的规定，多是关于其权利层面的规定，如工伤职工享有获得劳动保护的权利，有提出工伤鉴定的权利，有获得工伤保险待遇的权利，有获得法律救济的权利等。对于工伤职工应承担的义务和责任，法律也有规定，但总体不多。如修改后的《工伤保险条例》第六十条规定：“工伤职工或者其近亲属骗取工伤保险待遇，医疗机构、辅助器具配置机构骗取工伤保险基金支出的，由社会保险行政部门责令退还，处骗取金额2倍以上5倍以下的罚款；情节严重，构成犯罪的，依法追究刑事责任。”

第五节 工伤认定与劳动能力鉴定

一、工伤认定的范围

工伤，又称职业伤害或工作伤害，是指劳动者在从事职业活动或与职业活动有关的活动时所遭受的事故伤害和职业病伤害。工伤认定是劳动行政部门依据法律的授权对职工因事故伤害或者患职业病是否属于工伤或者视同工伤给予定性的行政确认行为。根据2010年最新修改的《工伤保险条例》的规定分为以下三种情形。

（一）属于工伤的情形

《工伤保险条例》第十四条规定，职工有下列情形之一的，应当认定为工伤。

（1）在工作时间和工作场所内，因工作原因受到事故伤害的。

（2）工作时间前后在工作场所内，从事与工作有关的预备性或者收尾性工作受到事故伤害的。

（3）在工作时间和工作场所内，因履行工作职责受到暴力等意外伤害的。

（4）患职业病的。

（5）因工外出期间，由于工作原因受到伤害或者发生事故下落不明的。

（6）在上、下班途中，受到非本人主要责任的交通事故或者城市轨道交通、客运轮渡、火车事故伤害的。

（7）法律、行政法规规定应当认定为工伤的其他情形。

（二）视同工伤的情形

《工伤保险条例》第十五条规定，职工有下列情形之一的，视同工伤。

（1）在工作时间和工作岗位，突发疾病死亡或者在48小时之内经抢救无效死亡的。

（2）在抢险救灾等维护国家利益、公共利益活动中受到伤害的。

（3）职工原在军队服役，因战、因公负伤致残，已取得革命伤残军人证，到用人单位后旧伤复发的。

（三）不得认定或视同工伤的情形

《工伤保险条例》第十六条规定，有下列情形之一的，不得认定为工伤或者视同工伤。

（1）故意犯罪的。

（2）醉酒或者吸毒的。

（3）自残或者自杀的。

二、工伤认定的程序

工伤认定，必须经过法定的程序。在我国，根据修改后的《工伤保险条例》的规定，工伤认定必须经过以下法定程序。

（一）提出申请

根据《工伤保险条例》第十七、十八条规定，职工发生事故伤害或者按照职业病防治法规定被诊断、鉴定为职业病，所在单位应当自事故伤害发生之日或者被诊断、鉴定为职业病之日起30日内，向统筹地区社会保险行政部门提出工伤认定申请。遇有特殊情况，经报社会保险行政部门同意，申请时限可以适当延长。

用人单位未按前款规定提出工伤认定申请的，工伤职工或者其近亲属、工会组织在事故伤害发生之日或者被诊断、鉴定为职业病之日起1年内，可以直接向用人单位所在地统筹地区社会保险行政部门提出工伤认定申请。

提出工伤认定申请应当提交下列材料。

（1）工伤认定申请表。

（2）与用人单位存在劳动关系（包括事实劳动关系）的证明材料。

（3）医疗诊断证明或者职业病诊断证明书（或者职业病诊断鉴定书）。

其中，工伤认定申请表中内容应当包括事故发生的时间、地点、原因及职工伤害程度等基本情况。具体见表7-1。

表 7-1　工伤认定申请表

申请人：
受伤害职工：
申请人与受伤害职工关系：
填表日期：　年　月　日

职工姓名　　　性别	出生日期　　　年　月　日
身份证号码	联系电话
家庭地址	邮政编码
工作单位	联系电话
单位地址	邮政编码
职业、工种或工作岗位	参加工作时间
事故时间、地点及主要原因	诊断时间
受伤害部位	职业病名称
接触职业病危害岗位	接触职业病危害时间
受伤害经过简述（可附页）	
申请事项：	申请人签字： 年　月　日
用人单位意见：	经办人签字 （公章） 年　月　日
社会保险行政部门审查资料和受理意见	经办人签字： 年　月　日
	负责人签字： （公章） 年　月　日
备注：	

填表说明如下。

（1）用钢笔或签字笔填写，字体工整清楚。

（2）申请人为用人单位的，在首页申请人处加盖单位公章。

（3）受伤害部位一栏填写受伤害的具体部位。

（4）诊断时间一栏，职业病者，按职业病确诊时间填写；受伤或死亡的，按初诊时间填写。

（5）受伤害经过简述，应写明事故发生的时间、地点，当时所从事的工作，受伤害的原因及伤害部位和程度。职业病患者应写明在何单位从事何种有害作业、起止时间、确诊结果。

（6）申请人提出工伤认定申请时，应当提交受伤害职工的居民身份证；医疗机构出具的职工受伤害时初诊诊断证明书，或者依法承担职业病诊断的医疗机构出具的职业病诊断证明书（或者职业病诊断鉴定书）；职工受伤害或者诊断患职业病时与用人单位之间的劳动、聘用合同或者其他存在劳动、人事关系的证明。

（7）申请事项栏，应写明受伤害职工或者其近亲属、工会组织提出工伤认定申请并签字。

（8）用人单位意见栏，应签署是否同意申请工伤，所填情况是否属实，经办人签字并加盖单位公章。

（9）社会保险行政部门审查资料和受理意见栏，应填写补正材料或是否受理的意见。

（10）此表一式两份，社会保险行政部门、申请人各留存一份。工伤认定申请人提供材料不完整的，社会保险行政部门应当一次性书面告知工伤认定申请人需要补齐的全部材料。申请人按照书面告知要求补齐材料后，劳动保障行政部门应当受理。

（二）受理与认定

根据《工伤保险条例》第十九、二十条规定，社会保险行政部门受理工伤认定申请后，根据审核需要对事故伤害进行调查核实。社会保险行政部门应当自受理工伤认定申请之日起60日内做出工伤认定的决定，并书面通知申请工伤认定的职工或者其近亲属和该职工所在单位。社会保险行政部门对受理的事实清楚、权利义务明确的工伤认定申请，应当在15日内做出工伤认定的决定。

（三）不予受理的特殊情况

根据法律规定，以下三种情况，社会保险行政部门对于工伤认定申请不予受理。

（1）对于工伤认定未能提交充分资料，同时在行政机关发出补正通知书后规定时间内未能做出补正的，工伤认定机关理应不受理。

（2）对于工伤认定超过申请时效的，除特殊原因外（具体指劳动关系的确认、医疗尚未终结等），工伤认定机关可以驳回申请，不予受理。

（3）伤者或者伤者家属、用人单位对所申请的不予受理的工伤认定决定不服的，可以于60日内向当地人民政府或者高一级人力资源和社会保障行政部门提起行政复议，或者在90日内直接向当地人民法院提起诉讼。

三、劳动能力鉴定

劳动能力鉴定，是指利用医学科学方法和手段，对伤病劳动者的伤残程度和丧失劳动能力程度进行综合评定的活动。劳动能力鉴定，是确定工伤保险待遇的基础。

（一）劳动能力鉴定的机构

根据修改后的《工伤保险条例》第二十四条规定，在我国，省、自治区、直辖市劳动能力鉴定委员会和社区的市级劳动能力鉴定委员会是具备劳动能力鉴定资质的合法鉴定机构。其人员分别由省、自治区、直辖市和设区的市级社会保险行政部门、卫生行政部门、工会组织、经办机构代表及用人单位代表组成。根据规定，劳动能力鉴定委员会建立医疗卫生专家库。列入专家库的医疗卫生专业技术人员应当具备下列条件。

（1）具有医疗卫生高级专业技术职务任职资格。

（2）掌握劳动能力鉴定的相关知识。

（3）具有良好的职业品德。

（二）劳动能力鉴定的程序

关于劳动能力鉴定的程序，我国法律有如下规定。

《工伤保险条例》第二十五条规定：社区的市级劳动能力鉴定委员会收到劳动能力鉴定申请后，应当从其建立的医疗卫生专家库中随机抽取 3 名或者 5 名相关专家组成专家组，由专家组提出鉴定意见。社区的市级劳动能力鉴定委员会根据专家组的鉴定意见做出工伤职工劳动能力鉴定结论；必要时，可以委托具备资格的医疗机构协助进行有关的诊断。社区的市级劳动能力鉴定委员会应当自收到劳动能力鉴定申请之日起 60 日内做出劳动能力鉴定结论，必要时，做出劳动能力鉴定结论的期限可以延长 30 日。劳动能力鉴定结论应当及时送达申请鉴定的单位和个人。

《工伤保险条例》第二十六条规定：申请鉴定的单位或者个人对社区的市级劳动能力鉴定委员会做出的鉴定结论不服的，可以在收到该鉴定结论之日起 15 日内向省、自治区、直辖市劳动能力鉴定委员会提出再次鉴定申请。省、自治区、直辖市劳动能力鉴定委员会做出的劳动能力鉴定结论为最终结论。

《工伤保险条例》第二十七条规定：劳动能力鉴定工作应当客观、公正。劳动能力鉴定委员会组成人员或者参加鉴定的专家与当事人有利害关系的，应当回避。

《工伤保险条例》第二十八条规定：自劳动能力鉴定结论做出之日起 1 年后，工伤职工或者其近亲属、所在单位或者经办机构认为伤残情况发生变化的，可以申请劳动能力复查鉴定。

四、保险待遇支付

参加工伤保险的用人单位劳动者发生工伤，经社会保障行政部门认定为工伤或做出劳动能力鉴定后，以下项目从工伤保险基金中支付。

（1）工伤医疗费：包括治疗工伤、职业病所发生的符合国家规定的相关目录或标准的全部费用。

（2）辅助器具配置费。

（3）一次性伤残补助金。

（4）伤残津贴。

（5）评残后的生活护理费：按照生活完全不能自理、生活大部分不能自理或者生活部分不能自理三个不同等级支付，其标准分别为统筹地区上年度职工月平均工资的 50%、40% 或者 30%。

（6）丧葬补助金：为 6 个月的统筹地区上年度职工月平均工资。

（7）供养亲属抚恤金：按照职工本人工资的一定比例发给由因工死亡职工生前提供主要生活来源、无劳动能力的亲属。标准为：配偶每月 40%，其他亲属每人每月 30%，孤寡老人或者孤儿每人每月在上述标准的基础上增加 10%。核定的各供养亲属的抚恤金和不应高于因工死亡职工生前的工资供养亲属的具体范围由国务院社会保险行政部门规定。

（8）一次性工亡补助金：标准为上一年度全国城镇居民人均可支配收入的 20 倍。

（9）康复性治疗费用。

(10) 伙食补助费及出外就医所需的交通、食宿费用：职工住院治疗工伤的伙食补助费，以及经医疗机构出具证明，报经办机构同意，工伤职工到统筹地区以外就医所需的交通、食宿费用从工伤保险基金支付，基金支付的具体标准由统筹地区人民政府规定。

(11) 工伤医疗补助金：伤残等级为五至十级且与用人单位解除了劳动关系的工伤职工，由工伤保险基金以解除劳动关系时统筹地上年度职工月平均工资为基数，支付一次性工伤医疗补助金。具体标准由省、自治区、直辖市人民政府规定。

(12) 劳动能力鉴定费

（朱宏晋）

1. 工伤保险有哪些特点？实施工伤保险意义何在？
2. 什么是工伤保险法律关系？工伤保险法律关系的要素有哪些？
3. 我国现行工伤保险法律关系的主体有哪些？
4. 什么是工伤认定？我国法定的工伤范围包括哪些内容？
5. 我国目前劳动能力鉴定的机构有哪些？劳动能力鉴定的具体程序如何？

案例

外企高管猝死案

王先生1994年入职全球知名的货运公司敦豪全球货运（中国）有限公司北京分公司，后担任该公司北方区的财务经理。因工作需要，家在天津的王先生独自来京工作并在北京购房，妻子盖女士及家人仍在天津工作生活。2013年5月28日，王先生正常上班，下班后应公司北方区总监邀请与在京的高级经理聚餐，很晚才回到住处。5月29日至30日，因始终与王先生联系不上，公司同事到其北京的住处寻找。到达王先生住处后敲门始终无人应答，后经开锁公司打开房门后，同事发现王先生在卫生间内死亡。

为查明原因，公安机关委托鉴定机构对王先生进行了法医病理学鉴定，鉴定结论为排除外伤致死和中毒致死，因未进行尸体解剖，无法确定具体死因，结合案情不排除猝死。同日，公安机关出具了关于王先生死亡的调查结论和鉴定结论通知书，认定王先生不排除猝死，该人死亡不属于刑事案件。

2014年1月8日，王先生之妻盖女士向朝阳区人力资源和社会保障局提出工伤认定申请。该局于1月10日向申请人盖女士做出工伤认定申请受理决定书。此后，朝阳区人力资源和社会保障局向各方进行了调查取证。调查中，敦豪货运北京分公司法务部经理祖某表示，王先生执行不定时工时制度，但晚上不需要加班办公，王先生住所属王先生个人房产。2013年5月28日晚的聚会系区经理以上级别人员自愿参加的私人聚会，公司不认为王先生死亡属于工伤。敦豪货运北京分公司人力资源总监尹某称，其与王先生在公司级别相同，5月28日晚北方区总监邀请在北京的高级经理聚餐，属自愿参加性质。

3月5日，朝阳区人力资源和社会保障局做出不予认定工伤决定书。盖女士不服，提出行政复议申请，北京市朝阳区人民政府于6月25日做出行政复议决定书，维持了不予认定工伤决定书。盖女士不服，又向朝阳区法院提起了行政诉讼，要求依法撤销朝阳区人力资源和社会保障局做出的不予认定工伤决定书。庭审中，原告、被告双方围绕高管猝死是否算工伤这一核心问题展开激烈辩论。

盖女士诉称，王某执行的是不定时工时制，从王某2013年5月28日至29日凌晨去世前的活动时间表看，其一直处于持续的工作状态。王某在北京暂住地于工作期间死亡，属于工作性质的死亡，应视同在工作时间内和工作岗位上死亡。朝阳区人力资源和社会保障局未考虑到死者王某的工作性质、工作职责及长期以来执行不定时工时制这一首要因素，忽视了王某处于工作期间死亡的事实，从而草率做出不予认定工伤结论。另外，经王某家人调查，第三人敦豪货运北京分公司执行的C种工时制度并未取得劳动行政部门特殊工时制度的行政许可，属于违法，但朝阳区人力资源和社会保障局未对此做出处罚。

朝阳区人力资源和社会保障局辩称，王先生的死亡不符合认定工伤或视同工伤的规定。首先，王某死亡不符合《工伤保险条例》第十四条规定的应认定工伤的情形。司法鉴定意见排除了王某外伤致死、中毒致死，非因伤害死亡，因此不属于工伤。其次，公安机关认定王先生具体死亡时间是2013年5月30日，其办公地点应当在办公室，其于当日并未去单位，不应该认定为工作时间，其未在工作时间内和工作岗位上突发疾病，因此不符合视同工伤的情形。盖女士关于王先生当晚参加工作餐，并与同事唱歌、喝酒，后回到住处回复了工作邮件，去卫生间后倒地死亡，应认定为工伤的主张与朝阳区人力资源和社会保障局调查事实不符。经调查，5月28日晚的聚餐及唱歌均为自愿参加，且王先生系在家中死亡，死亡地点为卫生间，公安机关及法医鉴定意见未确定王先生死亡具体时间，因此盖女士的主张不能成立。朝阳区人力资源和社会保障局做出的不予认定工伤决定事实清楚，证据充分，程序合法，适用法规正确，请求法院维持。

第三人敦豪货运北京分公司述称，朝阳区人保局做出的不予认定工伤决定事实清楚，适用法律准确，请求法院驳回盖女士的诉讼请求。

（出自《人民法院报》，2014年10月15日）

问题：1. 王先生的猝死是否属于工伤？

2. 朝阳区人力资源和社会保障局不予认定工伤的决定是否合法？

提示：《工伤保险条例》第十四条、十五条规定。

拓展阅读

国务院法制办负责人就《国务院关于修改〈工伤保险条例〉的决定》答记者问

2010年12月8日，时任总理温家宝签署第五百八十六号国务院令，公布了《国务院关于修改〈工伤保险条例〉的决定》（以下简称《决定》），自2011年1月1日起施行。法制办负责人就《决定》的有关问题回答了记者提问。

问：请您简要介绍一下《决定》出台的背景。

答：《工伤保险条例》（以下简称《条例》）自2004年1月1日施行以来，对维护工伤职工的合法权益，分散用人单位的工伤风险，规范和推进工伤保险工作，发挥了积极作用。全国参加工伤保险的职工由《条例》实施前的4575万人增至2010年9月的1.58亿人，其中农民工6131万人；《条例》实施至2009年底，认定工伤420万人，享受工伤医疗待遇1080万人次，享受伤残津贴和工亡抚恤待遇434万人。《条例》实施至2010年9月，工伤保险基金累计收入1089亿元，累计支出649亿元，累计结余440亿元。

随着经济社会的发展，工伤保险制度面临一些新情况、新问题，例如，事业单位、社会团体、民办非企业单位等组织的职工工伤政策不明确；工伤认定范围不够合理；工伤认定、鉴定和争议处理程序复杂、时间冗长；一次性工亡补助金和一次性伤残补助金标准偏低等，这些问题都需要从制度层面加以解决、完善。

问：《决定》对《条例》做了哪些主要修改？

答：为了解决实践中出现的新问题，健全工伤保险制度，《决定》对《条例》主要做了以下几处修改：一是扩大了工伤保险的适用范围；二是调整了工伤认定范围；三是简化了工伤认定、鉴定和争议处理程序；四是提高了部分工伤待遇标准；五是减少了由用人单位支付的待遇项目、增加了由工伤保险基金支付的待遇项目等。

问：这次修改为什么要扩大工伤保险的适用范围？2011 年 1 月 1 日新《条例》施行后，哪些用人单位应当参加工伤保险？

答：《条例》规定企业、有雇工的个体工商户及其职工（雇工）应当参加工伤保险，对事业单位、社会团体、民办非企业单位、基金会、律师事务所、会计师事务所等组织职工的工伤事宜未做规定，而是授权国务院有关部门制定具体办法。2005 年，原劳动保障部、原人事部、民政部和财政部联合发布《关于事业单位、民间非营利组织工作人员工伤有关问题的通知》，对参照公务员法管理和不属于财政拨款的两类事业单位、社会团体、民办非企业单位等组织的工作人员的工伤待遇做了明确规定，对这两类之外的其他事业单位、社会团体、民办非企业单位及基金会、律师事务所、会计师事务所等组织的工作人员的工伤待遇问题未做规定，交由省级地方政府规定。目前多数地方未做规定，已出台的规定也不统一。

为了解决这部分职工的工伤政策不明确、不统一的问题，决定扩大了工伤保险的适用范围，将不参照公务员法管理的事业单位、社会团体，以及民办非企业单位、基金会、律师事务所、会计师事务所等组织也纳入了工伤保险适用范围。这样在 2011 年 1 月 1 日新《条例》施行后，企业、事业单位、社会团体、民办非企业单位、基金会、律师事务所、会计师事务所等组织和有雇工的个体工商户都需参加工伤保险。

问：《决定》对工伤认定范围做了哪些调整？

答：决定对工伤认定范围做了两处调整：一是扩大了上、下班途中的工伤认定范围，将上、下班途中的机动车和非机动车事故伤害，以及城市轨道交通、客运轮渡、火车事故伤害都纳入了工伤认定范围，同时对事故做了“非本人主要责任”的限定；二是根据社会保险法的规定，调整了不得认定工伤的范围，删除了职工因过失犯罪、违反治安管理行为导致事故伤害不得认定为工伤的规定，增加了职工因吸毒导致事故伤害不得认定为工伤的规定。

问：目前社会上关于工伤认定、鉴定和争议处理程序复杂、时间过长的反映比较大，《决定》在简化程序方面采取了哪些措施？

答：诚如你所言，工伤认定、鉴定和争议处理程序复杂、时间过长的问题一直是社会反映比较强烈的问题。《条例》这次修订，对简化程序问题进行了研究，做了三处修改：一是增加了工伤认定简易程序，规定对事实清楚、权利、义务明确的工伤认定申请，应当在 15 日内做出工伤认定决定；二是明确了再次鉴定和复查鉴定的时限按照初次鉴定的时限执行；三是取消了行政复议前置程序，规定发生工伤争议的，有关单位或者个人可以依法申请行政复议，也可以直接依法向人民法院提起行政诉讼。

问：《决定》提高了哪些工伤待遇标准？

答：目前部分统筹地区的一次性工亡补助金标准过低，最低地区约为 3、4 万元，全国平均为 10.24 万元，不仅难以保障工伤职工及其供养亲属的基本生活，也影响了用人单位的参保积极性。为此，《决定》根据国务院有关文件，将一次性工亡补助金标准调整为上一年度全国城镇居民可支配收入的 20 倍。以 2009 年数据计算，约为 34 万元。

同时，为了避免工亡职工与伤残职工待遇相差过大，根据工伤保险基金的承受能力，《决定》在提高一次性工亡补助金标准的同时，也适当提高了一次性伤残补助金标准：一级至四级伤残职工增加 3 个月的本人工资，五级至六级伤残职工增加 2 个月的本人工资，七级至十级伤残职工增加 1 个月的本人工资。

问：《决定》减少了哪些由用人单位支付的工伤待遇项目，增加了哪些由工伤保险基金支付的工伤待遇项目？

答：为了进一步发挥工伤保险基金的作用，减轻用人单位的负担，决定做了两处修改。

（1）将原来由用人单位支付的一次性工伤医疗补助金、住院伙食补助费和到统筹地区以外就医所需的交通、食宿费，改由工伤保险基金支付。

（2）为了加强工伤预防，从源头上减少工伤事故和职业病的发生，《决定》将工伤预防费用增列为工伤保险基金支出项目，主要用于工伤预防的宣传、培训。同时，为加强对工伤预防费的管理，保证专款专用，真正发挥预防工伤事故和职业病发生的作用，决定规定工伤预防费用的提取比例、使用和管理的具体办法，由国务院社会保险行政部门会同国务院财政、卫生行政、安全生产监督管理等部门规定。

第八章

生育保险法律制度

生育保险是指国家通过立法的手段征集生育保险基金，对符合条件的生育行为者在因生育行为而不能正常工作、收入中断时，可以获得物质帮助、医疗服务和生育休假的社会保险制度。通过本章学习，掌握我国生育保险法律制度的基本原理、基本内容，了解母婴保健法律制度的相关规定。在了解我国生育保险法律制度发展现状的基础上，进一步思考其发展趋势及完善途径。

第一节　生育保险法律制度概述

一、生育保险的定义和特征

生育保险是国家通过《中华人民共和国社会保险法》规定，生育妇女因为妊娠、分娩而不能工作，暂时中断工资收入时，从国家和社会获得医疗保健服务和物质帮助的权利，以保障生育妇女及婴儿的基本生活，促进生育妇女体质和工作能力恢复的一种社会保险。它是生育保障制度的重要内容，是我国五大社会保险中的一种，是国家和社会给予妇女特殊的支持和爱护，是保障公民社会保险权的体现。

随着社会的进步，越来越多的女性走出家门从事社会生产和经济活动，担负着家庭劳动和社会工作的双重压力，为女职工提供医疗服务、生育现金补助的生育保险制度能补偿女职工在生育期间不能正常工作而丧失的劳动报酬，是适应社会化大生产的需要。生育保险制度一方面能够很好地保护女职工的身体健康，让女职工有时间、有能力来照料婴儿，大大提高了我国人口素质，保证社会劳动力的再生产；另一方面也保障了妇女不因生育行为而失去工作，从制度上保障了男女平等的就业权。

我国《社会保险法》采取综合立法模式，五大保险项目都融合在一部法律之中。融合在《社会保险法》当中的生育保险有社会保险项目的共性，同时也有其特殊性，具体表现在以下几个方面。

（1）生育保险实施的对象比较窄，主要是女职工。限于女性享受生育保险待遇，这是绝大多数国家通常的做法。我国也不例外，对生育保险覆盖面的规定比其他国家更加狭窄，仅仅限于城镇女职工，且还要符合三个条件：正式登记结婚、达到法定结婚年龄、符合国家计划生育规定。城镇失业妇女、无业妇女、个体户妇女、农村妇女、外籍妇女等仍然无法纳入生育保险的范围之内。

（2）生育保险提供的医疗服务侧重于休养和营养补充。根据女性生育特点发现，生育引起的收入减少不是社会造成的，生育期间不能劳动，属于正常的生理现象，并非疾病、伤残等非正常生理变化。只要给女性充足时间休息、营养补充到位，她们就能很快恢复体能且回到工作岗位上。

（3）生育保险实行产前与产后两个时段享受的原则。对比其他保险项目来讲，生育保险的假期包括产前和产后，产妇临产前一段时间，由于行动不便，已经不能正常工作；分娩后，需要一段时期休养以促使身体迅速恢复和更好地照顾婴儿。而其他保险项目则带有善后特点，例如，医疗保险只有在疾病发生之后，医保中心才报销患者的医药费；失业保险只是在失业发生之后，失业保险中心才提供失业津贴；伤残、工伤、养老等社会保险津贴的提供也都是如此。唯有生育保险以产前、产后都享受为原则，对产妇和婴儿的健康提供了全方位的保护。

（4）生育保险实施的目的有双重性。给产假期间的女职工发放生育保险津贴可以弥补女职工生育期间的经济收入损失，保护了女职工本人的身体健康，也为抚育下一代打下了良好的经济基础。同时，通过生育保险制度为女职工在怀孕期间提供的身体健康检查等保护措施，能够更早地检测到婴儿在母体内的发育情况，更好地促使我国人口素质的提高。所以说建立生育保险制度不仅达到维持女职工劳动力简单再生产的目的，而且还有保障劳动力扩大再生产的作用。

二、生育保险与相关概念的比较

（一）生育保险与计划生育的联系与区别

从长远来看，我国实施生育保险和计划生育这两项制度对促进人口素质都有明显提高的功能。但法律都明确规定了各自的权利范围，生育保险为育龄妇女提供围产期保健、健康咨询、胎儿生长发育监测等服务；计划生育通过减少妇女生育始次、制止近亲结婚及遗传性疾病者生育等方式，这两者都可以更好地保障我国新生儿的优生率。

我国运行很多年的《生育保险试行办法》明确规定了生育保险职工享受生育保险待遇必须要符合国家计划生育政策这个前提条件。同时还配合国家计划生育条例对晚婚晚育的职工延长产假期间给予生育津贴补助，所以说生育保险可以更好地推动计划生育这项基本国策的实施。为了更好地配合我国计划生育政策的执行，生育保险对于延长产假的职工，在生育津贴发放等方面也给出了相应地延长。

（二）生育保险与医疗保险的联系与区别

生育保险和医疗保险这两个险种很多国家是合二为一，因为生育和疾病都属于短期支付的社会保险项目，且两者都是对暂时丧失劳动能力的职工提供医疗服务。生育保险享受者在出现生育行为且合并有疾病的特殊情况下，才有可能同时享受医疗保险和生育保险这两种待遇。我国是把生育保险与医疗保险作为两个独立的险种类别，它们存在明显的以下区别。

（1）享受对象不一样。我国生育保险待遇通常只有女职工享受，少部分地区规定参保男职工没有工作的配偶也可以享受生育保险待遇；而我国医疗保险待遇覆盖是全体公民，即城镇职工有城镇职工医保，城镇居民有城镇居民医保，农村人口有合作医疗。

（2）享受时间不一样。享受生育保险只能是育龄女职工，终生只能享受一次，特殊情况才可享受两次，而且和计划生育政策息息相关；医疗保险对享受者没有年龄的限制，无论哪个年龄阶段发生疾病都可以享受医疗保险待遇，更加没有享受次数的这一说法。

（3）享受内容不一样。生育保险享受的医疗服务主要是以保健和监测为主，正常情况下只要求定期对产妇和胎儿监护，以确保正常分娩；医疗保险享受内容可以是患者的治疗、药物、手术、检查和理疗等多方面的医疗手段，一直达到患者痊愈。

（4）对生育保险享受期限国家有严格的规定，如正常产假为90天，并严格规定产前假为15天，且对晚婚晚育、难产、多胎、剖宫产、计生手术等享受生育保险待遇及时间都有严格的规定；医疗保险对享受者的假期没有时间规定，以病愈为期限，医疗待遇的报销只和病情、自付比例、医疗项目等因素相关。

（三）生育保险与商业保险的联系与区别

国家强制立法是所有社会保险的共性，生育保险作为社会保险中的一个险种，它同样具有法定险的特性。生育保险是国家管理部门以法律为依据，以行政手段进行实施和管理的保险。它的基本原则：广覆盖、低水平、保而不包。它强调的是社会公平，带有社会福利性质，不能完全满足个人需要。商业保险是集中社会力量为少部分被保险人，在遇到一些人身风险时提供应有经济保障的保险。商业保险以赢利为目的，它是社会保险的补充。商业保险遵从自愿购买的原则，它强调的是个人公平，权利与义务对等。两者之间存在四大不同之处。

（1）实施目的不同。生育保险是社会保险中的一种，只为妇女提供最基本的保障，不以赢利为目的；商业保险是保险公司通过市场手段来运作，以追求利润最大化为目的。

（2）实施方式不同。生育保险是通过国家立法规定，且强制执行的。国家法律规定职工必须参加生育保险，用人单位必须为职工缴纳生育保险费；企业和个人购买商业保险时，是作为平等主体参与的经济活动，遵循“契约自由”原则，由企业和个人自愿投保。

（3）实施主体和对象不同。生育保险基金的筹集、管理及发放主要由劳动社会保障专门性机构完成，实施对象也只是局限于法律规定内的社会成员；商业保险是保险公司（企业）来经营管理的，被保险人只要是符合承保条件的自然人就行，没有对实施对象限制范围。

（4）保障水平不同。生育保险是国家为公民提供最基本的保障，保障程度比较低；商业保险提供的保障水平与投保人所缴保费的多少、保险双方当事人事前的约定直接相关。在符合投保条件的前提下，被保险人履行了相关的缴费义务，就可以获得高水平的保障。

三、生育保险制度的立法概况

（一）国际社会实施生育保护公约

19 世纪初的社会保险制度最初并没有生育保险制度，直到 1883 年《德国劳工基本保险法》中关于生育保险的规定才被认为是生育保险制度的萌芽。随后 1919 年国际劳工组织正式成立，它是联合国负责劳工问题的国际机构，该组织从成立之时起就非常关注妇女的生育保护问题，关于生育保险方面的公约逐渐产生。《妇女产前产后就业公约》（第三号公约）是 1919 年第一届国际劳工大会中通过的关于女工生育的第一个公约。在此公约的基础上，1952 年修订产生了《保护生育公约》（一百零三号公约）及建议书。这两个公约均规定妇女生育孩子时可以享受医疗服务和一定时间的带薪产假。其后，国际劳工组织相继出台了《社会保障最低标准公约》（第一百零二号公约）、《女职工机会均等和待遇平等声明》、《生育保护公约》（第一百八十三号）及《保护生育建议书》（第一百九十一号）。

国际社会在实施上述公约过程中逐渐推动了妇女生育保护各项工作：①覆盖面不断扩大。公约保护的妇女从最初的公营工业或商业企业中女工，扩大到所有受雇妇女。②产假不断增加。从最初的 12 周提高到 16 周。③生育津贴待遇不断提高。规定提供现金津贴待遇标准必须足以确保维持妇女及其孩子适当的生活标准和适宜的卫生条件。④就业保护和非歧视原则逐步确立。公约不仅确立了妇女和男人在就业机会和待遇方面的平等权利，而且把生育保护阶段扩大到国家法律或法规规定的产假之后重返工作以后的阶段。

（二）我国创建生育保险制度

我国生育保险制度的建立始于 1951 年，国务院颁布了《中华人民共和国劳动保险条例》，条例涉及企业女职工在生育时享受的假期与生育津贴，生育补助金、医疗服务，以及生育保险基金的管理等方面的内容。建国初期的生育保险制度是同当时的政治经济发展相适应的，具有历史的局限性，但其设计符合现代社会保障制度的理念。1994 年原劳动部颁布了《企业职工生育保险试行办法》，该规章主要规定了生育保险几个方面的内容：生育保险费统筹、生育保险基金、生育保险的待遇及其支付。在发展市场经济大背景下，它充分考虑了同现代企业制度相适应的因素，是我国第一个符合现代社会保障制度理念的生育保险规章。这部规章的颁布标志着我国生育保险制度从企业模式进入社会保险模式的改革时期。

（三）我国现行生育保险法律制度

1.《女职工劳动保护规定》为女职工提供特殊劳动保护

1988 年 7 月国务院发布的《女职工劳动保护规定》首先明确要求：①不得在女职工怀孕期、产期、哺乳期降低其基本工资，或者解除劳动合同；②禁止安排女职工从事矿山井下、国家规定的第四级体力强度的劳动和其他女职工禁忌从事的劳动；③所在单位不得安排女职工在月经期间，从事高空、低温、冷水和国家规定的第三级体力劳动强度的劳动；④所在单位不得安排女职工在怀孕期间，从事国家规定的第三级体力劳动强度的劳动和孕期禁忌从事的劳动；⑤女职工的产假为 90 天，难产的，增加产假 15 天，多胞胎生育的，每多生育一个婴儿，增加产假 15 天。明确规定女职工怀孕流产的，所在单位应给予产假等，这时的生育保险在保障妇女合法权益、保障女职工基本生活方面发挥了重要的作用。但是，此时女职工因生育而引起的各项费用是由其单位负责承担，它只能体现计划经济时期单位的福利分配关系，算不上真正意义的社会保险。该规定的积极意义在于它第一次明确了生育保险的实施范围，不仅有国家机关、人民团体、事业单位，还从原来的国有企业扩大到国内一切企业，即国有企业之外，还有集体企业、乡镇企业、外商投资企业等。《女职工劳动保护规定》是新中国成立以来颁布的第一部专门用来保护女职工劳动权益的立法，人性化地解决了女职工因生理机能造成的特殊困难，保护女职工在劳动中安全和健康是这部法规的宗旨。同时这部规定也为后来的《企业职工生育保险试行办法》的制定打下了很好的理论与实践基础。

2.《劳动法》为开展生育保险制度改革提供法律依据

1994 年出台的《中华人民共和国劳动法》除规定男女职工享有平等的劳动权之外，还明确规定用人单位要落实女职工特殊劳动保护和开展生育保险工作。其中设立了第七章“女职工和未成年工特殊保护”，这一章节专门根据女职工的生理特点而制定了相关劳动保护规定。设立第九章“社会保险福利”，这一章节对我国劳动者的养老保险、医疗保险、失业保险、工伤保险、生育保险做出了原则性规定。《劳动法》第七十条指出：“国家发展社会保险事业，建立社会保险制度，设立社会保险基金，使劳动者在年老、患病、工伤、失业、生育等情况下获得帮助和补偿。”第七十三条明确规定：“劳动者在下列情形下，依法享受社会保险待遇：（1）退休；（2）患病、负伤；（3）因工致残或者患职业病；（4）失业；（5）生育。”第六十二条规定，女职工生育享受不少于 90 天的产假。这充分说明生育保险和养老保险、医疗保险、失业保险、工伤保险一样，是国家发展社会保险事业，建立社会保险制度一个组成部分，从而为在全国范围内开展生育保险制度改革工作，逐步实行生育保险社会统筹提供了法律依据。

3.《企业职工生育保险试行办法》确立生育保险社会统筹模式

原劳动部 1994 年 12 月发布了《企业职工生育保险试行办法》，适用于城镇所有企业及其职工，但没有对机关和事业单位女职工的生育保险做出规定。从此，我国企业职工的生育保险制度进入了从企业保险模式向社会保险模式的改革时期，而国家机关和事业单位的生育保险仍然采用单位负担的形式。试行办法主要规定了如下内容：①明确了女职工生育的手术费、住院费、药费、检查费由生育保险基金支付，不在规定范围之内的医药费由本人自付；②女职工生育或流产后，由本人持婴儿出生、死亡或流产证明，以及计生部门签发的计生证，到当地社会保险经办机构办理领取生育津贴和报销生育医疗费手续；③女职工生育出院后，因生育引起疾病的医疗费，由生育保险基金支付；其他疾病的医疗费，按照医疗保险待遇的规定办理；④女职工产假期间领取的生育津贴标准，按照本企业上年度职工月平均工资计发，由生育保险基金支付；⑤生育保险基金由社会保险经办机构负责收缴、支付和管理；企业必须按期缴纳生育保险费。这部《企业职工生育保险试行办法》的颁布真正确立了生育保险费用实行社会统筹的生育保险模式，在我国生育保险立法进程中起到历史性的突破。它适应了社会主义市场经济体制和现代企业制度建设的需要，促进企业在市场经济体制下公平竞争，保障妇女不因生育受歧视，拥有平等的就业机会。20 多年来这部法律一直处于试行地位，由于立法层次低、规范简单和缺乏必要的制度保障，给各地政府在具体执行过程中留下了更大的发挥空间，从而造成各地生育保险执行力度不一致、执行标准不统一等问题逐渐突现。

4.《社会保险法》保障女职工生育保险权

2010 年我国社会保险立法经历了漫长的 16 年，最终在十一届人大十七次会议上四审通过《中华人民共和国社会保险法》。这部法律从国情实际出发与借鉴国际经验相结合的立法原则，采用了规范性和纲领性立法相结合的立法技术，把我国现有的五大社会保险项目综合在一起制定成社会保险的基本法。社会保险基本法设立专门章节对各个社会保险险种进行分别规定，其中第六章是生育保险，一共只有四条。其中第五十三条规定，职工应当参加生育保险，由用人单位按照国家规定缴纳生育保险费，职工不缴纳生育保险费。第五十四条规定，用人单位已经缴纳生育保险费的，其职工享受生育保险待遇；职工未就业配偶按照国家规定享受生育医疗费用待遇，所需资金从生育保险基金中支付。第五十五条规定，生育医疗费用包括下列各项：①生育的医疗费用；②计划生育的医疗费用；③法律、法规规定的其他项目费用。第五十六条规定，职工有下列情形之一的，可以按照国家规定享受生育津贴：①女职工生育享受产假；②享受计划生育手术休假；③法律、法规规定的其他情形。生育津贴按照职工所在用人单位上年度职工月平均工资计发。

生育保险立法与国家的经济和社会发展水平息息相关。在社会保险法出台之前，有关我国生育保险法律制度只有单行法规。由于存在管理体制的障碍，城乡之间、地区之间、单位之间的生育保险制度不能很好地衔接，不同部门、不同地方出台各自的生育保险政策也不统一。为了完善生育保险法律制度建设、最高立法机关最终把生育保险和其他险种融合在一部社会保险“基本法”中统一规定。

四、生育保险制度的作用

（一）充分认可妇女生育的价值

妇女进行生育是人类社会繁衍生息、不断发展的需要。同时，妇女也积极参加到社会劳动当中，为人类社会的物质文明和精神文明的创造积极地贡献力量，就此而言，妇女应该得到人类社会对她们的补偿。随着各个国家对保护妇女生育权益的重视程度日益加深，目前世界上大多数国家对妇女生育权益的保护给予政策或者物质上的支持，大约有 130 多个国家已经通过立法的方式对妇女生育的合法权益进行有效保护，这是对妇女生育价值充分认可的体现，也是人类文明进步的表现。

（二）保障女职工基本生活

在生育期间，女职工只能离开原来的工作岗位，失去收入来源。如果国家制定相关制度或者政策，对女职工离开工作岗位期间收入待遇给予充分保障，给予女职工包括医疗服务、生育津贴及特殊政策保护在内等一些政策或者物质保障，那么就能为女职工在无法参加工作失去收入来源的情况下，保障其基本的生活条件，为女职工的顺利分挽创造有利条件。

（三）提高人口素质

生育对妇女体力的消耗相当大，因此生育后妇女都需要进行充分休息，并且补充营养。生育保险制度为女职工在生育时提供了生育津贴，使她们不至于因为离开自己的工作岗位而导致生活水平的降低，并且在生育时还为她们提供各项医疗服务，如保健指导、产期检查等。如果在检查中发现了畸形儿，就可以及时中止妊娠。此外，通过定期监测，可以重点保护和治疗那些在怀孕期间生理表现不正常的妇女。通过上述措施，可以有效保障胎儿正常地生长，在提高人口质量方面起到一定作用。

第二节　生育保险法律制度的基本内容

我国生育保险制度建立于1951年，经过不断修改、完善，已经走过60年的历程。这种体制的形成和发展有其历史原因，在当时计划经济体制下，单位负担生育费用的保险模式，起到了促进生产、保护劳动者权益的作用。但是，当时生育保险制度与整个社会保险制度一样，基本上是计划经过统收统支的财政体制和统包统配的劳动力管理体制的产物，已不适应社会主义市场经济体制的需要，客观上存在着社会管理程度低、抵御风险能力差的弊端。随着社会经济的发展，改革生育保险制度应经成为社会发展的必然要求。

一、生育保险制度改革的背景

在酝酿出台新型的、全国统一的生育保险办法的1993年，全国职工总数为1.48亿，女职工人数占职工总数的38%。按照当时的生育保险办法，女职工生育期间的待遇按照疾病一样处理，费用由职工所在单位负担。但是随着国家经济体制改革的深化及用工制度的改革，企业为了在市场竞争中出于较优势的地位，不得不对产品的质量和成本进行严格的把关，其中妇女生育期间的误工费、检查费、医疗费、产假期间的工资支出，无疑成为企业加大人工成本的因素。为了摆脱这一局面，企业不愿意招用女青年，造成女性就业困难。另外，由于行业的分工特点，女职工在企业中分布不均衡，致使部分企业生育费用负担过重。随着时间的推移，矛盾更加突出，社会各方面要求改革的呼声越来越高。

（一）生育保险政策出台的背景

为了适应改革的新形势，急需新型的、适应经济发展步伐的生育保险制度代替原有的保险制度。为了摸索出一条生育保险制度的新路，自1998年以来，各级劳动部门、社会保险机构及工会对企业职工生育保险制度进行了改革的探索，并取得了很好的社会效果。原劳动部在总结各地实践经验的基础上，准备出台生育保险规范性文件，将改革的做法用法律的形式确定下来。1994年国家颁布了《劳动法》，这是新中国成立以来第一部调整劳动关系、确立劳动标准的基本法，是以保护劳动者合法权益为宗旨，通过建立稳定、和谐的劳动关系，达到维护社会安定、促进社会主义市场经济发展和建立新型劳动体制的目的。

（二）《劳动法》为生育保险制度建设奠定了基础

《劳动法》第七十条规定："国家发展社会保险事业，建立社会保险制度，设立社会保险基金，使劳动者在年老、患病、工伤、失业、生育等情况下获得帮助和补偿。"第七十三条规定："劳动者在下列情形下，依法享受社会保险待遇：（1）退休；（2）患病、负伤；（3）因工致残或职业病；（4）失业；（5）生育。"《劳动法》对生育保险的上述规定，不仅说明生育保险和养老、医疗、失业、工伤保险一样，是国家发展保险事业、建立社会保险制度中一个重要的、不可缺少的组成部分，而且为在全国范围开展生育保险制度改革工作、逐步实行生育保险社会统筹提供了法律依据。但是就《劳动法》作为基本法而言，有其局限性。为了保证《劳动法》顺利贯彻实施，需要制定具体的法规和规章，从不同角度进行补充和完善，使基本法具有可操作性。为了配合《劳动法》的贯彻实施，《企业职工生育保险试行办法》应运而生。

二、城镇职工生育保险制度框架及主要政策

国际上的生育保险制度通常包括生育津贴和生育医疗照顾两部分，前者是指妇女劳动者产假期间享有的现金补助，并通常包括在医疗保险制度中。我国把两部分结合起来，在医疗保险制度之外建立了独立的职工生育保险制度。在2010年之前法律依据是1994年劳动部颁布的《企业职工生育保险试行办法》，这个规章是依据《劳动法》对生育保险的规定而制定的配套法规。该办法出台的主要任务是适应社会主义市场经济和转换企业经营机制的需要，通过建立生育保险基金，使生育保险由企业管理过渡到社会化管理，均衡企业负担，分散风险，为企业参与市场竞争创造条件，更好地保障妇女的合法权益。

1995年7月，国务院印发了《中国妇女发展纲要（1995-2000年）》，提出了到20世纪末我国妇女发展的任务和目标及相应的政策措施。主要包括妇女在参政、就业、劳动保护、教育、卫生保健、家庭、走出贫困、人身权利等方面要达到的11项主要目标，以及为实现这些目标所采取的对策和措施。具体到生育保险方面，"在全国城市基本实现女职工生育费用的社会统筹"与"改革女职工生育费用由企业管理逐步改为社会统筹管理，这项改革由国有企业逐步扩展到所有企业"已作为目标之一和政策措施予以明确。

2001年5月，国务院在总结第一个妇女发展纲要的基础上，结合我国妇女事业发展的新形势及取得的成果，制定出台了《中国妇女发展纲要（2001-2010年）》，对新世纪妇女事业的发展提出了更高的要求。在有关社会保险目标中规定，2010年生育保险的覆盖面达90%。

2010年国家颁布的《社会保险法》，对生育保险做了专门的规定，从更高层次上对生育保险制度进行规范。

（一）《生育职工生育保险试行办法》的主要措施

（1）实施范围：生育保险覆盖范围包括城镇企业及其职工。企业包括国有、集体、私营、合资、合作、独资、股份制等企业。

（2）基金的筹集原则及提取比例：生育保险基金根据"以支定收，收支基本平衡"的原则筹集。主要考虑生育保险享受人数和计划生育政策相联系，预计性强，风险不大，不必留有结余。结余过多会加重企业负担，影响生育保险事业的健康发展。生育保险基金以够用为目标。参加统筹的企业，按照规定的比例缴纳生育保险费，职工个人不缴费。

在基金提取比例上，考虑到全国各地区间经济状况差异很大，生育费用的支付不平衡的因素，具体基金提取比例由当地人民政府确定，但是最高不得超过职工工资总额的1%。

（3）统筹层次：考虑到各地生育保险制度改革的进展情况及做法，在生育保险制度改革的初

期阶段，实行市、地、州、县范围统筹。同级社会保险经办机构负责基金的管理，生育保险按照属地原则进行管理。

（4）基金列支渠道：在过去的体制下，企业职工生育费用多渠道列支。如职工工资从原工资渠道开支，医疗费从福利费开支。考虑到改革后国家强制实施的社会保险费用统筹的新机制，根据新企业财务制度的有关规定和财政部的意见，企业缴纳的生育保险费用作为期间费用处理，列入管理费用。

（5）待遇支付标准：生育保险享受者依法享受生育津贴和医疗费用。考虑到我国生产力发展水平还比较落后和基本保障的原则，在计算生育津贴的期限时，仍然根据《女职工劳动保护规定》中规定的产假期限为依据，支付女职工3个月的生育津贴。如果支付期限过长，就会提高基金收缴的比例，加重企业的负担。关于生育津贴支付标准，过去是按照女职工本人产前标准工资计发。由于工资制度的改革，标准工作的概念逐步淡化。在制定生育津贴的给付标准时，一方面考虑不降低女职工的生活水平；另一方面照顾不同行业的工资差异，调动所有企业参加生育保险的积极性。因此在支付标准上规定，按照本企业职工上年度职工月平均工资计发。

在生育医疗费用方面，基本维持1988年国家颁布的《女职工劳动保护规定》的范围，其中包括生育期间的检查费、接生费、手术费、住院费和药费。还规定女职工生育出院后，因生育引起的疾病的医疗费也由生育保险基金支付；其他疾病的医疗费，按照医疗保险待遇的规定办理。将生育的医疗费用和疾病的医疗费用原则上分开，以规范生育保险基金和医疗保险基金制度的范围。女职工流产也可以按照规定享受有关生育保险待遇。

（二）生育保险的监督机制

为了保障生育保险基金的安全、可靠，规定了生育保险基金监督机制。监督体系由四个方面组成：①各级政府的行政监督，由人力资源社会保障部门组织实施；②经办机构的内部监督（自律约束），由生育保险经办机构组织实施；③有关部门的外部监督，由有关行政职能部门组织实施，如财政部门的财务监督、审计部门的审计监督等；④社会各界的群众监督，由基金监督管理委员会组织实施。

三、《社会保险法》有关生育保险的内容

2010年10月28日，全国人大常委会通过了《社会保险法》，于2011年7月1日实施。此法涉及生育保险的政策主要有以下几个方面。

（一）规定了生育保险适用范围

《社会保险法》规定生育保险覆盖所有用人单位及其职工，以法律形式确立了广泛覆盖的社会保险体系。《社会保险法》适应我国统筹城乡发展的要求，将新型农村合作医疗制度纳入基本医疗保险的调整范围，授权国务院规定管理办法规定进城务工农村居民与其他职工一样依法参加社会保险。目前，我国城镇非就业人员分娩的医疗费用由城镇居民医疗保险基金支付；农村妇女分娩的医疗费用由新型农村合作医疗制度解决。另外，国家还建立了农村妇女分娩补助项目，通过财政建立专项资金，解决农村妇女的住院分娩医疗费问题。因此，我国生育保险制度基本覆盖了城乡所有人群。

（二）规定了生育保险的筹资渠道和支付项目

《社会保险法》明确了用人单位缴纳生育保险，职工个人不缴费，强化了用人单位和政府的责任。《社会保险法》规定，生育保险待遇包括生育津贴和生育医疗费，生育保险待遇所需资金

从生育保险基金中支付。生育津贴是根据国家法律、法规对职业妇女因生育而离开工作岗位期间给予的生活费，是对工作收入的替代。在实施生育保险的地区，由生育保险按照参保单位上年度职工月平均工资的标准支付生育津贴，支付期限与产假期限一致，一般不少于 90 天。生育医疗费包括女职工因怀孕、生育发生的检查费、接生费、手术费、住院费、药费和计划生育手术费。医疗费的报销执行国家及各地医疗保险药品目录、诊疗项目和服务设施标准的规定，在政策范围内生育医疗费全额报销。

（三）职工未就业配偶的生育医疗待遇

关于职工就业配偶的医疗待遇问题，考虑到生育保险制度的主要目的是通过均衡用人单位负担来促进妇女就业，同时国家医疗保险政策已将未就业妇女生育医疗费纳入了支付范围。为了扩大受益面，《社会保险法》规定，职工未就业配偶按照国家规定享受生育医疗待遇。这里所指的生育医疗费用待遇，主要是指参保职工未就业配偶因生育发生的医疗费用。这里国家规定的主要政策有以下三种。

（1）参加城镇居民基本医疗保险的未就业妇女，其生育医疗费用可以按照规定从城镇居民基本医疗保险基金中支付。根据《人力资源和社会保障部办公厅关于妥善居民生育医疗费用的通知》（人社厅发［2009］97 号）规定，要求各地将城镇居民基本医疗保险参保人员住院分娩发生的符合规定的医疗费用纳入城镇居民基本医疗保险基金支付范围。开展门诊统筹的地区，将参保居民符合规定的产前检查费用纳入基金支付范围。

（2）参加新型农村合作医疗的农村妇女，其生育医疗费用可以按照规定从新型农村合作医疗基金中支付。2003 年，国务院办公厅以国办发［2003］3 号文转发卫生部、财政部、农业部《关于建立新型农村合作医疗制度的意见》，明确农村农村妇女住院分娩的医疗费由新型农村合作医疗制度解决。

（3）农村住院分娩补助项目。2009 年，卫生部、财政部印发了《关于进一步加强农村孕产妇住院分娩工作的指导意见》（卫妇社发［2009］12 号），规定实施农村孕产妇住院分娩补助政策，对农村住院分娩的产妇给予财政补助。2010 年，国家进一步加大了对农村住院分娩的补助力度，卫生部办公厅颁布了《2010 年农村产妇住院分娩补助项目管理方案》，项目覆盖全国 31 个省、自治区、直辖区，所有农村户籍孕产妇都可以得到财政补助。农村妇女在财政补助的基础上同步享受新型农村合作医疗，降低了产妇的医疗费用负担。

享受上述待遇的职工未就业配偶，不在重复享受社会保险待遇。

四、生育保险待遇

（一）享受生育保险待遇具备的条件

权利与义务相对应是社会保险赖以存在的前提条件。只有履行了法定的缴费义务之后，才能享受生育保险待遇。也就是用人单位按照有关法律规定，与当地社会保险经办机构建立社会保险关系，并缴纳生育保险费之后，其职工才能享受生育保险待遇。

（二）生育人员符合国家计划生育政策

符合国家《婚姻法》的要求，是合法夫妻生育，夫妻生育符合国家计划生育政策的有关规定。也就是说，如果生育第二胎、第三胎，都要有计划生育部门开具的准生证明。部分少数民族地区计划生育政策允许生育多个孩子，同样可以享受生育保险待遇。目前，大部分地区放宽了一个家庭生育一个孩子的政策，允许夫妻双方都是独生子女或一方是独生子女的，只要符合计划生育政策都可以享受生育保险待遇。

（三）缴费要达到一定期限

从各地生育保险实践看，部分地区规定单位为职工缴纳生育保险费达到一定时间后，职工才能享受生育保险待遇，也就是要有等待期。各地规定的期限不一致，在3～12个月。

五、生育保险待遇项目

（一）生育津贴

生育津贴，旧称产假工资。1994年劳动部颁发的《企业职工生育保险试行办法》将产假工资统一改为生育津贴，主要原因是与国际通用术语衔接。另外，工资是对劳动者的报酬，当劳动者无论是永久或暂时不能从事劳动时，就不应该得到工资，这个收入损失就应该由社会予以补偿。生育津贴就是为了弥补职工生育期间工资收入的损失。从这个意义上讲，生育津贴比产假工资更准确、更规范。

新中国成立以来，生育津贴的标准按照生育女职工原基本工资支付的，这充分体现了国家对妇女和婴儿身体健康的重视。《企业职工生育保险试行办法》规定：生育津贴支付标准按照企业上年度职工月平均工资计发。生育津贴支付期限，一般与产假的期限相一致。目前，各地生育津贴的计发标准不一致，除按照办法规定的支付标准之外，还有按照职工缴纳社会保险费的基数计发、按照社会平均工资标准计发、按照女职工生育之前工资标准计发等办法。

（二）产假

产假是指职业妇女在生育期间按照国家规定的休假期限，离开工作岗位休息的时间。在国家经济不同发展时期，都有相应的法律规定。以《劳动保险条例》为代表的国家社会保险制度雏形的确立，规定了正常生产的女职工，享受56天的产假，并得到相应的生育津贴，津贴标准和原工资一致。女职工怀孕7个月流产，可以得到30天的生育津贴。难产或双胞胎，增加14天的生育津贴。

1988年国务院颁布《女职工劳动保护规定》将正常生产的产假由原来的56天延长至90天；难产、多胞胎生育，增加15天产假。生育津贴支付的期限按产假期限相应延长。

（三）生育医疗服务

我国生育医疗服务包括的项目：孕期检查、接生、手术、住院、药品和生育引起疾病的治疗。所需费用，在开展了生育社会保险的地区，由生育保险基金支付；未开展生育保险的地区，由女职工所在单位支付。接生费、手术费、药费及生育引起的疾病的医疗费，主要是为妇女流产、分娩时和分娩之后支付的所需费用，其中药费报销的范围是指国家规定的治疗药品。手术一般是指分娩过程当中所需要的手术助产、剖宫产等。我国生育保险为妇女提供从妊娠到分娩的全部医疗服务费用，这充分体现了国家对女职工的关爱，对产妇和新生儿的身体健康起到了保护作用，同时对优生优育、计划生育工作产生了积极的影响，为国家人口素质提高奠定了基础。

生育保险基金支付的医疗费用主要包括生育女职工的检查费、接生费、手术费、住院费和药费。

（1）检查费：是指女职工围产期保健过程中，定期到医疗机构进行身体检查的相关费用。大致可分为全身检查、产科检查、化验室检查及特殊检查四部分。

1）全身检查：主要有发育和营养状态、身高、体重、血压，检查心、肺、肝、脾及脊柱和乳房。

2）产科检查：腹部检查、骨盆测量、阴道检查。

3）化验检查：血常规、血型、尿常规、尿糖，必要时做肝、肾功能检查。

4）特殊检查：根据情况做超声波检查、羊水检查、胎盘功能检查等。

（2）接生费：主要是指女职工分娩时，医生或助产人员协助产妇娩出新生儿过程中所发生的费用，即医生及助产人员提供的医疗服务的费用。大部分产妇为自然生产，这是接生过程中最为简单的一种，也是费用最低的一种。也有一部分产妇由于各种原因不能靠自己的力量分娩，需要医务人员手术助产才能娩出胎儿。目前主要有两种助产方式：①胎儿吸引术。它是用一种特制的吸引器，利用负压原理吸附在胎头上，随着宫缩、产妇屏气，向外拉胎头，使胎儿娩出，不用麻醉。②产钳术。它是用产钳夹住胎头两侧，借助宫缩和产妇屏气用力，顺着产轴方向将胎儿牵拉出来。无论是哪种接生方式，其费用均由生育保险基金支付。

（3）手术费：手术费支付的项目主要是指分娩过程中的会阴切开术和剖宫产术。当产妇自身条件不适宜自己娩出胎儿，必须依靠医务人员进行手术帮助产妇完成分娩过程，其手术费用由生育保险基金支付。

（4）计划生育手术费：是指职工相应国际计划生育口号而实行的避孕、节育手术费用。主要项目有放置（取出）子宫内节育器、人工流产术、引产术、绝育及复通手术所发生的医疗费用。

（5）住院费：是指产妇在分娩期间住院的床位费，取暖费等。床位费按照国家物价监督管理部门规定的普通床位收费标准支付。母婴同室及高标准病房所需费用，不属于生育保险基金支付的范畴。

（6）药费：是指女职工从怀孕至分娩后出院，医生根据产妇需要给予的药物护理、治疗所发生的费用。

六、生育期间其他保障措施

（一）孕妇保护

妊娠是女职工的正常生理现象，但同时也会发生危险。为了保证孕妇的身体健康，一般在怀孕早期就建立了保健卡以进行监护。根据孕妇的身体健康状况，定期进行体检。第一次检查应在停经后3个月内。以后检查的次数一般为怀孕3～7个月，每月检查一次；怀孕8～9个月，每两周检查一次；最后1个月，每周检查一次。检查项目包括询问病史、全身检查、产科检查和化验检查。医生对孕妇进行围产期保健和指导。保健卡记录孕妇肌体变化的各种指标，为分娩的方式提供依据和措施。对发生妊娠合并症或其他病症的妇女，可及时采取措施给予治疗，使孕妇实现安全分娩。

（二）胎儿保护

据医学论断，早期胚胎是组织器官分化、形成的重要时期，如神经系统形成在胚胎的第15～25天，心肺在第20～40天，肢体在第24～46天。此期间胚胎对内外环境的变化和影响非常敏感，各种致畸因素乘机为患，如不注意，可使胎儿发生形态、功能两个方面的畸形和障碍（4个月后，危险性相对减少）。因此，早期保健对胎儿的正常生长十分必要，孕妇在医生建议下，除补充各种营养物质之外，应做产前诊断，如母血胎甲球蛋白（AFP）测定、B型超声检查，必要时可考虑羊水检查，如发现畸形儿，可及早终止妊娠。由此可见，产前检查对提高人口素质、保证优生优育是十分必要的。

第三节　母婴保健法律制度的基本内容

一、母婴保健法的概念

母婴保健法是调整母亲和婴儿健康，提高出生人口素质活动中产生的各种社会关系的法律规范的总和。

妇女儿童的健康状况直接影响到国家和民族的兴旺发达及子孙后代的幸福，并深受国际社会重视。1991 年 3 月，中国政府签署了《儿童生存、保护和发展世界宣言》及其《全球实施宣言计划》两个文件，并向国际社会做出了承诺。1994 年 10 月 27 日，第八届全国人大常委会第 10 次会议通过了《中华人民共和国母婴保健法》，自 1995 年 6 月 1 日起施行。这是新中国成立以来我国第一部保护妇女儿童健康的法律，是宪法对人民的健康和对妇女、儿童保护原则规定的具体化。2001 年 6 月，国务院颁布了《母婴保健法实施办法》。原卫生部相继制定了《婚前保健工作规范》、《产前诊断技术管理办法》、《母婴保健医学技术鉴定管理办法》、《关于禁止非医学需要的胎儿性别鉴定和选择性别的人工终止妊娠的规定》等规章。《母婴保健法》及其配套法规规章的实施，充分显示了党和政府对我国妇女儿童健康的关怀和重视，有利于提高人口素质，有利于改善农村和边远贫困地区妇女儿童的健康状况，有利于实现我国政府对国际社会的承诺，有利于发展我国妇幼卫生事业，保障妇女儿童健康，促进家庭幸福、名族兴旺和社会进步。

二、婚 前 保 健

医疗保健机构应当为公民提供婚前保健服务。婚前保健服务包括三项内容：①婚前卫生指导。关于性知识、生育知识和遗传病知识的教育。②婚前卫生咨询。对于婚配、生育保健等问题提供医学意见。③婚前医学检查。对准备结婚的男女双方可能影响结婚和生育的疾病进行医学检查。

（一）婚前卫生指导

对于准备结婚的男女双方进行以生殖健康为核心，与结婚和生育有关的生殖保健知识的宣传教育。其中包括关于性卫生知识、生育知识和遗传知识的教育。

（二）婚前卫生咨询

受过专业培训的医师与服务对象面对面地交谈，对服务对象提出的问题进行解答、交换意见、提供信息，帮助其做出合适的决定。医师在提出暂缓结婚和不宜生育的医学意见时，应当耐心、细致地对服务对象阐明科学道理，对可能产生的后果给予重点指导。咨询的项目包括婚配、生育保健等问题。

（三）婚前医学检查

对准备结婚的男女双方可能患影响结婚和生育的疾病进行医学检查。

1. 婚前医学检查的内容

婚前医学检查的项目有询问病史、体格检查、生殖器官及第二性征检查。主要检查双方是否有以下三类疾病。

（1）严重遗传性疾病。这是指由于遗传因素先天形成，患者全部或者部分丧失自主生活能力，而且后代再现风险高，医学上认为不宜生育的疾病。

（2）指定传染病。这是指《传染病防治法》中规定的艾滋病、淋病、梅毒、麻风病及医学上认为影响结婚和生育的其他传染病在传染期内的。

（3）有关精神疾病。这是指精神分裂症、躁狂抑郁型精神病及其他重型精神病。

2. 婚前医学检查的处理

对患有指定传染病在传染期内，有关精神病在发病期内的，医师应当提出医学意见，准备结婚的男女双方应当暂缓结婚。

对诊断医学上不宜生育的严重遗传性疾病的，医师应向男女双方说明情况，提出医学意见；经男女双方同意，采取长效避孕措施或者施行结扎手术后不生育的，可以结婚。但《婚姻法》规定禁止结婚的除外。

经婚前医学检查，医疗保健机构应当出具婚前医学检查证明。接受婚前医学检查的人员对检查结果持有异议的，可以申请医学技术鉴定取得医学鉴定证明。

《母婴保健法》还规定：男女双方在结婚登记时，应当持有婚前医学检查证明或医学鉴定证明。但是从2003年10月1日起开始实施的《婚姻登记条例》不再把婚前医学检查证明或者医学鉴定证明作为结婚登记的证明材料。

三、孕产期保健

孕产期保健是指医学保健机构为育龄妇女在孕产期提供的孕前、孕时、产时、产后的保健指导和服务。主要有四种保健指导：①母婴保健指导。对孕期健康后代及严重遗传性疾病和碘缺乏病等地方病的发病原因、治疗和预防方法提供医学意见。②孕妇、产妇保健。为孕妇、产妇提供卫生、营养、心理等方面的咨询和指导及产前定期检查等医疗保健服务。③胎儿保健。为胎儿生产发育进行监护、提供咨询和医学指导。④新生儿保健。为新生儿生长发育、哺乳和护理提供医学保健服务。

（一）产前诊断

产前诊断是指对胎儿进行先天性缺陷和遗传性疾病的诊断，包括相应筛查。产前诊断技术项目包括遗传咨询、医学影像、生化免疫、细胞遗传和分子遗传等。产前诊断技术的应用应当以医疗为目的，符合国家有关法律规定和伦理原则，由经资格认定的医务人员在经许可的医疗保健机构中进行。医疗保健机构和医务人员不得实施任何非医疗目的的产前诊断技术。

医疗保健机构在发现有下列情形之一时，应当进行产前诊断：羊水过多或过少；胎儿发育异常或胎儿可能有畸形；孕早期接触过可能导致胎儿先天性缺陷的物质；曾经分娩过先天性严重缺陷的婴儿；年龄超过35周岁；省级以上卫生行政部门规定的其他情形。

经产前诊断，有下列情形之一的，医师应当向夫妇双方说明情况，并提出终止妊娠的医学意见：①胎儿患严重遗传性疾病的；②胎儿有严重缺陷的；③因患严重疾病，继续妊娠可能危及孕妇安全或者严重危害孕妇健康的。

（二）产时保健

产时保健是保护母婴健康的重要环节。因此，医师和助产人员应当严格遵守有关操作规程，提高助产技术和服务质量，采取积极对策，减少产后出血，努力降低孕产妇死亡率，熟练掌握新生儿复苏技术，提高住院分娩率，完善产科制度，不断提高产科质量，预防和减少产伤。

（三）住院分娩与新生儿出生证明

国家提倡住院分娩。医疗、保健机构应当按照国务院卫生行政部门的技术操作规范，实施消毒接生和新生儿复苏，预防产伤及产后出血等产科并发症，降低孕产妇及围产儿发病率、死亡率。没有条件住院分娩的，应当由经县级地方人民政府卫生行政部门许可并取得家庭接生员技术证书的人员接生。高危孕妇应当在医疗、保健机构住院分娩。

医疗保健机构和从事家庭接生的人员按照国务院卫生行政部门的规定，出具统一制发的新生儿出生医学证明；有产妇和婴儿死亡及新生儿有缺陷情况的，应当向卫生行政部门报告。

（四）终止妊娠或者结扎手术

依照《母婴保健法》规定实施终止妊娠或者结扎手术，须经本人同意，并签署意见；本人无行为能力的，应征得监护人的同意，并签署意见。依法施行终止妊娠或者结扎手术的，接受免费服务。

四、婴幼儿保健

婴幼儿保健是指对刚出生到3周岁以内的儿童进行的保健。其卫生保健内容包括医疗保健机构应当为母乳喂养提供必要的条件和有关母乳喂养、合理膳食、健康心理行为等科学育儿知识，应对新生儿进行登记，建立儿童保健手册；进行定期检查和预防接种，开展新生儿先天性甲状腺功能低下和苯丙酮尿症等疾病的筛查，并提出治疗意见；对于婴儿的常见病和多发病，应当采取积极防治工作，并提供眼、耳、口腔保健及促进婴幼儿神经、精神发育的有关保健服务等。

（一）婴儿期卫生保健

婴儿出生至1周岁以前为婴儿期。这段时间是婴儿出生后生长发育最快的时期，所需热量和蛋白质比成人高，但消化功能又极不完善，因此，易患消化道疾病。来自母体的被动免疫抗体逐渐减少，自动免疫尚不完善，因此，对疾病的抵抗力较差，又易患传染病和感染性疾病，如肺炎和腹泻等。需要的营养素较高，如果供应不足易患营养缺乏性疾病。1周岁内大脑发育迅速，脑重出生时约350g，1岁时增至900g；大脑皮层细胞虽不再增加，但仍继续增大；神经髓鞘逐渐形成。这些形态上的逐渐成熟，为以后婴儿神经精神发育提供了早期接受教养的物质基础。这段时期卫生保健的重点有三个：①指导合理的喂养，大力推行母乳喂养。②做好计划免疫，定期进行健康检查，后半年每两个月一次，1周岁以后每3～6个月检查一次，2周岁以后每半年检查一次，检查有无缺陷和营养性疾病，及时给予矫治；有无出生缺陷和遗传性疾病，做好相应的诊治措施。③注意婴儿的早期教养，了解婴儿体格和神经心理发育状况，接受优生优育和优教的宣传和指导，培养婴儿良好的卫生、生活习惯。

（二）幼儿期卫生保健

婴儿从出生后1岁至3岁为幼儿期。这段时期的幼儿特点，体格发育速度减慢，但中枢神经系统发育，尤以第二信号系统发育加快，由于周围环境接触增多，促进了语言、思维的发育，运动机能和对外界的反应能力亦逐渐增强。这段时期卫生保健重点：①加强断奶后离乳食品的指导，避免发生营养和消化功能紊乱；②做好口、眼、耳保健；③做好计划免疫工作和早期教养。

五、违反母婴保健法的法律责任

（一）民事责任

母婴保健机构及其工作人员在母婴保健工作中，违反医疗卫生管理法律、行政法规、部门规章和诊疗护理规范、常规，过失造成患者人身损害的，应根据《中华人民共和国侵权责任法》的有关规定，承担相应的民事责任。

（二）行政责任

未取得国家颁发的有关合格证书，有下列行为之一的，县级以上地方人民政府卫生行政部门应当予以制止，并可根据情节给予警告或者处以罚款：①从事婚前医学检查、遗传病诊断或者医学技术鉴定的；②施行终止妊娠手术的；③出具法律规定的有关医学证明的。同时，违法出具的医学证明视为无效。

从事母婴保健的工作人员违反规定，出具有关虚假医学证明或者进行胎儿性别鉴定的，由医疗保健机构或者卫生行政部门根据情节给予行政处分；情节严重的，依法取消执业资格。

（三）刑事责任

《母婴保健法》规定，未取得国家颁布的有关合格证书，施行终止妊娠手术或者采取其他方法中止妊娠，致人死亡、残疾、丧失或者基本丧失劳动能力的，依照刑法有关规定追究刑事责任。《刑法》第三百三十六条规定，未取得医生执业资格擅自为他人进行节育复通手术、假节育手术、终止妊娠手术或者摘取宫内节育器，情节严重的，处3年以下有期徒刑、拘役或管制，并处或单处罚金；严重损害就诊人身体健康的，处3年以上10年以下有期徒刑，并处罚金；造成就诊人死亡的，处10年以上有期徒刑，并处罚金。

（张　娟）

1. 生育保险的特点有哪些？
2. 简述《社会保险法》中关于生育保险规定的主要内容。
3. 违反母婴保健法的法律责任是什么？

案例

案情描述：李某是江西某县一家纺织厂的女工，2001年9月作为工厂的富余人员下岗，2002年2月生小孩后一直未上岗。李某下岗后，该纺织厂每月发给她生活费280元。李某向纺织厂提出自己生育期间应享受产假待遇，要求厂里报销生育期间的有关费用和领取工资。此后，纺织厂只报销了有关医疗费用，但对李某领取产假期间的生育工资的要求却予以拒绝。李某无奈只能向当地劳动争议仲裁委员会提起仲裁，请求纺织厂发给自己因生育而休产假期间应获得的生育工资。(来源于华律网)

问题：下岗女工能享受生育保险待遇吗？

提示：女职工享受产假的待遇是生育保险的重要内容，是对女职工实施特殊劳动保护的重要措施之一。我国《劳动法》第六十二条规定，女职工生育享受不少于90天的产假。劳动部颁发的《企业职工生育保险试行办法》第五条规定，女职工生育按照法律、法规的规定享受产假。对于下岗女工在生育保险上的待遇处理则按照《国有企业富余职工安置规定》第八条的规定。该规定的内容是企业可以对职工实行有限期的放假，职工放假期间，由企业发给生活费，孕期或哺乳期的女职工，经本人申诉，企业可以给予不超过两年的假期，放假期间发给生活费，假期内含产假的，产假期间按照国家规定发给工资。

拓展阅读

不要把中国男女比例失调归咎于计划生育

参考消息网8月30日报道　澳大利亚东亚论坛网站8月25日刊登《不要把中国男女比例失调归咎于独生子女政策》一文，作者系塔夫茨大学政治学副教授伊丽莎白·雷米克、独立学者卡丽丝·洛。

文章称，在过去10年里，中国严重的男女比例失衡引起媒体关注：由于男多女少，数以百万计的中国男子注定要独身，由此带来可怕的社会后果。中国的新生儿男女比例远远高于105∶100的自然比率，流行看法是，这纯粹、完全是由中国的独生子女政策造成的。这种观点认为，中国家长自古以来重男轻女，如果他们只能有一个孩子，那最好是个男孩。男女比例从计划生育政策实施约5年后的1985年左右开始失调似乎足以证明。这种说法合乎逻辑的结论是取消该政策将消除中国的男女比例失衡。

但稍做比较就能看出这种流行看法是错误的。男女比例失调起因于计划生育政策的说法通常有两个前提依据：单单这一个因素导致了人口出生率下降，人口出生率的下降导致了新生儿男女比例失调。但事实上，中国的人口出生率在20世纪70年代初就开始下降，那是独生子女政策出台的好几年前。而且，中国的邻国尽管没有实施这种严厉的政策，但在1970年也曾出现类似的人口出生率下降。

文章称，人口出生率下降也并非必然导致男女比例失调。日本的人口出生率约20年来一直是世界上最低的，但该国的男女比例始终保持在自然范围内。中国过去30年里的男女比例失调恰好与计划生育政策的实施同步，这种巧合具有误导性。从更久远的历史角度来看，中国的男女比例是在过去200年的很长时间内渐渐严重失调的。

文章称，独生子女政策本身有点用词不当，其实中国各地有三种不同政策。以汉人为主的农村地区实行“1.5胎”政策，头胎是女孩的家庭可以怀着对儿子的期盼生二胎。城镇地区执行严格的独生子女规定，贫穷的少数民族地区则限生两个孩子。

就男女比例失调程度而言，农村“1.5胎”地区（新生儿男女比例约为119∶100）高于城镇独生子女地区（约115∶100），限生两个孩子的地区（约112∶100）最低。这些数字表明，转而普遍实行二胎政策可缓解但不能消除问题：中国的新生儿男女比例仍会高于世界上其他几乎所有地方。因此，流行看法有一定道理，但计划生育政策不是男女比例失调的唯一重要推动力。

文章称，流行看法的问题在于，它把重男轻女当成一个司空见惯的文化现象，认为中国人就是喜欢儿子。但重男轻女并非永恒不变的定律。刺激中国家庭生儿子的因素随着时间的推移几经沉浮，与新生儿男女比例失调状况同步。因此，要使中国的新生儿男女比例正常化，就应当着手解决中国父母想生儿子的刺激因素。

重男轻女的诱因出现在四个领域：劳动、财产所有权和继承权、祭祀活动、养老保障。在这些领域有强大刺激因素的社会往往男女比例失调。事实上，无论是从中国各地来看还是从各个国家来看，新生儿男女比例的差异与重男轻女刺激因素强烈程度的差异总是一致的。养老保障似乎是重男轻女的最重要诱因，与祭祀有关的诱因次之。

中国的新生儿男女比例在1960年之前失调，1960年至1985年间正常，1985年以后再度失调。在高度失调的这两个时间段里，儿子以全部四个标准来衡量都十分必要：下地劳动、财产继承、祭祖和养老。相比之下，在公社时期（约1958～1983）期间，生产活动社会化，财产归集体，祭祖活动遭压制，养老全由公社提供。家庭不需要儿子，所以他们没有什么动力去杀死或遗弃女婴。

20世纪80年代中期以来，重男轻女的刺激因素在中国形成显著的城乡差别。在城镇地区，受过良好教育的女性是生父母家庭的重要经济支柱，因而能够为父母提供养老。祭祖活动在城镇不像在农村那么重要，而城镇女性也享有平等的财产权和继承权。综合这些因素，城里人不像农村人那么渴盼生儿子。

文章称，日本和韩国的新生儿男女比例也随着重男轻女刺激因素的变化而变化。在整个20世纪，日本的重男轻女程度以我们的标准来衡量不高。女性对家庭收入有重大贡献并享有平等的财产权，而且日本的养老金很丰厚。虽然在祭祖时最好有儿子，但日本的新生儿男女比例并未失调。另一个例子是，韩国的男女比例失调在20世纪80年代中期曾急剧上升，但1995年以后下降。这种正常化恰逢韩国的婚姻家庭法规定，女性不一定要嫁入夫家，她们有同等的祭祖权利和责任及平等的继承权。

文章称，纠正中国的男女比例失调需要共同努力减少重男轻女现象，着眼于造就重男轻女诱因的政策和制度。一味长篇大论地教导中国公民转变“落后”思想和习俗是不够的。

（来源：《参考消息》，2015年8月30日）

第九章

医疗事故处理法律制度

内容提要

医疗行为本身所具有的人身侵害性使医学具有了高度风险性，并且医疗损害的发生难以避免。本章主要介绍《侵权责任法》和《医疗事故处理条例》中医疗损害责任、医疗事故的鉴定、处理和赔偿等相关规定，以及如何够建医疗责任保险制度，从而分散医生执业风险，缓和医患矛盾。

第一节　医疗损害责任概述

医疗损害责任纠纷在世界各国普遍存在，我国近年来因医疗损害产生的纠纷不仅数量庞大，而且处理难度高、时间长、索赔额度不断攀升并呈愈演愈烈之势。医患矛盾此起彼伏，其中部分还引发了“医闹”等群体性事件，不仅影响了正常的医疗秩序，更不利于和谐医患关系的建立。

我国医疗损害责任制度自改革开放以来，大致经历了三个历史阶段：以国务院 1986 年出台的《医疗事故处理办法》（以下简称《办法》）为背景的限制受害者民事权利、偏重保护医疗机构的时期；以自 2002 年起实施的《最高人民法院关于民事诉讼证据的若干规定》和 2002 年公布的《医疗事故处理条例》（以下简称《条例》）为起点，以明确加重医疗机构举证责任为主要目标的较为关注受害患者权益的阶段。由于商业化和市场化的走向违背了医疗事业发展的基本规律，我国出现了医疗资源分布不均、医疗费用上涨过快、医患关系紧张等各类问题，通过法学界与医学界的理性思考和广泛讨论，2009 年《侵权责任法》采用专章规定的形式对“医疗损害责任”进行了明确的规定，对正确认识医疗损害责任和构成要件、改善之前我国医疗侵权损害赔偿案件在实际处理过程中存在的法律适用二元化的现象有着重大意义。2009 年《侵权责任法》的颁布，标志着我国医疗损害责任制度进入了平衡医患利益的第三个阶段，有关医疗损害案件的法律适用、赔偿范围与标准及举证责任最终得到统一。这三个历史阶段充分体现了我国法律理念的转变历程，以及在其基础上立法规范逐渐周延的过程。

一、医疗损害责任的概念

医疗损害责任是《侵权责任法》设定的医疗纠纷民事处理所用的概念，有别于过去医疗事故的概念。医疗损害责任系医疗纠纷民事处理的概念，医疗事故则具有医疗纠纷行政处理的色彩。

对医疗损害责任或者医疗侵权行为概念的界定，有不同的表述。如有人认为医疗侵权行为是指医疗机构及其医务人员在诊疗护理过程中侵犯了患者的合法权益，并引起一定法律后果的行为。也有人认为医疗侵权行为是指在医疗活动中，因医疗行为侵害就诊者的人身权利，依法应当承担民事责任的违法行为。还有人认为医疗侵权行为是指行为主体在实施医疗行为的过程中，侵犯了患者的人身权益（因医疗活动系针对人的身体所实施的行为），而应承担责任的行为。医疗损害责任是指医疗机构及其医务人员在医疗过程中因过失，或者在法律规定的情况下无论有无过失，造成患者人身损害或者其他损害，应当承担的以损害赔偿为主要方式的侵权责任。这些观点都从某一个局部揭示了医疗损害责任的内涵，但并非全部。

《侵权责任法》使用了“医疗损害责任”这一概念，结束了《办法》和《条例》所造成的“医疗事故责任”和“医疗过错责任”双规称谓局面。医疗损害责任是指医疗机构及医务人员在医疗过程中因过失造成患者人身损害或者其他损害，应当承担的以损害赔偿为主要方式的侵权责任。使用“医疗损害责任”这一概念，提法比较直观、中性，容易被社会各界所接受，能够概括所有的医疗侵权行为，终止医疗侵权概念、案由和法律适用上的不统一局面，并且具有很强的包容性，能够包含所有的医疗侵权行为。

二、医疗损害责任的构成

医疗事故作为一种一般侵权行为，应当具备一般侵权行为的四个构成要件，即行为的违法性（侵害行为）、损害、因果关系和侵权人的过错。由此可见，医疗损害责任的构成要件有四。

（一）医疗行为

传统意义上，医疗行为是医疗机构及其医务人员在诊疗活动中的违法诊疗行为，是指医疗机构实施医疗行为违反了当前卫生法律、法规等，包括医疗卫生管理法律、行政法规、部门规章和诊疗护理规范、常规。考虑到医疗行为的特殊专业性，故而确定医疗侵权违法性不仅要依据医疗专业的具体法律法规的规定，还要参照医疗行业的诊疗常规做出是否违法的判断，故而医疗损害责任违法性的判断是广义的。

（二）损害后果

损害后果即指医疗损害事实，是指医疗机构的行为给患者的人身、财产造成的损失，既包括财产损害也包括精神损害，既包括直接损害，也包括间接损害。直接损害又称积极的财产损失，是指受害人现有实际财产的减少。间接损害又称消极财产损害，是指受害人可得利益的减少。对人身的损害包括对生命、健康、隐私等的损害，而且医疗损害责任造成的人身损害往往会产生巨大的财产损失，如残疾赔偿金、被抚养人抚养费用等。医疗侵权诉讼中，患者应就医疗损害事实的存在与否举证，而医方则应当针对损害事实是损害还是疾病的自然发展等情况进行答辩，并对哪些属于医疗行为有关的损害，而哪些属于医疗行为无关的损害进行具体分析，如过错输血造成丙型肝炎（丙肝），则要核对患者提供的是否均为治疗丙肝的药费单据、处方，是否还包括治疗其他疾病的费用。

（三）因果关系

医疗损害责任中的因果关系是指医疗行为与损害结果之间的客观联系，即特定的损害事实是由行为人的医疗行为引起的结果。只有当两者间存在因果关系时，行为人才应承担相应的民事责任。医疗损害责任的因果关系是复杂多变的，往往一个损害后果的出现是由多个原因引起的，既可能有主要原因也可能有次要原因，既可能有直接原因也可能有间接原因。在医疗侵权纠纷中我们往往将这些原因对结果的影响称为参与度，即使在医疗行为有过错的情况下，医疗行为的患者现状影响之大小，即医疗行为的原因力的大小，或者医疗行为对结果的参与度大小，将直接决定承担责任的比例和具体赔偿数额，故医患双方在诉讼中应对因果关系予以充分论证。

（四）主观过错

过错是侵权行为构成要件中的主观因素，反映行为人实施侵权行为的心理状态。医疗过错根据行为分为故意与过失。故意，是指行为人预见到自己的行为可能产生的损害结果，仍希望其发生或放任其发生，如医疗机构为获利而出售假药、进行不该实施的手术。过失，是指行为人对其行为结果应当预见或能够预见而因疏忽大意未予预见，或虽已预见，但因过于自信，以为其不会发生，以致造成损害后果，是医疗机构未尽注意义务的表现。

在其他侵权行为中，一般而言，只要行为人主观上有过错，无论其故意还是过失，是一般过失还是重大过失都应承担赔偿责任，其赔偿的范围由损害的结果决定，不会因其过错较轻而减轻其赔偿责任。但是，在医疗侵权纠纷中，基于过错程度的划分则可对医疗机构承担何种程度的责任产生重大影响，医疗机构的过错程度直接影响其作为侵权原因对损害结果的参与程度，进而成为承担责任的重要依据。

《侵权责任法》第五十四条规定，患者在诊疗活动中受到损害，医务人员有过错的，由所属的医疗机构承担赔偿责任。那么，医疗侵权责任构成中的主观过错如何具体认定呢？《侵权责任法》第五十七条规定了医疗过错认定的基本原则，以医务人员未尽到与当时的医疗水平相应的诊疗义务作为判断的基本原则。但具体判定标准是什么，法律没有直接表述，不过从《侵权责任法》第五十八条有关过错推定的情况来看，这个问题还是比较清楚的。《侵权责任法》第五十八条第一项规定，医疗机构存在违反法律、行政法规、规章及其他有关诊疗规范的规定的情形时，可以推定医疗机构存在过错。这种表述与《医疗事故处理条例》的表述如出一辙，可以认定为医疗过错判定的基本标准。

医疗过错是医务人员的主观心态，但这种主观心态是难以确认的，目前在侵权法上一般采用客观认定标准，即通过行为人的违法行为加以认定。在医疗侵权中，这种违法性不是指行为人违反一般的法律、法规、规章，行为人违反医疗卫生管理法律、法规、规章只能推定医疗行为有过错，并非当然过错，医方可以举证予以反驳。医务人员行为的违法性，应当指医务人员的医疗行为违反了诊疗规范、操作过程、技术指南等。

三、医疗损害责任的承担

（一）医疗损害责任的承担主体

在这里所称的医疗机构，应当特指取得了医疗机构执业许可证的各种机构、组织。虽然在医疗损害的侵权责任中，行为主体可以是医疗机构及其医务人员，但医疗损害责任的承担主体却通常被限定为医疗机构，一般不包括医务人员。日常生活中，医疗损害案件的直接侵权人往往是医务人员，然而，医疗机构与医务人员之间，表现为隶属、雇佣、监护、代理等身份关系，与此同时，医疗机构在具体的医疗损害案件当中位于特定的带有支配性质的地位。因此，医疗损害的责任承担形式就表现为医疗机构对于医务人员所造成的损害承担替代责任。替代责任的特征，具体表现为侵权人与责任人的分离，而在这种情形下，医疗机构不得以选人不当之过错或已尽监督职责为由而推卸医疗损害的赔偿责任。

（二）医疗损害责任的减轻及免责事由

在法律实践中，并不是给患者造成了损害就一定要由医疗机构承担赔偿责任。根据《侵权责任法》，如果出现以下情形，医疗机构可以免责。

1. 患者或者其近亲属不配合医疗机构进行符合诊疗规范的诊疗

医患之间在诊疗过程中应当相互配合，以期达到理想的诊疗效果。如果患者及其近亲属不配合医疗机构的诊疗活动导致损害的发生，那么就可以推定其主观上存在过错，患者就要对自己的行为承担责任，医疗机构可以不承担责任。然而，因患者的不配合所造成的损害，医疗机构及其医务人员也有过错的，如履行说明告知义务不充分，医疗机构则要承担相应的赔偿责任。

2. 医务人员在紧急情况下已尽到合理诊疗义务

对患者进行紧急救治是医疗机构及其医务人员的基本职责。虽然在诊疗过程中，患者的身体会受到不同程度的侵袭，但同时满足以下两个条件，医疗机构对患者造成的损害免责。

（1）医务人员在抢救生命垂危的患者这样的紧急情况下。在这里，“紧急情况”应包含时间上的紧急性和决断上的紧急性这两层含义。一方面，医务人员的诊疗时间非常短暂，难以在技术上做出全面细致的考量；另一方面，患者常常情况危急，必须迅速做出决断。这种状态必须实际存在，否则基于假象的危险所造成的损害后果，医疗机构仍要承担责任。

（2）医疗机构证明其在医疗活动中已经尽到了合理的诊疗义务。虽然在紧急的情况下，医务人员对患者的病情无法做出详细的检查和诊断，对其注意承担的要求理应低于一般的医疗情形。但是，医务人员依然应当做出与紧急情况相匹配的合理的诊疗。同时，诊疗合理的举证责任应当由医疗机构承担。如果不能证明，医疗机构仍然难以免除赔偿责任。

3. 限于当时的医疗水平难以诊疗

医疗机构及其医务人员在对患者进行诊疗时，并不负担保证治愈的义务。况且，在医学领域，限于人类的认识水平，并非所有的疾病在目前都可以获得有效地治疗。对于相对复杂的疾病，如果医疗机构及其医务人员已经尽到了与当时医疗水平相应的诊疗义务，但由于当时的医疗水平有限，给患者造成了新的损害，在这种情况下，医疗机构并不承担责任。

第二节　医疗事故概述

医疗事故是医疗纠纷的一种，更是典型的医疗侵权行为。为了规范医疗事故的处理，我国颁布了多部相关法律。1987 年 6 月 29 日国务院颁布了我国第一个处理医疗事故争议的专门法规《医疗事故处理办法》（以下简称《办法》）。2002 年 4 月 4 日国务院颁布了《医疗事故处理条例》（以下简称《条例》），并于同年 9 月 1 日实施。《中华人民共和国侵权责任法》（以下简称《侵权责任法》）于 2010 年 7 月 1 日起施行，该法对医疗侵权做出了专门的规定。由于法律环境的改变，一件具体的医疗纠纷案件可能运用不同的法律去解决。患方更倾向于《侵权责任法》，而医方更倾向于《条例》。总之，《侵权责任法》生效后，《条例》并没有废止，它仍然是处理医疗事故纠纷的专门法律。

一、医疗事故的概念

医疗事故是指医疗机构及其医务人员在医疗活动中，违返医疗卫生管理法律、行政法规、部门规章和诊疗护理规范、常规，过失造成患者人身损害的事故。

对于医疗事故的概念，应该从三个方面来理解：医疗机构及其医务人员的医疗行为要遵守《医疗事故处理条例》明确规定的所有相关法律、法规和诊疗护理规范、常规，否则就是违法行为；医务人员要有“过失”才能构成医疗事故；要有后果才能构成事故，即“造成患者人身损害”。最高人民法院 2010 年 6 月 30 日《关于适用侵权责任法若干问题通知》规定：《侵权责任法》实施后发生的侵权行为引起的民事纠纷案件，适用《侵权责任法》的规定。虽然《条例》属于医疗损害侵权责任的特别规定，但由于只是国务院法规，而非法律，所以被排除适用于医疗损害民事诉讼领域。最高法的上述通知，更进一步排除了《条例》在医疗损害民事诉讼中的适用。《侵权责任法》实施后，《条例》并没有废止，在医疗卫生行政管理领域中它仍然是一部有效的法规。

二、医疗事故的构成

医疗事故的构成主要有五个构成要件：①医疗事故的主体是合法的医疗机构及其医务人员；②医疗机构及其医务人员违反了医疗卫生管理法律、法规；③医疗事故的直接行为人在诊疗护理中存在主观过失；④患者存在人身损害后果；⑤医疗行为与损害后果之间存在因果关系。具体如下。

（一）主体要件

构成医疗事故的主体是合法的医疗机构及其医务人员，即必须是依法取得执业许可的医疗机构和医务人员。这些机构指依据《医疗机构管理条例》的规定，经登记取得《医疗机构执业许可证》的机构，包括各级各类医院、社区卫生服务中心、疗养院、卫生院、门诊部、诊所（卫生所、医务室）、妇幼保健院（站、所）、急救中心、临床检验中心等。医务人员指依法取得执业资格的医师、护士、药师及其他卫生专业技术人员。如果没有执业资格的人员行医按非法行医处理，不能进入医疗事故鉴定程序。

（二）主观过错要件

主观过错要件指医疗机构或其工作人员在主观上必须有过失。从民法理论上说，过失包括疏忽大意和过于自信。行为人对自己行为的结果，应见或者能够预见而没有预见，为疏忽大意；行为人对自己行为的结果虽然预见了却轻信可以避免，为过于自信。疏忽大意和过于自信，都是过失，就是行为人对应负的注意义务的违反。因此民法上的过失，是指行为人对受害人应负注意义务的疏忽大意和过于自信。在这里，过失就是指医疗机构及其医务人员对患者应负注意义务的疏忽大意或过于自信。

（三）行为违法性要件

行为违法性要件指医疗机构或其工作人员违反了医疗卫生管理法律、行政法规、部门规章和诊疗规范、常规的行为。在这里，法律泛指宪法、法律、法规和其他规范性的法律文件；诊疗规范、常规不仅包括法律法规及规章中规定的规范，也包括医疗单位内部制定的具体操作规程。如果医疗机构及其医务人员的行为没有违反法律、规章制度、操作规程、技术要求等，即使造成了事实上的损害结果，也无需承担医疗事故损害赔偿责任。

（四）损害结果要件

损害结果要件是指因医方违反其注意义务的行为给患者造成人身损害后果。根据《条例》规定，并不是诊疗过程中造成的所有人身损害后果都属于损害事实，而是必须符合以下损害后果的才属于医疗事故的损害后果：①造成患者死亡、重度残疾的；②造成患者中度残疾、器官组织损伤导致严重功能障碍的；③造成患者轻度残疾、器官组织损伤导致一般功能障碍的；④造成患者明显人身损害的其他后果的这几种情况。同时第四条将其他损害后果限定在“明显”的程度上，也就是说，除死亡、残废、功能障碍外的其他人身损害，必须达到明显程度才构成医疗事故，若损害不明显则不构成医疗事故。

（五）因果关系要件

因果关系要件是指医疗机构及其医务人员的违规过失行为与患者人身损害结果之间的因果关系，是判断是否是医疗事故的一个重要方面。医疗机构及其医务人员的过失行为与人身损害后果必须有因果关系。也就是说医疗机构及其医务人员的违法违规行为是导致患者人身损害后果发生的原因。这种因果关系之所以成为确定法律责任的必要条件之一，是因为过失行为并不一定会引起人身损害后果的发生，同时人身损害在很多时候也不是由医疗机构及其医务人员的过失行为一种原因引起，既有一因一果，也有多因一果的情况，因此因果关系的正确判断，对正确确定医疗事故赔偿责任是十分重要的。

三、医疗事故的分级

《医疗事故处理条例》第四条指出，根据对患者人身造成的损害程度，医疗事故分为四级。

（1）一级医疗事故：造成患者死亡、重度残疾的。一级甲等医疗事故，是指造成患者死亡的；一级乙等医疗事故，造成患者重要器官缺失或功能完全缺失，其他器官不能代偿存在特殊医疗依赖，生活不能完全自理。

（2）二级医疗事故：造成患者中度残疾、器官组织损伤导致严重功能障碍的。二级医疗事故分为甲、乙、丙、丁四等。

（3）三级医疗事故：造成患者轻度残疾、器官组织损伤导致一般功能障碍的。三级医疗事故分为甲、乙、丙、丁、戊五等。

（4）四级医疗事故：造成患者明显人身损害的其他后果的。

第三节　医疗事故的鉴定、处理和赔偿

一、医疗事故的鉴定

医疗事故技术鉴定，是指由医学会组织有关临床医学专家或和法医学专家组成的专家组，运用医学、法医学等科学知识和技术，对涉及医疗事故行政处理的有关专门性问题进行检验、鉴别和判断并提供鉴定结论的活动。

（一）鉴定组织

医疗事故技术鉴定由医学会负责组织，分为首次鉴定和再次鉴定。由设区的市级地方医学会和省、自治区、直辖市直接管辖的县（市）地方医学会负责组织首次医疗事故技术鉴定；省、自治区、直辖市地方医学会负责组织再次鉴定工作；必要时，中华医学会可以组织疑难、复杂并在全国有重大影响的医疗事故争议的技术鉴定工作。

（二）鉴定的提起

卫生行政部门直接接到医疗机构关于重大医疗过失行为报告或医疗事故争议当事人要求处理争议的申请后，对需要进行医疗事故技术鉴定的，由卫生行政部门移交医学会组织鉴定。医患双方协商解决医疗事故争议，需要进行医疗事故鉴定的，由双方当事人共同委托医学会组织专家组鉴定。人民法院受理医患纠纷案件后，应当事人的要求或自行决定将涉案医疗行为委托医学会进行医疗事故的技术鉴定。当事人对首次医疗事故技术鉴定结论不服的，可以自收到首次鉴定结论之日起 15 日内向医疗机构所在地卫生行政部门提出再次鉴定的申请。

（三）专家鉴定组的产生

医学会负责组织并建立专家库制度。专家库是一个庞大的，高级医学专家聚集的智囊团体和

鉴定成员储备库，体现医学技术的科学性，也保证了技术鉴定在程序上的公正性、公开性。进入鉴定专家库的人员必须符合法定资格条件，包括专家库成员必须是依法取得相应执业资格的医疗卫生专业技术人员；必须有良好的业务素质，即必须具备较精深的医学理论知识，较娴熟的临床技术技能，精通本专业的基本理论和基本操作技能，在理论上实践上有较深造诣的，并具备作为鉴定专家所特有的分析、判断和结论性的能力；在医学界或者本专业范围内具有技术上、知识上的影响力和权威性；必须有良好的执业品德，良好的执业品德是对鉴定专家的内在品格、道德素质、政治思想素质的基本要求。医疗事故技术鉴定专家库，不受行政区域限制。

（四）鉴定程序和方法

1. 双方当事人提交进行医疗事故技术鉴定所需材料

负责组织医疗事故鉴定工作的医学会应当自受理医疗事故鉴定之日起 5 日内通知医疗事故争议双方当事人提交进行医疗事故技术鉴定所需材料。当事人应当自收到医学会的通知之日起 10 日内提交医疗事故技术鉴定所需材料、书面陈述及答辩。医疗机构提交的有关医疗事故技术鉴定的材料应当包括以下内容。

（1）住院患者的病程记录、死亡病例讨论记录、疑难病例讨论记录、会诊意见、上级医师查房记录等病历资料原件。

（2）住院患者的住院志、体温单、医嘱单、化验单（检验报告）、医学影像检查资料、特殊检查同意书、手术同意书、手术及麻醉记录单、病理资料、护理记录等病历资料原件。

（3）抢救急危患者，在规定时间内补记的病历资料原件。

（4）封存保留的输液、注射和血液、药物等实物，或者依法具有检验资格的检验机构对这些实物做出的检验报告。

（5）与医疗事故技术鉴定有关的其他材料；在医疗机构建有病历档案的门诊、急诊患者，其病历资料由医疗机构提供；没有在医疗机构建立病历档案的由患者提供。

2. 抽取参加医疗事故技术鉴定的相关专业的专家

参加医疗事故技术鉴定的相关专业的专家，由医患双方在医学会主持下从专家库中随机抽取。在特殊情况下，医学会根据医疗事故技术鉴定工作的需要，可以组织医患双方在其他医学会建立的专家库中随机抽取相关专业的专家参加鉴定或者函件咨询。专家鉴定组组成人数应为 3 人以上单数，医学会应当根据医疗事故争议所涉及的学科专业，确定专家鉴定组的构成和人数，医疗事故争议涉及多学科专业的，其中主要学科专业的专家不得少于专家鉴定组成员的二分之一。涉及死因、伤残等级鉴定的，应当按照前款规定由双方当事人各自随机抽取一名法医参加鉴定组。

医学会对当事人准备抽取的专家进行随机编号，并主持双方当事人随机抽取相同数量的专家编号，最后一个专家由医学会随机抽取。双方当事人还应当按照上款规定的方法各自随机抽取一个专家作为候补。随机抽取结束后，医学会当场向双方当事人公布所抽取的专家鉴定组成员和候补成员的编号并记录在案。

专家鉴定组成员有下列情形之一的，当事人可口头或书面方式申请其回避：医疗事故争议当事人或者当事人的近亲属的；与医疗事故争议有利害关系的；与医疗事故争议当事人有其他关系，可能影响公正鉴定的。

3. 调查取证、听取陈述及答辩并进行核实

负责组织医疗事故技术鉴定工作的医学会应当自接到双方当事人提交的有关医疗事故技术鉴定的材料、书面陈述及答辩之日起 45 日内组织鉴定并出具医疗事故技术鉴定书。医学会可以向双方当事人和其他相关组织、个人进行调查取证，进行调查取证时不得少于 2 人。调查取证结束后，调查人员和调查对象应当在有关文书上签字。如调查对象拒绝签字的，应当记录在案。鉴定专家组应当认真审查双方当事人提交的材料，听取双方当事人的陈述及答辩并进行核实。双方当事人应当按照规定如实提交进行医疗事故技术鉴定所需要的材料，并积极配合调查。当事人任何一方不予配合，影响医疗事故技术鉴定的，由不予配合的一方承担责任。

专家鉴定组依法鉴定医疗卫生管理法律、行政法规、部门规章和诊疗护理技术操作规范、常规，运用医学科学原理和专业知识，独立进行医疗事故的鉴定，对医疗事故进行鉴别和判定，为处理医疗事故争议提供医学证据。任何单位或者个人不得干扰医疗事故技术鉴定工作，不得对鉴定组的专家进行威胁、利诱、辱骂、殴打。

（五）鉴定结论及鉴定费用

医疗事故技术鉴定结论可作为医患双方协商解决医疗纠纷的依据，是卫生行政部门处理医疗事故争议的重要依据，也是人民法院审理医疗事故争议案件的重要依据。因此，专家鉴定组应当在事实清楚、证据确凿的基础上，综合分析患者的病情和个体差异，实事求是地做出鉴定结论，并制作医疗事故技术鉴定书。鉴定结论以专家鉴定组成员的过半数通过，鉴定过程应当如实记载。医疗事故技术鉴定书是具有法律效力的文书，内容要合法，格式要规范，语言要准确、严谨、条理清楚。鉴定书除应载明裁定的时间、地点、鉴定组成员外，还应包括下列主要内容：①双方当事人的基本情况及要求；②当事人提交的材料和医学会的调查材料；③对鉴定过程的说明；④医疗行为是否违反医疗卫生管理法律、行政法规、部门规章和诊疗护理规范、常规；⑤医疗过失行为与人身损害后果之间是否存在因果关系；⑥医疗过失行为在医疗事故损害后果中的责任程度；⑦医疗事故等级；⑧对医疗事故患者的医疗护理医学建议。

经鉴定为医疗事故的，鉴定结论应当包括上款四至八项内容；经鉴定不属于医疗事故的，应当在鉴定结论中说明理由。医疗事故技术鉴定书格式由中华医学会统一制定。

医疗事故鉴定委托医学会进行医疗事故技术鉴定，应当按规定缴纳鉴定费。双方当事人共同委托医疗事故技术鉴定的，由双方当事人协商预先缴纳鉴定费。卫生行政部门移交进行医疗事故技术鉴定的，由提出医疗事故争议处理的当事人预先缴纳鉴定费，经鉴定属于医疗事故的，鉴定费由医疗机构支付；经鉴定不属于医疗事故的，鉴定费由提出医疗事故争议处理申请的当事人支付。县级以上地方卫生行政部门接到医疗机构关于重大医疗过失行为的报告后，对需要移交医学会进行医疗事故技术鉴定的，鉴定费由医疗机构支付。重新鉴定时不得收取鉴定费。

二、医疗事故的处理与监督

（一）医疗事故的处理

卫生行政部门接到医疗机构关于重大医疗过失行为的报告后，除责令医疗机构及时采取必要的医疗救治措施，防止损害后果扩大外，应当组织调查，判定是否属于医疗事故；对不能判定是否属于医疗事故的，应当依照有关规定交由负责医疗事故技术鉴定工作的医学会组织鉴定。

发生医疗事故争议后，医患双方不愿协商解决或者自主协商解决不成时，可以向卫生行政部门申请行政解决，提出书面申请。申请书应当载明申请人的基本情况、有关事实、具体请求及理由等。当事人自知道或者应当知道其身体健康受到损害之日起 1 年内，可以向卫生行政部门提出医疗事故争议处理申请。当事人申请卫生行政部门处理的，由医疗机构所在地的县级人民政府卫生行政部门受理，医疗机构所在地是直辖市的，由医疗机构所在地的区、县人民政府卫生行政部门受理。

有下列情形之一的，县级人民政府卫生行政部门应当自接到医疗机构的报告或者当事人提出医疗事故争议处理申请之日起 7 日内移送上一级人民政府卫生行政部门处理：①患者死亡；②可能为二级以上的医疗事故；③国务院卫生行政部门和省、自治区、直辖市人民政府卫生行政部门规定的其他情形。

卫生行政部门应当自收到医疗事故争议处理申请之日起10日内进行审查，做出是否受理的决定。对符合规定，予以受理，需要进行医疗事故技术鉴定的，应当自做出受理决定之日起5日内将有关材料交由负责医疗事故技术鉴定工作的医学会组织鉴定，并书面通知申请人，对不符合规定，不予受理的，应当书面通知申请人并说明理由。当事人对首次医疗事故技术鉴定结论有异议，申请再次鉴定的，卫生行政部门应当自收到申请之日起7日内交由省、自治区、直辖市地方医学会组织再次鉴定。

当事人既向卫生行政部门提出医疗事故争议处理申请，又向人民法院提起诉讼的，卫生行政部门不予受理；卫生行政部门已经受理的，应当终止处理。

（二）医疗事故监督

卫生行政部门收到负责组织医疗事故技术鉴定工作的医学会出具的医疗事故技术鉴定书后，应当对参加鉴定的人员资格和专业类别，鉴定程序进行审核；必要时，可以组织调查，听取医疗事故争议双方当事人的意见。卫生行政部门经审核，对符合规定做出的医疗事故鉴定结论，应当作为对发生医疗事故的医疗机构和医务人员做出行政处理及进行医疗事故赔偿调解的依据；经审核，发现医疗事故技术鉴定不符合规定的，应当要求重新鉴定。

医疗事故争议由双方当事人自行协商解决的，医疗机构应当自协商解决之日起7日内向所在地卫生行政部门做书面报告，并附具协议书。医疗事故争议经人民法院调解或判决解决的，医疗机构应当自收到生效的人民法院的调解书或判决书之日起7日内向所在地卫生行政部门做书面报告，并附具调解书或者判决书。县级以上地方人民政府卫生行政部门应当按照规定逐级将当地发生的医疗事故及依法对发生医疗事故的医疗机构和医务人员做出行政处理的情况，上报国务院卫生行政部门。

三、医疗事故的赔偿

医疗事故赔偿是指医疗机构及其医务人员在医疗活动中违反医疗卫生管理法律、行政法规、部门规章和诊疗护理规范、常规，过失造成患者人身损害后经医疗事故鉴定委员会鉴定构成医疗事故由医疗机构对患者进行的赔偿。

（一）医疗事故赔偿考虑因素

医疗事故赔偿考虑的因素：①医疗事故等级；②医疗过失行为在医疗事故损害后果中的责任程度；③医疗事故损害后果与患者原有疾病状况之间的关系。

（二）医疗事故赔偿项目及标准

医疗事故赔偿，按照下列项目和标准计算。

（1）医疗费：按照医疗事故对患者造成的人身损害进行治疗所发生的医疗费用计算，凭据支付，但不包括原发病医疗费用。结案后确实需要继续治疗的，按照基本医疗费用支付。

（2）误工费：患者有固定收入的，按照本人因误工减少的固定收入计算，对收入高于医疗事故发生地上一年度职工年平均工资3倍以上的，按照3倍计算；无固定收入的，按照医疗事故发生地上一年度职工年平均工资计算。

（3）住院伙食补助费：按照医疗事故发生地国家机关一般工作人员的出差伙食补助标准计算。

（4）陪护费：患者住院期间需要专人陪护的，按照医疗事故发生地上一年度职工年平均工资计算。

（5）残疾生活补助费：根据伤残等级，按照医疗事故发生地居民年平均生活费计算，自定残之月起最长赔偿30年；但是，60周岁以上的，不超过15年；70周岁以上的，不超过5年。

（6）残疾用具费：因残疾需要配置补偿功能器具的，凭医疗机构证明，按照普及型器具的费用计算。

（7）丧葬费：按照医疗事故发生地规定的丧葬费补助标准计算。

（8）被扶养人生活费：以死者生前或者残疾者丧失劳动能力前实际扶养且没有劳动能力的人为限，按照其户籍所在地或者居所地居民最低生活保障标准计算。对不满16周岁的，抚养到16周岁。对年满16周岁但无劳动能力的，抚养20年；但是，60周岁以上的，不超过15年；70周岁以上的，不超过5年。

（9）交通费：按照患者实际必需的交通费用计算，凭据支付。

（10）住宿费：按照医疗事故发生地国家机关一般工作人员的出差住宿补助标准计算，凭据支付。

（11）精神损害抚慰金：按照医疗事故发生地居民年平均生活费计算。造成患者死亡的，赔偿年限最长不超过6年；造成患者残疾的，赔偿年限最长不超过3年。

参加医疗事故处理的患者近亲属所需交通费、误工费、住宿费计算费用的人数，以及医学事故造成患者死亡的，参加丧葬活动的患者的配偶和直系亲属所需交通费、误工费、住宿费，计算费用的人数都不超过2人。

医疗事故赔偿费用，由承担医疗事故责任的医疗机构一次性结算支付。

第四节　医疗责任保险制度

随着近年来医疗纠纷的上升，医疗责任保险已引起社会各界的共同关注。医疗责任保险是化解医疗纠纷，分散医生执业风险，缓和医患矛盾，应对我国医疗行业现存问题的一种理想选择，也是适应医疗卫生体制改革和符合世界卫生行业发展的必然趋势，对我国具有很强的现实意义。从国际经验看，在医疗领域推行责任保险，要求相关专业人员投保责任保险，有利于增强专业人员的赔偿能力，保障受害人的合法权益。

一、医疗责任保险的概念及特征

（一）医疗责任保险的概念

医疗责任保险属于职业责任保险的一种，它是世界保险史发展到近现代的一个重要的新型险种。医疗责任保险是指医疗机构或医务人员在进行诊疗活动过程中，由于执业过失导致患者受伤或死亡，依法应由医疗机构对患者承担民事赔偿责任时，保险公司根据双方事先签订的保险合同，对被保险人的损害责任承担赔偿的责任保险。

从世界各国医疗责任保险的实施情况来看，其提供的保险范围一般包括几方面：①医疗机构及其医务人员在进行诊疗护理时，由于执业过失导致患者人身损害而应承担的赔偿责任；②因药品、医疗器械、血液不合格造成患者人身损害，被保险人需要承担的赔偿责任；③被保险人为减轻对患者造成的医疗损害支付的必要、合理的费用；④被保险人对因保险事故引起的医疗纠纷而支付的仲裁或诉讼费用及保险人事先同意支付的鉴定费、查勘费等其他费用。

（二）医疗责任保险的特征

医疗责任保险属于责任保险，其既具有责任保险的一般特征，又具有自己独有的特征。

1. 损失补偿性

财产保险的一个重要原则就是损失补偿原则，这一基本原则使保险人向被保险人支付的保险金以被保险人的实际损失为限，这样可以有效防止被保险人获得超过其实际损失的保险赔偿从而获得额外利益，真正发挥了保险的经济补偿职能。医疗责任保险属于广义的财产保险，其所承保的损害赔偿责任在数额上是可以确定的，因此损失补偿原则也适用于医疗责任保险。另外，医疗责任保险的价值目标是为受害患者提供最基本、最必要的保障，损失补偿性不仅可以弥补患者损失，而且可以防止受害人利用医疗责任保险获得额外的经济利益，避免道德危险的发生。

2. 保险标的的特殊性

传统财产保险的保险标的是财产及附着于其上的相关利益，虽然医疗责任保险属于广义的财产保险，但其保险标的与传统的财产保险所区别。根据我国《保险法》第六十五条的规定可知，医疗责任保险作为责任保险的种类之一，它的保险标的是被保险人依照法律有关规定对受害患者应承担的损害赔偿责任，非民事责任，如刑事责任和行政责任不能作为医疗责任保险的标的，例如被保险人对患者造成的损害应该承担刑事责任的便不能成为医疗责任保险标的。由于医疗责任保险是以补偿受害患者损失，保障其合法利益为目的，即当被保险人在保险范围内对患者造成医疗损害时，保险人所承担的赔偿责任表现为支付一定数额的赔偿金，所以该赔偿责任仅以财产性质的民事责任为限，而不包括非财产性质的民事责任。

3. 以完善的医事法律制度为基础

医疗责任保险承保的是被保险人依法对患者所负的民事赔偿责任，而对医疗损害民事赔偿责任的认定需要有完善的医事法律制度。如果医事法律制度不完善，就无法公正合理的认定医疗损害的赔偿责任，在这样的情况下，医疗机构及医务人员就会极尽可能的逃避其应承担的民事赔偿责任，致使患者利益遭到损害，医疗责任保险也就无从产生。另外，医疗责任保险的保险理赔涉及保险、医学和法学等各方面知识，在医患双方不能经协商达成一致时，往往会将医疗纠纷诉诸于司法机关，而司法机关对医疗纠纷的处理以医事法律制度为依据，只有相关法律制度的不断健全和完善，才能使医疗纠纷得到公正裁判。由此可见，完善的医事法律制度是医疗责任保险发展运行的基础。

4. 第三人性

医疗责任保险以被保险人对受害患者的损害赔偿责任为标的。由此可见，只有当第三人在医疗活动中遭受损害，且该损害责任应当由被保险人承担时，才会有医疗责任保险的适用，因此说第三人所依法享有的对被保险人的损害赔偿请求权是医疗责任保险产生并得以发展的前提条件。如果没有第三人便不会存在损害赔偿请求权，也不存在医疗责任保险的适用，可以说医疗责任保险在很大程度上是为第三人而设立的。医疗责任保险一方面可以避免被保险人因承担巨额的损害赔偿责任而陷入经营危机，保障保险机构稳健经营，维护其利益；另一方面医疗责任保险可以分散和转移被保险人的赔偿责任，借助保险人的强大经济能力保障受害第三人因医疗活动受到损害时能够获得及时有效地赔偿，维护第三人的合法利益。医方投保医疗责任保险后，一旦出现医疗损害，经确认如果属于保险责任的范围，患者可以及时向保险公司要求赔偿，保险公司赔偿的最终效果体现为向第三人支付赔偿金，这体现了医疗责任保险的第三人性。

二、医疗责任保险的价值

医疗责任保险不仅是经济社会发展的产物，而且是医事法律制度不断完善的结果。医疗责任保险不仅可以分散医疗风险，而且可以有效缓解医疗机构巨大的赔偿压力和有限的支付能力之间的冲突，缓和医患矛盾。目前，医疗责任保险所具有的转移医疗风险、保护患者利益的功能，使其在世界范围内得到广泛实施并已经成为一种重要的责任保险。具体来说，医疗责任保险的价值主要表现在如下几方面。

（一）分散和转移医疗风险，保护医方利益

医疗行业具有高风险性和探索性，由于医疗水平、仪器设备的限制及患者体质的差异，医疗风险在医疗活动中是难以避免的。由于人们法律意识的增强，我国医疗纠纷数量逐渐上升，医患关系日趋紧张，医疗损害的赔偿数额也大幅提升，为此医疗机构承受的赔偿压力和经营风险也逐渐增加。尤其是随着《侵权责任法》的颁布，损害赔偿范围和赔偿标准进一步扩大，给广大医疗机构造成了沉重的经济负担。过多的医疗纠纷使医疗机构投入了大量的人力、物力和财力，不仅损害了医疗机构的良好形象，而且对医疗机构正常的医疗秩序也造成了很大影响，甚至出现了辱骂、围攻医务人员等威胁医务人员人身安全的现象。

通过医疗责任保险可以实现损害赔偿的转移，将医疗机构承担的赔偿责任转嫁给保险公司，增强医疗机构的损害赔偿能力，减轻其赔偿压力，使其摆脱繁重的医疗纠纷事务的束缚，保障医院正常工作的开展。

（二）赔偿患者损失，保护患者利益

随着人们维权意识的增强和法律向保护受害人的逐渐倾斜。近年来，我国医疗纠纷数量日益上升并且医疗损害赔偿数额也不断增加，上百万元的赔偿已屡见不鲜。面对高额的损害赔偿数额，发生医疗损害后患者能否获得实际赔偿往往受制于医疗机构的赔偿能力，如果医疗机构缺乏赔偿能力，那么患者的合法利益将无法得到保障，严重阻碍了受害人损害赔偿请求权的实现。如果通过医疗责任保险将赔偿责任转嫁给保险公司，借助保险公司雄厚的经济实力由其承担对患者的损害赔偿责任向受害人支付赔偿金，能够使患者及时获得有效赔偿，切实保护患者的利益。另外，患者遭受医疗损害后，不仅需要花费金钱进行治疗，还要花费时间和精力同医疗机构进行协商处理。医疗责任保险的实施有助于医患双方纠纷的及时处理，避免患者耗时费力地向医疗机构索赔，并且可以使患者得到公正的赔偿，有利于患者利益的保护。

（三）提高医疗服务质量，促进医学科学发展

目前我国医疗纠纷数量剧升，医患关系日趋紧张，患者的高额索赔严重影响了医生进行医疗行为的积极性和创造性。医患关系的不和谐使得医生承受着巨大压力，为了避免医疗损害的发生，医生经常对患者进行不必要的检查，并且不敢采取新的治疗方案，防御性医疗行为盛行，这既不利于患者的诊断治疗，也不利于医学技术的进步和发展。

医疗机构投保医疗责任保险后，保险公司为了防范保险事故的发生从而减少对受害人的赔偿，会积极监督医务人员的医疗活动规范其医疗行为，并且也会督促医疗机构提高服务质量，预防医疗损害的发生。同时，在医疗责任保险制度中，通过保险公司对医疗纠纷的处理，以使医疗机构和医务人员摆脱医疗损害赔偿事务的困扰，有更多的时间和精力对医学技术进行研究，有利于提高医疗服务质量和医疗服务水平。医疗责任保险可以转移医方的执业风险，避免医务人员为了减少医疗纠纷而选择防御性医疗行为，使医务人员敢于尝试新技术新疗法，改进医疗技术，从而促进医学科学的发展，防止医学科学居于现状无法取得进展。

（四）缓解医患矛盾，维护社会安定

从20世纪末到现在，我国医患关系持续紧张，尤其是近年来随着社会各界对“看病难、看病

贵”问题的极度不满，医患关系更是愈加尖锐。近几年，由于医疗纠纷而发生的打骂医生、冲击医院、扰乱医疗秩序的事件逐渐增加，由此可见，医患矛盾已经成为威胁社会和谐严重的社会问题。医疗责任保险的引入可以有效缓和医患之间的剧烈矛盾，减少上述状况的发生。

医疗纠纷发生时，保险公司及时介入处理纠纷并向患者支付损害赔偿金，这不仅可以分散医疗风险，减轻医疗机构和医务人员的赔偿压力，而且患者可以及时获得补偿，避免患者及其家属进一步采取过激行为而引发不必要的伤害。

另外，投保医疗责任保险前医疗纠纷是由医患双方协商处理的，医疗损害发生后，受害患者希望得到尽可能多的损害赔偿，而医疗机构和医务人员从自身利益出发则希望对患者给予尽可能少的赔偿。在这种情况下，医患双方往往在赔偿数额上产生不同意见，基于自身利益的考虑双方很难进行协商，从而发生争执，导致矛盾的激化。在医疗责任保险制度中，通过保险公司的介入将确定医疗损害赔偿数额的权力转移给保险公司，避免了医患双方的直接对立，能够缓和并大大减少医患双方的矛盾，有利于社会的安定。

三、医疗损害责任与医疗责任保险的关系

医疗损害责任与医疗责任保险虽属于不同领域，但两者存在着密切的关系。医疗责任保险是建立在医疗损害责任基础之上的，医疗损害责任可以弥补医疗责任保险的不足并制约其需求和实施模式，同时医疗责任保险也会对医疗损害责任的发展提供保障，两者相互支持相互促进，共同实现维护受害人利益的目的。

（一）医疗损害责任是医疗责任保险发展运行的基础

医疗责任保险建立在医疗损害责任基础之上，医疗损害责任是医疗责任保险得以存在并发展的前提条件。在医疗责任保险中，保险人向受害患者支付保险金是以被保险人的医疗侵权赔偿责任成立为前提的，只有构成医疗损害责任，保险人才会承担给付赔偿金的责任。由于医疗责任保险并不认定医疗侵权损害责任，而是借助于相关侵权法律制度，因此，保险标的的特殊性决定了医疗损害责任相关法律制度在医疗责任保险中起着不可或缺的作用，如果医疗损害责任制度缺失，医疗责任保险也就不会存在。

医疗机构或医务人员对患者承担民事赔偿责任需要以完善的医疗损害责任制度为基础，如果医疗损害责任制度不完善，医疗机构或医务人员就可能逃避其应承担的赔偿责任，只有法律明确了行为人对某种行为应该承担侵权损害赔偿责任，行为人才有寻求通过医疗责任保险来分散这种责任风险的需求。而赔偿责任具体可以分为两个方面：①是否应当赔偿的问题；②赔偿金额多少的问题，这两个方面都与侵权损害责任制度的规定密切相关。医疗损害责任是一种在医患双方分配医疗损害风险、认定侵权主体和确定损害赔偿金额的制度，而医疗责任保险是对医疗侵权产生的后果予以保险。从这个意义而言，没有医疗损害就没有医疗损害责任，也就不会有医疗责任保险的适用。

（二）医疗损害责任和医疗责任保险相互促进

1. 医疗损害责任对医疗责任保险的促进作用表现为，其可以弥补医疗责任保险的局限性

医疗责任保险虽然可以分散医疗风险，但不能脱离医疗损害责任而独立适用和发展，更不能完全替代医疗损害责任成为医疗损害赔偿的唯一方式。保险公司作为商业性的盈利机构，也并不是对所有的危险都予以承保，它只是对那些可以预测并容易计算的损失予以承保；另外，医疗责任保险只是为患者提供最基本的赔偿并不能彻底分散医疗侵权行为对患者造成的损害，当超过赔偿限额时，保险公司便不再承担赔偿责任。因此在保险公司制定的保险条款中均列明了除外责任

并规定了赔偿限额，基于这种局限性，保险公司不可能对所有的医疗侵权行为进行完全的赔偿，患者在不能得到完全赔偿的情况下，仍需要借助医疗损害责任的相关规定获得救济以得到应有的赔偿。

2. 医疗责任保险对医疗损害责任的促进作用表现在两个方面

一方面是医疗责任保险为医疗损害责任的落实提供支持。鉴于医方赔偿能力的有限性，医疗损害责任的落实需要借助医疗责任保险的支持，从而弥补医疗损害责任的这一局限性，切实维护患者的利益，实现医疗损害责任的目的。医疗损害责任与医疗责任保险本不属于同一领域，但医疗损害责任的落实需要医方有承担风险的能力，这就意味着医方一旦对患者造成医疗损害，必须独立地对该患者承担损害赔偿责任。但医方有限的经济赔偿能力在一定程度上将会影响医疗损害责任补偿功能的发挥，随着医方赔偿责任的加大，当医疗机构及医务人员在执业过程中造成医疗损害需要承担赔偿责任时，即使患者在医疗损害赔偿诉讼中胜诉，如果医方没有足够的赔偿能力，患者也不能得到相应的赔偿。在这种情况下，医疗损害责任补偿受害人损失的社会作用不能得到有效发挥，也不能实现实质的公平和正义，医疗损害责任的功能局限性逐渐显现。通过医疗责任保险，借助保险公司强大的经济能力支付受害人的损失，使受害人能够得到及时有效地赔偿，这样就很大程度地弥补了医疗损害责任的局限性。

另一方面是医疗责任保险为医疗损害责任的发展提供保障。现代民事侵权责任体系出现了从矫正的正义向分配的正义转化的趋势，即决定责任负担的标准已经不单纯是重视归责与否的问题，而逐渐转向权衡由谁负担风险较为合适。对于医疗风险的承担，医疗机构相较于患者更有能力承担，所以原则上应该由医疗机构承担医疗风险。

随着对保护患者利益的日益重视，立法和司法也都越来越倾向于保护患者，患者对医疗损害的索赔额和法院判决的赔偿额明显增加，天价赔偿案也逐渐增多，这在一定程度上便会加重医疗机构的经营风险。医疗责任保险的存在使得医疗机构可以利用其分散并转移医疗风险，使其不会因为较重的民事赔偿责任而影响其正常的医疗秩序。如果缺乏该保险制度，医疗损害责任在医疗活动中向保护受害人方向的扩张将会难以实现，因此，医疗责任保险为医疗损害责任的发展改进提供了条件，使其向更有利于受害人的方向发展。

（三）医疗损害责任制约医疗责任保险的需求和实施模式

1. 医疗损害责任制约医疗责任保险的需求

根据风险管理理论，风险处理的方式主要包括四种，分别是风险回避，风险自留，风险控制和风险转移（主要包括保险和非保险转移）。医疗责任保险的保险标的是医方依法应承担的民事赔偿责任，而该赔偿责任的承担与医疗损害责任的规定密切相关。当有关医疗损害责任的法律规定的赔偿项目较少，赔偿标准较低时，医疗机构的医疗风险发生概率和赔偿金额均较低，此时医疗机构完全有能力自己承担损害赔偿责任。通过对高额保费和赔偿金额的比较，医疗机构一般会选择自担风险，而不选择借助保险转嫁风险，因此对医疗责任保险的需求不大。但是，如果有关医疗损害责任的法律规定的赔偿项目较多、赔偿标准较高时，医疗机构承担高额赔偿费的概率明显提高，这样会增加医疗机构对医疗责任保险的需求。

《侵权责任法》扩大了赔偿范围，提高了赔偿标准，对于医疗损害的赔偿不仅包括医疗费用等经济损失赔偿和身体损害赔偿，甚至还包括大额的精神损害赔偿，它的颁布使得医疗机构和医务人员承担医疗损害责任的可能性和赔偿数额显著增加，高额赔偿概率的大幅提高，增加了医方的风险负担。面对这种高额的医疗赔付风险，为了转嫁医疗风险，维持医疗机构的正常运营，越来越多的医疗机构会积极投保医疗责任保险分散医疗风险，减轻赔偿压力，这在一定程度上会积极推动医疗责任保险的发展。

2. 医疗损害责任制约医疗责任保险的实施模式

医疗损害责任可以确定医疗机构和患者之间医疗损害的责任主体及损害赔偿数额，该制度使得医疗机构积极寻求一种方式来转嫁执业活动中的风险。医疗责任保险可以承担这种责任来分散医疗机构的风险，但由于医方的风险意识淡薄、保险产品承保范围较小、保费不合理等原因，打击了医方的投保积极性，面对自愿投保模式的医疗责任保险，医疗机构的投保率不高。如果医疗损害责任所确定的赔偿数额和赔偿范围较小时，即使医疗机构不投保医疗责任保险但其完全有能力自己承担对患者的损害赔偿责任，但当医疗损害责任确定的赔偿数额较高，赔偿范围较大时，医疗机构可能无法及时对其医务人员在执业活动中对患者造成的医疗损害进行赔偿，损害患者的合法利益，并且会在一定程度上加剧医患矛盾。

医疗损害责任不断完善并日渐成熟，为了维护患者的合法权益，保证医疗损害责任的有效实施，西方发达国家的医疗责任保险基本都采取了强制投保的模式。对此，我国部分地区也开始实施强制性医疗责任保险。从这个角度上说，医疗损害责任在一定程度上制约着医疗责任保险的实施模式。

四、推行强制性医疗责任保险制度

由于巨额赔偿案件逐渐增加，为了使医疗机构在面对患者的索赔时能够进行偿付，保障患者的利益，许多发达国家将医疗责任保险列为强制保险的范畴。强制医疗责任保险制度的推行，既可以通过立法的方式予以明确，也可以通过限制医生执业的方式明确，例如，德国法律规定了强制投保的医疗责任保险模式，而美国的部分州则明确规定医生不投保医疗责任保险不能执业。另外，强制性医疗责任保险使得参保机构和人员较多，在此基础上制定的保险费率也比较合理，并且保险公司可以积累大量资金，保证保险金的给付。

从国外医疗责任保险发展状况来看，各国都根据自己国家的实际情况建立了适合本国的医疗责任保险模式。由于医疗责任保险直接关系着医方、患者和保险公司的利益，因此，保险模式的选择直接影响医疗责任保险在本国的发展状况。

我国医疗责任保险基本采取自愿投保的方式，仅在部分地区强制要求投保，在实施过程中逐渐暴露出了很多缺陷，无法满足现实的需求，实施效果并不理想。对此，我国可以借鉴其他国家的成功经验根据我国的国情依靠法律的强制性，实施强制性医疗责任保险。

（一）医疗责任保险可供选择的现有模式

从世界各国医疗责任险的实施情况来看，医疗责任保险的实施模式可以分为自愿保险模式和强制保险模式。所谓自愿保险模式，是指投保人和保险人在平等自愿的基础上，通过订立保险合同或者自愿组合，建立起保险关系。自愿保险模式的风险分散程度相对而言比较高，可以为政府减轻在资金支持上的压力，并且通过保险公司的自由竞争可以在保险行业形成行业内部的约束力以规范医疗责任保险业务的开展，使医疗责任保险市场快速发展，并逐步走向成熟；但是，采用自愿保险模式难以对医疗机构和医务人员进行强制约束，会使部分患者的利益得不到保护。

所谓强制保险模式，是指国家或政府根据法律、法令或行政命令，在投保人和保险人之间强制建立起保险关系。强制保险损害了合同自由原则，其存在的合理性就是保障第三人的权益。在强制性医疗责任保险制度中，国家和政府可以借助强制力量要求医疗机构投保，并通过对医疗机构和医务人员采取一些管理措施来约束其不正当医疗行为，预防和减少医疗损害行为的发生，维护医疗机构正常的医疗秩序。该种模式的实施由于有国家和政府强制力量的介入，因此缺少了保险行业自由竞争力，难以形成市场约束力，缺乏开拓性和创新性。

（二）我国应采用强制性医疗责任保险模式及其必要性

1. 我国应采用强制性医疗责任保险模式

迄今为止，我国并未在全国实施统一性的医疗责任保险，只是在部分地区进行了试点尝试并在小部分范围内得到推广，并没有在全国各地区得到普及。长期以来，我国保险界和法学界均认为自愿投保模式的医疗责任保险具有内在张力，可以运用市场调节机制对其进行调节，易于形成稳健的医疗责任保险市场，避免其陷入行业瘫痪的窘境，所以自我国推行医疗责任保险以来，我国医疗责任保险采取的是自愿投保模式。由于缺乏外在强制力量的推动和约束，自愿医疗责任保险暴露出了种种弊端，目前其实施效果并不理想，处于医方投保不积极，医疗责任保险需求不足和保险公司保费收入较低，缺乏推广该险种积极性的两难境地。

从我国医疗责任保险实施效果可以看出，医疗责任保险不能采取自愿投保模式。国外医疗责任保险的发展历程也表明单一的自愿性医疗责任保险无法满足现实的需要。例如，英国一开始采用的是自愿保险模式，法律并没有要求所有医生必须投保。但随着医疗纠纷数量的增加和医疗损害赔偿数额的大幅提高，没有投保医疗责任保险的部分医生由于自身收入有限可能无法对患者造成的医疗损害进行赔偿，这便导致患者及其家属甚至社会产生很大意见，导致社会的不和谐。为了消除社会大众的不满情绪，建立和谐的医患关系，英国在医疗责任保险领域取消自愿保险模式，开始逐步推行强制保险模式。由此可知，要构建我国的医疗责任保险制度使其在全国范围内得到统一实施，建立强制性医疗责任保险是十分必要的。

2. 我国采用强制性医疗责任保险模式的必要性

（1）随着我国法律制度的完善和人们法律意识的增强，我国医疗纠纷数量逐年增多，医患关系越发紧张，此时医疗责任保险的职能也越来越受到重视。如前文所述，自愿性医疗责任保险在实施过程中所暴露出的种种问题，已经充分说明单一的自愿性医疗责任保险不能满足医患双方的需求。因此，为了缓解医患矛盾，构建和谐医患关系，需要借助国家力量进行适当干预，在我国推行强制性医疗责任保险使医疗责任保险在我国可以得到迅速发展并逐步成熟完善。

（2）医疗责任保险采用强制投保模式可以最大限度地保护医患双方的利益。如果医务人员在医疗活动中给患者造成损害，通过强制医疗责任保险制度的建立，使得医疗机构在面临赔偿时将赔偿责任转嫁给保险公司，从而可以避免医方因害怕巨额赔偿而采取防御性医疗行为，并且保险公司以其强大的经济能力给予患者赔偿，不仅提高了医疗机构的赔偿能力，而且可以使患者得到及时有效地赔偿。所以，实施强制性医疗责任保险可以有效分散医方的执业风险，最大程度地使患者权益得到保护。

（3）我国医疗责任保险自实施以来除了个别地区外，基本采取的都是自愿投保的实施模式，从目前实施情形来看并没有收到预期的效果，出现了医疗机构自愿投保不积极，医疗责任保险需求不足的状况。造成这种状况的原因是多方面的，其中投保机构较少，保险公司无法根据大数法则制定合理费率是一个重要原因。大数法则是保险学中的一个非常重要的原则，保险人根据其收集的大量资料，借助大数法则对其集中的大量同类风险进行统计分析，科学预测承保损失发生的概率及其相应的赔偿数额，合理厘定保险费率。

自愿性的医疗责任保险只有少数投保人投保，使得保险公司难以预测医疗损害的风险，影响了医疗责任保险的开展。医疗责任保险一旦采取强制投保的模式，投保医疗责任保险将成为法律赋予医方的一项义务，这样投保的主体数量会大幅增加，不仅使保险公司可以集中大量资金进行保险金的支付，而且充足的数据使保险的大数法则要求得到满足，从而为保险费率的厘定提供足够的数据支持。

医疗责任保险采取强制投保的方式可以改善我国医疗责任保险的实施现状，这就需要通过国家立法赋予医疗责任保险强制性地位。根据我国医疗责任保险实施情况，吸收借鉴其他国家该制度中的成功之处，构建并逐步完善我国的医疗责任保险制度，使医疗责任保险在全国范围内得到统一实施，不仅能够为患者提供及时充分的补偿，缓解我国持续紧张的医患关系，而且能够使医疗机构和医务人员摆脱医疗纠纷的困扰，有利于我国医疗卫生事业的进步。

医疗纠纷重在预防，完善的医疗责任保险机制有助于减少医疗纠纷的发生，从源头上解决医疗纠纷的上升走向和处理困境。大多数医疗纠纷的出现与医务人员的责任性不强和医疗技术水平不高有关。医疗责任保险独特的减灾防损功能对此“疗效”显著。对于投保人而言，依据“大数法则”保险费的高低直接以决定于医疗纠纷的多寡和责任赔偿金的大小，投保人必然想方设法降低医疗纠纷，以图少交保险费。就保险人而论，责任赔偿金赔付多，直接影响其经济利益，必然督促投保人加强内部管理，防范医疗纠纷。

（王大红）

1. 如何判定医疗损害事件？
2. 医疗事故的构成要件有哪些？
3. 双方当事人提交进行医疗事故技术鉴定需要哪些材料？
4. 医疗责任保险具有哪些特征？
5. 简述医疗责任保险的作用与意义。

案例

事故经过：某卫生院值班护士由于家中有事，就让一位刚刚卫校毕业的学生顶替自己上夜班。晚上收治了一名患大叶性肺炎的患者，遂给予输液治疗。夜里，当第一瓶液体滴完后，患者家属找护士续下一瓶液体。该学生睡意朦胧，在昏暗的房间中信手拿起一个“葡萄糖”液体瓶，以为是那瓶已事先加入抗生素准备继续给患者用的液体，换上液体后，继续给患者滴注。大约10min后，患者突然大声惊叫，继之抽搐，迅速死亡。再仔细检查输入药物，发现是将装在葡萄糖瓶中的煤油误输给患者了。

问题：该事故是否属于医疗事故？本案中卫校毕业毕业生是否应当承担法律责任？

提示：从医疗事故的构成要件方面切入。

拓展阅读

非法行医罪与医疗事故罪的区别

非法行医罪与医疗事故罪都属于危害公共卫生方面的犯罪，两者在客观上都可能造成就诊人死亡或严重损害就诊人身体健康的后果，它们的区别主要在于以下几个方面。

（1）主体不同：非法行医罪的主体是不具有医生执业资格的人，而医疗事故罪的主体是已经取得医生执业资格的医务人员。

（2）主观方面不同：非法行医罪对行为人造成就诊人死亡或者严重损害就诊人身体健康后果，所持的心理态度既可以是过失，也可以是间接故意，但对于违反医疗管理制度的行为，则是直接故意。医疗事故罪对造成严重不良后果所持的心理态度只能是过失。

（3）客观方面不同：非法行医罪在客观方面主要表现为违反国家有关医疗管理的法律、法规的规定，非法行医，情节严重的行为。医疗事故罪在客观方面表现为医务人员在合法的诊疗护理过程中，违反规章制度，严重不负责任，造成就诊人死亡或者严重损害就诊人身体健康的行为。

《人身损害赔偿司法解释》对人身损害赔偿的各个项目的计算方法见表9-1。

表 9-1 医疗纠纷损害赔偿项目及其计算

《人身损害赔偿司法解释》项目的计算方法	
项目	计算方法
医疗费	医药费赔偿金额=一审法庭辩论终结前实际发生的数额。以医疗机构出具的医药费、住院费、后续必然发生的费用确定，凭据支付
误工费	有固定收入误工费赔偿金额=实际减少的收入 无固定收入误工费赔偿金额=实际减少 无固定收入：最近三年平均收入或同（近）行业职工平均工资
住院伙食费	住院伙食费赔偿金额=住院时间×医疗纠纷发生地国家机关一般工作人员出差伙食补助标准 外地就医不能住院，受害人及陪护人员合理的住宿费、伙食费
陪护费	护理费=护理人员的收入×护理人数×护理期限 有收入，参照误工费规定 无收入或雇工：同级别护理劳务费用
伤残补助	残疾赔偿金=伤残等级×受诉法院所在地上一年度城镇居民人均可支配收入或农村居民人均纯收入×20年；60岁以上增1减1，75岁赔5年 实际收入不减，或者影响就业，应适当调整残疾赔偿金
残疾用具	残疾辅助器具费的赔偿金额=普通适用器具标准；特殊需要、更换周期、赔偿期限，根据配置机构意见
丧葬费	丧葬费赔偿金额=受诉法院所在地上一年度职工月平均工资标准×6个月
被抚养人生活费	被抚养人生活费赔偿金额=被扶养人的人数×受诉法院所在地上一年度城镇居民人均消费性支出和农村居民人均年生活消费支出标准×扶养年限（未成年至18岁。其他成人20年，60岁以上增1减1；75岁以上支付5年）
交通费	交通费赔偿金额=实际必须的交通费用单据数额之和。凭据支付
住宿费	外地就医不能住院，合理的住宿费
抚慰金	死亡赔偿金=所诉法院所在地上一年度城镇居民人均可支配收入或农村居民人均纯收入×20年；60岁以上增1减1；75岁以上支付5年
死亡赔偿金	按照最高人民法院《关于确定民事侵权精神损害赔偿责任若干问题的解释》规定予以赔偿

第三篇　商业健康保险法

第十章
商业健康保险法律制度

内容提要

我国商业健康保险法律制度的建设，与我国社会保障制度改革密切联系。本章通过对商业健康保险概念、地位、作用，立法发展现状等介绍，对如何借鉴西方发达国家的经验，实现我国社会保障制度改革目标，完善我国商业健康保险法律制度建设做一探讨。

第一节 商业健康保险概述

一、商业健康保险的含义

一般认为商业健康保险是以被保险人的身体为保险标的，保证被保险人在疾病或意外事故所致伤害时的直接费用或间接损失获得补偿的保险，包括疾病保险、医疗保险、收入保障保险和长期看护保险。

我国 2006 年 6 月 12 日中国保险监督管理委员会颁布的《健康保险管理办法》第二条的规定：健康保险是指保险公司通过疾病保险、医疗保险、失能收入损失保险和护理保险等方式对因健康原因导致的损失给付保险金的保险。该办法所称疾病保险，是指以保险合同约定的疾病的发生为给付保险金条件的保险。该办法所称医疗保险，是指以保险合同约定的医疗行为的发生为给付保险金条件，为被保险人接受诊疗期间的医疗费用支出提供保障的保险。该办法所称失能收入损失保险，是指以因保险合同约定的疾病或者意外伤害导致工作能力丧失为给付保险金条件，为被保险人在一定时期内收入减少或者中断提供保障的保险。该办法所称护理保险，是指以因保险合同约定的日常生活能力障碍引发护理需要为给付保险金条件，为被保险人的护理支出提供保障的保险。

但根据 2014 年 11 月 17 日公布的国务院办公厅《关于加快发展商业健康保险的若干意见》规定，商业健康保险是由商业保险机构对因健康原因和医疗行为导致的损失给付保险金的保险，主要包括医疗保险、疾病保险、失能收入损失保险、护理保险及相关的医疗意外保险、医疗责任保险等。拓展了商业健康保险的含义，增加医疗行为这一原因。由此包含保险范围也增加了医疗意外保险和医疗责任保险两大类。扩大了商业健康险的含义外延，另一方面扩大了医疗责任险等范围。

可以预计，由于我国政府对保险业的重视与支持，商业健康保险的含义必然会进一步丰富，包含保险种类也会进一步增多。

二、商业健康保险的地位和作用

（一）地位

商业健康保险是社会医疗保障体系的重要组成部分。社会医疗保障体系是政府为保证其社会成员公平获得医疗服务而建立的有效财务融资的制度体系，其功能不仅仅在于疾病风险的分散、医疗费用损失的转移，同时还发挥着国民收入再分配和社会稳定的功能。医疗保障体系的最终目标是促进医疗服务的合理有效地供给和消费，提升全民的健康水平。

按照筹资方式的不同，一般将社会医疗保障模式归纳为三种：第一种，以英国为代表的公费医疗制度；第二种是以德日为代表的社会保险为主的社会医疗保障制度；第三种是以美国为代表的商业健康保险为主的社会医疗保障体系。但是无论在哪一个国家的医疗保障市场中，大都同时存在着社会医疗保险（public insurance）和商业健康保险（private insurance），其区别仅仅在于不同医疗保障模式的市场份额有大有小，地位有高有低。在德国、法国、加拿大、澳大利亚、荷兰这些传统以社会保险和公费医疗为主的发达国家，商业健康保险目前也在融资体系中占有一席之地。特别是近 5 年来商业健康保险的筹资占比出现了明显上升的趋势，其原因在于这些国家近年来分别进行了医保制度改革，提高商业健康保险的地位，加大了市场配置资源的力度。英国全民公费医疗体系（NHS）覆盖几乎全体国民，但是商业医疗保险（PMI）依旧在为满足部分人群的医疗需求而持续运作，并且保持着稳定的覆盖范围和保费收入。而德国医疗保障制度中，商业健康保险更是作为法定社会医疗保险的不可或缺的补充，为收入较高的人群提供更为全面和高级的医疗服务。在美国，商业健康保险更是医疗保障制度的主体，政府仅仅提供特殊人群的医疗保障。所以，商业健康保险的发展有着重要的意义，关系到全民医疗保障制度的顺利覆盖和整体服务水平的提升。

（二）作用

随着人口老龄化、科学技术水平的进步和医疗需求水平的提高，目前不同模式的医疗保障制度被一些普遍性的问题所困扰，这些问题主要包括资金短缺、过度医疗、医疗服务浪费、管理效率低下等。欧洲各主要发达国家普遍实施的全民性社会医疗保险制度，从 20 世纪末开始，高额的医疗费用开支和沉重的社会保险负担引起了这些国家严重的财务危机，甚至是现今欧洲金融危机的影响因素之一。各国政府开始逐渐转换思路，大力发展商业健康保险。实施社会医疗保险与商业健康保险的平行发展保障模式，不仅是对社会保险的补充和完善，也能减少社会保险的成本压力，并对提高社会保险的服务质量有所帮助，有利于社会医疗保障制度的可持续性发展。目前在我国具体作用如下。

1. 经济补偿作用

经济补偿作用表现为保险对人由于健康原因（疾病或意外伤害等）导致费用支出增加或收入减少而遭受的经济损失（医疗费用、护理费用或收入损失）给予经济补偿，其中医疗费用补偿是民众需求最大的部分。

2. 社会管理作用

社会管理作用表现为对医疗保障体系的补充和服务。主要是通过经济补偿实现补充，以及提供基本医疗保障经办管理服务；还应当体现在对预防保健体系的补充和服务，主要是提供健康管理服务，也包括对于健康风险进行识别、分析、评估等基础性工作。

3. 资金融通作用

2004 年我国国务院在《关于推进资本市场改革开放和稳定发展的若干意见》中明确提出了鼓

励合规资金入市。支持保险资金以多种方式直接投资资本市场，逐步提高社会保障基金、企业补充养老基金、商业保险资金等投入资本市场的资金比例。其目的是使基金管理公司和保险公司为主的机构投资者成为资本市场的主导力量。随着市场份额的逐步增长，商业健康保险资金对医疗卫生体系、预防保健体系，以及养老事业、护理事业的融资支持作用也会越来越加明显。

三、我国商业健康保险的发展及现状

我国商业健康保险始于20世纪80年代初国内保险业复业时期，2009年中共中央、国务院颁布的《关于深化医药卫生体制改革的意见》明确提出要加快建立和完善以基本医疗保障为主体，其他多种形式补充医疗保险和商业健康保险为补充，覆盖城乡居民的多层次医疗保障体系；在确保基金安全和有效监管的前提下，积极倡导以政府购买医疗保障服务的方式，探索委托具有资质的商业保险机构经办各类医疗保障管理服务。2012年我国城乡居民大病医疗保险新政为商业保险机构承办城乡居民大病医疗保险提供了政策支撑。

我国健康险保费增长并不稳定，整体增速相对经济增长，以及经济规模来说发展非常缓慢。我国商业健康保险在人身保险业务中的比重较小，与居民对健康保障的需求还有很大的差距。此外，我国商业健康保险的保费收入占卫生总费用比重和赔付支出占个人现金卫生支出的比重都较小，保障力度与保险业发达的国家相比还有很大差距。2000～2012年，健康险保费占比还一直不到人身险总保费的一成。2013年全国商业健康保险保费为1123亿元，大约只有平安人寿同年保费的一半。根据保监会最新统计数据显示，2014年前8月我国健康险保费累计为1113亿元，占人身险总保费比例约为12%（表10-1）。而在同样施行法定国民医保体制的德国与荷兰，它们的商业健康险保费占比均超过了30%。2012年我国商业健康保险赔付支出占国家医疗卫生总支出比例为1.07%，而发达国家这个数字在10%左右，美国在33%左右。

表10-1　2014年8月人身险保费构成　（单位：万元）

分类	保费规模
健康险	11 127 158
意外险	3 669 682
寿险	80 387 086

资料来源：保监会

目前我国商业健康险产品类别涵盖疾病险、医疗险、长期护理险和失能收入损失险四大类，但后两类发展比较缓慢。2013年8月保险产品启动费率市场化改革，健康险和年金产品成为主导，这有利于行业加快健康发展步伐。

目前，国内有100余家保险公司开展了商业健康保险业务，但专业经营健康险的保险公司不多，只有四个（表10-2），太保安联健康2014年获批，正在筹建中。

表10-2　我国四大健康保险公司市场定位与经营特色

公司名称	成立时间	市场定位、经营特色和范围
平安健康	2005年6月	定位于企业和个人的高端医疗市场。与南非Discovery集团开展战略合作。主要业务范围包括各类健康保险业务、意外伤害保险业务、政府委托管理健康保险业务、健康咨询服务业务、健康保险再保险业务等
人保健康	2005年4月	由中国人保与德国健康保险（DKV）发起设立。在社保领域创建了“湛江模式”、“太仓模式”、“平谷模式”等商业健康险参与医保体制改革的典型经验

续表

公司名称	成立时间	市场定位、经营特色和范围
昆仑健康	2006 年 1 月	主要经营：各种健康保险、意外伤害保险；与国家医疗保障政策配套、受政府委托的健康保险业务；健康咨询服务、代理、再保险业务及资金运用等其他业务。发起和实施“治未病”健康工程，构建中医特色预防保健服务体系
和谐健康	2006 年 1 月	原名瑞福德健康保险，2010 年被安邦保险收购。经营范围包括健康保险业务、意外伤害保险业务；与国家医疗保障政策配套、受政府委托的健康保险业务；与健康保险有关的咨询服务业业务及代理业务；与健康保险有关的再保险业务；资金运用业务

资料来源：中国产业信息网整理

由于赔付率过高，加上代理费和管理费等经营成本，多数健康险经营处于亏损状态（表 10-3）。

表 10-3　我国四大健康保险公司盈利能力

单位：万元	2013 年				2012 年			
	已赚保费	赔付支出	净利润	赔付率	已赚保费	赔付支出	净利润	赔付率
平安健康	21332	17134	-7902	80. 32%	12570	9860	-6599	78. 44%
人保健康	519273	532563	-79510	102. 56%	532585	347700	-74333	65. 29%
昆仑健康	40570	8637	-28060	21. 29%	32570	8316	-12548	25. 53%
和谐健康	9891	14238	-9022	143. 95%	2169	303	-33066	13. 97%

资料来源：中国产业信息网整理

专业健康保险公司在我国还没有成熟的经营模式可供借鉴，仍处于探索阶段，经营难度大。他们缺乏专属的经营领域，面临夹缝中求生存的困境，市场拓展难度很大。一部分专业健康保险公司在经营上遇到困难，甚至转为寿险公司。而大多数寿险公司、财险公司将健康保险同其主营保险业务捆绑在一起经营，专业人才匮乏，产品开发技术落后，盈利能力低下，直接影响了健康保险的进一步发展。

我国尚未建立起保险公司与医疗卫生服务提供机构的谈判机制，且我国医疗资源分布严重不均，保险公司与病源充足的大医院谈判能力有限，很难建立可以影响医院医疗行为和医药费用的深层次合作机制。此外，我国按服务项目付费的支付方式容易诱导需求，而保险公司主要依靠被保险人的医疗单据进行理赔，没有实现对医院的直接供款，难以形成第三方支付方对医疗服务过程的监督和约束机制，难以控制医疗费用。从美国、加拿大、德国大型健康保险公司的实践来看，它们覆盖大量的医药消费者，培育强大的医药专业能力，建立与医疗卫生服务提供方、药品供应商的谈判机制，有利于促进科学合理的医疗服务和药品价格形成，有利于遏制不合理的诊疗行为，对医疗风险有较强的控制能力。

第二节　商业健康保险法律立法发展及现状

一、法国商业健康保险立法发展及现状

2000 年，世界卫生组织的一份全球医疗卫生制度排名报告，将位列第一的法国医疗保障体系推向世界以其较低成本建立了覆盖率接近 100% 的全民公立医疗保险制度。值得一提的是，超过

90%的法国居民拥有商业健康保险，其筹资额占医疗费用总支出的13.32%，仅次于美国、荷兰，居经济合作与发展组织成员国第三位。法国公立医疗保险制度创建于1945年，目前已实现全民覆盖且为筹资主导，保费主要由政府和雇主承担。以覆盖总人口80%以上的基本医疗保险制度为例，雇主支付雇员工资总额的12.8%，雇员仅自付0.75%。该制度的一个重要特点是“无需管理”模式，具体体现为患者可自由选择医院、医生甚至指定专家；医疗服务提供方采用服务计费模式，对经营享有较高自主权。由于较充足的医疗资源供给和较完善的制度安排，法国基本避免了高福利国家常面临的就医等候时间较长等尴尬。商业健康保险主要职能是为患者承担由市场定价的医疗服务及药品、公立筹资中共同支付部分及超出支付上限部分。商业健康保险提供方包括互助组织、公积金和保险公司。互助组织拥有约60%市场份额，公积金在近年发展加速，与保险公司近乎平分秋色。三类供给方分受三家不同政府机构监管，主要政策差别在于税率。2002年以前，由于互助组织与公积金被视同社会经济部门，可免除7%的保险费税。2002年欧盟出台新政要求对所有保险供给主体一视同仁，法国政府据此将政策修改为凡遵守团结原则的保险人可享受税收豁免。在法国，公立医疗保险制度与商业健康保险的关系可用共同保险和险位超赔再保险两种模式来概括，前者主要指商业健康保险为个人承担公立筹资中共同支付的部分；后者指公立筹资作为原保险人承担限额内的医疗服务及药品，商业健康保险作为再保险人负责超出公立筹资上限的部分。

法国的健康保险制度也遇到了一些困难和问题：①医疗保险支出持续增长。注重高福利的结果，造成了部分患者滥用保险、滥用药物、滥做检查等医疗服务需求过度膨胀的现象，医疗卫生费用支出占GDP的比例越来越高。1950年为3.4%，1990年为8.8%，现在已经接近12%。②保险制度不够完善，缺乏竞争和利益约束。如由于在医疗保险的供应方、需求方和支付方三者之间尚未建立起完善的协调、控制和约束机制，因而出现了过度需求和过度供应，而让支付方承受巨额费用的现象。③卫生资源利用率比较低。法国每千人口拥有医生数量仅次于德国，高于美国、日本和英国等，每千人口的床位数也居于欧洲前列，但由于大城市的医生数量过多，农村及边远地区的医生短缺，导致卫生资源配置的不合理。④医疗保险基金入不敷出，赤字严重（1996年时就已经达到341亿法郎，2007年进一步达到117亿欧元）。

二、荷兰商业健康保险立法发展及现状

在荷兰，完善的公立医疗保险制度与发达的商业健康保险携手并进。2010年，荷兰公立医疗保险制度覆盖率接近100%，商业健康保险覆盖率约为92%。2006年荷兰新医疗保险法颁布实施，以取代过去由疾病基金（覆盖总人口63%）和商业健康保险（覆盖总人口37%）分别筹资的制度安排。目前，荷兰医疗保障体系筹资方式共分三个层次：第一层由政府提供强制覆盖全体国民长期护理服务的社会医疗保险计划；第二层由准商业部门提供强制覆盖全体国民急救、住院和康复服务的准商业健康保险计划；第三个层由商业部门提供可自愿购买的补充商业健康保险计划。2008年，三个层次分别筹资212.6亿欧元（26.88%）、321.49亿欧元（40.65%）和32.62亿欧元（4.12%）。个人参与准商业健康保险的费率由收入浮动费率和固定费率两部分构成，前者由政府每年度拟定，主要由雇主支付，后者由保险人自行拟定、投保人自付（政府为低收入群体提供补贴）。政府征收的保费构成等风险基金，该基金根据投保人年龄、性别、地区及隶属药品费用组等风险因素调整后，支付给保险人；后者则直接划为保险人保费收入。同时，保险人与医疗服务提供方签订合同，为被保险人提供服务。该模式通过引入保险人间的竞争、专业机构间的价格谈判等机制，一定程度控制了医疗服务价格。此外，由于新法案规定基本医疗保险计划的团体保险可获得最高10%的折扣，补充健康保险不设折扣上限，团体保险得以加速发展。

荷兰医改的最大特色在于改革后的准商业健康保险计划，其借鉴商业保险基本险与附加险的

合同形式，将公立医疗保险制度和商业健康保险有机结合，为全体国民提供多层次医疗服务。出于保证新基金稳定性的考虑，该法案强制要求居民购买基本医疗保险计划且保险人无权自行终止合同，而是否购买补充健康保险可自由选择。该法案的一大优势在于引入市场竞争机制。与改革前的疾病基金受公法监管相比，新医疗保险法案隶属私法管辖，保险关系更接近商业保险，保险人可自主设计合同，拟定保险费率，投保人按年度签订合同，期满后可自由选择续约、终止合同或更换保险人。目前，该市场供给方主要为非营利组织，虽然政府允许营利性保险公司进入，但市场基本由四家大型互助健康保险公司掌控。

三、美国商业健康保险立法发展及现状

1929 年，蓝十字保险公司开始医疗保险计划。该计划实行的是按医疗服务项目收费，采取医疗费用的后付制，参保者在接受医疗服务后，再由保险公司直接向医院支付其医疗费用。二战后，美国联邦最高法院宣布医疗保险是雇员合法的福利待遇。这样，健康保险的地位进一步得到了巩固。1965 年，美国通过立法，正式确立了联邦医疗保险，它主要分为两种：一种是对65 岁以上的老人和残障者的医疗保险，称“医疗照顾保险计划”，由联邦政府承办；另一种是对低收入人群的医疗保险，称“医疗辅助保险计划”，由联邦政府和州政府共同承担，联邦政府出55%，州政府支付45%。至20 世纪 70 年代，美国初步建立起了医疗保险的三大支柱，即除了上述“医疗照顾保险计划”、“医疗辅助保险计划”之外，还有雇员医疗保险。前两者都是由政府主导的，雇员医疗保险由私营保险公司经营，是雇主为雇员购买的商业保险，其等级、付费方式、自负比例等均由雇主决定，当员工离职后，这种保险也就取消了。雇员医疗保险在美国占有主要的地位，其比重约占全国医疗保险总额的50%以上。至20 世纪 90 年代，美国的医疗保险发生了进一步的变化。其中发展最快，并为医疗保险各方所逐步认可的改革就是建立了统筹医疗保险模式，这一模式也称“管理式医疗”，其基本内容包括利用一定的组织和形式，把医疗保险的资金和医疗服务的提供方结合在一起，组成为一个高效的完整的系统。统筹医疗保险模式提出后，得到迅速发展和广泛推行。至 1994 年，投保商业医疗保险的人数已经达到 1. 84 亿人，占当时美国总人口的70%，商业医疗保险为参保人群支付的医疗费用达到2961 亿，占当时年全国医疗卫生费用总支出8842 亿美元的33. 5%。1999 年，美国医生收入的 50%来自此种保险模式。它与传统的医疗保险方式相比，一般可以降低保险费 10% ~20%。美国的健康保险计划主要由商业保险人提供，雇主和个人向其购买。商业健康保险公司主要分为三类：非营利性健康保险公司、管理性健康保险公司和营利性健康保险公司。其承保范围几乎涵盖公立筹资未覆盖的各领域。

美国曾号称拥有全世界最好的医疗保障体系，医疗技术水平高且效率佳，但各项数据却未能支持该观点。2000 年世界卫生组织报告显示，全球 191 个国家医疗卫生制度排名，美国仅列第 37 位；2010 年，美国政府医疗费用支出占总政府支出的 22. 35%，居发达国家榜首，然而全美国仍有约 5070 万居民没有任何形式的医疗保险，占总人口的 16. 7%。伴随医疗水平不断提高，其医疗费用也逐节攀升，医疗投入虽远高于其他发达国家，但各项医疗卫生指标排在发达国家后列，医疗体系改革成为困扰各届政府的重要议题之一。

四、中国商业健康保险立法发展及现状

新中国成立后，保险立法工作很曲折，党的十一届三中全会后，保险立法工作才有了很大进展，中国先后颁布了一些单项的保险法规。这此法规有些属于保险合同法的范畴，有些属于保险法的范畴，有些属于保险特别法的范畴。

1992 年 11 月 7 日，第七届全国人民代表大会常务委员会第二十八次会议通过了《中华人民

共和国海商法》，第一次以法律的形式对海上保险做了明确规定。1995 年 6 月 30 日，第八届全国人民代表大会常务委员会第十四次会议通过了《中华人民共和国保险法》（以下简称《保险法》），这是新中国成立来中国的第一次保险基本法。采用了国际上一些国家和地区集保险业法和保险合同法为一体的立法体例，是一部较为完整、系统的保险法律。

《保险法》为商业性健康保障提供了一套基础性法律制度。1996 年底，我国开始了城镇职工基本医疗保险制度改革，中国商业健康保险业务也开始全面展开。短短几年之内，中国平安保险公司、中国太平洋保险公司、友邦保险公司和其他中外保险公司已经在最初定额给付的重大疾病保险和附加住院医疗保险的基础上，进一步开发出住院津贴保险、住院费用保险和高额医疗费用保险等一系列健康保险产品。

2002 年，根据中国加入世贸组织的承诺，《保险法》做了首次修改，重点在修改保险业法上，并于 2003 年 1 月 1 日起实施。

2006 年为了促进健康保险的发展，规范健康保险的经营行为，保护健康保险活动当事人的合法权益，根据《保险法》制定并通过《健康保险管理办法》（保监会令 2006 年第 8 号），希望以此为具体管理办法，尊重、实现和保护健康权。

2009 年，《保险法》再次修订，不仅着重修改了 2002 年修正基本未涉及的保险合同法部分，而且对保险业法部分也做了重大修改。删除了 5 条（不包括删除的款），增加了 34 条（不包括增加的款），经过重大修改的有 41 条。此次修订为我国保险业务的发展预留了广阔的空间，为促进保险业的健康发展创建了完善的制度环境。首先，是对 2002 年保险法第十二条第五款保险标的定义的删除。保险标的具有重要的意义，它决定保险业务的种类与范围。如果将保险标的局限于“是指作为保险对象的财产及其利益或者人的寿命和身体”，那就将极大地限制我国保险业务的发展，我国的保险业务不可能仅仅局限于人身保险与财产保险。大多数国家按保险业务的保险对象将保险分为人身保险、财产保险、责任保险和信用保险四个类别，还有新出现的保证保险。其次，完善了保险业法的有关规定，为保险业的发展创建了良好的制度环境。2009 年保险法第八条明确了“分业经营、分业管理”的原则，同时也留下了余地“国家另有规定的除外”。在 2002 年保险法的基础上进一步强化了保险公司的准入和运行规定，明确了保险公司股东资格与高管的任职条件。拓宽了保险资金的运用形式。2009 年保险法第一百零六条增加了“投资股票、证券投资基金份额等有价证券”、“投资不动产”的规定，删除了 2002 年保险法第一百零五条中“保险公司的资金不得用于设立证券经营机构，不得用于设立保险业以外的企业”的条文。微观上，此次着重修改了保险合同法部分的内容，强调保护处于相对弱势地位的投保人及被保险人的合法权益，使投保人、被保险人与保险公司之间的利益关系更加趋于平衡。此次修改符合党的十七大精神，为建立中国特色医药卫生体制，逐步实现人人享有基本医疗卫生服务的目标，提高全民健康水平扫清了障碍。

中共中央国务院于 2009 年 3 月 17 日发布《中共中央国务院关于深化医药卫生体制改革的意见》（中发［2009］6 号），文件指出：“加快建立和完善以基本医疗保障为主体，其他多种形式补充医疗保险和商业健康保险为补充，覆盖城乡居民的多层次医疗保障体系”，“积极发展商业健康保险。鼓励商业保险机构开发适应不同需要的健康保险产品，简化理赔手续，方便群众，满足多样化的健康需求。鼓励企业和个人通过参加商业保险及多种形式的补充保险解决基本医疗保障之外的需求。”这些政策性意见明确了商业健康保险在我国医疗保障体系中的功能、作用和发展趋势。

在政府积极改善民生、进一步加强社会保障体系建设的进程中，保险业涌现出“湛江模式”、“宜兴模式”、“晋江模式”，地方政府与商业保险机构积极合作，在基本医疗保险、新型农村养老保险、新农合服务中，发挥了商业保险机构不可或缺的重要补充作用。2010 年 10 月 13 日，国务院总理温家宝专门就保险业服务国家医疗保障体系建设的典型样"湛江模式"做出重要批示：湛江的做法和经验值得重视，"湛江模式"不仅是充分发挥商业保险在新医改中积极作用的成功实践，而且是拓展管理民主的有益探索，从这点来说，湛江的做法和经验可供医疗、卫生、教育等部门参考。"湛江模式"的要义是合署办公，通过合署办公，建立了基本医疗保险和补充医疗保险相统一的一站式管理服务平台，健康险公司为基本医疗保障提供医疗管理、单证审核等专业服务，减少了社保部门的管理人员和运营成本，提升了行政效率和公共服务水平，优化了医疗卫生资源管理，提高了运行效率和服务质量，使有限的医疗资源得到合理充分的利用，实现了社保部门、公司与定点医院的"优势互补、无缝连接、合作共赢"，被称为保险业服务国家医疗保障体系建设的成功实践和典型样本。

2010 年 3 月，保监会出台《保险机构案件责任追究指导意见》；9 月 3 日，保监会同时发布《保险资金投资不动产暂行办法》和《保险资金投资股权暂行办法》；9 月 10 日，保监会发布《保险公司董事及高级管理人员审计管理办法》；10 月 21 日，针对保险营销员管理中的一些体制机制性矛盾和问题，中国保监会专门制定了《关于改革完善保险营销员管理体制的意见》。保险投资新政的密集出台，使得"保险投资渠道放开"不再仅仅停留在政策和法律的层面，是"有章可循"条件下的正式、全面放开，从 2004 年以前保险资产配置以存款为主、最高占比超过 80%，到如今保险资金的投资触角覆盖基金、债券、股票、股权、基础设施、境外投资乃至房地产等多个领域，在短短 6 年的时间里，保险资产管理公司成为金融业中投资领域最广阔的金融机构，保险资金打通了全部投资渠道。为进一步提高监管的有效性和科学性，切实维护保险消费者合法权益，保监会在 2010 年初启动了《保险公司委托金融机构代理保险业务监管规定》的起草工作，并多次征求银行等金融机构、保险公司和保监会派出机构的意见，草案在强化保险公司对其委托金融机构代理保险业务的合规管控责任的同时，明确规定金融机构作为保险代理机构在开展代理保险业务时所应履行的法定义务。

2011 年 8 月 18 日，保监会印发《中国保险业发展"十二五"规划纲要》（以下简称《规划纲要》）。《规划纲要》明确未来 5 年我国保险业的发展目标：初步建成一个市场体系完善、服务领域广泛、经营诚信规范、风险防范有效、综合竞争力较强，发展速度、质量和效益相统一，与国民经济社会发展水平和人民群众生产生活需求相适应的现代保险业。到 2015 年，全国保险保费收入争取达到 3 万亿元。保险深度达到 5%，保险密度达到 2100 元/人。保险业总资产争取达到 10 万亿元。同时参加多层次社会保障体系建设，满足人民群众日益增长的多样化、多层次保险保障需求，大力发展商业养老保险和健康保险等保险业务。积极参与国家医药卫生体制改革，探索运用股权投资、战略合作等多种方式，参与公立医院改制和设立医疗机构。配合城镇职工、居民基本医疗保障和新农村合作医疗保障体系建设，大力开发各类补充医疗、疾病保险和失能收入损失保险等产品，设计适应老年人需要的护理保险，积极推进健康保险与健康管理相结合，为广大人民群众提供丰富多样的健康保障服务。

2012 年 8 月 30 日，国家发展和改革委员会、卫生部、财政部、人力资源和社会保障部、民政部、保险监督管理委员会正式公布《关于开展城乡居民大病保险工作的指导意见》。开展城乡居民大病保险工作，也就是从城镇居民医保基金、新农合基金中将划出一定比例向商业保险机构购买大病保险。

2013 年 6 月 8 日，中国保险行业协会联合中国法医学会共同发布了商业保险意外险领域残疾给付的新行业标准，即《人身保险伤残评定标准》。新标准对意外伤害保险的保障范围较原标准有了大幅扩展，提高了保险业意外险的保障范围，进一步提升了保险消费者权益。11 月 14 日，我国人身保险业重大疾病经验发生率表发布，结束了我国没有重大疾病发生率表的历史。自 2013 年 12 月 31 日起，中国人身保险业重大疾病经验发生率表（2006～2010）将作为准备金评估用表，用于人身保险公司法定准备金评估工作。

2013 年 9 月 28 日，国务院发布的《国务院关于促进健康服务业发展的若干意见》（国发［2013］40 号）明确表明要坚定不移地深化医药卫生体制改革，坚持把基本医疗卫生制度作为公共产品向全民提供的核心理念，按照保基本、强基层、建机制的基本原则，加快健全全民医保体系，巩固完善基本药物制度和基层运行新机制，积极推进公立医院改革，统筹推进基本公共卫生服务均等化等相关领域改革。同时，要广泛动员社会力量，多措并举发展健康服务业。提出到 2020 年，基本建立覆盖全生命周期、内涵丰富、结构合理的健康服务业体系，打造一批知名品牌和良性循环的健康服务产业集群，并形成一定的国际竞争力，基本满足广大人民群众的健康服务需求。健康服务业总规模达到 8 万亿元以上，成为推动经济社会持续发展的重要力量。健康保险服务进一步完善。商业健康保险产品更加丰富，参保人数大幅增加，商业健康保险支出占卫生总费用的比重大幅提高，形成较为完善的健康保险机制。健康服务业政策和法规体系建立健全，行业规范、标准更加科学完善，行业管理和监督更加有效，人民群众健康意识和素养明显提高，形成全社会参与、支持健康服务业发展的良好环境。因此要求积极发展健康保险，丰富商业健康保险产品。在完善基本医疗保障制度、稳步提高基本医疗保障水平的基础上，鼓励商业保险公司提供多样化、多层次、规范化的产品和服务。鼓励发展与基本医疗保险相衔接的商业健康保险，推进商业保险公司承办城乡居民大病保险，扩大人群覆盖面。积极开发长期护理商业险及与健康管理、养老等服务相关的商业健康保险产品。推行医疗责任保险、医疗意外保险等多种形式医疗执业保险。发展多样化健康保险服务。建立商业保险公司与医疗、体检、护理等机构合作的机制，加强对医疗行为的监督和对医疗费用的控制，促进医疗服务行为规范化，为参保人提供健康风险评估、健康风险干预等服务，并在此基础上探索健康管理组织等新型组织形式。鼓励以政府购买服务的方式委托具有资质的商业保险机构开展各类医疗保险经办服务。完善健康服务法规标准和监管。推动制定、修订促进健康服务业发展的相关法律、行政法规。以规范服务行为、提高服务质量和提升服务水平为核心，健全服务标准体系，强化标准的实施，提高健康服务业标准化水平。在新兴的健康服务领域，鼓励龙头企业、地方和行业协会参与制定服务标准。在暂不能实行标准化的健康服务行业，广泛推行服务承诺、服务公约、服务规范等制度。完善监督机制，创新监管方式，推行属地化管理，依法规范健康服务机构从业行为，强化服务质量监管和市场日常监管，严肃查处违法经营行为。

随着 2014 年我国经济步入“新常态”，经济新局势和新目标都对保险业提出了新要求。2 月 19 日，保监会发布实施《关于加强和改进保险资金运用比例监管的通知》，建立“以保险资产分类为基础、多层次比例监管为手段、差异化监管为补充、动态调整机制为保障”的比例监管新体系。8 月 13 日，《国务院关于加快发展现代保险服务业的若干意见》（以下简称“新国十条”）正式公布。“新国十条”提出，到 2020 年，基本建成保障全面、功能完善、安全稳健、诚信规范具有较强服务能力、创新能力和国际竞争力，与我国经济社会发展需求相适应的现代保险服务业，努力由保险大国向保险强国转变。保险成为政府、企业、居民风险管理和财富管理的基本手段，成为提高保障水平和保障质量的重要渠道，成为政府改进公共服务、加强社会管理的有效工具。保险深度（保费收入/国内生产总值）达到 5%，保险密度（保费收入/总人口）达到 3500 元/人。保险的社会“稳定器”和经济“助推器”作用得到有效发挥。构筑保险民生保障网，完善多层次社会保障体系。要求把商业保险建成社会保障体系的重要支柱。商业保险要逐步成为个人和家庭商业保障计划的主要承担者、企业发起的养老健康保障计划的重要提供者、社会保险市场化运作的积极参与者。支持有条件的企业建立商业养老健康保障计划。充分发挥商业保险对基本养老、医疗保险的补充作用。发展多样化健康保险服务。鼓励保险公司大力开发各类医疗、疾病保险和失能收入损失保险等商业健康保险产品，并与基本医疗保险相衔接。发展商业性长期护理保险。

提供与商业健康保险产品相结合的疾病预防、健康维护、慢性病管理等健康管理服务。支持保险机构参与健康服务业产业链整合，探索运用股权投资、战略合作等方式，设立医疗机构和参与公立医院改制。对于商业保险机构运营效率更高的公共服务，政府可以委托保险机构经办，也可以直接购买保险产品和服务；对于具有较强公益性，但市场化运作无法实现盈亏平衡的保险服务，可以由政府给予一定支持。鼓励符合条件的保险机构等投资兴办养老产业和健康服务业机构。

2014 年 11 月 17 日，《国务院办公厅关于加快发展商业健康保险的若干意见》（国办发〔2014〕50 号）（以下简称《若干意见》）正式发布，分为充分认识加快发展商业健康保险的重要意义、加快发展商业健康保险的总体要求、扩大商业健康保险供给、推动完善医疗保障服务体系、提升管理和服务水平、完善发展商业健康保险的支持政策六大部分。《若干意见》明确提出要充分发挥市场机制作用和商业健康保险专业优势，扩大健康保险产品供给，丰富健康保险服务，使商业健康保险在深化医药卫生体制改革、发展健康服务业、促进经济提质增效升级中发挥“生力军”作用。按照《若干意见》设定的发展目标，到 2020 年，我国将基本建立市场体系完备、产品形态丰富、经营诚信规范的现代商业健康保险服务业。实现商业健康保险运行机制较为完善、服务能力明显提升、服务领域更加广泛、投保人数大幅增加，商业健康保险赔付支出占卫生总费用的比重显著提高。《若干意见》提出要扩大商业健康保险供给。首先，丰富商业健康保险产品，大力发展与基本医疗保险有机衔接的商业健康保险。鼓励企业和个人通过参加商业保险及多种形式的补充保险解决基本医保之外的需求。鼓励商业保险机构积极开发与健康管理服务相关的健康保险产品，加强健康风险评估和干预，提供疾病预防、健康体检、健康咨询、健康维护、慢性病管理、养生保健等服务，降低健康风险，减少疾病损失。支持商业保险机构针对不同的市场设计不同的健康保险产品。根据多元化医疗服务需求，探索开发针对特需医疗、药品、医疗器械和检查检验服务的健康保险产品。开发药品不良反应保险。发展失能收入损失保险，补偿在职人员因疾病或意外伤害导致的收入损失。适应人口老龄化、家庭结构变化、慢性病治疗等需求，大力开展长期护理保险制度试点，加快发展多种形式的长期商业护理保险。开发中医药养生保健、治未病保险产品，满足社会对中医药服务多元化、多层次的需求。积极开发满足老年人保障需求的健康养老产品，实现医疗、护理、康复、养老等保障与服务的有机结合。鼓励开设残疾人康复、托养、照料和心智障碍者家庭财产信托等商业保险。其次，提高医疗执业保险覆盖面。加快发展医疗责任保险、医疗意外保险，探索发展多种形式的医疗执业保险，分担医疗执业风险，促进化解医疗纠纷，保障医患双方合法权益，推动建立平等和谐医患关系。支持医疗机构和医师个人购买医疗执业保险，医师个人购买的医疗执业保险适用于任一执业地点。鼓励通过商业保险等方式提高医务人员的医疗、养老保障水平及解决医疗职业伤害保障和损害赔偿问题。再次，支持健康产业科技创新。促进医药、医疗器械、医疗技术的创新发展，在商业健康保险的费用支付比例等方面给予倾斜支持，加快形成战略性新兴产业。探索建立医药高新技术和创新型健康服务企业的风险分散和保险保障机制，帮助企业解决融资难题，化解投融资和技术创新风险。

《若干意见》还强调完善发展商业健康保险的支持政策，在国务院和地方各级深化医药卫生体制改革领导小组的统筹协调下，加强沟通和配合，完善政策，创新机制，协调解决商业健康保险发展中的重大问题。有关部门要根据该意见要求，及时制定配套措施。各省（区、市）人民政府要结合实际制定具体实施意见，促进该地区商业健康保险服务业持续健康发展。完善财政税收等支持政策。借鉴国外经验并结合我国国情，完善健康保险有关税收政策。研究完善城乡居民大病保险业务保险保障基金政策。落实和完善企业为职工支付的补充医疗保险费有关企业所得税政策。坚持市场配置资源，鼓励健康服务产业资本、外资健康保险公司等社会资本投资设立专业健康保险公司，支持各种类型的专业健康保险机构发展。《若干意见》第一次从深化医药卫生体制改革、发展健康服务业、促进经济提质增效升级的高度定位了商业健康保险的功能作用，而这也是国务院第一次出台专项文件全面部署商业健康保险发展。尤为值得关注的是，《若干意见》不仅指明了商业健康保险的发展方向，更加突显了政府运用保险机制、提高国民健康水平的理念和决心。

第三节 商业健康保险法律制度的建设

一、商业健康保险法概述

（一）商业健康保险法的概念

商业健康保险法是指调整在商业健康保险中形成的各种社会关系的法律规范的总称。在我国，商业健康保险法目前以《保险法》为法律基础，《健康保险管理办法》为主要部门法规，辅之大量的政策性意见。随着我国政府对商业健康保险的愈发重视，商业健康保险将会极为迅速的发展，而相关法律法规等也会随之发生较大的变化。

（二）商业健康保险法的原则

1. 最大诚信原则

最大诚信原则是指商业健康保险关系的当事人应当以高于普通合同的诚信态度来订立和履行保险合同。这是因为商业健康保险交易具有明显的信息不对称性：一方面，投保方可能利用自己更了解保险标的危险情况，影响保险人的风险估算；另一方面，保险人也可能利用自己的专业知识优势，在缔约中给被保险人不公平的对待，损害其合法权益。

最大诚信原则的意义在于，建立以信息交换平衡为目的的制度体系，防范商业健康保险人和被保险人双方利用保险谋取不正当利益。可以说，为保证商业健康保险制度的良性发展，整个商业健康保险法的制度设计，都必须以最大诚信原则为核心。

2. 保险利益原则

商业健康保险利益，是指商业健康保险投保人或被保险人对保险客体有合法的利益，包括财产利益和人身利益。按照保险利益原则，任何人不得以自己无合法利益的保险客体设定保险。这就是“无保险利益即无保险”的法谚。

商业健康保险利益原则的作用，首先，区分保险与赌博行为。如果不要求商业健康保险投保人或被保险人对所投保的保险标的具有保险利益，就会产生一些无关的人以他人的财产或者人身投保，而在保险事故发生后获取赔偿这一类似赌博的情形。其次，是防范道德风险。有保险利益的人，通常是不希望保险事故发生之人。保险的目的，不在于让没有损失的人得利，更不是鼓励人们利用与己无关的偶然事件侥幸发财。没有保险利益，拿别人的生命或者财产投保的人，很有可能为获取保险赔偿金而毁损他人财产、恶意伤害他人身体甚至危及他人生命，这不仅有违商业健康保险制度的宗旨，而且有害公共秩序和善良风俗。

3. 损失补偿原则

损失补偿原则是指，在补偿性的商业健康保险合同中，当保险事故发生造成保险标的或被保险人损失时，商业健康保险保险人承担的赔偿数额不能超过被保险人遭受的经济损失。

损失补偿原则的意义，一是切实发挥保险的经济补偿职能；二是防止诱发道德风险。就后者而论，如果商业健康保险被保险人可获取的赔偿仅限于自己的实际损失，他就不可能因保险事故而获取额外利益。这样他就会维持一个理智之人应有的谨慎和勤勉，而不会放任或促使保险事故发生。

（三）商业健康保险法的特征

1. 自愿性

相对与社会保障法的强制保险，商业健康保险法强调投保人的自愿性，任何人都不能强制投保人投保。是否建立保险关系完全由投保人自主决定。

2. 复合性

从商业健康保险法规定的内容来看，商业健康保险有承保因疾病或医疗事故引发直接费用支出，具有纯人身保险的性质；商业健康保险也承保因疾病、分娩所致的死亡保险，属于以死亡为条件的人寿保险；对于失能损失保险承保的是投保人因疾病或医疗事故而导致的间接财产损失，又具有财产保险的性质；同时，还有医疗执业的责任险等。而且，商业健康保险的内容随着时间的发展还会越来越丰富。所以，商业健康保险法具有复合性的特点。

3. 权利义务的对等性

不同于社会保障法主体权力、义务的不对等，我国商业健康保险的投保人和承保人权力、义务是对等的，双方是平等主体的关系，表现为“多投多保，少投少保”的等价交换关系。

4. 政府主导性

我国商业健康保险的相关法律法规意见等，都体现着强烈的政府主导性，紧密结合于我国的经济体制改革和社会保障制度的建设。

5. 不稳定性

从商业健康保险法的历史发展来看，其随着我国经济社会的发展而发展，尤其是进入21世纪之后，变化越来越快，幅度越来越大。如对于商业健康保险的含义，最新的《关于加快发展商业健康保险的若干意见》就较《健康保险管理办法》有较大变动。

二、商业健康保险法律制度的建设

在1995年《保险法》、2006年《健康保险管理办法》，以及在此前后出台的一系列关于健康（医疗）保险的法规性文件，如《关于建立城镇职工基本医疗保险的决定》（1998年）、《关于建立新型农村合作医疗制度的意见》（2003年）、《关于开展城镇居民基本医疗保险试点的指导意见》（2007年）、《中共中央国务院关于深化医药卫生体制改革的意见》（2009年）、《社会保险法》（2010年）、《关于开展城乡居民大病保险工作的指导意见》（2012年）、《国务院关于促进健康服务业发展的若干意见》（2013年）、《国务院关于加快发展现代保险服务业的若干意见》（2014年）、《国务院办公厅关于加快发展商业健康保险的若干意见》（2014年）组成的规范体系下，我国力图建立起一个以社会基本医疗保险为主、以商业健康保险为辅的健康保险体系，它基本上覆盖了全体国民，30%的城镇职工与居民都享受社会基本医疗保险（包括公费医疗），70%的农村人口加入了新型农村合作医疗保险，并通过各级医院和医疗中心、站、点等，享受各种层次、各种水平的健康医疗服务。但我国目前健康保险体制，还存在着许多问题。例如，在制度设计上，现在的三种保险存在着比较大的差别，即第一种城镇职工的基本医疗保险待遇要远好于后两种即新型农村合作医疗保险及城镇居民基本医疗保险，医疗资源的配置不公平。例如，新型农村合作医疗保险的水平太低，农民个人自愿交费、国家和地方财政分别补助，加在一起人均1年的保费也只有30元至60元，尚无法解决农民的大病治疗问题，农民“因病致贫”、“因病返贫”等现象比较严重。此外，在城镇职工和居民的医疗保险体制中，患者自己出的费用比率过高（一般都在60%以上），医院等医疗保险的供应方的医疗服务供应不足和水平参差不齐，医药费用持续居高不下。这些都制约了我国健康保险事业的继续发展。

商业健康保险因此被日益为我国政府所重视，最新对其定位是“生力军”，要求到2020年，基本建立市场体系完备、产品形态丰富、经营诚信规范的现代商业健康保险服务业。建设商业健康保险法律制度，发挥商业健康险的积极作用，需要提高信息化水平，实现商业健康险信息和数据共享；要形成与医疗机构合作机制，发挥支付方的关键作用；加强商业健康险税收研究，积极争取出台优惠政策；要加快商业健康保险监管制度建设，做好制度顶层设计；要充分发挥监管机构的协调作用，促进地方政府出台配套文件。具体应从以下几个方面着手。

（一）社会个人健康档案制度

在我国特有的商业健康保险体制中，公立医院不仅处于强势和垄断地位，而且存在“以药养医”的顽疾。商业健康保险公司在和公立医疗机构的合作中，不能充分分享健康数据，在产品定价环节做好风险控制，也不能介入到诊疗环节过程中，控制最终的医药成本。现实中医患合谋式的“过度医疗”成为常情，险企赔付成本居高难下。国外的一些健康险公司通常会收购医疗机来参与到与医院的合作中，最终积累数据，控制风险。为解决这个问题，我国的一些保险公司也开始自己搭建健康管理平台。如平安健康、昆仑健康、新华保险、中国人寿等纷纷进军健康管理产业。人保还选择了与康美药业联合搭建健康管理平台。目前，北京等部分地区也积极搭建行业信息化平台，希望大数据资源和信息技术化程度能成为健康险公司的核心竞争力之一。

以区域为单位建立社会个人健康档案制度，有利于从根本上实现商业健康险信息和数据共享。要求各单位和住宅社区对全体城镇居民进行较为全面的体检工作，并对体检信息及时整理与发布，体检所需资金由政府财政、医疗服务机构与商业健康保险公司共同承担。首先建立社会个人健康档案制度有助于城镇居民了解自身健康状况，对于自身存在在病情做到早发现早治疗，同时督促其对自身潜在的健康风险进行预防，规避风险或将风险发生后的损失减小到最低；其次，信息共享机制有助于商业健康保险公司对区域内全体居民的健康信息进行汇总和整理，保险专业人才通过对信息的分析与整合，计算适用于该区域的保险费率，并设计创新出与该区域居民健康状况相适合的商业健康保险险种，提高商业健康保险公司盈利，推动商业健康保险市场的发展；最后，政府的参与有利于减轻商业健康保险公司的负担，有利于加快建成这一制度。

（二）以税收优惠为核心的商业健康保险税收法律制度

商业健康保险税收法律制度模式有三种：①制定独立的商业健康保险税法；②制定独立的保险税法，将商业健康保险税收立法涵盖在其中；③采取混合的立法模式，即将商业健康保险税法条款分散在相关立法当中。

采取制定独立的商业健康保险税法的代表性国家是澳大利亚。对没有购买商业健康保险的高收入人群加征惩罚性医疗附加税，以此来扩大商业健康保险的市场份额，同时有对商业健康保险的补贴制度。采取制定独立的保险税法，同时将商业健康保险税收法律条款包涵在内的代表性国家是德国。德国保险税与关税、消费税等同是属于联邦专享税中的流转税范畴。取混合立法模式的代表性国家是美国。经济合作与发展组织（OECD）大部分国家都采用这种模式，但美国作为商业健康保险最发达的国家，其商业健康保险税法制度最为完备。

世界各国的商业健康保险税法制度框架都是以税收优惠制度为核心，分别对商业健康保险人、商业健康保险投保人和商业健康保险营销员制定不同的税法条款。就国外商业健康保险的税收优惠制度而言，其内容主要集中在几个方面：①细化并明确税收优惠的受惠主体。国外商业健康保险税收优惠的受惠主体范围广泛，群体极为细化。总体上来说包括商业健康保险保险人、商业健康保险投保人和商业健康保险营销员，其中又以对商业健康保险投保人的优惠内容最多，最为细化。而商业健康保险投保人又可以分为个人投保人、团体投保人和个体经营者投保人等，对这些投保人又根据性质、年龄等不同的标准予以细化。②税收优惠所涉税种广泛。商业健康保险税收优惠所涉税种较多。在实行混合制立法的国家中，几乎在有关个人和企业所得税、营业税、薪资税当中都有。在实行单独立法的国家中，也是分散在各个税种当中，只不过有一部单独的商业健康保险税法来将这些条款统一并进一步细化而已。就美国来说，商业健康保险税收优惠所涉及的税种有联邦所得税法、薪资税法、社会保障税、营业税和保费税等。营业税和联邦所得税主要是针对商业健康保险公司制定税收优惠政策，营业税同时还对团体健康保险购买企业制定优惠计划。薪资税主要是针对个人和个体营业者购买商业健康保险制定相应的税收优惠政策。社会保障税则对申请计划下商业健康保险投保人及与国家健康保障计划相关的商业健康保险购买者提供税收优惠政策。保费税税基一般包括保险公司初保业务收到的全部保费收入。③税收优惠方式以税额式优惠为主，税基式优惠为辅。采用税基式优惠的国家几乎覆盖了所有的国家。如美国针对团体商业健康保险的购买者制定的税收优惠政策规定，在确定课税收入时可以从税基中扣除雇主提供的团体健康保险保费；英国公司可以在课税利润中扣除为雇员提供的商业健康保险保费；西班牙可以在企业所得税中扣除为员工购买商业健康保险的费用。税额式优惠是在确定课税收入时，对抵扣额度予以区别，很多国家采取这种优惠方式。对税额式优惠运用最为广泛的是美国，不仅对不同群体的抵扣额度予以区分，而且对抵扣额度的范围和方式也规定得极其详细。也有少数国家采取主要针对商业健康保险人的税率式优惠，即确定税种的税率时根据纳税人的具体情况给予不同税率的税收待遇。

保险税是伴随着保险业的兴起而产生的，中国目前没有“保险税”这一专有名词。但对保险业从业者如保险公司、投保人、保险营销员、保险中介机构等，会根据相关法律征收所得税或营业税及附加税费。未来我国商业健康保险税法制度的立法模式可能采用分散立法为好。一是基于目前我国税法的立法实践，《税收基本法》还处于讨论当中，属于法律层次的税收立法目前仅有三部。对商业健康保险的税收立法进行单独规制还不具备条件。是基于商业健康保险的发展实践。商业健康保险业在经历了起起伏伏之后，现今得到了广泛的认可和支持，为商业健康保险的进一步蓬勃壮大打下了良好的政策基础。但是与国外发达国家可以与寿险、财产险相抗衡的专业健康保险公司相比，我国只有四家专业健康保险公司，多数的商业健康保险业务由寿险公司兼营，商业健康保险产品还没有成为这些公司的盈利点。在这种情况下，对商业健康保险单独进行税法规制也没有现实的必要性。有鉴于此，在《企业所得税法》、《个人所得税法》和《营业税实施条例》中设专门章节对保险业的税法规制单独列出，将商业健康保险税法规则包含在其中是合理的现实选择。

我国商业健康保险税收优惠制度的内容与方式应在密切联系我国发展状况的基础上充分借鉴国际经验，以满足居民的多样化需求。

1. 商业健康保险税收优惠制度的受惠主体以投保人为主

这主要基于几个方面的考虑：首先是努力提高商业健康保险在保险业中的比重。经济全球化引发的竞争全球化已经将竞争的核心从产业经济和技术创新扩展到服务领域。作为金融的关键产业，保险业也毋庸置疑地加入其中。商业健康保险业作为与民生最为密切的领域除了参与全球经济竞争外，也改变了保险业的结构。商业健康保险的比重提高是经济发展与政府健康保障水平之间的博弈结果。其次是我国商业健康保险业在政府医疗保障系统中的重要角色和功能，以及其在税法中的地位。商业健康保险在当今世界各国国民经济与医疗保障系统中的作用随着经济的迅速发展越来越大。就我国商业健康保险业的发展现状而言，更需要政府通过有形之手，即税收的调控作用来弥补商业健康保险业的弱势之处。再次是合乎税收正义的内在要求。从税收目的层面上讲，税收正义的实质需要同时考量财政收入目的、照顾弱势群体的社会目的及提高国际竞争力的经济目的，而其核心价值则是合乎上述目的基础上的量能课税。

2. 税收优惠所涉税种以所得税优惠为主，以税基式优惠和税额式优惠为主要形式

首先，在企业所得税税基中，对于为职工购买补充医疗保险的商业健康保险保费不应仅限于4%的抵扣限额，而应将抵扣限额与职工的收入相比较，制定一个较为合理的抵扣限额。我们认为，在我国目前补充医疗保险并不普遍的情况下，为鼓励企业为职工购买补充医疗保险，提高职工的健康保障水平，全额抵扣较为合理。但是抵扣额度明显与职工个人收入差距过大的，超出范围的额度则不得抵扣。超出范围多少属于不得抵扣部分要在对该项目相关因素调研和统计之后计算出合理数字。在个人所得税税基中，应对个人购买商业健康保险的保费支出与商业健康保险营销员的展业成本全额予以扣除，但是对于个人投保人购买额度较高、保障范围特别全面的商业健康保险保费支出要予以限制。其次，税额式税收优惠属于直接税收优惠方式。对于商业健康保险经营主体利用商业健康保险保费进行投资的所得予以减免属于税额式减免。对商业健康保险经营主体投资健康保障管理中心和医院的所得予以一定比例的税额式减免，有利于鼓励这些经营主体拓展商业健康保险产品经营范围，使健康管理与健康保障融为一体。另外，对经办基本医疗保险的商业健康保险经营主体，应对其应纳税额予以一定比例的减免。

（三）商业健康保险保障范围的法律制度

国务院规定，超过基本医疗保险最高支付额的费用，可以通过商业健康保险等途径解决。随着经济的发展和人们生活水平的提高，民众对健康的需求越来越强烈，社会医疗保险已不能满足人们的需求，再加上疾病发生率的攀升，医疗费用的逐年上涨，更加增强了人们投保商业健康保险的意识。新医改不仅肯定了商业健康保险的经济补偿功能，而且也肯定了商业健康保险的社会管理功能。未来应从三个方面推动商业健康保险的发展：①开发个性化的健康保险产品，不断丰富保险产品类型，满足广大群众多层次、多样化的医疗保障需求。例如，在人口老龄化背景下，开发个性化的长期照护保险产品以覆盖我国规模巨大的失能老年人的长期照护服务；②开发补充医疗保险市场。根据基本医疗保险保障对象和保障范围的变化，及时开发与其互为补充的健康保险产品，与基本医疗保障形成良性互补；③积极稳妥地参与基本医疗保险经办管理业务。在总结借鉴现有商业保险机构经办医疗保险实践的基础上，保险公司应不断探索和创新，提高经办管理服务质量，服务国家基本医疗保险体系，确保基金安全。根据保险对象的不同而采取不同的政策。对于高收入的业主和个体户采用强制保险加自愿保险的政策，对于中等收入的职员采用强制保险加自愿保险的政策，对于低收入的劳动者或下岗职工采取免缴保险费而享受医疗保险的政策。使得商业健康保险和法定医疗保险之间有着清晰、分明的界限。

（四）商业健康保险筹资法律制度

我国是一个人口大国，又是一个人均经济发展水平比较低的穷国。在经济新常态下，让国家全部包揽健康保险费用是不现实的。因此，通过多元化的筹资渠道，加快构建和完善商业健康保险制度，补充社会医保之不足，是符合目前中国国情的明智选择。但关于多元化的筹资方式的法律规范，我们立法还没有能够跟上。由于法律的缺位，许多应该到位的政府经费没有能够到位。同时，由于我国经济发展基础比较差，不仅政府没有很大的实力，就是企业尤其是民营中小企业，经济状况也不乐观，这样，多元化的筹资，轮到让中小企业出资时，它们难以为继。此外，由于城乡二元结构长期的腐蚀，农民尤其是欠发达地区的农民收入很低，让他们出的经费，有时也往往落空。在这种情况下，如何向发达国家学习，让非营利组织在商业健康保险的供给中发挥重要作用，是值得我们积极研究和探讨的问题。

（五）商业健康保险机构法律制度

目前我国的这种医疗体制集中化、统一化及官僚化的做法需要改变，政府应对健康保险实行分业管理。寿险、财险、健康保险分业经营，不得交叉。专业化经营是商业健康保险的经营理念和经营优势，要求商业健康保险在经营模式中体现其特殊性和专业性，锻造商业健康保险的核心竞争力。正是由于严格的分业监管，德国现有 48 家商业健康保险经营实体得以专心致志发展本业，在产品开发、核算定价、核保核赔、信息系统、数据统计与分析、经营流程、客户服务、客户管理与医院管理等方面，形成了极其系统又精细的理论和技术。

（六）关于商业健康保险监管的法律制度

西方任何一个发达国家的商业健康保险体系，都是由比较发达健全的法律和法规加以规范调整的，英国、法国、德国、日本，以及北欧各国无不如此，美国早在殖民地时期，当时的统治者就用宗主国英国的济贫法来规范共助互济医疗服务行为。之后，工伤保险基金的建立和运作，雇主购买健康保险的逐步流行，私人健康保险公司的崛起，以及上世纪中叶的医疗保险照顾计划和医疗保险救助计划，各州儿童健康保险计划，乃至最近由奥巴马政府建立起来的准全民健康保险制度，其中每个进步，都是依靠国家法律的支撑。

就我国的情况而言，在商业健康保险领域的立法本来就比较滞后，在监管方面的立法更加滞后。我们虽然也制定了一些条例和规定，但基本上只是国务院和卫生部等机构颁布的一些通知、决定和意见等，国家层面的立法几乎还是一片空白。我国的《保险法》和《健康保险管理办法》都十分粗略。最近出现的许多健康保险领域里的犯罪案件，如针对投保人和医疗机构骗取医保基金、保险公司违法违规操作、保险中介组织经营不善、政府保险管理机构人员贪污读职等，司法部门处理往往感到无法可依。因此，认真学习国外商业健康保险监管的法律体系，从中发现和找出适合于中国国情的一些立法经验和法律精神，对于我们加强商业健康保险领域内的监管法制建设，是有着现实意义的。如世界上不少国家和地区把费率监管列为健康保险专业监管的重要内容之一，如美国的私营健康保险产品的费率就受到严格的监督，而其他一些国家，如英国，健康保险产品的费率主要通过市场来形成，保险监管部门不对费率的制定进行监管。健康保险费率监管模式上的差异，既有历史和保险市场本身的原因，但主要还是商业健康保险在不同国家和地区所起的作用不同所决定的，在商业健康保险有可能作为社会健康保险或其他公营健康保险的替代品时，严格的费率监管都是必须的。

（许明华）

1. 试述商业健康保险法的内涵。
2. 国外商业健康保险法对我国商业健康保险法建设有何借鉴？

案例

麻烦的复印件

2011 年 12 月 29 日，晁红伟经被告中国大地财产保险股份有限公司安阳中心支公司（以下简称大地财险安阳支公司）内黄营销部职工季某的介绍购买了该公司自助式保险卡 1 张，经电脑激活后投保了意外伤害医疗保险 1 份，标准保费为 50 元，保险金额为每年 3000 元。2012 年 2 月 14 日，原告晁红伟因意外扭伤脚踝住院治疗，并于当日向内黄营销部备案，填写人身保险报案登记表一份。2012 年 2 月 15 日，内黄营销部出具了人身险理赔案件调查报告，并认定“摔伤事故真实，属于保险责任”。2012 年 3 月 6 日，晁红伟出院，共住院 18 天，医疗费 25244.60 元。2012 年 3 月 7 日，晁红伟作为城镇职工拿着原始医疗单据到内黄县医疗保险中心报销医疗费用，医疗保险中心统筹支付给晁红伟现金 19461.44 元。随后，晁红伟拿着加盖医保中心印章的医疗费用复印单到内黄县营销部，要求其支付保险金，内黄营销部以原告未提供原始医疗费单据为由拒付保险金。晁红伟认为，虽然当时没提供保险原始单据，但已经被告工作人员核实属于保险责任范围，被告未做出理赔有违诚信原则，故诉至河南省内黄县法院，要求被告理赔。被告大地财险安阳支公司及内黄营销部辩称：没有理赔是因为原告未按规定提供医疗费用原始单据，且原告已从其他部门获得报销，不能重复获得理赔。

（来源：《人民法院报》，作者：河南省内黄县人民法院 卞艳飞 徐建华，本案案号：（2012）内民初字第1693号）

问题：被告辩解理由是否成立，为什么？

提示：加盖医保中心印章的社保医疗费用复印件，是否足以认定相关费用及事件的真实性；被保险人享受了社会保险的权利，商业保险公司是否就不用履行义务？

拓展阅读

2015年5月6日，国务院常务会议正式决定，借鉴国际经验，开展商业健康保险个税优惠政策试点，鼓励购买适合大众的综合性商业健康保险。5月8日，财政部、国家税务总局、中国保监会联合下发《关于开展商业健康保险个人所得税政策试点工作的通知》（财税［2015］56号），内容如下。

各省、自治区、直辖市财政厅（局）、地方税务局、保监局：

为贯彻落实《国务院关于促进健康服务业发展的若干意见》（国发〔2013〕40号）精神，经国务院批准，现就开展商业健康保险有关个人所得税政策试点工作有关问题通知如下。

一、对试点地区个人购买符合规定的商业健康保险产品的支出，允许在当年（月）计算应纳税所得额时予以税前扣除，扣除限额为2400元/年（200元/月）。试点地区企事业单位统一组织并为员工购买符合规定的商业健康保险产品的支出，应分别计入员工个人工资薪金，视同个人购买，按上述限额予以扣除。

2400元/年（200元/月）的限额扣除为个人所得税法规定减除费用标准之外的扣除。

二、适用商业健康保险税收优惠政策的纳税人，是指试点地区取得工资薪金所得、连续性劳务报酬所得的个人，以及取得个体工商户生产经营所得、对企事业单位的承包承租经营所得的个体工商户业主、个人独资企业投资者、合伙企业合伙人和承包承租经营者。

三、符合规定的商业健康保险产品，是指由保监会研发并同财政部、税务总局联合发布的适合大众的综合性健康保险产品。待产品发布后，纳税人可按统一政策规定享受税收优惠政策，税务部门按规定执行。

四、为确保商业健康保险个人所得税政策试点平稳实施，拟在各地选择一个中心城市开展试点工作。其中，北京、上海、天津、重庆四个直辖市全市试点，各省、自治区分别选择一个人口规模较大且具有较高综合管理能力的试点城市。各省级财政、税务和保监部门应及时研究制定试点工作实施方案，分别上报省级人民政府确定，并于2015年6月30日前联合上报财政部、税务总局和保监会审核备案。

2015年6月10日，中国保监会拟定出台个税优惠健康保险业务意见稿，共十章，内容如下。

第一章 总则

第一条 为贯彻落实《国务院关于促进健康服务业发展的若干意见》（国发〔2013〕40号）精神，充分发挥商业健康保险在满足多样化健康保障和服务方面的功能，建设符合国情、结构合理、运行高效的多层次医疗保障体系，促进个人税收优惠型健康保险（以下简称“个人税优健康保险”）业务健康发展，维护各方当事人的合法权益，根据《中华人民共和国保险法》、《财政部、国家税务总局［微博］、保监会关于开展商业健康保险个人所得税政策试点工作的通知》（财税〔2015〕56号）等法律、行政法规和国家有关规定，经征求财政部、税务总局意见，制定本办法。

第二条 本办法所称个人健康保险税收优惠，是指适用商业健康保险税收优惠政策的纳税人，允许其在当年（月）计算应纳税所得额时予以税前扣除，扣除限额为2400元/年（200元/月）。企事业单位统一组织并为员工购买符合规定的商业健康保险产品的支出，应分别计入员工个人工资薪金，视同个人购买，按上述限额予以扣除。

第三条 适用商业健康保险税收优惠政策的纳税人，是指取得工资薪金所得、连续性劳务报酬所得的个人，以及取得个体工商户生产经营所得、对企事业单位的承包承租经营所得的个体工商户业主、个人独资企业投资者、合伙企业合伙人和承包承租经营者。

第四条 鼓励企事业单位为员工购买个人税优健康保险的个人所得税申报、税款代扣代缴等提供支持和方便。

第五条 本办法所称保险公司是指符合中国保监会规定的条件的人身保险公司及分支机构。

第六条 保险公司经营个人税优健康保险业务，适用本办法。

第二章 经营要求

第七条 保险公司经营个人税优健康保险应当具备以下基本条件：

（一）依法成立的专业健康保险公司和其他人身保险公司；

（二）满足保险公司偿付能力管理规定，上一年度末和最近季度末的偿付能力均不低于150%；

（三）最近三年内无重大违法违规行为；

（四）具有成熟的健康保险经营管理经验；

（五）能够对该业务实行专项管理；

（六）具备较强的健康保险精算技术；

（七）具备完善的、覆盖区域较广的服务网络，在试点地区设有分支机构；

（八）配备医学等专业背景的人员队伍，具有较好的理赔能力和风险管理能力；

（九）具备功能完整、相对独立的健康保险信息管理系统，并与商业健康保险信息平台对接，能够按规定向保险监管部门报送相关数据；

（十）除专业健康保险公司外，其他人身保险公司应有专门的健康保险部；

（十一）中国保监会规定的其他条件。

第八条 保险集团公司应当指定一家符合条件的子公司开展个人税优健康保险业务。

第九条 处于风险处置期的保险公司不得开展个人税优健康保险业务。

第三章 产品管理

第十条 保险公司开发的个人税优健康保险产品，应当标注“个人税优健康保险”

字样，经中国保监会审批后，由财政部、国家税务总局和中国保监会向社会发布。

第十一条 保险公司要加大产品创新力度，充分发挥税优杠杆作用，提高产品的吸引力，鼓励目标人群积极参保，尽可能扩大覆盖面，提高个人税优健康保险的互助共济性。

第十二条 个人税优健康保险产品设计要遵循保障为主、合理定价、微利经营的原则。

第十三条 保险公司应按照长期健康保险要求经营个人税优健康保险，对所有投保人公平对待，不得因投保人“既往病史”拒保，并保证续保。

对首次带病投保的，可以通过降低赔付额度等方式控制经营风险，当年支付的最高赔付额度不得超过当年保险金额的五分之一。

第十四条 供纳税人个人购买的个人税优健康保险产品应当采取万能险方式，包含“中端医疗+个人账户积累”两部分责任。个人账户积累可用于退休时购买商业健康保险（如长期护理保险等）支出。中端医疗保险要与基本医保、补充医疗保险相衔接，主要补偿在职纳税人群的中端医疗费用保障：

1. 中端医疗保险保费比例的20%应作为健康管理支出，健康管理费用支出视同理赔支出，中端医疗保险简单赔付率不得低于80%。中端医疗保险简单赔付率低于80%的，差额部分平均返还到所有被保险人的个人账户；

2. 中端医疗保险的保险金额不得低于25万元人民币，终身累计赔偿限额为100万元人民币；被保险人符合规定的医疗费用自付比例不得高于10%；被保险人自投保以来连续5个保单周年没发生大额理赔，可将其终身累计赔偿限额提高到150万元人民币；

3. 中端医疗保险设置有年度免赔额，16-40周岁的被保险人为3000元，41-50周岁的被保险人为5000元，51-65周岁的被保险人为10000元；

4. 中端医疗保险的医疗费用补偿范围不受基本医保目录限制，但应尽量采用国产的药品、医疗器械和高值耗材；

5. 中端医疗保险的就医医院仅限公立医院普通病房；

6. 中端医疗保险在保险责任设计上应引导被保险人采用合理的药品、医疗器械和高值耗材临床应用，保险公司应加大对医疗服务和报销的监督审核力度。

第十五条 由企事业单位统一组织并为员工购买符合规定的商业健康保险产品的有关要求另行规定。

第十六条 保险公司应在保险产品中明确合理规范参保人的就医行为和医疗机构的诊疗行为的内容，发挥专业优势，深度介入医疗行为，管控医疗风险。

第十七条 保险公司应当以提升被保险人健康水平、降低发病率为目的提供健康管理服务，并在保险产品中明确健康管理服务内容和提供方式。体检费用不得列入健康管理支出。

第十八条 个人税优健康保险可以提取未决赔款准备金。

第四章 业务管理

第十九条 投保人只能购买一份个人税优健康保险（保费2400元/年）。保险公司应从商业健康保险信息平台对投保人身份和纳税情况进行验证，符合条件方可承保。

第二十条 保险公司在确认收到投保人的缴纳保费后，应向其开具特殊单证，用于个人所得税税前抵扣。

第二十一条 保险公司应当在所有设有分支机构的试点城市提供个人税优健康保险产品。

第二十二条 保险公司不得向投保人提供个人税优健康保险的保单贷款服务。

第二十三条 被保险人可以在医疗费用风险保障责任期间终结后，将保单免费转移到另一家保险公司。保险公司不得强制或变相要求参保人变换保险公司。

第二十四条 投保人退保的，应当向税务机关补交税收优惠额度。保险公司是补交税款的代扣代缴义务人。

第二十五条 退保后重新投保的，保险公司可以对其进行核保。

第二十六条 保险公司可以通过再保险分散个人税优健康保险业务风险，但不得进行财务再保险。

第二十七条 保险公司应当加强对个人税优健康保险业务销售人员的培训与管理，提高其职业道德和业务素质，不得误导销售人员进行违背诚信原则的活动。

第五章 客户服务

第二十八条 保险公司应协同各地政府做好个人税优健康保险宣传工作。在宣传个人税优健康保险时不得误导公众，不得减少或夸大保障范围，不得强制搭售其他商业保险产品。

第二十九条 保险公司应加强服务能力建设，对个人税优健康保险服务人员定期进行专业培训和服务质量考评，不断提升其综合素质。

第三十条 保险公司应当通过电话、网络等方式为被保险人提供咨询、查询服务，切实维护好被保险人的合法权益。

第三十一条 保险公司应根据被保险人居住和就医分布情况，设立服务网点，为被保险人提供便捷服务。

第三十二条 保险公司应加强与基本医保、大病保险、医疗救助的衔接，提供“一站式”即时结算服务。积极利用机构网络优势，为被保险人提供异地就医结算服务。

第三十三条 保险公司应在基本医保主管部门的授权下，依据诊疗规范和临床路径等标准或规定，通过医疗巡查、驻点驻院、抽查病历等方式，做好对医疗行为的监督管理；探索开展疑难案件的医疗专家评审制度。

第三十四条 保险公司应遵循实事求是、客观公正的原则，规范审核标准，严格按照当地有关政策规定及保险合同约定对被保险人的医疗费用进行审核给付，及时将发现的冒名就医、挂床住院、过度医疗等违规问题通报投保人和政府有关部门，并提出相关处理建议。

第六章 财务管理

第三十五条 保险公司应建立完善的财务管理系统，遵循“准确、公平、透明”的基本原则，对个人税优健康保险业务进行单独核算。

第三十六条 保险公司应当单独统计个人税优健康保险的保费收入、赔付支出、经营管理费用、盈亏，单独出具个人税优健康保险业务的利润表、费用明细表及报告。

第三十七条 保险公司应建立完善的资金运用风险管理组织体系和运行机制，遵循“收支两条线”原则，严格管理保费收入上划和资金使用。

第三十八条　保险公司应按照中国保监会关于费用分摊的有关规定对个人税优健康保险进行费用认定和分摊。

第三十九条　保险公司应据实列支经营个人税优健康保险业务所发生的销售费用、管理费用及其他运营费用，不断加强对费用的控制力度，切实提高费用管理水平，降低业务经营成本。

第四十条　保险公司建立的个人税优健康保险业务个人账户运行情况及费用列支情况应当接受政府有关部门监督，公开透明运行。

第七章　信息系统管理

第四十一条　中国保监会组织开发全行业统一的商业健康保险信息平台，并与保险公司的系统实现对接，接受税务部门的查询、稽核。

第四十二条　商业健康保险信息平台应具有以下功能：

（一）支持个人税优健康保险业务的承保、理赔、转移等；

（二）向保险监管部门报送相关统计数据；

（三）支持税务部门对保单的真实性及税优使用额度进行检验；

（四）可以为投保人提供自助式的保单信息及账户信息查询服务；

（五）中国保监会规定的其他功能。

第四十三条　保险公司应建立健康保险信息管理系统，并与商业健康保险信息平台对接，为投保人提供便捷、高效的服务。

第四十四条　保险公司应加强对信息系统的管理和维护，建立并执行严格的保密制度，严格用户权限管理，切实保护被保险人信息安全。

第四十五条　保险公司应加大对个人税优健康保险业务数据的积累和分析。

第四十六条　保险公司应按照保险监管部门要求，按时上报个人税优健康保险业务经营情况及相关的信息和数据。

第八章　信息披露

第四十七条　保险公司应当按照中国保监会的有关规定对个人税优健康保险情况进行信息披露。

第四十八条　保险公司应当定期向社会公众公布个人税优健康保险的保障责任、服务内容、服务承诺、咨询投诉方式、理赔流程及联系方式，切实维护好被保险人的合法权益，接受社会监督。

第四十九条　保险公司应当以书面、电子邮件、短信等形式每年一次向投保人提供投保信息、保单状态、账户信息、交费次数、交费金额、万能账户价值和收益等信息资料，并提供相应的查询服务。

第五十条　保险公司应当根据中国保监会的要求公布税优健康保险万能账户利息率。

第五十一条　保险公司，发生下列情形之一的，应当及时向中国保监会及税务部门报告，同时告知投保人：

（一）因重大股权变动、减资、合并、分立、解散、依法被撤销、申请破产或者被接管的；

（二）不再符合第八条规定的业务经营条件的；

（三）涉及重大诉讼或者仲裁的；

（四）国家规定的其他情形。

第五十二条 保险公司提供的信息披露材料，应当由总公司或其授权的分公司统一管理。保险公司须对所披露材料的真实性、完整性负责。

第九章 监督管理与市场退出

第五十三条 中国保监会对保险公司实行业务监管。保险公司应当按有关要求及时向商业健康保险信息平台报送相关信息。

第五十四条 中国保监会及有关税务机关可对保险公司税优健康保险业务实行检查，保险公司应予以配合。

第五十五条 保险公司存在以下行为之一的，由中国保监会予以警告，责令限期改正；逾期不改的，由中国保监会责令其暂停个人税优健康保险新业务，并依法对保险公司相关责任人予以处罚：

（一）未按规定履行信息披露义务的；

（二）虚假记载、误导性陈述或者重大遗漏的；

（三）对符合规定的投保人拒保或变相核保的；

（四）强制或变相强制参保人变更保险公司的；

（五）中国保监会禁止的其他行为。

第五十六条 保险公司依法解散、被依法撤销、被依法宣告破产的，应当根据《中华人民共和国保险法》及其他有关法律对个人税优健康保险业务进行清算。

第十章 附则

第五十七条 商业健康保险信息平台是指由中国保险信息技术管理有限责任公司负责开发的全行业统一的信息平台。

第五十八条 中国保监会将组织行业和有关专家根据试点情况适时制定税优健康保险药品、耗材和诊疗服务目录。

第五十九条 保险公司开展健康管理的有关要求另行规定。

第六十条 非纳税人群购买税优健康保险产品问题由保险公司自行决定。

第六十一条 本办法由中国保监会负责解释。

第六十二条 本办法自 年 月 日起施行。

第十一章

商业健康保险合同

内容提要

本章主要介绍了我国商业健康保险合同的概念、法律特征、分类，以及商业健康保险合同的主要内容和争议处理。要求掌握我国商业健康保险合同的概念、法律特征和种类，熟悉商业健康保险合同的争议处理，了解商业健康保险合同的主要内容。

第一节　商业健康保险合同概述

一、商业健康保险合同的概念

保险合同是指平等主体的保险人与投保人之间关于转嫁风险的一种民事法律关系，即投保人依约向保险人支付保险费，保险人对于约定的可能发生的事故因其发生所造成的财产损失承担赔偿保险金责任，或者当被保险人死亡、伤残、疾病或者达到约定的年龄、期限时承担给付保险金责任的双方民事法律行为。

相应地，商业健康保险合同即是保险人与投保人之间协议签订的，以被保险人的身体健康利益作为保险标的，由保险人通过疾病保险、医疗保险、失能收入损失保险和护理保险等方式，承保被保险人因疾病、分娩等保险事故导致残疾或死亡引起的费用支出或损失的人身保险合同。商业健康保险合同具有损害补偿的因素。特别是医疗给付，主要是补偿医疗费用的实际损失，因而在美国、日本等国家，都把它作为损害保险合同的一种，由财产保险公司经营。我国实务中，商业健康保险合同主要包括疾病保险合同、医疗费用保险合同、失能收入损失保险合同及护理保险合同等。

2006年保监会颁布了《健康保险管理办法》，对商业健康保险的产品构成、经营管理、产品管理、销售管理等进行了明确规定；2009年全国人大常委会重新修订了《保险法》，不可抗辩等内容加强了对商业保险被保险人合法利益的保护。这些法律法规初步界定了商业健康保险合同的概念、种类和法律特性，也对健康保险合同的制定和履行提供了较为明确的法律依据。

二、商业健康保险合同的法律特征

（一）与其他民商事合同相比之基本法律特征

商业健康保险合同作为一种特殊的民商事合同，其基本法律特征为商业健康保险合同是双务的、射幸的、最大诚信的和附合的合同。

1. 双务合同

根据合同中当事人双方权利、义务的关联性，一般来讲，合同分为双务合同和单务合同。双务合同是指当事人双方相互享有权利，相互负有义务的合同。单务合同是指当事人一方只承担义务，另一方只享有权利的合同。我国《保险法》第十四条规定："保险合同成立后，投保人按照约定交付保险费，保险人按照约定的时间开始承担保险责任。"投保人按照约定向保险人支付保险费，保险人则承担风险保障义务。根据商业健康保险当事人双方的约定，一方支付保险费于对方，另一方在保险标的发生约定事故时承担经济损失补偿责任，或者当约定事件发生时承担履行给付保险金义务。即保险人与投保人互负对价给付义务，构成该对等权利、义务关系，因此，商业健康保险合同是双务合同。需要注意的是，保险人按照约定的实际开始承担保险责任并不仅仅是指保险事故发生后的实际赔付或者保险金给付义务，还包括保险事故发生前的潜在危险承担义务。

2. 射幸合同

射幸合同是指合同的法律效果在缔约时不能确定的合同。在我国，《合同法》对射幸合同未予以明文规定，因而属于无名合同。商业健康保险合同也是射幸性的。射幸性特点来源于保险事故发生的偶然性。所谓射幸性特点是指保险合同履行的结果建立在事件可能发生、也可能不发生的基础之上。在健康保险活动中，保险人与投保人签订保险合同，在保险合同成立生效至保险事故发生的这段期间内，保险人是否需要向被保险人赔偿损失或者支付保险金、具体赔偿多少损失或者支付多少保险金是完全不确定的。假如保险标的发生损失，则被保险人从保险人那里得到的赔偿金额可能远远超出其所支出的保险费；反之，如无损失发生，则被保险人只付出了保费而没有得到任何金钱补偿。保险人的情况则正好相反。当保险事故发生时，他所赔付的金额可能大于他所收缴的保费；如果没有发生保险事故，则他享有收取保费而无须赔付的权利。

在一份射幸性合同下，一方当事人会获得远高于其给付的利益，这取决于未来的保险事件是否发生。例如，在长期失能保险合同中，被保险人可能会在仅支付一次保费之后便遭受重创而获完全失能保障并在随后几年免交保费。

3. 最大诚信合同

诚实信用是民事活动的基本原则，对民商事行为尤为重要，被誉为"帝王法则"。民法中的诚信原则是仅仅将"最低限度的道德要求上升为法律要求"。我国《保险法》第五条规定："保险活动当事人行使权利，履行义务应当遵循诚实信用原则。"保险人的危险补偿责任，很大程度上依赖于投保人及被保险人的诚实信用，合同理论将其称为"最大诚信合同"。这主要基于两个方面原因：一方面，保险合同的主要事项及双方权利、义务的多少，如保险人决定是否承保、采取什么样的承保条件、保费高低等，均以投保人或被保险人的告知及保证事项为依据，投保人的任何错误说明都可能使保险人蒙受损失；另一方面，保险标的多在被保险人掌控之下，故被保险人的任何故意或过失行为均会增加保险人承担的风险。

最大诚信原则在商业健康保险活动中的具体要求为对投保人而言，在投保阶段应如实告知，在危险增加时应及时通知，在事件发生后应及时报告，积极主动采取减损措施，与保险人协力合作；对保险人而言，在签发保单之前应将条款内容进行明确地说明，在事件发生后应及时调查核实，定损核赔，承担相应的保险责任。

4. 附合合同

附合合同是指一方当事人对于对方当事人事先已确定的合同条款只能接受或者不接受的合同。在健康保险活动中，由于保险经营具有较高的专业性和技术性，并且为了便捷交易、快速达成合意、降低交易成本，往往是由保险人将事先准备的格式条款提供给投保人，投保人一般只能有接受或者拒绝的自由，无权对该格式条款进行实质性变更。当然，并非全部商业健康保险合同都采取标准合同的形式，有些特殊险种的合同也采取双方协商的办法来签订。

保险合同的附合性在一定程度上限制了意思自治和契约自由。对此，《保险法》专门进行针对性的规制：其一，立法规制，《保险法》第十七条规定保险人在订立合同时的保险条款说明义务，尤其是免责条款的说明；其二，司法规制，当保险合同出现由于条款的歧义而导致法律纠纷时，按照国际上通常的做法，法院往往会做出有利于被保险人的判决；其三，行政规制，即商业健康保险主要险种的基本条款和保险费率由金融监管部门制定。

（二）有别于其他人身保险合同之特殊法律特征

相比较而言，商业健康保险合同具有不同于人寿保险合同和意外伤害保险合同的诸多法律特征。

1. 综合性合同

在保险实务中，商业保险公司很少开办单一的健康保险业务，而是采取综合险种的经营方式，多将疾病保险与伤害保险合一投保健康保险，甚至将人寿、疾病、伤害三种保险合一，统称为人寿保险或人身保险而订立一个保险合同。例如，在人寿保险合同中附加疾病保险条款或分娩保险条款，在意外伤害保险合同中附加医疗保险等。有些国家甚至将健康保险合同作为非营利性业务采取政府经营或者以相互保险形式经营。一般来说，健康保险的承保范围是人身的损失，人的受损主要是指因疾病、意外事故所引起的残疾、死亡而导致的经济损失。这也就决定了它的综合险种的特性。

2. 补偿性合同

商业健康保险合同具有损害补偿因素。特别是医疗给付，主要是补偿医疗费用的实际损失，因而在美国、日本等国家，都把它作为损害保险合同的一种，由财产保险公司经营。健康保险合同的补偿一般包括四项：①疾病补偿，因病不能工作的若干日起开始受领；②生育或分娩补偿，包括生育补助、津贴和看护津贴；③医药补偿，自患病之日即可受领；④残疾或死亡补偿，其中，前三项是以补偿医疗费用的损失为目的；第四项中的伤残保险在于补偿因疾病、分娩所致伤残的经济收入损失，而死亡保险则在于补偿因被保险人死亡而支出的丧葬费及遗属的生活困难。

3. 双重性合同

尽管健康保险合同带有一定的损害补偿因素，但它毕竟是以人的身体健康为客体，特别是疾病、分娩而导致的被保险人死亡，不属于经济损失的补偿范围，而是定额给付。有时对医疗费用的补偿也采用定额的方式。因此，从本质上，健康保险合同属于定额保险合同。不过，对于因疾病、分娩所支出的医疗费用和工资损失的补偿，则有不定额性，保险人在保险金额范围内根据实际发生的数额给付保险金。

4. 短期性合同

与人寿保险合同比较，除重大疾病保险外，健康保险合同的保险期间绝大多数为 1 年以内。主要是因为医疗服务成本持续增长及疾病发生率波动较大，保险人很难通过精算制定适用于长期的保险费率表。而人寿保险有较为可行且均衡的保险费率表，故其保险期限多为中、长期。我国《保险法》第九十五条第二款规定："经营财产保险业务的保险公司经国务院保险监督管理机构批准，可以经营短期健康保险业务。"在短期健康保险合同中，一般没有保证续保条款，但在保险期限届满时，被保险人可以申请续保，保险人有权决定是否续保，在续保过程中，当事人可以变更保险费率或者其他合同条款。

三、商业健康保险合同的分类

在保险实务中，保险公司会根据不同的疾病种类、不同的损害结果、不同的期限亦或不同的投保人等实际情况，设计各种不同类型的健康保险合同，以满足市场需求。

（一）医疗保险合同、疾病保险合同、失能收入损失保险合同和护理保险合同

根据保险保障内容的不同，分为医疗保险合同、疾病保险合同、失能收入损失保险合同和护理保险合同。

1. 医疗保险合同

医疗保险合同为以保险合同约定的医疗行为的发生为给付保险金条件，为被保险人接受诊疗期间的医疗费用支出提供保障的保险合同。

2. 疾病保险合同

疾病保险合同为以保险合同约定的疾病的发生为给付保险金条件的保险合同。

3. 失能收入损失保险合同

失能收入损失保险合同为以因保险合同约定的疾病或者意外伤害导致工作能力丧失为给付保险金条件，为被保险人在一定时期内收入减少或者中断提供保障的保险合同。

4. 护理保险合同

护理保险合同为以因保险合同约定的日常生活能力障碍引发护理需要为给付保险金条件，为被保险人的护理支出提供保障的保险合同。

（二）费用补偿型健康保险合同和定额给付型健康保险合同

按照保险金的给付性质分为费用补偿型健康保险合同和定额给付型健康保险合同。

1. 费用补偿型健康保险合同

该合同是指根据被保险人实际发生的医疗费用支出，按照约定的标准确定保险金数额的健康保险合同。

2. 定额给付型健康保险合同

该合同是指按照约定的数额给付保险金的健康保险合同。费用补偿型医疗保险的给付金额不得超过被保险人实际发生的医疗费用金额。

（三）长期健康保险合同和短期健康保险合同

按照保险期限分为长期健康保险合同和短期健康保险合同。

1. 长期健康保险合同

该合同是指保险期间超过 1 年或者保险期间虽不超过 1 年但含有保证续保条款的健康保险合同。

2. 短期健康保险合同

该合同是指保险期间在 1 年及 1 年以下且不含有保证续保条款的健康保险合同。

保证续保条款是指在前一保险期间届满后，投保人提出续保申请，保险公司必须按照约定费率和原条款继续承保的合同约定。

（四）个人健康保险合同和团体健康保险合同

根据投保人的不同，分为个人健康保险合同和团体健康保险合同。

1. 个人健康保险合同

该合同是指由公民个人或家庭作为投保人投保的健康保险合同。

2. 团体健康保险合同

该合同是指由单位或团体作为投保人，由其成员作为被保险人的健康保险合同。目前，我国保险实务中的多数健康保险都属于团体健康保险合同。

第二节　商业健康保险合同的主要内容

一、商业健康保险合同的构成

健康保险是一种法律关系，任何法律关系都包括主体、客体和内容三个不可缺少的要素。健康保险合同也由这三个要素构成。保险合同的主体为保险合同的当事人和关系人，保险合同的客体为可保利益，保险合同的内容为确立保险合同当事人和关系人的权利和义务。

（一）商业健康保险合同的主体

保险合同的主体是在保险合同中享有权利和承担义务的人，保险合同的主体包括保险合同的当事人和保险合同的关系人。保险合同当事人和保险合同关系人在保险合同中各自享有一定的权利并承担一定的义务，两者的主要区别在于保险合同当事人直接参与保险合同的签订，而保险合同关系人则不直接参与保险合同的签订。与保险合同一样，商业健康保险合同的主体也包括商业健康保险合同的当事人和商业健康保险合同的关系人。

1. 健康保险合同的当事人

商业健康保险合同当事人是依法订立保险合同并受合同约束的利害关系人，包括保险人和投保人。

（1）保险人：又称承包人，是指与投保人订立保险合同并承担合同约定的保险责任的人。保险人向投保人收取保险费，在保险事故发生时对被保险人承担赔偿损失或给付责任。我国法律规定，保险人应当依法定程序申请取得保险经营资格的法人，同时必须在规定的范围内进行经营。如果保险人不具备法人资格，其所订保险合同无效，如超越经营范围，合同效力则根据具体情况而定。

（2）投保人：又称要保人，是指与保险人订立保险合同并负担交纳保险费义务的人。投保人可以是公民，也可以是法人或其他组织，但作为保险合同的订立者，必须具备法律所规定的条件：①投保人必须具备完全民事行为能力，也即必须具有完全的民事权利能力和民事行为能力。这对法人和自然人均相同。没有法人资格的组织及无行为能力的自然人均不能成为投保人。限制行为能力人签订的保险合同，只有经其法定代理人追认才能生效。②投保人对保险标的应当具有保险利益。在商业健康保险中，可保利益（保险利益）是指投保人对被保险人的身体具有法律上承认的利益，通俗来讲，就是被保险人因疾病而发生医疗费用支出或因疾病死亡致使收入损失时，会导致投保人的经济困难。为了保证投保人投保行为的合法性，防止投保人利用保险合同获取非法利益，防止保险活动中的道德风险的发生和限制赔偿额度，各国保险立法都规定投保人须对保险标的具有保险利益。如果投保人对于保险标的没有保险利益，将导致保险合同无效。

2. 健康保险合同的关系人

关系人，是指未参与保险合同的订立，不受保险合同的约束但享受保险合同约定利益的人，包括被保险人和受益人。

（1）被保险人：是指以自己的财产或者人身利益享受保险保障，在保险事故发生或者保险合同约定的保险金给付条件具备时，对保险人享有保险金给付请求权的人。被保险人的概念随保险种类的不同而不同。在商业健康保险中，被保险人是以其身体或健康为保险标的人，而且只能是自然人。被保险人与投保人可以是一个人，即投保人是为自己的利益而投保，投保人即为被保险人；也可以分属不同的人，即投保人为他人的利益而订立保险合同。在分属不同的人的情况下，投保人投保是否须获得被保险人的统一，因保险险种不同而不同。在健康保险中，因其具有补偿性特征，以损失作为给付保险金的依据，所以只需投保人对被保险人有保险利益，无须经被保险人同意。

此外，为防止道德风险的发生，在死亡保险中，法律对被保险人加以特别的限制。我国《保险法》第三十三条规定，无民事行为能力人不能成为死亡保险的被保险人，但投保人的未成年子女除外。

（2）受益人：是指健康保险合同中列明的享有保险金请求权的人。投保人、被保险人可以为受益人。受益人是健康保险合同特有的关系人，其地位来源于合同中被保险人或者投保人的指定。经被保险人或者投保人制定的受益人，应当列明于保险合同中。受益人享有赔偿请求权，且不负缴纳保费的义务，保险人不得向受益人追索保险费。但是，受益人和保险人的法律关系只有在被保险人死亡时才会发生。

保险法对受益人的范围、数量、权利份额或者顺序并没有限制性的规定，可以在合同中协商确定。受益人可以为自然人，也可以为法人，投保人、被保险人及第三人均可以成为受益人。被保险人或者投保人可以指定一人或者数人为受益人。此外，受益人有两种形式，一种是不可撤销的受益人；另一种是可撤销的受益人。受益人的撤销或变更不必征得保险人的统一，但必须通知保险人，否则将承担保险人错误支付的不利后果。

（二）商业健康保险合同的客体

民法中对客体的定义是指合同双方权利、义务所指向的对象。保险合同双方权利、义务所指向的是附着在保险标的上的经济利益，即保险利益，而不是保险标的本身。保险利益是指投保人对保险标的所具有的法律上承认的利益。保险标的则是保险合同所载明的投保对象，是保险事故发生所在的本体，即作为保险对象的身体和健康。

在健康保险合同中，保险标的就是健康，对投保人来说，就是肯定了转嫁风险的范围；对被保险人来说，则是指明了它对哪些健康承担保险责任。保险标的是健康保险合同订立的必要内容。但订立健康保险合同并非保障保险标的本身。也即投保人或被保险人将保险标的投保后并不能保障保险标的本身不发生损失，而是在保险标的发生损失后，他们能从经济上得到补偿。因此，健康保险合同实际上保障的是被保险人对保险标的所具有的利益。所以，健康保险合同的课题是保险利益。

（三）商业健康保险合同的内容

商业健康保险合同的内容为确立保险合同当事人（投保人和保险人）和关系人（被保险人和受益人）的权利和义务。

1. 投保人的权利和义务

（1）投保人的权利：①指定和变更受益人。健康保险合同的投保人享有指定和变更受益人的权利。由投保人指定受益人的权利派生的是投保人对受益人的变更权。②变更和解除保险合同。保险合同成立后，投保人可以解除保险合同，但保险法另有规定或者保险合同另有约定的除外。在保险合同有效期内，投保人和保险人经协商同意，可以变更保险合同的有关内容。③申请保险合同复效。投保人超过规定的期限60日未支付当期保险费的，合同效力中止。对于中止效力的保险合同，投保人可以申请恢复其效力，经保险人与投保人协商并达成协议，并由投保人补交保险费后，合同效力恢复。

（2）投保人的义务：①交付保险费。投保人是保险合同的当事人，负有交付保险费的义务，作为换取保险人承担风险的对价。保险费交付的方式和期限，可以在合同中有约定。对于投保人违反缴费义务的，保险法规定了保险人催告义务和合同终止权。对于商业健康保险的保险费，保险法虽未禁止保险人请求强制交付保险费，但请求强制交付的情形并不多见。对此，合同多约定以保险费的交付作为合同的生效要件。②维护保险标的安全。由于投保人对保险标的的安全状况最为知悉，所以要求投保人对保险标的的安全尽合理的注意义务。③投保时的如实告知。订立保险合同时，投保人应当如实告知保险标的或者被保险人的有关情况，若因故意或重大过失未履行如实告知义务，足以影响保险人决定是否同意承保或者提高保险费率的，保险人有权解除合同。④保险事故发生时的通知与发生后的证明。投保人应在合理期限内将保险事故的发生通知保险人。保险事故发生后，保险人为确定保险事故是否发生及发生的原因及赔偿范围等所需的资料，应由投保人或被保险人负责提供或者举证。

2. 保险人的权利义务

（1）保险人的权利：①收取保险费。保险合同成立后，保险人依据保险合同的约定向投保人收取保险费，是保险人享有的主要权利。②变更和解除保险合同。在保险合同成立期间，保险人可以与投保人协商变更合同。对于解除合同的权利，一般情况下，保险人不得解除合同。但如果出现投保人故意或重大过失未履行如实告知义务，故意增加保险标的的风险或者故意制造保险事故等情形，保险人具有解除合同的权利。

（2）保险人的义务：①给付保险金。此为保险人承担的主要义务。保险人收到被保险人或受益人的索赔请求后，在对被保险人或受益人提供的证明、资料进行审核、调查的基础上给予赔付。如果不履行该给付义务或给付不适当，则要承担违约责任。②承担必要的合理费用。这里，主要是指施救费用和损失勘查费用。保险事故发生后，保险人要对保险事故的原因、性质等进行调查，以便确认事故是否属于保险责任。被保险人为确定事故和损失所支付的必要、合理费用应由保险人承担。同时，被保险人为防止或者减少保险标的的损失所支付的必要的、合理的费用，由保险人承担。③保密义务。保险人在办理健康保险业务过程中，能够了解到被保险人的身体健康状况、生理特征及收入水平等情况。这些属于个人隐私，应当保密。④返还解约金。返还解约金实际上是返还保险费。保险合同解除时，保险人负有退还保险费或保单现金价值的义务。

3. 被保险人的权利义务

（1）被保险人的权利：①同意权。投保人指定受益人或变更受益人时，须经被保险人的同意。法律赋予被保险人同意权不仅是为了防范道德风险的发生，也是对被保险人人身权的尊重。②赔偿和保险金请求权。在保险合同中，被保险人所享有的最重要的权利就是保险金请求权。在保险事故发生后，被保险人以其所受到的损失为代价，取得向保险人请求给付保险金的权利。③指定或变更受益人的权利。健康保险合同的受益人由被保险人或者投保人指定，投保人指定受益人时须经被保险人同意。受益人指定后，在保险事故发生前，被保险人可以变更受益人，并书面通知保险人。

（2）被保险人的义务：①维护保险标的安全。这点与投保人的义务一样。由于保险标的始终处于被保险人的掌控之下，所以要求被保险人也应对保险标的的安全尽合理的注意义务。②保险标的危险程度显著增加时及时通知。我国《保险法》将该项通知义务规定在“财产保险合同”中，对于健康保险合同并没有明确。但在保险实务中，具有补偿性的健康保险合同条款中常扩大该项义务的适用范围。因为人的身体健康也会随着外界因素的变化而变化，如职业不同，对身体的影响和可能带来的危险程度就不同。

4. 受益人的权利义务

（1）受益人的权利：受益人的受益权是固有的，主要是获得保险金。保险人应当在保险事故发生后给付受益人保险金，除非受益人违反了其法定的义务。如果保险合同约定的受益人为多人，可以按合同约定分配；如果没有约定，则平均分配。受益人获得的保险金是根据合同取得的，不属于被保险人的遗产，不得纳入遗产分配，也不用于清偿被保险人生前债务。

（2）受益人的义务：①不得加害被保险人。受益人故意造成被保险人疾病、伤残或死亡的，该受益人丧失受益权，并将按刑法规定承担刑事责任。②通知和证明义务。受益人在保险合同关系中和被保险人一样也负有一定的义务，包括保险事故发生后及时通知保险人并提交相关证据、索赔时提交保险事故证明和资料之义务。

二、商业健康保险合同的条款

商业健康保险合同的内容，通过保险条款予以体现。保险条款是指保险人和投保人的约定载明于保险合同，以明确保险合同的利害关系人相互间权利、义务具体约定的条文。主要包括以下几项。

（一）当事人和关系人条款

明确当事人和关系人条款是健康保险合同履行的一个前提。写明当事人，是要回答保险合同由谁订立并约束谁的问题；写明关系人，是要回答保险人向谁承担保险给付责任的问题。保险人以保险公司为限，保险公司的名称和地址，应列明于保险合同中。投保人、被保险人和受益人的姓名（名称）和住所也应予以列明。

（二）保险标的条款

当事人在订立健康保险合同时，一般应将保险标的明确记载于合同中。这样才能决定保险的种类，并据以判断投保人或被保险人是否对其具有保险利益。同一保险合同中并不限于单一的保险标的。在很多情况下，集合多数保险标的而订立一份保险合同也是常见的，如综合保险合同。

（三）保险金额条款

保险金额，是指保险合同约定的保险人向被保险人或者受益人给付保险（赔偿）金的基准额。保险金额由健康保险合同的当事人确定并在保单上载明，也即保险人的责任限额。对于保险人来说，它既是收取保险费的计算标准，也是补偿给付的最高限额；对于投保人（被保险人、受益人）来说，它既是缴纳保险费的依据，也是索赔和获得保险保障的最高数额。因此，保险金额对于正确计算保险费、进行保险赔付、稳定合同关系都具有非常重要的意义。

（四）保险费条款

保险费，简称为“保费”，是指保险人为被保险人提供风险保障而向投保人收取的价金，它是投保人向保险人支付的费用，作为保险人承担保险赔偿金或者给付责任的对价。它是建立保险基金的源泉，保险人是否有赔偿能力，取决于所收取的保费总额是否能够弥补所承担的全部赔偿责任。保险费的数额同保险金额的大小、保险费率的高低和保险期限的长短成正比，即保险金额越大，保险费率越高，保险期限越长，则保险费也就越多。

（五）保险期间条款

保险期间，又称为“保险期限”，是指保险合同的有效期间，即保险人根据保险合同约定为被保险人提供风险保障、承担保险责任的期间。一般而言，保险期间是保险责任的起止期间，保险人只对保险期间内发生的保险事故承担保险责任。保险期间是保险人和被保险人享有权利、承担义务的相关期限的依据，也是费率设置的参考因子之一，一般保险期间越长，费率会越低。在一般情况下，如果当事人对合同生效没有特别约定，保险合同自成立时生效，保险期间开始。商业健康保险合同的保险期间一般为 1 年。

（六）保险责任和除外责任条款

保险责任，是指保险人依照保险合同对被保险人或者受益人承担的保险给付责任。围绕着保险责任的有无与承担等问题，保险合同应当对保险责任的构成、保险事故、除外责任及保险（赔偿）金给付项目等诸多事项，做出明确规定。保险责任应当依照投保人和保险人的约定，加以确定。健康保险合同仅以保险合同约定的保险事故范围承担保险责任，同时，一般会约定除外责任，即保险人不承担保险给付义务的事项。

健康保险约定的除外责任，通常可以归类六项：①合同订立时已经发生的事故，如被保险人在订立保险合同时已经患病或者怀孕；②被保险人故意自杀或企图自杀而造成的疾病及因此致残、致死的；③被保险人因故意堕胎导致的疾病、伤残、流产和死亡的；④约定的不保疾病；⑤因战争或军事行动、核子装置爆炸、辐射导致的疾病或者伤残；⑥因不法行为、酗酒及擅自使用麻醉剂、毒品所致的疾病等。

（七）违约责任和争议解决方式条款

违约责任是指保险合同当事人违反保险合同义务所承担的责任，包括但不限于支付违约金和赔偿损失等。由于保险合同不同于普通的民事合同，投保人违反合同约定，保险人通常享有的救济措施就是接触合同，一般不能寻求违约金或赔偿损失的救济。因此，保险合同中的违约责任，主要指保险人违反合同约定而承担的责任。我国《保险法》中，对违约责任的各种形式和内容进行了详细规定。另外，在法定违约责任基础上，当事人可以基于自己的意思自行约定其他违约责任形式和内容。

保险合同争议解决方式是指双方当事人发生纠纷后的解决方式，主要有协商、仲裁和诉讼。这些处理方式，均可以在合同中做出约定并自由选择适用。

三、保险合同的形式

一般的保险合同包括五种书面形式：①投保单。投保单是投保人向保险人申请订立保险合同的书面要约，由保险人准备，通常有统一的格式。投保人依照保险人所列项目逐一填写。不论是出于投保人的主动还是保险人（代理人或经纪人）的邀请，投保单的填写均不改变其要约性质。②暂保单。暂保单是保险单没有发出之前保险人出具给投保人或者被保险人的一种临时凭证，具有与正式的保险单同样的法律效力。但它有效期短，大多由保险人具体规定，当正式保单交付后，暂保单即自动失效。③保险单（保单）。保险单是投保人与保险人之间保险合同行为的一种正式书面形式。保险单应明确、完整地记载有关保险双方的权力和义务，为双方履约提供依据。④保险凭证。保险凭证是保险人向投保人签发的证明保险合同已经成立的书面凭证，是一种简化了的保险单，与保险单具有同等法律效力。⑤批单。批单是对保险合同进行修改、补充或者增删内容，由保险人出立的一种凭证。

商业健康保险合同一般采取投保单和保险单的形式。应该说明的是，如果合同成立则投保单构成合同的重要组成部分。否则，投保单只是一种要约形式，它本身并不能称为保险合同。

第三节　商业健康保险合同的争议处理

订立商业健康保险合同，应该按照有关法律、政策的要求，做到责任明确、文字准备、内容具体、手续完备。但在实践中，往往由于对合同条款用词不明确、含义模糊、双方解释互异，或者由于违约等事由，合同双方当事人在主张权利和履行义务时产生意见分歧或纠纷。对此，我国保险法规定了一些较为具体的解释原则和处理纠纷的方式方法。

一、商业健康保险合同的解释原则

商业健康保险合同的内容专业性较强，并且，合同当事人之间会存在认知程度、使用语言文字的差别等，合同各方不免会对合同的具体条文如何理解产生争议，这就产生了合同解释的问题。商业健康保险合同的解释就是依照法律规定的方式或者约定俗成的方式对当事人争议的条文内容予以准确界定或说明的过程。健康保险合同的解释原则通常有以下几种。

（一）文义解释原则

按合同条款通常的文字含义并结合上、下文来解释，既不超出也不缩小合同用语的含义。文义解释在于尊重保险合同条款所用词句的含义，按照文字所具有的通俗语义、表明语义或者自然语义进行解释，但如果有特定法律术语或者其他专用术语，应当按照该术语所特有的意义进行解释。文义解释是解释保险合同所使用的最基本的方法。因此，当合同的某些内容产生争议而条款文字表达又很明确时，首先应按照条款文义进行解释，切不能主观臆断、牵强附会。

（二）意图解释原则

健康保险合同的真实内容应是当事人通过协商后形成的一致意思表示，因此合同解释时必须要尊重双方当时的真实意图。在无法运用文字解释方式时，通过其他背景材料、客观实际情况进行逻辑分析来判断合同当事人订约时的真实意图，由此解释保险合同条款的内容。意图解释只适用于合同条款不精当、语义混乱、不同当事人对同一条款所表达的实际意思理解有分歧的情况。如果文字表达清楚，没有含糊不清之处，就必须按字面解释，不得任意推测。

（三）补充解释原则

补充解释是指运用保险合同所用文字以外的评价手段，对保险合同的内容欠缺做出补充的解释。在保险合同条款约定的内容有遗漏或不完整时，当事人的意图也难以确定，可以通过法律的强制性规定，或者借助法律的任意规范、保险人或其代理人的行为或交易过程、商业习惯、国际惯例、公平原则等对保险合同的内容进行务实、合理的补充解释，以便合同的继续执行。

（四）有利解释原则

有利解释原则是指双方当事人在采用格式条款订立保险合同时，如果合同文字存在两种以上解释的，应对合同文字或条款做有利于保险客户的解释。确立有利解释原则的原因：一方面，格式合同条款有保险人制定，投保人一般只能表示接受或不接受；另一方面，保险合同中含有较多专业术语，非普通人所能理解，客观造成了有利于保险人的局面。因此，为保护投保人、被保险人及受益人的合法权益，我国在长期的保险实务中积累发展了有利解释原则。但该原则并非毫无限制地随意使用，适用过程中需遵循几个前提：①保险合同须为保险人自行制定的格式条款；②保险合同条款确有歧义，而非当事人的理解偏差；③保险合同条款按通常理解仍有两种以上解释。

（五）保险合同文件的优先顺序解释原则

由于商业健康保险合同本身的组成比较复杂，包括投保书、保险单、合同中的特别约定、保险合同条款及批注等，当这些文件的内容发生冲突，以哪个文件为准？一些法院依据健康保险业务的特点，在审理商业健康保险合同纠纷时通常会按照以下顺序解释。

1. 特别约定与一般条款不一致，以特别约定为准

一般条款是指保险合同中有保险人事先准备好的保险合同条款，也即所谓的格式条款。特别约定通常指除保险条款外，投保人和保险人就特殊事项在保险单中特别约定的条款，一般印制在保单“特别约定”一栏中。当特别约定与一般条款约定不一致时，一般认为应当以特别约定为准，因为一般条款属合同双方基本约定，而特别约定是双方依据实际情况做出的对一般条款的修订或补充，因此特别约定从效力上要高于一般条款。

2. 投保单和保险单不一致，以保险单为准

投保单是合同要约文件，由保险人单方持有，而保险单是合同成立后的保险人签发的合同凭证文件，由合同双方当事人持有。因此保险单的效力要高于投保单的效力。对此，《山东省高级人民法院关于审理保险合同纠纷案件若干问题的意见（试行）》中规定“投保单与保险单或其他保险凭证记载不一致的，除投保人有充分证据加以证明外，应以保险单或其他保险凭证的记载内容为准”。

3. 批注优于正文、后加的批注优于先加的批注

为满足不同投保人的需求，保险人会在统一印制的保险单上加以批注，对条款进行修改或增减。无论以什么方式更改条款，如果前后条款内容有矛盾或相互抵触，后加的批注条款应当优于原有的条款。保险合同更改后应写明批改日期，如果未写明日期而使条款发生矛盾，手写的批注应当优于打印的批注，加贴的批注应当优于正文的批注。

二、商业健康保险合同争议的处理方式

当商业健康保险合同的当事人对合同条款或合同的履行产生争议时，按照我国法律的有关规定，其处理的方式有以下几种。

（一）协商

协商是指合同纠纷发生后，由合同双方当事人在自愿互谅的基础上，本着公平合理、实事求是的精神，就合同争议的问题进行磋商，双方都做出一定的让步，在彼此都认为可以接受的基础上达成和解协议的方式。协商在合同各方当事人之间进行，一般没有外界参与。这种方式通过摆事实、讲道理、求大同、存小异来解决纠纷，方式简便快捷，有助于增进双方的进一步信任和合作。

（二）调解

调解是指在第三人的主持下，如合同管理机关或法院等，协调双方当事人的利益，使双方当事人在自愿的原则下解决争议的方式。调解解决争议必须查清争议事实，分清是非责任，这是达成合理的调解协议的前提。调解必须遵循法律、政策与平等自愿原则。只有依照法律规定和合法程序调解，才能保证调解的公平、公正与效率。如果一方当事人不愿意调解，则不能强制进行。

调解可以在诉讼外进行，也可以在诉讼中某个阶段进行。用调解的方式能够便捷地解决争议，省时、省力，又不伤双方当事人的和气，因此，提倡解决合同争议首先利用协商或调解的方式。如果当事人不愿调解、调解不成功或者调解后又反悔的，可以根据达成的仲裁协议申请仲裁，或

者直接向法院起诉。但调解并非当事人申请仲裁或提起诉讼的必经程序。

（三）仲裁

仲裁是指合同当事人根据仲裁协议将合同争议提交给双方共同信任、法律认可的仲裁机构并由仲裁机构做出裁决的方式。仲裁机构是依照法律规定成立的专门裁决合同争议的机构。仲裁机构做出的裁决具有法律约束力，当事人必须执行。仲裁机构不是司法机关，其裁决程序简便，处理争议较快。当事人发生合同纠纷，可以根据事先或者事后达成的仲裁协议向仲裁机构申请仲裁。涉外合同的当事人不仅可以约定向中国仲裁机构申请仲裁，也可以约定向国外的仲裁机构申请仲裁。

仲裁协议有两种类型：一种是各方当事人在争议发生前订立的，表示愿意将将来发生的争议提交仲裁机构解决的协议，这种协议一般包括在合同当中而作为合同的一项条款，被称为仲裁条款；另一种是当事人在争议发生后订立表示愿意将合同争议提交仲裁机构解决的协议。

仲裁协议的内容一般包括仲裁内容、仲裁地点、仲裁机构等。申请仲裁需要合同双方当事人订立仲裁协议，没有订立仲裁协议，一方当事人不能申请仲裁。当事人没有订立仲裁协议或者订立的仲裁协议无效，可以向人民法院起诉，通过诉讼解决合同争议。

（四）诉讼

诉讼是指当事人双方因保险合同发生纠纷时，以自己的名义直接请求国家审判机关——人民法院进行审判，并给予法律上的保护的争议解决方式。它是解决争议时最激烈的一种方式。起诉必须具备民事诉讼法规定的相关实质要件：①主体适格，具有相应的民事权利能力和民事行为能力；②当事人提起诉讼应当在法律规定的时效以内；③应向有管辖权的人民法院提起诉讼。对于保险纠纷案件的诉讼时效问题，《保险法》有专门规定。《保险法》第二十六条规定："人寿保险以外的其他保险的被保险人或者受益人，向保险人请求赔偿或者给付保险金的诉讼时效期间为二年，自其知道或者应当知道保险事故发生之日起计算。"根据《保险法》第九十五条的规定，人身保险业务包括人寿保险、健康保险、意外伤害保险等保险业务，因而，健康保险案件的诉讼时效为两年，其起算点是被保险人或受益人知道或者应当知道保险事故发生之日起计算。这实际上保险金请求权的"产生之日"，而不是通常我们认为的"权利（请求权）受到侵害之日"。

对于保险合同纠纷的管辖法院，《中华人民共和国民事诉讼法》第二十四条做了明确规定："因保险合同纠纷提起的诉讼，由被告住所地或者保险标的物所在地人民法院管辖。"该条款是一条选择性规范。对于商业健康保险合同而言，只能适用被告住所地管辖的原则，因为商业健康保险合同的保险标的是人的身体和健康，不能称作保险标的物，所以，在商业健康保险合同纠纷中不存在保险标的物所在地法院管辖的问题，仅适用被告住所地法院。当一个保险纠纷案件涉及多个被告时，根据民事诉讼法的有关规定，每一个被告的住所地或经常居住地的法院对该案都有管辖权，原告可以选择向其中一个人民法院起诉。

此外，还需要加以说明的一点，是关于保险诉讼中的举证责任。举证责任是指诉讼当事人对自己或对方在诉讼中所提主张的证明义务，负有举证责任的一方如果不能提供证据证明自己的主张，则承担不利的诉讼后果。商业健康保险诉讼仍然遵循"谁主张，谁举证"的一般规则，其中对举证义务的分配有时对诉讼结果有着决定性的影响。在保险诉讼中，最常承担举证义务的还是索赔权利人。《保险法》第二十二条规定："保险事故发生后，按照保险合同请求保险人赔偿或者给付保险金时，投保人、被保险人或者受益人应当向保险人提供其所能提供的与确认保险事故的性质、原因、损失程度等有关的证明和资料。"

值得注意的是，当事人应当根据实际情况选择其中的一个或几个方式，但是，如果当事人一旦选择了仲裁的方式就不能再向人民法院起诉。人民法院的判决、裁定、调解书和仲裁机构的裁决书是发生法律效力的法律文书，当事人应当自动履行；拒不履行的，对方当事人可以申请人民法院强制执行。

（高雪娟）

1. 解释投保人、被保险人、受益人和保单所有人的定义，试说明四者之间的关系。
2. 常见的商业健康保险合同条款有哪些？并举例说明。
3. 填写保单应该遵循哪些实务规则？
4. 如何处理保险合同当事人双方出现的争议？

案例

2007 年 4 月，白女士在我市一保险公司投保了一份“重大疾病保险”。2007 年 4 月 11 日，保险公司向白女士签发“重大疾病保险”保险单。保险单载明，被保险人：白女士；保险单生效日：2007 年 4 月 12 日；保险金额：30 万元；缴费期间：5 年；生存保险金受益人：白女士。合同签订当日，白女士缴纳保险费，泰康公司出具收据，而后白女士按照约定每年缴纳保险费。2009 年 1 月 20 日，白女士因反复关节疼痛到珠海市人民医院接受治疗，后经该医院确诊其患有系统性红斑狼疮。白女士在查阅保险合同后，随即向泰康公司提出保险理赔。保险公司对此不予理睬，并于2009 年 6 月 19 日出具《理赔决定通知书》，直接以“白女士所患红斑狼疮不符合保险合同中对该病的第三项指标要求且不属于合同规定的重大疾病为由”，明确拒绝予以理赔。而后，白女士诉至法院。

问题：

保险公司的抗辩理由是否成立？对保险合同内容的争议应如何解释？

提示：本案争议焦点：①原告所患疾病是否属于重大疾病；②保险合同约定的标准是否可以高于医学诊断标准。

拓展阅读

不丧失价值条款

不丧失价值条款规定了如果保单所有者选择终止保单，那么在现金价值保单下有哪些选择，并且解释了用于确定这些可选择价值的基础或方法。这一条款仅对带有现金价值的寿险保单和一些长期护理险保单具有实质意义。

在早期，保单没有现金价值。如果保单失效，则保单所有者将“丧失”所有超过用于当前和过去死亡费用和经营费用的贡献。美国和一些其他国家的法律现在禁止这样的价值丧失做法。在其他国家如英国，保险公司可选择是否采用退保现金价值，但它们通常都是采用这一条款的。

在英国，对保险业的监管要比美国少得多。不像美国法律，英国法律对退保现金价值没有要求。公平对待退保的保单所有者的问题已经留给市场力量去解决了。但是出于惯例，大多数保险公司在它们的合同中仍旧包含了给予退保的保单所有者获得现金价值的条款，现金价值由公司在退保时确定。

在健康保险合同中包含现金价值表不是一种被广泛接受的做法。当保险合同对客户做出可能的退保价值的预测时，保单仅显示头 5 年的情况。与美国不同，英国没有最低退保现金价值的保证。

（资料来源：肯尼思·布莱克，哈罗德·斯基博著：《人寿与健康保险》）

第十二章

健康保险机构管理制度

内容提要

本章主要介绍健康保险机构概念、设置条件和健康保险机构的分类；健康保险机构管理体制、政府监管和自律监管的职责；健康保险机构设置与管理中存在的问题及健康保险业发展战略。

第一节　健康保险机构的概念与机构设置

一、健康保险机构的概念

健康保险机构是指依法成立，并经中国保监会核定，可以经营健康保险业务的人寿保险公司、健康保险公司及为单位机构提供团体保险（包括疾病保险）的养老保险公司和经营健康保险业务的财险保险公司。这里所称健康保险，是指保险公司通过疾病保险、医疗保险、失能收入损失保险和护理保险等方式对因健康原因导致的损失给付保险金的保险。

人寿保险公司和健康保险公司可以经营长期健康保险和短期健康保险，财产保险公司经中国保监会核定，可以经营保险期间在 1 年及 1 年以下且不含有保证续保条款的短期健康保险业务。

健康保险公司可以依法设立分支机构。健康保险公司分支机构是指保险公司依法设立的省级分公司、分公司、中心支公司、支公司、营业部和营销服务部。

二、健康保险机构的设置

健康保险机构设置不同于一般的财产保险和人寿保险，其需要建立单独的核算制度、精算制度、风险管理制度和核保理赔制度，并设立专门的信息管理系统。根据《健康保险管理办法》第八条规定，健康保险机构成立的基本条件如下。

（1）建立健康保险业务单独核算制度。

（2）建立健康保险精算制度和风险管理制度。

（3）建立健康保险核保制度和理赔制度。

（4）建立健康保险数据管理制度。

（5）建立功能完整、相对独立的健康保险信息管理系统。

（6）配备具有相关专业知识的精算人员、核保人员和核赔人员。

（7）中国保监会规定的其他条件。

健康保险机构设置必须符合现行法律、法规的规定，遵循符合国家宏观经济政策、保险业发展战略和有利于保险业的公平竞争和发展的原则。设立保险机构应当经中国保监会批准。未经中国保监会批准，任何单位、个人不得在中华人民共和国境内经营或者变相经营商业保险业务。保险许可证是中国保监会依法颁发的准许保险机构经营保险业务的法律文件，是保险机构依法经营保险业务的证明。依据《保险公司管理的规定》，健康保险机构设立一般程序为提出筹建申请、保监会审查批准、开业申请、工商登记注册。

健康保险公司分支机构设立应遵循统筹规划、合理布局，审慎决策、严格管理，程序规范、质量过硬，保障运营、强化服务的原则。健康保险公司分支机构设立分为筹建、开业两个阶段。根据《保险公司分支机构市场准入管理办法》的规定，筹建条件主要包括增加注册资本、开业时间、设立规划等；开业标准主要包括营业场所、办公设备、信息系统等。

三、健康保险机构的社会属性

健康保险是国家医疗保障体系的重要组成部分，在服务民生健康保障，促进经济发展和保障社会稳定方面发挥着重要作用。我国医疗保障制度改革的目标是保证人人享有基本医疗保障，同时满足民众的差异化保障需求，以提高全体国民的健康水平。社会医疗保险由政府主导，满足社会公众共性需求。由于公众在经济状况、健康水平、风险意识、个人偏好等多个方面均存在个体差异，其对于健康保险服务的要求也必然千差万别，国家鼓励设立健康保险机构，满足社会公众差异性需求。为此，“新医改”方案中明确指出，要“积极发展商业健康保险，鼓励商业保险机构开发适应不同需要的健康保险产品，简化理赔手续，方便群众，满足多样化的健康需求；鼓励企业和个人通过参加商业保险及多种形式的补充保险解决基本医疗保障之外的需求”。

健康保险机构作为商业主体，营利性是其典型商业属性，但是并不能忽视健康保险机构的社会管理和服务和谐社会的功能。健康保险社会属性可以从两个方面来认识：①在市场领域中，健康保险机构对社会发展进步所具有的“溢出效应”，即健康保险机构在服务客户的同时，促进社会和谐与健康发展，间接增加社会整体收益；②在社会领域中，健康保险机构或弥补政府公共服务不足，或承接政府职能转型的作用。例如，重大疾病保险为被保险人支付因疾病、疾病状态或手术治疗所花费的高额医疗费用，不仅可以有效增加医疗保障供给和丰富保险服务，而且可以降低老百姓看病个人承担费用比例，避免被保险人的家庭在经济上陷入困境，切实减轻人民群众医疗费用负担。

四、健康保险机构的类型

（一）根据经营健康保险范围不同划分为专业保险机构和非专业保险机构

1. 专业保险机构

专业保险机构是指经营业务范围为单一的健康保险，主要包括疾病保险、医疗保险、收入保障保险和长期看护保险等险种的保险公司。

目前国内已经有四家专业健康保险公司，分别是中国人民健康保险股份有限公司、中国平安健康保险股份有限公司、和谐健康保险股份有限公司（原名福瑞德）和昆仑健康保险股份有限公司。从市场发展态势和国际经验看，健康保险专业化经营趋势将进一步显现，专业化经营是健康保险发展的内在要求和必由之路。当前，世界上主要发达国家均出现了健康保险逐渐成为单独板块并进行专属经营的发展趋势，而我国健康保险的专业化经营尚处于起步和探索阶段，整体发展相对滞后。

2. 非专业保险机构

非专业保险机构是指经营健康险业务的寿险公司和财险公司。目前，国内健康保险业务大部分和寿险混合经营，经营寿险业务的保险公司基本上兼营健康保险业务。如太平人寿保险公司、平安人寿保险公司、阳光人寿保险公司等。同时，部分经营短期健康保险业务的财险保险公司也属于非专业健康保险机构。

（二）根据健康保险公司出资人不同划分为内资保险公司和外资保险公司

1. 内资保险公司

内资保险公司，是指出资人为中国公民、法人或社会组织，依照中华人民共和国有关法律、行政法规的规定，经中国保险监督管理委员会批准在中国境内设立的经营健康保险业务的保险企业。

根据《保险法》第六十八条的规定，设立保险公司应当具备下列条件。

（1）主要股东具有持续盈利能力，信誉良好，最近3年内无重大违法违规记录，净资产不低于人民币2亿元。

（2）有符合本法和《中华人民共和国公司法》规定的章程。

（3）有符合本法规定的注册资本。

（4）有具备任职专业知识和业务工作经验的董事、监事和高级管理人员。

（5）有健全的组织机构和管理制度。

（6）有符合要求的营业场所和与经营业务有关的其他设施。

（7）法律、行政法规和国务院保险监督管理机构规定的其他条件。

其中，第三项注册资本的最低限额为人民币2亿元。国务院保险监督管理机构根据保险公司的业务范围、经营规模，可以调整其注册资本的最低限额，但不得低于人民币2亿元的限额。

2. 外资保险公司

根据《外资保险公司管理条例》第二条规定，外资保险公司是指依照中华人民共和国有关法律、行政法规的规定，经中国保险监督管理委员会批准在中国境内设立的经营健康保险业务的外资独资保险公司、合资保险公司和外国保险公司的保险分公司。

设立外资保险公司应符合下列条件。

（1）经营保险业务30年以上。

（2）在中国境内设立代表机构2年以上。

（3）提出申请前一年年末总资产不少于50亿美元。

（4）申请人所在国家或者地区有完善的保险监管制度，并且该外国保险公司已经受到所在国家或者地区有关主管当局的有效监管。

（5）符合申请人所在国家或者地区偿付能力标准。

（6）申请人所在国家或者地区有关主管当局同意其申请。

（7）中国保监会规定的其他审核性条件。

第二节 健康保险机构的管理与监督

一、健康保险机构的管理体制

健康保险机构管理体制是指国家管理健康保险机构工作的组织形式和基本制度，包括管理机构设置、管理权限和职责范围。

健康保险机构管理体制不同于社会保险，社会保险是由各级政府的劳动和社会保障部门及其所属的社会保险经办机构负责管理，是政府的一项重要行政管理职能。而健康保险是由商业保险公司经营，其主要由中国保险监督管理委员会依法对保险公司经营健康保险的活动进行监督管理。

根据《健康保险管理办法》的规定，健康保险机构及分支机构设立应当按照中国保险监督管理委员会的有关规定报送审批或者备案。未经中国保监会批准，任何单位、个人不得在中华人民共和国境内经营或者变相经营商业保险业务。

健康保险机构管理包括政府部门外部监管和单位内部管理两个方面，政府部门外部监管机构主要包括国家保险监管部门、国家金融部门、国家税务部门、国家审计部门等；单位内部管理主要是指保险机构制定单位内部财务、人事等管理制度。

二、健康保险机构的监督

（一）政府监管

1. 政府监管的含义

健康保险机构的政府监管是指一个国家的金融主管机关或保险监管执行机关，依据现行法律、法规对经营健康保险业务的保险人准入和健康保险市场实行监督和管理，以确保保险人经营的安全，维护被保险人的合法权益。政府监管的内容一般包括审查准入、保险产品和保险费率等保险业务活动的管理及对保险人偿付能力的监管。

中国保监会主管全国的健康保险机构，中国保监会成立于1998年11月18日，是国务院直属事业单位。根据国务院授权履行行政管理职能，依照法律、法规统一监督管理全国保险市场，维护保险业的合法、稳健运行。中国保监会在各省、自治区、直辖市设置监管局，监管局是中国保监会的派出机构，根据授权依法监管地方保险市场，维护保险业的合法、稳健运行，保护被保险人的合法权益。

中国保监会对保险公司的监督管理，遵循偿付能力监管和市场行为监管相结合的原则，对保险机构的监督管理采取现场监管与非现场监管相结合的方式。

2. 政府监管的主要职责

从世界健康保险市场的监管来看，政府监管无疑是规范健康保险市场十分有效和重要的方式。政府监管有利于确保保险人的偿付能力和保险合同内容的合理性和公平性，维护投保人的利益，同时也有利于确保健康保险市场的秩序和促进健康保险业的发展。

政府监管的主要职责如下。

（1）制定关于健康保险的法律规范和政策。建立健康保险法律制度及对健康保险法律制度进行完善是政府对商业健康保险监管的重要职责。发达国家发展健康保险制度的成功经验之一是建立健康保险法律制度，依托法律的强制力来保证健康保险的顺利实施。其主要包括行业定位、产业发展政策、财政支持和税收政策等。

（2）做好健康保险协调工作。健康保险工作涉及的利益方非常多，应需要协调各方面利益关系，保证健康保险行业有序发展。

（3）承担健康保险其他监管职责。对健康保险参与各方（包括保险方、医疗供给方、医疗需求方）的行为、健康保险基金的使用及投保人的基本医疗保障等情况，政府都有责任进行监督和管理。

（二）自律管理

1. 自律管理的含义

我国健康保险机构自律管理主要是中国保险行业协会的管理。健康保险机构自律管理在市场行为监管、经营行为监管、合同条款的监管等方面发挥积极作用。

中国保险行业协会是依据《保险法》和《社会团体登记条例》的有关规定设立的非营利性社

会团体法人，是中国保险行业的自律管理组织。中国保险行业协会（以下简称中保协）成立于2001年2月23日，其宗旨是遵守国家宪法、法律、法规和经济金融方针政策，遵守社会道德风尚，深入贯彻科学发展观，依据《保险法》，配合保险监管部门督促会员自律，维护行业利益，促进行业发展，为会员提供服务，促进市场公开、公平、公正，全面提高保险业服务社会主义和谐社会的能力。

2. 自律管理的内容

（1）制定行业自律规则。为了协调整个健康保险市场参与者的行为规范，各行业组织都需要以全行业的利益为出发点，制定行业自律规则，并对违反规则的行为进行处罚，以约束会员的行为。

（2）对健康保险合同条款进行规范。随着保险业的发展，逐渐出现对保险合同内容和格式标准化的要求。标准化是指保险合同的凭证，即保险单主要内容与格式的基本一致。虽然保险条款的差异也是保险竞争的方式之一，但健康保险条款的专业性、技术性和法律性是一般投保人很难深入了解的，如果没有统一的条款格式和专业术语，被保险人就很难比较不同保险公司提供的保险单，就会出现某些保险人利用保险条款进行不公平交易，甚至逃避保险责任，欺骗投保人的现象。除此以外，健康保险行业组织还需要制定解释保单措辞的共同规则，明确在保险合同双方就合同内容发生争议的时候，应当遵守什么样的解释规则。

（3）指导健康保险产品费率的制定。为了减少费率上的不公平待遇和保险组织破产的可能性，各国健康保险同业组织亦要求会员统一遵守行业的费率标准。另外，行业组织还规定统一的手续费（即佣金）标准，防止同业间的盲目竞争。

（4）进行行业沟通和协调。健康保险市场除了投保方和保险方之外，还往往涉及第三方——医疗服务提供者。医疗服务方的行为直接影响到商业健康保险公司的风险控制和行业发展，商业健康保险的发展，需要医疗服务及相关机构的支持。此外，医疗服务机构所拥有的医疗数据、信息等是保险公司宝贵的数据资料。促进健康保险行业和医疗服务等相关行业的沟通交流，协调他们之间的关系，以此获得更多有效的资源，促进健康保险行业的发展，这是健康保险行业组织的一项特殊而重要的工作。

（5）对中介人的培训与监管。保险行业协会组织通过成立专门的委员会来负责保险中介人和保险中介公司的注册和监管，对申请人的品质、能力、专业技术资格进行审查；对保险中介人的非法行为或违反职业道德的行为，发出警告、进行罚款、责令暂停营业，甚至吊销营业执照。

（6）举办保险继续教育、培训和专业考试。健康保险行业组织将健康保险业务继续教育和人才培养作为极其重要的工作内容，凭借协会的优势，组织技术力量，采取多种形式，对全行业开展业前培训、专业专题培训、行业定期轮训、专家业务讲座。除此以外，还可以举办各种专业考试，如从业人员的资格考试等。

第三节　健康保险行业发展前景

一、健康保险机构设置与管理中存在的问题

首先，健康保险机构专业化经营水平不高。健康保险的经营特点和运营管理模式要求对健康保险实施专业化经营，经营主体具备较高的资质。虽然《健康保险管理办法》对健康保险经营的资质和业务管理等都做出了明确规定，包括建立准入制度、实施单独核算、建立相应的精算制度和风险管理制度等，但相关配套制度实践中没跟上，还需要进一步建立和完善符合健康保险风险

特点和经营规律的核算制度、风险管理制度、核保核赔制度和精算管理制度等。

其次，健康保险机构单独监管体系尚未构建。近年来，国内商业健康保险业务的迅猛发展对保险监管机构提出了新的挑战，因为商业健康保险业务经营的专业性和复杂性，要求监管者有强有力的技术手段对此类业务进行有效监管。随着一系列保险监管法规和制度的颁布实施，我国保险监管体系的基本框架已经建立，但针对健康保险的专业监管却远远落后于实践的要求，为此，在借鉴国外经验和成果的基础上制定出适合当前商业健康保险发展需要的专业监管体系对于促进其在国内的发展、规范各市场主体的经营行为和保护健康保险投保人的合法权益都具有十分重要的意义。

最后，健康保险机构退出制度尚未建立。保险市场保持着只进不出的局面，应探索保险机构退出机制，包括预警机制、退出标准、路径安排及配套措施等。

二、健康保险行业的发展战略

（一）要积极营造有利于健康保险发展的政策环境

充分发挥保险监管机构的力量，推动相关部门和地方政府以更加开放的行政理念，准确理解和把握“新医改”方案的精神，在坚持政府主导的前提下，以政府购买服务的方式，委托具有资质的商业健康保险机构经办各类医疗保障管理服务，充分发挥健康保险在服务我国多层次医疗保障体系建设中的作用。

（二）要对健康保险实施单独监管、专属经营

（1）在行业准入方面，要建立更为严格的行业准入制度，确保经营主体的经营资质和专业能力。根据疾病发生率和医疗费用数据建立单独的统计精算制度，并搭建与医疗服务机构互联互通的信息技术系统。

（2）偿付能力监管既要考虑健康保险业务发展对资本金的一般性要求，也要考虑健康保险业务的特殊性，还要考虑到医疗费用自然上涨的长期趋势对健康保险尤其是长期健康保险对偿付能力的严格要求。

（3）在承保理赔方面，要站在健康保险行业的高度，制定行业技术标准，提高承保理赔管理制度的规范化和标准化水平。在第三方管理方面，要将第三方管理作为新兴领域加以培育，明确相应的经营标准，积极鼓励经营主体开展第三方管理业务。

（三）要支持健康保险公司专业化经营模式

专业化经营模式是健康保险发展的方向。一方面是优先支持专业健康保险公司投资健康管理、医疗、养老、护理等医疗服务机构，并制定相关实施细则，通过资本纽带等多种方式与医疗服务机构建立“风险共担、利益共享”的合作机制，进一步延伸健康保险服务链条；另一方面，是将健康管理服务纳入专业健康保险公司的营业范围，加强对保险公司健康管理业务的指导和监督，推动行业建立和完善“健康保险+健康管理”的专业化经营模式。

（四）要出台税收优惠政策

要出台税收优惠政策，支持健康保险的发展。对保险公司经营的健康保险业务和各类医疗保障经办管理费收入实施减免营业税；同时为了进一步鼓励企业和公民个人购买健康保险，对企业实施保费支出税前列支和对个人实施保费支出实行税前全额扣除。

（李海军）

1. 健康保险机构的设置条件有哪些?
2. 健康保险机构的设立一般程序有哪些?
3. 简述政府对健康保险机构监管职责。
4. 简述我国健康保险行业发展的战略。

案例

平安产险违规销售健康险33万份遭保监会处罚

2015年1月初，中国保监会开出了新年的第一张罚单，被处罚对象为中国平安财产保险股份有限公司（以下简称平安产险）北京分公司。

经保监会调查查明，2012年1月至2013年9月，平安产险北京分公司销售学生人身综合保险保障计划时，并没有询问、区分被保险人有否拥有公费医疗、社会医疗保险和其他费用补偿型医疗保险的情况，按照平安公司统一标准收取该项保险费用，共承保住院医疗保险、住院补充医疗保险等短期健康保险，共计销售了33.48万份，收取了保费合计1316.99万元。

保监会受理本案后，依法定程序进行调查，依法向当事人平安产险北京分公司及相关负责人告知了做出行政处罚的事实、理由、依据及当事人依法享有的权利。平安产险北京分公司及相关负责人在法律规定期限内没有提出陈述及申辩意见。

基于上述事实及现场检查事实确认书、相关人员调查笔录、涉案保单清单、部门职责说明等有关证据，证监会认定，平安产险北京分公司的上述行为违反了《健康保险管理办法》第二十九条规定，相关责任人对上述违法行为负直接责任。因此，保监会依据《健康保险管理办法》第四十七条规定，依法做出行政处罚决定：对平安产险北京分公司给予警告处分并处3万元罚款，同时对平安产险北京分公司相关直接责任人员给予行政处罚。

注：《健康保险管理办法》

第二十九条：保险公司销售费用补偿型医疗保险，应当向投保人询问被保险人是否拥有公费医疗、社会医疗保险和其他费用补偿型医疗保险的情况。

第四十七条：保险公司违反本办法有关销售管理规定的，由中国保监会给予警告，处以3万元以下罚款；对负有直接责任的高级管理人员和其他直接责任人员予以警告、处以5000元以下罚款。

（资料来源：中国保监会网站. www. circ. gov. cn. 2015年1月16日）

问题：结合本章教学内容，谈谈政府对健康保险机构监管职责。

提示：健康保险机构的监管。

拓展阅读

国务院办公厅印发《关于加快发展商业健康保险的若干意见》

新华社北京11月17日电 国务院办公厅近日印发《关于加快发展商业健康保险的若干意见》（以下简称《意见》），提出到2020年，基本建立市场体系完备、产品形态丰富、经营诚信规范的现代健康保险服务业。

《意见》指出，加快发展商业健康保险，有利于与基本医疗保险形成合力，夯实多层次医疗保障体系，满足人民群众多样化的健康保障需求；有利于促进健康服务业发展，推动健全医疗卫生服务体系；有利于处理好政府和市场的关系，提升医疗保障服务效率和质量；有利于创新医疗卫生治理体制，提升医疗卫生治理能力现代化水平；有利于稳增长、促改革、调结构、惠民生。

《意见》明确，要坚持以人为本、丰富健康保障，坚持政府引导、发挥市场作用，坚持改革创新、突出专业服务，使商业健康保险在深化医药卫生体制改革、发展健康服务业、促进经济提质增效升级中发挥“生力军”作用。到2020年，实现商业健康保险运行机制较为完善、服务能力明显提升、服务领域更加广泛、投保人数大幅增加，商业健康保险赔付支出占卫生总费用的比重显著提高。

《意见》从三个方面提出了加快发展健康保险的具体举措。

（1）丰富商业健康保险产品。大力发展与基本医疗保险有机衔接的商业健康保险，积极开发与健康管理服务相关的健康保险产品，开展长期护理保险制度试点，积极开发面向老年人、残疾人等人群的健康保险产品，加快发展医疗执业保险，支持健康产业科技创新。

（2）推动完善医疗保障服务体系。全面推进并规范商业保险机构承办城乡居民大病保险，加大政府购买力度，鼓励商业保险机构参与各类医疗保险经办服务。鼓励商业保险机构与医疗卫生机构合作，强化商业保险机构对定点医疗机构医疗费用的监督控制和评价。

（3）提升管理和服务水平。加强管理制度建设，加强健康保险人才队伍建设，努力提供异地转诊、就医结算等优质服务。提升信息化建设水平，支持商业健康保险信息系统与基本医疗保险、医疗机构信息系统进行必要的信息共享。

（资料来源：中央政府门户网站：www. gov. cn. 2014年11月17日）

第十三章

健康保险监管法律制度

内容提要

本章主要介绍健康保险监管的内容和理论基础，保险监督管理机构、政府部门、健康保险市场等监管主体对健康保险公司、医疗服务提供者和健康保险投保人的行为进行监督管理，健康保险监管主要涉及市场行为监管、偿付能力监管及保险公司治理的监管，其中偿付能力监管是健康保险监管的核心内容。

第一节　健康保险监管概述

一、健康保险监管的概念

健康保险监管的概念有广义和狭义之分。广义的健康保险监管是指在一个国家的范围内，为达到一定的目标，从国家（其代表是政府有关部门）、社会、健康保险业、健康保险企业自身等各个层次上对健康保险企业、健康保险经营活动及健康保险市场的监督与管理。狭义的健康保险监管则指国家对健康保险企业、健康保险经营及健康保险市场的监督与管理。无论是广义的还是狭义的健康保险监管都可理解为对健康保险业的监管。

国家对健康保险业的监管，是国家管理经济的职能在健康保险业中的体现。国家通过法律的、经济的和行政的手段对健康保险企业的组织、业务经营、财务等各项活动及健康保险市场的秩序进行直接或间接地指导、协调、监督和干预。这种宏观层次的监管，强调国家的宏观调控职能，国家负责健康保险业立法，为健康保险市场的健康发展提供一个良好的法律环境。国家把监管的重点放在对健康保险市场准入和退出的监管上，并以健康保险企业偿付能力监管为核心，在不同程度上对健康保险合同格式与条款、健康保险费率及健康保险基金运用等方面进行监管。

健康保险市场上的众多健康保险企业之间必然产生各种联系与作用。为了稳定和优化这种相互关系，建立健康保险市场的良好秩序，需要形成一种健康保险企业之间的有效监督和制约机制，这就是健康保险行业组织与健康保险行业自律问题。这种监管通过行业公会组织的建立、行业规制的制定与实施等方式而实现。由于健康保险行业组织的成员大部分由健康保险行业内部具有专项技术和行业管理经验的专业人士组成，与健康保险市场的各个行业主体间有着广泛的联系，因此能够及时了解市场的动向，发现行业内部存在的和可能出现的问题，从而及时采取相应措施，保证健康保险市场的健康发展。这种行业自律对于健康保险监管具有特殊的意义。

为了保证在市场中占有地位并不断发展，健康保险企业必然会对自身的经营活动与其他各种活动进行自我约束，这在客观上会产生健康保险监管的效果。这种效果是健康保险监管的其他层次所不能产生的。这是一种微观层次的监管。在微观上，一般都是通过建立一套完整的健康保险企业素质评价体系，提高健康保险企业自身的经营管理水平。这是健康保险企业作为健康保险商品提供主体实行自我管理的一种手段，不仅可据此衡量企业的总体素质，企业也可根据指标体系涉及的各个方面对自身的业务行为进行有意识地规范。

健康保险的基本特点是社会性。健康保险经营的过程和效益直接影响着社会的方方面面，因此，社会健康保险具有监管的职责。社会通过被健康保险人及投保人与健康保险人的关系的互动而对健康保险进行直接或间接的监管。这种监管主要表现为一种社会监督。社会监督广泛存在于现实生活中的各个方面，如舆论监督、公众监督。如果有效利用，社会监督可以作为健康保险监管的一种补充力量，例如，健康保险监管机构内部设立健康保险申诉部门以受理投保人与被健康保险人的申诉，调解健康保险纠纷，这样既保护消费者的权益，维护行业信誉，又可通过研究投诉情况发现有用的监管信息，改进对健康保险业的监管。

事实上，世界上各个国家一般都建立多层次的监管体系，保证对健康保险业的严格监管的实现。

二、健康保险行为规范及其规定性

《健康保险管理办法》第二条中指出健康保险，是指保险公司通过疾病保险、医疗保险、失能收入损失保险和护理保险等方式对因健康原因导致的损失给付保险金的保险。依法成立的人寿保险公司、健康保险公司，经中国保监会核定，可以经营健康保险业务。被保险人在保险期间内因疾病不能从事正常工作，或因疾病造成残疾或死亡时由保险人给付保险金。同时保险人应根据保险合同的规定负有缴纳保费的义务。保险监督管理委员会依法对保险公司经营健康保险的活动进行监督管理。

三、规范健康保险行为的必要性

（1）健康保险业是经营风险的特殊行业，是社会经济补偿制度的一个重要组成部分，对社会经济的稳定和人民生活的安定负有很大的责任。健康保险经营与风险密不可分，健康保险事故的随机性、损失程度的不可知性、理赔的差异性使得健康保险经营本身存在不确定性，加上激烈的同行竞争和健康保险道德风险及欺诈的存在使得健康保险成了高风险行业。健康保险公司经营亏损或倒闭不仅会直接损害公司自身的利益，还会严重损害广大被健康保险人的利益，危害相关产业的发展，从而影响社会经济的稳定和人民生活的安定。所以，健康保险业具有极强的公众性和社会性，需要得到严格监管。对健康保险业进行严格监管，是有效地保护与健康保险活动相关的行业和公众利益的需要。

（2）对健康保险业进行严格的规范也是培育、发展和规范健康保险市场的需要。由买方、卖方和中介人构成的健康保险市场有一个产生、发育、走向成熟的过程，它伴随商品经济的发展而发展。国家对健康保险业的严格监管有利于依法规范健康保险活动，创造和维护平等的竞争环境，防止盲目竞争和破坏性竞争，以利于健康保险市场的发展、成熟。

（3）构成健康保险的要件之一是必须集合为数众多的经济单位，这样才能有效地分散风险。所以参加健康保险的人数众多、覆盖面大、涉及面广。健康保险经营者具有很强的专业性和技术性，健康保险需要专门知识，参加健康保险的一般成员往往缺乏这方面的知识。对健康保险业进行严格监管也是由健康保险经营和健康保险业的这种技术性与专业性特点所决定的。

四、健康保险行为规范的内容

健康保险监管的内容主要包括市场行为的监管、偿付能力的监管、公司治理的监管等，其核心是控制健康保险业的经营风险，保证偿付能力。

随着保险市场的发展与完善，保险业务竞争不可避免。竞争是市场经济的内在要求，但应当有规则地进行。正当竞争会促进保险业的发展，不正当的竞争则会破坏保险业的健康发展。保险市场行为监管主要是指保险公司及其工作人员及保险中介人的市场行为应该符合法律规定的要求，这往往也是保险监管的一项内容。

偿付能力体现了保险公司资金力量与其所承担的赔偿责任之间的对比关系，是保险公司对保险合同责任的资金保障程度的指标。依据保险原理，保险公司收取的保费，并非保险公司的盈利，而是对于投保方的负债，在整体上具有返还性。如果保险公司偿付能力不足，就无法履行其赔付职能，保险也就不称其为保险。因此，偿付能力监管是保险监管最为重要的内容。

保险业是经营风险的特殊行业，这也决定了保险公司本身是具有较高的经营风险，因此，加强对保险公司经营风险的监管，对于保障保险业的稳定和发展及维护被保险人的利益也十分重要。

通过对市场行为的监管、偿付能力的监管、公司治理的监管，实现保险行业的稳健运行，这有利于社会经济的发展和社会的和谐。

五、政府在规范健康保险行为中的作用

政府是管理社会公共事务和关系的主体，通过设立保险监督管理委员会对保险行业进行监管。保险监督管理委员会直接监管各种保险事务，政府通过制定和实施各项措施、政策、法规等宏观调控保险行业，不仅保证保险企业的健康经营和被保险人的合法权益，而且还对保险费率进行监管，保证保险费的适宜合理；通过法律政策，维护保险市场的政策秩序；通过财政政策保障保险企业正常运转，避免保险企业的破产和清算；同时对外资保险企业进行约束，保证保险市场的健康发展，具体表现在以下几点。

（一）保证健康保险人的偿付能力，防止健康保险经营的失败

偿付能力是指健康保险人履行经济补偿和给付健康保险金的能力。保证健康保险人的偿付能力、防止健康保险经营的失败是健康保险监管的基本目标，也是健康保险监管的核心。

任何一个企业经营失败，对社会经济都会造成一定的影响，但健康保险企业经营失败所造成的后果非一般企业所能比拟。一般企业（非垄断行业企业）破产倒闭，对宏观经济的影响是微弱的，并不会在多大程度上影响市场供给。但是健康保险则不同，投保人缴付健康保险费，获得在遭受损失时取得赔偿或给付的经济保障。健康保险人一旦经营失败，广大的被保险人将蒙受重大损失。健康保险企业经营失败所造成的后果具有广泛性和社会性，有可能造成社会经济混乱。因此，偿付能力的保证是健康保险监管的基本内容。

为了实现这一目标，在健康保险监管中，需要避免健康保险企业的不合理营运。健康保险企业的经营失败，多数情况下是健康保险经营政策的失误及健康保险业务人员的失职所致，而健康保险企业经营决策的决定、健康保险业务人员的行为往往为少数重要负责人所控制。一般保单持有人没有机会了解某一健康保险企业的真实情况，即使有这种机会，又往往因健康保险业务经营具有专业性、健康保险成本计算具有很强的技术性而无从着手。故健康保险经营的合理性与合法性，只能由专门的政府机构或特殊的组织进行监控，并采取相应地调节和干预措施，这种责任不能推给健康保险商品的购买者即保单持有人。

健康保险企业所承受的风险是潜在的、动态的，通常要经过一定时间的累积以后才能显露出来，在风险爆发并造成损失以后又难以进行有效地补救。因此，健康保险监管机关需要建立动态的风险预警机制，通过对偿付能力的动态监管，帮助健康保险公司发现和防范潜在风险。

（二）防止利用健康保险进行欺诈

利用健康保险进行欺诈获得不正当利益，这违背了健康保险保障经济与社会稳定的根本初衷。

针对健康保险行业的特殊性，需要把防止健康保险市场中的欺诈行为列为监管的目标之一。欺诈行为表现在投保人与健康保险人两个方面。健康保险人利用健康保险进行欺诈，主要表现在不具备必要的偿付能力，或超出规定的业务范围经营健康保险，或有非健康保险企业非法经营健康保险业务，还表现在健康保险人利用容易产生误解的含糊词语来逃避责任等。在健康保险条款中也要防止投保人的道德风险，防止投保人或被保险人以不具可保利益的标的进行投保，故意隐瞒事实真相或制造健康保险事故，骗取赔款。

由于健康保险合同的附和性特点，健康保险人识别健康保险欺诈的能力远远高于被保险人，健康保险人欺诈被保险人的可能性较大。因此，在健康保险欺诈的防止方面，健康保险监管的重点是防止健康保险人的欺诈。

（三）优化市场机制，维护健康保险当事人之间的公平合理关系

在健康保险业务经营中，各个方面之间的关系要公平合理。①健康保险企业与被保险人之间的关系要公平合理，即保险费要与保险人所提供的保障相适应；②被保险人之间的关系要公平合理，即被保险人对健康保险成本的分摊要公平合理，也就是保险人所采用的健康保险费率的分类要合理适当；③健康保险企业之间的关系要公平合理，即保证各保险人同等条件下公平竞争，防止盲目竞争。这三个方面的关系的公平合理性的维持，都需要对健康保险有效地监管。

在监管不力的市场上，容易产生无序的竞争。健康保险监管需要优化市场机制，消除市场机制本身的缺陷。

第二节　我国健康保险的监管主体

一、健康保险监督管理机构

中国的保险监管机构几经变动。50年代初期，中国人民保险公司由中国人民银行拨资创设、受其管理；1952年改由财政部管理；1959年国内保险业务停办，中国人民保险公司变成一个专营涉外业务的机构，在行政上脱离财政部而转为中国人民银行总行国外局的一个处；1980年，国内保险业务恢复，1984年中国人民保险公司从中国人民银行分设出来，成为国务院直属的经济实体。1985年的《保险企业管理暂行条例》和1995年颁布《银行法》及《保险法》都规定，中国人民银行是中国保险企业的监管机构。

1998年11月，中国保险监督管理委员会成立，专职保险监管工作。中国保监会的成立标志着我国的保险监管进入了一个新的阶段，保险监管的内容和方式都发生了较大改变。中国保险监督管理委员会于2006年9月公布实施《健康保险管理办法》，中国保险监督管理委员会依法对保险公司经营健康保险的活动进行监督管理。

二、政府部门

保险监督管理机构在健康保险监管中起主导作用，而政府主要通过政策、法规等对健康保险业进行宏观调控。

健康保险经营如同其他行业经营一样，面临着各种风险，除“正常”的经营不当外，违法经营及负债过多均可导致企业解体。政府对健康保险企业监管的基本目的是避免保险企业破产，以保障被保人的合法权益。当健康保险企业由于经营不当发生财务危机时，政府一般采取扶助政策，

利用各种措施帮助其解决财务困难，继续营业，避免破产。

公司解散在市场经济中司空见惯，这是市场优胜劣汰的必然结果，也是有效地利用社会资源的一种机制。但健康保险业却需要安全平稳的经营，因为健康保险公司提供的是一种保障，它的停业会影响人们的安定生活，引起混乱。各国政府在这个问题上均采取严格、谨慎的态度，尽量避免保险公司解散。但是，保险企业若违法经营或有重大失误，以致不得不破产时，国家便以监管者身份，令其停业或发布解散令，选派清算员，直接介入清算程序。在多数情况下，当保险监督官发现某一公司经营状况不好时，总会想方设法进行挽救，主要是将公司的大多数业务进行分保，或者让实力雄厚的公司将其兼并，以避免破产的出现。

健康保险企业的解散和清算主要适用公司法、破产法的有关规定。但绝大多数国家的保险法往往也做一些特别规定。如为保持保险关系的稳定，对因经营不善而被解散或停业的保险企业，多采用保险合同转让制度，即将被解散或停业的保险企业现存有效保险合同的一部分或全部转让给其他保险企业，通过订立转让合同形式，将其固定资产和资金同时转移。这种处理办法实际上是在政府干预下的企业兼并，主要是为了避免进入繁琐的清算程序和保护被保险人的利益。

除了保证保险企业正常经营提供财政扶助，政府还对健康保险费的费率进行监管。费率监管的目的是使费率适当、合理和公正。在政府监管的同时，利用行业组织对市场费率的约束机制，避免保险监管当局陷入沉重计算费率的技术性事务中。

国家保险监管部门以各种方式对保险费率的形成进行直接地干预和控制。这种管制大致可分为两类情况：①对具有均质性的险种如终身寿险，由于各企业销售的保险合同标准比较统一，监管机构对其规定统一的费率标准；②对有较大差异的险种如定期人寿保险和汽车保险，监管机构要求各企业按规定的风险类别和费率构成要素比例，依照企业相关的财务资料确定费率，经监管部门批准之后再执行。是一种较刻板的费率管制方式，在实践中遇到障碍，后来发展成为幅度管理制度，即由政府对保险费率设定上、下限，具体的费率则由行业公会制定。

国家对保险费率的宏观监管有三种类型：严格监管、一般性监管和宽松化监管。在严格管制下，费率完全受法令规章约束，如有违反，一经查明即予处罚；一般性监管即费率依各种险别性质，由主管机构或特定团确定，并容许在一定范围内浮动；宽松化监管是指费率完全由市场供求决定，不受主管机构约束。

保险费率的宏观监管主要借助于法律手段来完成。一般来说，多数国家对人寿保险费率并不直接管理，只是间接地加以控制。

三、健康保险市场

除完全垄断市场外，在其他类型的保险市场中，都不同程度地存在着竞争。这种竞争如果是在一个秩序良好的市场环境中进行，则会促进健康保险业的发展。相反，如果秩序混乱，保险人及保险中间人之间陷入无序竞争，则会损害保险业的发展，也有害于每一个保险人和中间人自身经营和发展，损害投保人和被保险人的利益，为此，需要对保险市场的秩序进行监督和管理。

从广义上讲，对健康保险业、健康保险活动和健康保险人各方面的监管，例如，健康保险组织的监管、保险投资的监管、保险中介人的监管、再保险的监管，都是一种对健康保险市场秩序的监管。因为这些监管都直接或间接地调节和控制着健康保险市场的要素、机制、供求关系及效益。狭义的健康保险市场秩序监管则是指对影响保险人之间的关系的要素与行为的监管，主要表现为对健康保险经营范围的监管、健康保险基本条款的监管、健康保险费率的监管，也包括对外资保险企业的监管。

（一）健康保险市场的构成要素

健康保险市场包括若干构成要素：①结构要素。主要包括健康保险需求、健康保险供给、健康保险价格和健康保险合同等。这些要素是健康保险市场的主体内容。②组织要素。其中包括健康保险股份公司、国有保险企业、个人保险商等。③中介要素。健康保险市场的中介要素包括保险代理人、保险经纪人、保险公估人等。他们都不是保险关系的直接当事人，而是介于承保人和投保人之间的媒介人（经纪人、代理人）。他们虽然不直接经营保险业务，却是保险市场不可缺少的要素。④调控要素。健康保险市场具有其特殊的调和控制要素，其中包括健康保险法律、健康保险政策、健康行政规定、政府监管机构、健康保险行业组织及其规章等，健康保险市场要素相互依存、相互作用，共同构成一个完整的健康保险市场体系。

（二）健康保险市场机制

健康保险的经营活动受到市场机制的制约。市场机制是指价值规律、供求规律和竞争规律三者之间相互制约、相互作用的关系。

价值规律对健康保险市场的调节作用表现在调节健康保险市场中各类险种的相互关系，并促进健康保险企业改善经营管理、改进经营技术、提高健康保险服务的质量和效率。

健康保险市场的竞争主要表现在承保范围与险种竞争、保险人履约能力竞争、保险商品价格竞争（即保险费率高低的竞争）、信息竞争、保险服务态度的竞争等方面。

价值规律、供求规律和竞争规律之间的关系集中表现为价格供求之间的关系。这两者的关系是供求影响价格，价格调节着供求。一方面，如果供给和需求相一致，价格与价值相等；如果供给大于需求，价格就会低于价值。反之则价格高于价值。另一方面，如果价格低于价值，就会刺激需求，抑制供给；反之，价格高于价值，就会抑制需求，刺激供给。

综上所述，价值规律、供求规律和竞争规律三者间存在着相互依存、相互制约和相互作用的关系。这种相互依存、相互制约的内在联系，操纵和调节着保险市场。

第三节　健康保险的监管对象

一、健康保险公司

（一）国营型健康保险组织

国营型健康保险组织是指由国家和地方政府投资经营的保险机构。在我国由社会保险机构承办的健康保险如医疗保险，简称医保，是常见的保险之一，主要为投保人应付无法预测的医疗服务需求及财务风险。它不仅补偿由于疾病给人们，带来的直接经济损失，即医疗费用，还补偿由于疾病带来的间接损失，如误工工资，对分娩、残疾和死亡等也给予经济补偿。投保人在有需要使用医疗服务时，可得到一笔定额的现金赔偿以补贴其全数或部分医疗开支。

社会保险机构根据法令或契约（合同）向参加者收取保险费，建立保险基金，对患病成员给付保险金，履行损失补偿义务。健康保险包括医疗保险、失能保险和护理保险。其中，最常见的医疗保险包括了疾病医疗保险和意外医疗保险。国营型的健康保险组织经营的健康保险主要是保障全体公民都享有基本医疗保险的权利，维护社会公平，与商业健康保险相比较其保障水平低、保障层次低。

（二）国有独资公司

公营保险公司多数采用国有独资保险公司的形式，它是指由国家授权的机构或部门单独投资设立的保险公司。国有独资保险公司出资人是国家，投资主体单一，股东具有单一性，不具备设立股东会的条件。所以，一般来说，公司中只设董事会和经理等，董事会成员由国家授权投资的机构或部门委派，还应有职工选举的职工代表任董事。有关公司的合并、分立、解散、增减资本和发行公司债券等事项必须由国家授权投资的机构或部门决定。但为了保证国有独资保险公司应有的独立，股东会的其他职权可由代表国家投资的机构或部门授权公司执行机构董事会行使。国有独资公司的财产权利具有特殊性，作为投资的财产是国授权投资的机构或部门持有的全民所有制性质的财产。在公司营运以后，原投资财产及由此滋生积累的财产仍然具有全民所制性质。因此，国有独资公司转让资产，应当由国家授权投资机构或部门审批和办理财产权转移手续。

（三）民营保险组织

与公营保险组织相对应的就是民营保险组织。民营保险组织形式之一是公司保险组织。根据责任形式，公司可分为有限责任公司、股份有限公司和相互公司等形式。大多数国家只允许采取股份有限责任公司及相互保险公司两种形式。

1. 保险股份有限责任公司

股份有限公司是指公司的全部资本为等额股份，股东以其所持股份有限对公司承担责任，公司以其全部资产对公司的债务承担责任。保险股份有限责任公司（简称保险股份公司）是世界的主要保险组织形式。股份有限责任公司与一般有限责任公司有共同的法律特征。

（1）公司将其资本平分为股份，每股金额均等。资本的股份化，不仅适应股份有限公司募集社会资金的需要，而且也便于计算，有利于确定股东的权利，如公司的分红是以股份为单位计算的，股东的权利大小以持有的股份的多少来确定。

（2）保险股份公司的资本由投资者（即股东）以认购股票的形式筹集构成，股票可自由转让，这保证了企业有雄厚的资本基础。

（3）保险股份公司将企业的投资者与经营者分开，这样可广招人才，适应保险业技术性强的特点。

（4）保险股份公司实行有限责任制，股东对公司承担的责任仅限于出资额，这使公司的经营能力与投资人的经济状况相分，保险公司作为法人组织可以长期经营。

（5）利润以股份红利形式在股东之间进行分配。保险股份公司从股东那里积聚的资本在收取足够的保险费之后作为公司的经营资本，以支付各种损失赔付及经营费用；在公司收足保险费后，资本金即成为公司履约的保证金。这时，公司营运的资金来自保险费的积聚。

保险股份公司的优点：①多为大规模的经营，能较广泛地分散风险。②因受利益机制的刺激，经营效率较高，并且由于同业竞争激烈，更能开发新险种，并采用相适应的新方法和新技术。③容易募集巨额资本，因而有利于业务扩展，经营较为安全。

《健康保险管理条例》第七条规定“依法成立的人寿保险公司、健康保险公司，经中国保监会核定，可以经营健康保险业务。前款规定以外的保险公司，经中国保监会核定，可以经营短期健康保险业务”。第八条规定了经营健康保险的保险公司，应当持续具备的条件有“（1）建立健康保险业务单独核算制度；（2）建立健康保险精算制度和风险管理制度；（3）建立健康保险核保制度和理赔制度；（4）建立健康保险数据管理制度；（5）建立功能完整、相对独立的健康保险信息管理系统；（6）配备具有相关专业知识的精算人员、核保人员和核赔人员；（7）中国保监会规定的其他条件”。目前，我国健康保险业主要由健康保险公司和寿险公司经营。

2. 相互保险公司

相互保险公司是公司保险与合作保险相结合的一种形式。由预料特定风险可能发生的多数经济单位，为达到保险保障的目的而组成非营利性保险组织。其参与者并非股东，仅是合同当事人（或称会员），公司的所有成员（会员）为保险参加者，保险人，也是被保险人。因此，公司会员既是保险的的供给者，又是保险的购买者。当保险关系终止时，会员资格也随之消失。

（四）个人保险

个人保险是指以个人的名义承保保险业务。从历史上看，最早的保险业务都是由个人承担，个人承办保险曾有过相当长的时间，海上保险即是这方面的典型。但随着社会经济的发展，保险的保险责任日渐增大，而个人的承保能力又相当有限，使得个人承保经常出现不能胜任的局面。

个人保险在英国最为盛行，这主要是由英国经济发展的特点，特别是由英国以判例制度为特点的法制发展史等因素所决定。美国仅在德克萨斯、纽约和新墨西哥三个州有个人保险，其地位也不像在英国那样重要。美国的个人保险商仅负有限责任，当损失超过有限责任时被保险人在法律上无权要求个人保险商以他的其他财产抵偿保险金。另外，新近的纽约保险条例规定，不再接受个人保险登记，因而，如今除英国劳合社外，其他国家个人保险逐渐减少，呈现被淘汰的趋势。

劳合社又称劳埃德保险人组织，是英国保险业的鼻祖，至今仍在世界海上保险中占有特殊的地位。劳合社本身不是保险公司，它是个人承保人的集合体。“分则为保险商，合则为劳合社”，这就是该组织在结构上的特点。劳合社社员各自独立，自负盈亏，对自己承保的分额负无限责任。社员通过保险经纪人兜揽保险业务。每一社员都可以自由决定接受或拒绝承保每项业务。为了经营方便，目前劳合社社员均自由结合组成联合承保的辛迪加组织。每一辛迪加组织聘请承保代理人经营业务，称为承保人，办理日常业务工作。

（五）合作保险组织

合作保险是由需要保险保障的人或单位组织起来，集资合作，共同经营保险，满足其成员对保险保障的需要。合作保险属于非营利性的保险组织，合作保险与公司保险的一个重要区别在于前者不是一个法人组织，而后者则是一个法人组织（正因为如此，经营目的、组织方式基本上与之相似的相互保险公司被归入公司保险的范畴）。合作保险主要包括相互保险社和保险合作社两种形式。

（六）自保公司

自保公司是指若干非保险企业，为节省费用而出资设立的附属保险机构。据估计，美国目前最大的500家公司中大约有100多家公司有自己的自保公司。美国的自保公司承保了约20%的资产及责任保险业务。

20世纪60～70年代，自保公司在世界上发展很快，实力雄厚的跨国公司和大企业为了减少保险费支出，往往都考虑成立专业自保公司。同时，专业自保公司还进入再保险市场，参与再保险业务活动。

二、医疗服务提供者

健康保险除涉及健康保险人、投保人外，最主要的就是医疗服务的提供者，包含各级医院、医务人员等。

由于医疗市场不是市场经济，医疗服务提供者如医生、医院和制药商发挥决定的作用，医生具有绝对的技术垄断权，患者无法决定是否需要服务及服务的项目和服务价格，医疗服务提供者控制着医疗服务的数量和价格。加上消费者投保后一般不会直接支付医疗费用，而由第三方及健康保险人承担，往往缺乏敏锐的价格意识，加上医学技术进步，新技术、新药品的使用，特别是大设备的医疗检查等，必然导致技术医疗费用的不断上长。这种提供健康保险和提供服务的分离，加大了道德风险，影响健康保险人对风险的管控。因此，健康保险经营需要与医疗卫生部门协调和沟通，建立合作机制。

目前，医疗服务提供者与健康保险机构仅通过被健康保险人发生间接联系，这使得健康保险机构难以直接影响医疗服务提供者的行为，难以控制风险，极易引发健康保险消费者与健康保险公司、健康保险公司与医疗服务供方间的矛盾，不利于社会和谐，严重影响健康保险业的发展。而且在不断增长的医疗费用下掩藏着大量医疗卫生资源的浪费，有限的卫生资源没有真正满足医疗需求，影响卫生资源的合理配置，应加强法律监管力度，保障卫生资源合理配置。

三、健康保险消费者

健康保险消费者即健康保险投保人。根据我国《保险法》第十条规定，投保人是指与保险人订立保险合同，并按照保险合同负有支付保险费义务的人。投保人可以是自然人也可以是法人。投保人是保险合同的主体之一。投保人与保险人合称保险合同的当事人。投保人应具有几个条件：①具有相应的权利能力和行为能力。根据《民法通则》的规定，18周岁以上的成年人及18周岁，但以自己的劳动收入为主要生活来源的人，是完全民事行为能力人，可以成为保险合同的投保人，16周岁以上不满18周岁的未成年人及不能辨认自己行为和不能完全辨认自己行为的精神患者是限制民事行为能力或无民事行为能力的人，不能成为投保人。②投保人对保险标的具有保险利益。投保人对保险标的具有法律上的保险利益，健康保险的投保人一般即为被保险人，以身体健康为保险标的。③投保人履行交付保险费的义务。依照合同规定投保人需缴纳相应的保险费。

（一）投保人权利

保险人享有的权利：①请求保险公司承担必要、合理费用。②请求保险公司降低保险费。被保险财产的危险程度明显减少时，保险公司应当降低保险费，并按日计算，退还相应的保险费。③请求复效。在分期付款的人身保险合同中，如果投保人超过60日不缴纳续期保险费，合同效力中止。但自合同效力中止之日起2年内，投保人有权提出恢复合同的请求。④指定和变更受益人。

（二）投保人义务

根据我国《保险法》的规定，投保人主要有以下几种义务。

（1）按约定交付保险费的义务。保险费是投保人向保险人交纳的费用，作为保险人依照合同承担赔偿和给付责任的代价。保险合同成立后，投保人按照约定交付保险费，保险人按约定的期间承担保险责任。保险人对人身保险的保险费不得以诉讼方式请求投保人支付。

（2）如实告知的义务。订立保险合同时，保险人可以就保险标的或被保险人的有关情况提出询问，投保人应当如实告知。投保人故意隐瞒事实，不履行如实告知义务的，或者因过失未履行如实告知义务，足以影响保险人决定是否同意承保或者提高保险费率的，保险人可以解除保险合同。①危险增加的通知义务。危险增加的通知义务是指在保险合同的有效期内，保险标的危险程度增加的，投保人或被保险人应依照合同规定及时通知保险人，保险人有权要求增加保险费或者解除合同。投保人或被保险人未履行该通知义务的，保险标的因危险程度增加而发生的保险事故，保险人不承担赔偿责任。②出险通知义务。出险通知义务即保险事故发生的通知义务，是指投保人、被投保人或者受益人知道保险事故发生后，应当及时通知保险人。其意义在于能使保险人迅速调查、取证，采取适当的方法，防止损失扩大，并为赔偿和给付保险金做准备。

（3）及时通知的义务。

（4）提供证明、资料的义务。

（5）对因自己违法行为而取得的赔偿或给付予以退赔的义务。

第四节 健康保险的监管内容

一、市场行为监管

（一）兼业、兼营、专营的监管

保险企业是否可兼营保险以外的其他业务，非保险企业是否可兼营保险或类似保险的的业务，这就是保险兼业问题。绝大多数国家的保险法规都有禁止兼业的规定，即保险公司不得经营其他业（保险资金运用除外），非保险企业也不得经营保险或类似保险的业务。理由是：保险与非保险业务的性质不同，经营技术有差别，若允许兼业，则容易造成经营的混乱，影响保险偿付能力，最终损害被保险人的利益。保险人所不能经营的“非保险业务”多种多样，但主要是指银行业务、商业性批发业务、房地产业务、生产性业务。禁止保险企业经营非保险业务主要是为了维护保险准备金和维持保险人的稳定经营，保障被保险人的利益。随着保险业和金融业的竞争激烈化，保险业务与银行业务、房地产业务的结合不断出现，例如，保险人利用银行网络代销保单，为贷款购房的人办理在投保人丧失支付能力时代偿贷款的人寿保险等，这些保险创新增了保险监管的难度。原则上，保险创新应当得到鼓励，但要坚持严格的保险业务的独立性。

1. 禁止保险兼营原则

保险兼营是指同一保险公司可否同时经营财产、人身保险业务。禁止保险兼营原则，也称保险分业经营原则，是指同一保险公司不得同时兼营财产保险业务和人身保险业务。

财产保险公司以经营财产保险业务为限；人身保险公司以经营人身保险业务为限；同一保险公司只能经营财产保险或者人身保险其一种业务。《保险法》第九十五条规定：“保险人不得兼营人身保险业务和财产保险业务。但是，经营财产保险业务的保险公司经国务院保险监督管理机构批准，可以经营短期健康保险业务和意外伤害保险业务。”

2. 禁止保险兼业原则

保险兼业是指保险公司可否经营保险业务以外的其他业务。禁止保险兼业原则，是指保险公司不得在核定的保险业务以外，同时经营非保险业务。即保险公司只能在保险监管机构核准的业务范围内从事经营活动，不得经营法定经营范围以外的业务，更不能从事非保险业务的经营活动。我国《保险法》第九十二条第三款、第四款对此也做了明确规定：“保险公司的业务范围由保险监督管理机构依法核定。保险公司只能在被核定的业务范围内从事保险经营活动。保险公司不得兼营本法及其他法律、行政法规规定以外的业务。”

3. 保险专营原则

所谓保险专营原则，是指保险业务只能由依保险法设立的商业保险公司经营，非保险业者均不得经营保险或类似保险的业务。我国《保险法》也确立了保险专营原则，其第六条规定：“经营商业保险业务，必须是依照本法设立的保险公司。其他单位和个人不得经营商业保险业务。”

（二）保险合同基本条款的监管

1. 保险合同基本条款及其监管的重要性

保险合同的基本条款是指保险合同双方当事人关于权利、义务关系的条文。它是保险单的一个重要组成部分，是保险人与被保险人享受权利和履行义务的依据。在民事法律关系中，权利是指法律赋予人们的某种权益，表现为享有权利的人有权做出一定行为，或要求他人做出一定行为，以实现其权益。义务是指负有义务的人必须做出一定行为或不为，以保证权利人的权利得以实现。保险合同一经订立，保险人和被保险人（包括投保人）双方须履行合同规定的义务，并享有相应的权利，即投保人或被保险人必须按照合同的规定履行缴纳保险费的义务，保险人则享有收取保险费的权利。而在保险事故发生并遭受经济损失或约定事件出现时，保险人必须按照合同规定履行赔偿或给付保险金的义务，被保险人享有获得赔款或给付的权利。

2. 保险合同基本条款的监管方式与要求

监管方保险合同基本条款的监管方式多种多样，随各国保险市场的发达程度及监管制度的类型而异。总体上来讲，在保险业发达、保险市场成熟的国家，偏向于实行宽松型的保险监管模式，对保险合同基本条款的监管较松。它一般都是允许保险公司自行确定保险合同基本条款，但可能会要求在使用之前报批（即先批后用），或在使用的过程中报批（即边报边用）。当然，事实上，主要不是由单个的保险公司确定保险合同基本条款，而是由保险行业组织协商确定。在某种情况下，对于某些险种，甚至会由保险行业组织独立确定保险合同基，即不须由国家监管机构审批，只是上报备案。

相反，在保险业不发达、保险市场机制不健全的国家，一般偏向于采用严格监管的模式。这种严格监管的一个主要对象即是保险合同基本条款。例如，由国家保险监管机构确定保险合同基本条款，供各保险公司使用；或者，虽然由保险公司或保险行业组织拟订保险合同基本条款，但必须报保险监管机构审批，而监管机构对其进行严格审查，并且，在审批之前，保险合同不得以任何方式使用。

随着保险业的发展，逐渐出现保险合同内容和格式标准化的趋势，标准化是指保险合同的凭证，即保险单主要内容与格式的基本一致。例如，承保风险、保额确定、责任起讫、费用承担、除外责任等的统一规定。保险单标准化的形成，是在不断地实践过程中自然定型的。如国际上所熟悉的劳合社保险单标准式。也有以同行业协议的方式，即通过保险同业公会商定保险单的格式共同采用。如英国伦敦海上保险人协会在 1939 年规定各会员公司必须使用该协会的联合保险单。在保险实务中，对于标准化保险合同，保险监管当局对其不再进行详细地审查。

实际上，很多国家都有本国通用的保险条款。例如，我国采用的海上保险条款称“中国条款”，英国主要通用“伦敦协会条款”，美国则为“美国协会条款”。在西方国家的海上保险市场里，许多国家的保险人直接采用“伦敦协会条款”。这种条款已经规范化，一般不再列入监管的范畴。

保险合同条款可归为两类：①和权利、义务有关的文字条款，包括保险标的、保险责任、除外责任、投保人的义务、赔偿手续及其他事项；②与赔偿责任有关的数字条款，包括保险期限、保险金额及保险费率。

对文字条款的审定和制定原则上要考虑是否对促进社会生产和保障人民生活起到积极作用；是否考虑到被保险人的利益；保险关系当事人双方的权利和义务是否平等；条款的制定是否做到文字简洁、用词准确、文义清楚。

对数字条款的审定和制定要考虑保险费率的厘定是否公平合理，即保险人的保险费负担大体上要按照保险标的的风险大小分担；保险费率的厘定是否保证保障需要，即能否保证保险人具备与所承担风险相适应的保险基金，以保持一定的偿付能力，被保险人的经济保障建立在可靠的经济基础上；保险费率的厘定是否相对稳定，费率的厘定应能保持一定时期的稳定性，不宜常变动，以免给展业和核算造成困难。

（三）保险费率的监管

我国现对保险条款和保险费率的监管，不是直接参与制定和修订，而是针对不同险种，视其作用分别实行审批制和备案制。我国《保险法》第一百三十六条规定："关系社会公众利益的保险险种、依法实行强制保险的险种和新开发的人寿保险险种等的保险条款和保险费率，应当报保险监督管理机构审批。保险监督管理机构审批时，遵循保护社会公众利益和防止不正当竞争的原则。审批的范围和具体办法，由保险监督管理机构制定。其他保险险种的保险条款和保险费率，应当报保险监督管理机构备案。"

1. 保险条款和保险费率的审批和备案

应报中国保监会审批的保险条款和保险费率主要包括依法实行强制保险的险种、人身保险新型产品和投资保障型财产保险险种、中国保监会认定的其他关系社会公众利益的险种等。保险险种的审批目录由中国保监会制定和调整。

应报中国保监会备案的保险条款和保险费率是指除应审批部分以外的所有由保险公司使用的其他险种的保险条款和保险费率。包括保险公司使用其他保险机构已获批准或备案的保险条款或保险费率、国际市场通用的财产保险标准条款等。

2. 保险条款和保险费率的修改和停用

中国保监会在对保险条款和保险费率进行审批或备案时，应遵循保护社会公众利益和防止不正当竞争的原则。有下列情形之一的，中国保监会可以要求保险公司对保险条款和保险费率进行修改，也可以责令保险公司停止使用。

（1）违反法律、行政法规或规章的禁止性规定。

（2）违反国家有关财政金融政策。

（3）损害社会公共利益。

（4）内容显失公平或价格垄断，侵害投保人、被保险人或受益人的合法权益。

（5）保险费率低于成本价格构成不正当竞争。

（6）条款设计或厘定费率、预定利率不当，可能危及保险公司偿付能力。

（7）中国保监会基于审慎监管原则认定的其他事由。

3. 保险费率厘定的原则

保险费率的厘定并非单纯的数学计算，而应该体现经济目的性，与保险人承担的义务相适应，遵循一定的原则。

（1）公平合理原则。公平是指被保险人基本上按保险标的风险大小负担保险风险，费率高，负担多；风险小，费率低，负担少。但公平只是相对的，不可能对单个保险标的分别核算风险大小。合理是在贯彻公平原则的同时，对保险费率的档次确定要合理；保险积累和企业利润要合理。要核算出保险人和被保险人双方都乐于接受的费率。

（2）保证保障原则。保险费是保险理赔的基本资金来源，所以保险费率的厘定要保证保险人具有充分的偿付能力，这是由保险的基本职能所决定的。费率过低，会削弱保险人的偿付能力，影响对被保险人的经济保障。在国际保险市场上，为争取业务，竞争激烈，导致有些保险人盲目降低费率，影响了这种保障功能。为防止这种情况出现，保障被保险人的权益，在一些国家，保险费率的厘定采取制定统一费率的办法或由国家管理部门审定某些费率。

（3）稳定灵活原则。保险费率厘定后，通常保持相当长的一段时间不能经常变动，否则，会给保险人增大业务工作量，增多经费开支；也会给被保险人造成保费预计上的困难。为此，在厘定费率时应考虑各种因素，对未来趋势做科学预测，使费率保持相对稳定。保险费率虽力求保持稳定，但仍须有灵活性。也就是说，在短期内应该注意保险费率的稳定，在长期中又应该根据实际情况变动对其做适当地调整。因为在较长的时期内，由于社会、经济、技术、文化的不断进步，保险标的所具有的风险是变动的。

（4）促进防灾减损原则。防灾减损是保险的职能之一，在厘定费率时，要具体体现防灾减损精神。保险人积极从事预防损失活动，减少或避免不必要的灾害发生，不仅可减少保险人的赔偿数额和被保险人的物质损失，更重要地是保障社会财富，稳定企业经营，安定人们生活，发展国民经济。为贯彻这一原则，保险人应从保险费收人中提取一定比例的防灾费用，用以加强社会的防灾减损工作。同时，对被保险人的防灾减损工作予以鼓励，防灾减损工作有成效的，保险费率可相应降低。

4. 保险费率监管的基本出发点

保险费率是保险人用以计算保险费的标准，是保险市场上保险这种商品的价格。费率的合理确定对于保险市场上的各方都具有重要的意义。公平、合理的保险费率对于保险经营和保险市场有多方面的正效应；相反，不合理的保险费率对于保险经营和保险市场会产生多方面的负效应；费率监管的基本出发点应是形成公平而合理的费率，以充分发挥保险费率的正面效应，尽量降低负面效应。保险经营中，公平、合理的保险费率的正面效应应体现在诸多方面：对保险经营人来说，保险费率合理，使保险费的积累程度能够保证对保险人弥补经营费用和开支，并在未来履行赔偿或给付责任；对保险人而言，合理的费率才能被接受，使风险转嫁成功，转嫁成本合理。同时，合理的费率才能强化被保险人防灾减损的意识。

合理的保险费率有助于保险竞争规范、良性和有序。只有保费率符合既定要求，投保与承保各方主体利益上的冲突方可缓减。一方面，利益的协调，维持了保险市场的正常运行；另一方面，保险市场的完善与发达，通过公平、有序的竞争，反过来使保险费率逐步趋于合理，最终形成一个发育正常、良性循环的市场机制。

对社会经济而言，合理的费率能推动经济的健康发展。费率过高，保险经营出现暴利，吸引其他经济部门的资金流入，容易出现恶性竞争，削弱保险对经济、社会的效应。公平、合理的保险费率能够调节保险市场中保险公司的数量和质量，通过这种利益前的双向选择，保险公司提供各种合适的保险，既可以解决企业、家庭及个人等的后顾之忧，又能配合社会做好防灾减损工作，使社会资源有效地配置到所需之处，浪费和损失减到最小程度。

二、偿付能力监管

偿付能力是指健康保险企业对被健康保险人履行赔偿或给付义务的能力。为了保证健康保险企业经营的稳定性，保障被保险人的利益，各个国家都对健康保险企业的偿付能力进行严格监管。偿付能力监管是健康保险监管的核心。

（一）偿付能力监管的含义

健康保险人必须保证任何时候都有能力履行补偿和给付义务。如果健康保险企业经营不当，危及偿付能力，不仅会损害被健康保险人的利益，而且会破坏健康保险企业经营的连续性，因此必须对健康保险企业的偿付能力进行监督管理。

健康保险企业偿付能力监管包括两个层次：国家对健康保险企业偿付能力的监管和企业自身对偿付能力的管理。国家主要通过立法对健康保险企业的偿付能力加以监督管理，如开业资本金的规定，法定最低偿付能力额度的规定，准备金提取的规定，财务检查制度等。健康保险企业自身对偿付能力的管理是指健康保险企业为实现自身的经营连续性和财务稳定性而对影响偿付能力的诸因素进行计划、组织、协调和控制。其中主要是指健康保险人根据自身业务规模和承保质量，在以往经验的基础上，利用科学的方法确定一个合理的最低偿付能力标准，并按照自己的实际偿付能力水平确定所承保风险的最大自留额度等。

健康保险企业接受的经营范围监管、条款内容监管等偏重市场行为方面，偿付能力监管则重视以考察公司内部资本的结构来衡量风险。危及健康保险人经营的原因有很多，但最终归结为偿付能力不足，所以对健康保险企业的监管最终落实在偿付能力监管之上。这也是国际上公认的有效监管方式。世界上的监管模式主要有两种：①以英国为代表的偿付能力监管模式；②以美国为代表的多指监管模式。大部分发达国家和地区采取英国模式，如欧盟、日本、中国香港、中国台湾等，而且它们均已由条款和费率管理为主过渡到以偿付能力监管为核心的监管方式。其基本做法，是以认可资产减实际负债的差额与保费或赔款的一定比例，来确定健康保险公司必须达到的最低偿付能力标准，并据此进行严格的监管。即使采取多指监管模式的国家，也是以偿付能力监管为核心。

偿付能力的监管历经两个阶段。在健康保险业发展的早期，对偿付能力的监管采用静态标准，监管机构对健康保险人的最低资本和盈余水平设定一个固定数值，只要其资本和盈余水平高于此要求，则可以进行经营。由于各个健康保险人具有不同的规模和发展速度（例如，新办的健康保险公司可能会出现暂时亏损），所以遵从静态标准不能充分反映健康保险公司的偿付能力。后来，随着健康保险监管方法的改进，开始引进动态标准。动态标准方法集中考察健康保险人的负债情况，设定不同的偿付能力档次。根据对各健康保险公司的具体分析得出能剔除干扰因素的数据，归入相应档次后，对偿付能力有问题的公司发出适当的指令对其进行整顿。这种方法可以考虑到各公司的不同情况并据此做出反应。

（二）偿付能力监管的必要性

对保险公司偿付能力的监管不同于对其他企业偿付能力的监管。一般企业只要其资产市场价值高于其债务即被视为具有偿付能力。但保险公司则不同。各国保险监管部门一般要求保险公司的认可资产与其负债的差额必须大于保险法规定的金额。保险公司认可资产与负债的差额低于这一规定的差额，即被认为是偿付能力不足。因此，保险公司偿付能力不足与破产还不是同一个概念，保险公司偿付能力不足并不一定构成保险公司破产，因为在一定情况下，保险公司认可资产还会大于其负债。

保险公司偿付能力不足产生的原因：①保险费率确定过低。保险市场与其他商品市场一样，是一个竞争的市场。各保险公司为了在市场上处于有利地位，卖出较多的保单，获得较大的市场份额，经常利用价格来进行竞争。这样很可能造成保险费率确定过低，在未来保险事件发生时入不敷出，形成亏损。②准备金计算错误。保险准备金是对未来事件的一种资金准备，它是建立在未来风险的估计上的。如果估计方法不当，就会出现保险准备金与实际承担的保险责任不匹配的情况，这样也会形成亏损。③风险程度。保险公司面对的是风险，它通过保险条款规定自己的义务，并确定自己的权利。如果考虑的风险因素及各项因素对保险事件的影响程度不准确，一旦异常风险，如地震等巨灾风险发生，也会造成保险公司亏损。从偿付能力不足形成原因上看，有些原因是能够克服的，有些原因虽然人的力量无法克服，但是可以防范。

各国均把偿付能力监管作为保险监管的核心，这是由保险业的特殊性所决定的。由于保险合同双方当事人之权利、义务在时间上的不对等性，保险公司先获得收取保费的权利，而在未来约定事件发生后才负责赔款或给付义务。被保险人则相反，先履行缴纳保险费的义务，在将来才获得赔偿或给付保险金的请求权。保险公司在经营过程中若偿付能力不足或破产时，绝大部分保险合同却尚未到期，这样将使被保险人失去经济保障，蒙受经济损失。因此，各国均视偿付能力为监管核心。

（三）偿付能力监管的内容

1. 偿付准备金的管理

（1）偿付准备金及其规模

健康保险企业偿付能力的资金基础是偿付准备金。健康保险企业的业务经营具有极大的不稳定性，为应付超常损失和巨灾损失，必须从每年的利润中提存准备金，不断扩大偿付准备金，提高偿付能力水平。

偿付准备金的资金来源除开业资本金以外，就是总准备金。总准备金是业务在经营过程中逐渐积累起来的，主要来源于业务盈余。总准备金的积累规模和速度是非常关键的问题。

总准备金积累的适度规模，就是指总准备金积累应与承担的风险责任相适应。健康保险企业应在保证企业偿付能力的前提下，力求在盈利和业务不断发展之间选择一最佳结合点，把经营的连续性、营利性和业务增长性有机地结合起来，这是要求合理地分配盈余。在分配中，一是把转化为积累的基金用于增加自有资本；二是把转化为消费的基金用于增加职工福利等。两者之间存在矛盾，此消彼长，分配不合理会对健康保险企业的发展产生阻碍作用。因此要按照适当比例提取盈余，积存为总准备金，使准备金的积累速度与企业业务发展和承保的风险相适应。

（2）偿付准备金的资金来源

偿付准备金由开业资本金和总准备金构成。开业资本金一般是由国家健康保险监管机构硬性规定的。健康保险企业的资本金主要用于开业时的经营开支，此外还用来保证开业初期因业务量较小、保费收入不足时应付赔款和给付之用。

总准备金是健康保险经营过程中逐渐积累起来的，主要来源于附加保费中的安全系数及企业每年利润分配中的一部分盈余积累。根据健康保险业务的特点，为了应付巨额风险赔偿损失，在健康保险费因素中含有附加风险系数，以确保健康保险业务的顺利进行，这个风险系数是附加保费的一部分，作为提存总准备金的来源。总准备金的另一部分来源为企业每年盈余未分配的部分，即健康保险企业经营的利润，除根据国家规定分配以外，剩余部分提存作为总准备金（我国称为公积金）。

（3）最低偿付能力额度

国家对保险企业偿付能力最直接有效的监管手段，就是规定法定最低偿付能力额度，以确保保险企业偿付能力的最低限额。如果保险企业的实际偿付能力额度低于法定最低偿付能力额度时，国家保险主管机构就要对保险企业进行干预。

最低偿付能力的界限的确定方法，各国有所不同。但大多数国家和地区通常用保险企业资产减去负债之差的方法加以确定。如《英国 1983 年保险公司（会计与报告）条例》规定净资产减去确定得负债必须大于最低偿付能力边界。我国香港地区《保险公司条例》规定，保险企业必须拥有规定的最低偿付能力准备金，即其资产总值减去负债后必须达到指定金额。该指定金额根据前一财政年度的保险费收入计算，保险费收入在港币 1 亿元以下按 1/5 计，超过 1 亿元部分按 1/10 计；最低不能低于 500 万元。

我国《保险法》第一百零一条明确规定："保险公司应当具备与其业务规模和风险程度相适应的最低偿付能力。保险公司的认可资产减去认可负债的差额不得低于保险监督管理机构规定数额；低于规定数额的，应当按照国务院保险监督管理机构的要求采取相应措施达到规定的数额。"我国《保险公司管理规定》第六章对保险公司最低偿付能力额度做了明确而具体的规定：财产保险、短期人身保险业务的最低偿付能力额度为两项中较大的一项：①本会计年度自留保费减保费税后人民币 1 亿元以下部分的 18% 和 1 亿元以上部分的 16%；②最近 3 年年平均赔付金额人民币 7000 万元以下部分的 26% 和 7000 万元以上部分的 23%。对于经营期间不满 3 年的保险公司，采用前项规定的标准。

长期人身保险业务的最低偿付能力额度为两项之和：①一般寿险些务会计年末准备金 4% 和投资连结类业务会计年末寿险责任准备金的 1 %。②保险期间小于 3 年的定期死亡风险保额 1%；保险期间为 3 ~5 年的定期死亡保险风险保额的 0. 15%；保险期间超过 5 年的定期死亡保险风险额的 0. 3%，在统计中未对定期死亡保险区分保险期间的，统一按风险保额的 0. 3% 计算。

保险公司实际偿付能力低于本规定标准的，处理方式：①实际偿付能力额度低于最低偿付能力额度的，保险公司应当采取有效措施，使其偿付能力达到最低能力标准，并向中国保监会做出说明。②实际偿付能力额度低于最低偿付能力额度的百分之五十的，或实际偿付能力额度连续 3 年低于最低偿付能力额度的，中国保监会可将公司列为重点监督检查对象。保险公司被列为重点监督检查对象期间，不得申请设立分支机构或支付任何红利、分红，中国保监会可以责令其采取办理再保险、业务转让、停止接受新业务、增资扩股、调整资产结构等方式改善其偿于能力状况。③实际偿付能力额度低于最低偿付能力额度的百分之三十的，或被列为重点监督检查对象的保险公司财务状况继续恶化，可能或已经危及被保险人和社会公众利益的，中国保监会可以对该保险公司实行接管。

（4）偿付能力监管的手段

为了监管保险公司偿付能力，各国都在研究探索偿付能力监管手段。从各国保险监管实践看，偿付能力监管手段主要有三种：①规定资产本充足率要求。即要求保险公司设立时具有一定金额的实收资本金与公积金，在经营过程中要满足一定的风险资本管理的要求。②非现场检查。建立保险监管住处系统，利用监营指标体系监管偿付能力变化状况。由保险监管部门制定一系列保险住处监管指标，由保险监管人员按照保险公司的业务财务状况对其经营状况进行分析，及时掌握监管住处制定监管措施。③现场检查。即保险监管部门派人到保险公司，对其经营管理活动及业务、财务状移进行检查，重点是检查其资产和负债的真实性，资产负债的匹配性，以评估其偿付能力保险公司。检查人员可以是保险监管部门的人员，也可以是保险监管部门雇佣的其他人员，如独立审计人员等。现场检查分为常规检查（如年度检查）、特别检查和专项检查，上述三个手段可以同时使用。

2. 对承保额的控制

对健康保险企业承保额的控制，是偿付能力管理的又一个重要方面，也是最直接最有效的偿付能力管理。

承保额是健康保险企业与投保人之间签订的健康保险合同中载明的由健康保险企业承诺的责任大小和范围。健康保险企业的成本额受资本额、总准备金的积累、经营风险的规模及所承担的风险集中程度等因素限制。

承保额的控制包括单个健康保险合同承保额的控制和承保额的总量控制。健康保险企业经营的健康保险业务，要根据企业本身的偿付能力测定每一风险单位的自负最大健康保险金额或称自留额。自留额确定得是否合理对健康保险企业的经营成果影响很大。自留额定的太低，将使大量健康保险费多分给再健康保险人，削弱企业本身的利益；反之，定的太高，则削弱健康保险企业的财务稳定性。因此，只能自留与本身偿付能力相应的一部分健康保险金额。

3. 影响健康保险偿付能力风险因素的控制

如上所述，影响健康保险企业偿付能力的风险因素很多，如政治风险、经济风险、经营风险等。这些风险作用于健康保险经营过程中，造成健康保险企业财务状况的变化。同时，这些因素还进一步造成健康保险经营中的费率风险、利率风险、投资风险等多种风险，进一步影响健康保险偿付能力。对这些风险因素进行管理是偿付能力管理的重要内容。费率风险是影响偿付能力的重要的风险因素。首先，保费收入是积累总准备金的根本来源，费率的高低直接影响总准备金的积累速度和规模，但过高的费率又会使得健康保险企业失去部分健康保险市场。其次，费率确定的准确性和可靠程度直接制约着超常损失发生的可能性大小，从而制约偿付能力的强弱。例如，健康保险合同解约或失效过多，会增加经营费用，并且随着风险单位减少，难免使实际损失率与理论损失率产生较大偏差。

此外，投资风险、利率风险、通货膨胀率风险、财务状况等也是对偿付能力进行管理的不可忽视的因素。对风险因素的管理一般采取的方法有风险防范、风险规避、风险自留、风险限制、风险转移等。

三、公司治理的监管

健康保险人是健康保险市场的主体，是健康保险法律关系中重要的当事人之一，是健康保险监管的起点和基础。

（一）健康保险市场的准入

1. 开业审批制度

世界各国对保险公司的设立多数采取许可主义原则，即世界各国对保险公司的设立除要具备公司法规定的条件外，还必须经监管部门的批准，并在注册登记机关注册才可成立。

保险企业的创设必须得到国家保险主管机关批准，一方面办理公司登记，以取得法人资格，并取得经营保险业务许可证；另一方面经国家工商行政管理部门办理登记注册，以取得营业执照，然后方能经营保险业务。

我国《保险法》第六十七条规定："设立保险公司应当经国务院保险监督管理部门批准。"未经保险监管部门核准，任何人不得经营保险业务。设立保险企业，必须经过申请、筹建、办理公司登记、提交保证金五个环节。《保险法》第七十七条规定"经批准设立的保险公司及其分支机构，凭经营保险业务许可证向工商行政管理机关办理登记，领取营业执照。"具体步骤如下几点。

（1）初步申请与初步审查。保险公司的设立申请人向金融监管部门提交设立申请书、可行性研究报告和要求提交的其他文件、资料，由其做初步审查。

设立申请书是发起人提请主管部门审查的重要文件之一，其作用在于，表达申请设立公司的意向，说明设立公司的必要性和重要性，表明发起人在设立公司方面的各项准备工作业已就绪。申请书应当载明拟设保险公司的名称、注册资本、业务范围等。

可行性研究报告是对设立公司的目的、必要性及对公司未来的经营活动进行分析论证的说明，重点回答设立公司是否可行的问题。审批机关依据可行性报告对设立公司的必要性和可行性做出判断。可行性研究报告应包括的主要内容：公司名称和地址；发起人的资信能力和投资能力；公司总投资、资本总额、股价溢价发行测算，所需借贷资金、净资产占总资产比例；资金投向、规模、建设周期与费用的大致估算；公司的经营范围；经济效益分析。

（2）筹建工作。设立保险公司的初步申请经初步审查合格后，申请人应当依照《保险法》和《公司法》的规定进行保险公司的筹建，使保险公司的设立条件得以成立。筹建工作主要有四项内容：按照公司法的要求拟订和批准公司章程；筹集资本，使其达到保险法规定的注册资本最低限额；聘任具备任职专业知识和业务工作经验的高级管理人员；建立健全公司的组织机构和管理制度并购置相关设备。

（3）正式设立申请。筹建工作结束后，申请人可向主管部门提交正式设立申请表和其他文件。

1）保险公司的章程。公司章程是公司依法约定公司内外部法律关系，确立公司内部管理体制和股东或出资人基本权利、义务的法律文件，是公司运作的最根本的规范和依据。根据《公司法》的规定，国有独资保险公司的章程应载明的事项：公司名称和住所；经营范围；注册资本；国家授权投资的机构或部门的名称、出资方式和出资额；公司的机构及其产生办法、职权、议事规则；公司的法定代表。根据《公司法》第七十九条和《保险法》的规定，股份有限保险公司的章程应载明的事项：公司名称和住所；经营范围；公司设立方式；公司股份总数，每股金额和资本；发起人的姓名或名称、认购的股份数；股东权利和义务；董事会的组成、职权、任期和议事规则；公司法定代表人；监事会的组成、职权、任期和议事规则；公司利润分配办法；公司的解散事由与清算办法；公司的通告和告知办法；股东大会认为需要规定的其他事项。国有独资保险公司的公司章程由国家投资的机构或部门依照公司法制定，或者由董事会制定后报国家授权投资的机构或部门批准，股份有限保险司的章程应经创立大会通过。

2）股东名册、出资人及其出资额。

3）持有公司股份10%以上的股东的资信证明的有关资。资信证明应由权威的资信评估机构做出。

4）法定验资机构出具的验资证明。为了保证注册的资金的真实性，公司筹集的资本金必须聘请中国注册会计师验资并出具验资报告，由公司发给投资人出资证明书。

5）拟任职的高级管理人员的简历和咨格证明，基于保险业务的高技术性和高风险性，拟任职的高级管理人员应具备任职专业知识和业务工作经验。业务工作经验以其简历体现，任职专业知识等以其资格证明。

6）经营方针和计划。经营方针和计划指导着公司的经营活动，决定着公司业务运营的成败。

7）营业场所的证明。

8）主管部门需要的其他文件。主管部门如认为必要，还可以按规定要求申请人报送其他文件，以便审慎地做出该保险公司是否可以设立的决定。

（4）审批

主管部门在法定的审批期内做出批准或不批准的决定，做出批准决定的，向设立申请人颁发经营保险业务许可证。

（5）设立登记

设立申请人根据保险法和公司登记管理条例在法定期间持经营保险业务许可证和其他文件向公司登记机关申请设立登记。经公司登记机关核准设立登记并发给《企业法人营业执照》，公司即告成立。

国家对保险企业的设立实行审批制度，这一规定是基于保险的特殊性质而形成的。从一开始就对保险人进行严格的审查，利于日后的良好经营及监管机关的全面监管。

申请人在申请设立保险企业时，必须向主管机关递交有关的文件、书面文书或其他足以证明申请人符合主管机关所要求的从业所必须具备的材料。

2. 组织形式管理

对于保险人的组织形式，各国保险监管制度都有适合其国的限制和规定。综观各国的保险法，一般允许采用股份有限公司、相互保险公司、互助保险组织及国有独资保险公司等几种组织形式。其中股份有限公司是各国普遍采用的保险组织形式。

3. 资本金要求

保险公司的注册资本是指载于公司章程、在公司成立时已募足并经公司登记机关核准的公司资本。公司资本是公司营业的物质基础，也是公司对债权人的财产担保，同时，还是公司出资人或股东承担责任的限额。对公司注册资本最低限额的规定旨在使公司在设立时能够拥有与其法人权利能力和行为能力相适应财产基础，从而保证保险公司的最低偿付能力，以维护被保险人的利益。

总体来说，各国政府规定开业资本或基金的理由：①由于损失发生的偶然性和不平衡性，在保险人办理保险业务期间就有可能发生赔案，因而需承担支付赔款的义务。此时，开业资本具有双重功能，既要用于支付开业费，又要用于开业初期发生的赔款支出。②开业初期承保范围有限，分保网络尚未健全，保险人承保的风险不能在地区之间、公司之间、国际不同业务种类间进行分散，风险过于集中，容易造成责任累积，这也要求开业资本金必须达到一定的规模，以使保险公司有能力应付这种可能出现的巨额损失赔偿。当保险公司的资本金盈余低于最低资本限额时，就被认为偿付能力不足；当保险公的资本金和盈余为负，即负债大于资产时，保险公司即不具有偿付能力。

保险公司的主营业务的性质决定了其资本金要求高于其他工商企业。保险公司的经营是以统计理论为基础，大量集中同质风险，确保赔偿与预期损失接近。因此，保险人必须有科学的定保费方法，正确留储责任准备金，并且有足够的资源支持达到一定的经营规模，承保一定数量的风险单位。另外，实际经营中保险人在保险合同成立过程中支出的费用最多（包括佣金、体检、估价费等），而同一标的在续保时的支出将大大减少，保险司成立之初面对大量的新合同，需要支付大量的费用。确保保险公司有足够资金，才能保证其持续经营。

保险公司资本金要求与其他工商企业的另一区别是其中必须限度的实缴货币资本。其他类型的公司的股东可以用货币作资；也可以用实物、工农业产非专利技术或土地使用权作资。其注册资本可以以货币资本体现；也可以以实物资本和财产资本体现。而保险公司的出资人或股东虽可以以货币、工业产权、非专利术或土地使用权等和其他工商企业相同的形式出资，但其中的实缴货币资本必须达到一定要求。

我国《保险法》第六十九条规定："设立保险公司，其注册资本的最低限额为人民币二亿元。"保险公司注册资本最低限额必须为实缴货币资本。国务院保险监督管理机构根据保险公司业务范围、经营规模，可以调整其注册资本的最低限额，但不得低于2亿元。

4. 保证金要求

保证金是在保险公司设立之时提取的存于保险监管部门指定或其他机构的资金。保险经营的负债性决定了对保险公司保证金要求的必要性。保险经营的负债性是指保险公司通过承保风险、收取保险费而建立起来的保险基金，是对投保人和被保险人的负债，而并非保险的盈利。所以，保险公司一旦经营不善出现亏损或倒闭，不仅其自身利益，更主要的是损害广大投保人和被保险人的利益，为了确保保险公司在经营不善或出现其他情况时的赔付能力，有必要设立这一规定。

我国《保险法》第九十七条规定："保险公司应当按照其注册资本总额的百分之二十提取保证金，存入国务院保险监督管理机构指定的银行，除保险公司清算时用于清偿债务外，不得动用。"

5. 从业人员要求

保险从业人员包括保险公司的管理人员和业务人员。保险经营的专业化程度高，技术性强，因此，对从业人员提出了很高的要求。例如，保险费率的厘定、新保险险种的设立、保险资金的运用等都要求管理人员有很强的专业知识和丰富的工作经验，保险合同的签订、核保等要求保险业务人员与代理人员具有较高的专业素质。因此，保险公司在设立时，应有具备任职专业知识和业务工作经验的管理人员和业务人员。

我国《健康保险管理条例》第八条第六点规定"保险公司经营健康保险应配备具有相关专业知识的精算人员、核保人员和核赔人员"。

保险从业人员的培训和教育是各国政府对保险业进行组织管理的重要内容。美国保险企业中的大多数雇员要从事专业管理和技术工作，其知识和技术的密集程度要高于其他行业。除了传统的销售、投资、承保和理赔工作外，该行业还吸收了大量的数学家、医师、律师、电脑专家、工程师等人才。除进行在职人员的培训外，美国还很重视成人教育，重视知识更新，各种保险职业教育机构非常多。

（二）保险市场的退出

1. 保险企业的解散

保险企业的解散是指已成立的保险公司，因公司章程规定或法律直接规定的事由的发生，或公司丧失了经营能力，经批准并经登记注销后，公司组织消灭的法律行为。公司完全解散后，其法人资格消灭。

保险公司的解散往往由于三个原因：正常解散、被撤销和破产。

“正常解散”也有三种情况：公司合并或分立，即一家公司吸收另一家公司，后者应当解散，或两家公司合并为一家新公司或一家公司分成两家公司，原公司应当解散；公司章程规定的营业期限届满或其他解散事由出现时，公司解散；公司的最高权利机构——股东大会根据实际情况，在法规允许下通过决议解散公司。

公司被撤销是指保险公司依照法律的直接规定或因违反法律、法规而被取消经营许可的情况。保险公司破产是一种纯商业行为，指公司不能偿还到期的债务或应付的保险金，经由法院宣布破产。

除破产和合并的情况外，保险企业的解散，应在规定的期限内，到有关机关办理解散登记并予以公告。

2. 正常解散与清算

保险公司的“正常解散”必须经主管部门批准。经营有人寿业务的保险公司，除合并与分立外，不得解散。

保险公司的解散清算是指保险公司出现法定解散事由以后依法清结公司的债权债务、消灭公司法人资格的行为。其内容包依法成立清算组、清理解散的公司的财产、处理公司未了结的业务、通知并公告债权人申报债权、要求公司的债务人履行债、清结应缴纳税款事项、清偿公司债务、向股东分配公司剩余财产等。

保险公司依公司章程规定的营业期限届满或其他解散事由出现、股东决议解散的，应当在15日内成立清算组，国有独资保险公司的清算组由国家授权投资的机构或部门所确定的人选组成；股份有限保险公司的清算组由股东大会确定人选；逾期不成立清算组进行清算的，债权人可以申请人民法院指定有关人员组成清算组进行清算。

清算组是保险公司终止时专门负责公司财产的管理、变价和分配的职能机构。清算组在清算期间行使的职权：清理公司财产，编制资产负债表和财产清单；通知或者公告债权人；处理与清算有关的公司未了结的业务；清缴所欠税款；清理债权、债务；处理公司清偿债务后的剩余财产；代表公司参与民事诉讼活动。

一般来说，清算应进行的程序：清算组自成立之日起10日内通知债权人，并于60日内在报纸上至少公告三次，债权人接到通知书之日起30日内，未接到通知书的自第一次公告之日起90日内，向清算组申请其债权；债权人申其债权，说明权的有关事项，并提供证明材料；清算组对权进行登记；清组在理公司财产、编制资产负债表和财务清单后，制定清算方案，并报股东大会或者有关主管机关确认；公司财产能够清偿务的，分别支付清偿费用、职工工资和劳动保险费用、缴纳所税款、清偿公司债务；公司财产按上述规定清偿后的剩余财产，有限责任公司按照股东的出资比例分配。

清算期间，公司不得开展新的经营活动，公司财产在未按上述规定清偿前，不得分配给股东。

因公司解散而清算，清算组在清理公司财产、编制资产负债表和财产清单后，发现公司财产不足以清偿债务的，应当立即向人民法院申请宣告破产。公司经人民法院裁定宣告破产后，清算组应当将清算事务交给人民法院。

公司清算结束后，清算组应当制作清算报告，报到股东会或者有关主管机关确认，并报送公司登记机关，申请注销公司登记，公告公司终止，不申请注销公司登记的，由公司登记机关吊销其公司营业执照，并予以公告。

3. 撤销与撤销清算

保险公司依法被撤销是指保险公司依照法律的直接规定或因违反法律、行政法规的规定而被吊销经营保险业务许可证。在我国，保险公司多是根据法律的规定而成立的，撤销这些保险公司也应由法律直接规定，有权撤销保险公司的机关，应该是批准保险公司设立的主管部门。

保险公司的撤销清算内容包括主管机关依法组织成立清算组，清理被撤销的公司的财产，处理公司未了结的业务，通知并公告债权人申报债权，要求公司的债务人履行债务，清结应缴纳税款事项，清偿公司债务，向股东分配公司的剩余财产等。

撤销清算组的职权及清算程序与正常清算组的职权及清算程序相同。

4. 破产与破产清算

保险公司不能支付其债务时，经保险公司的法定代表人、主管部门或债权人等提出申请，主管部门同意，由人民法院依法宣告其破产，从宣告破产之日起，保险公司终止。

破产清算的内容包括人民法院依法组织清算组，清理破产公司的财产，处理未了结的业务，通知并公告债权人申报债权，要求公司的债务人履行债务，清结应缴纳税款事项，清偿公司债务，向股东分配公司的剩余财产等。

保险公司的破产清算因其组织形式的不同而有区别。国有独资保险公司的破产清算根据《中华人民共和国企业破产法》的有关规定进行，股份有限保险公司的破产清算根据《中华人民共和国民事诉讼法》第十九章“企业法人破产还债程序”的有关规定执行。

（付　昕）

1. 健康保险监管的主要内容有哪些？
2. 为什么要对健康保险公司的偿付能力进行监管？
3. 我国的健康保险监管主体有哪几个？主要是哪个？
4. 如何提取保险保证金？

案例

保险产品是否等同银行理财产品？

2009 年 8 月，唐某通过某保险公司营销员王某的介绍，投保了该保险公司的分红保险，保险金额为 10 万元，年交保险费 7500 元。唐某称，当时营销员介绍投保等同存银行，随时可以全额退保，并可享受 70% 的无息贷款（半年内还清）。2010 年，唐某向该保险公司提出退保，却被告知不能全额退。2011 年 8 月，唐某再次到保险公司办理退保，被告知只可以退 9642 元，比所交的保险费少退 12858 元，于是唐某向保险监管机构投诉。

(来源于中国保险监督管理局官方网站)

问题：唐某购买的保险产品是否等同银行理财产品？如果你是保险监管机构工作人员你将如何解决此案？

提示：保险产品不能等同银行理财产品。

拓展阅读

外延健康险概念 完善大病保险监管制度

在保险业“新国十条”出台以后，国务院又出台了健康险新政。国务院频频下发一些利好政策，不仅有利于促进保险业的健康发展，也可以带动其他产业的发展。2014 年 11 月 17 日，国务院办公厅再发《关于加快发展商业健康保险的若干意见》(以下简称《意见》)。

《意见》实施的目标是，促进商业健康保险运行机制较为完善、服务能力明显提升、服务领域更加广泛、投保人数大幅增加，商业健康保险赔付支出占卫生总费用的比重显著提高。到 2020 年，中国要基本建立市场体系完备、产品形态丰富、经营诚信规范的现代商业健康保险服务业。

“《意见》扩大了商业健康险的定义外延，一方面将现在主要靠报销型的产品扩大到了前端健康管理和养生护理，另一方面增加了医疗责任险等范围，并且鼓励为健康科技产业融资提供支持”。17 日，一位大型寿险公司内部人士对笔者分析：“这些都扩大了现在国内健康险经营机构的工作职能范围。我们理解的是国务院希望通过商业保险这支‘市场化杠杆’多方面促进深化医疗改革进程。”

而商业保险机构承办城乡居民大病保险、经办地方政府各类医疗保险的深度和广度仍在不断推进。“现在大病保险已经覆盖超过 6 亿人口，明年有望实现全国全覆盖。”一位接近保监会人士对笔者称。

而从 10 月下旬开始，保监会已联合各地 30 个保监局开始对全国展开大病保险检查工作，从前期地方政府招投标，到合同签订、财务核算及后期理赔服务，对目前参与大病项目的十几家保险机构各地方部门做全面检查。

此外，笔者从权威渠道获悉，保监会相关部门目前正在制定大病保险五大监管制度，并将细化和完善 2013 年初推出的大病保险业务暂行管理办法。

“监管制度将在例如在独立核算、服务标准等相关规定上有更细化的规定。”上述人士透露，预计该制度将于今年年底或明年年初完成并推出。

“但要深入健康产业，保险公司能发挥多大作用，能怎么做，各家还在探索。当然我们希望能像个人税收递延型养老保险试点一样给健康险同等的税优政策，这在健康险产品的推动上会起很大作用。”上述大型寿险公司人士说。

《意见》亦要求完善健康保险有关税收政策。主要为研究完善城乡居民大病保险业务保险保障基金政策；落实和完善企业为职工支付的补充医疗保险费有关企业所得税政策。

另外，该《意见》鼓励健康服务产业资本、外资健康保险公司等社会资本投资设立专业健康保险公司。笔者了解到亦有不少非金融业的社会资本在排队申请健康险专业保险公司牌照，“太保安联健康险公司近期内不出意外会开业，专业型保险公司肯定还会再批，但如何通过监管制度保证专业型保险公司做专业的事，保监会会越来越关注。”一位接近保监会人士对笔者说。

《意见》中提出，充分发挥市场机制作用和商业健康保险专业优势，扩大健康保险产品供给，丰富健康保险服务，使商业健康保险在深化医药卫生体制改革、发展健康服务业、促进经济在提质增效升级中发挥“生力军”作用。

(来源：保险同城网，2014 年 12 月 6 日)

第十四章

健康保险的法律责任

内容提要

法律关系是行为人违反法律规定所要承担的不利法律后果，健康保险法律责任是健康保险当事人违反健康保险法律规定所须接受的法律制裁。当事人若实施了违反健康保险法律、法规，即使不存在缔约的过失，也要承担相应的法律责任，即健康保险的行政责任、民事责任或刑事责任，这些责任形式具有综合性和社会性的新型特点。本章主要介绍健康保险的违法性行为与责任类型，以及健康保险法律责任的特征。

第一节　健康保险的违法性行为与责任类型

法律责任是指法律关系主体由于违反法律规范行为的出现，行为者依法所承担的法律义务。这种法律义务是法律上带有强制性的特殊法律后果，由国家强制力保证执行，并由国家授权的机关依法追究，其他没有被授权的组织和个人无权行使这项权力。健康保险法律责任则是指健康保险法中的主体因实施了违反健康保险法律规范规定的行为而应承担的不利法律后果，或者说，是因实施了健康保险违法行为，侵害了健康保险法所保护的权益，而应承担的健康保险法意义上的法律制裁。

一、健康保险的违法性行为

健康保险的违法性行为，是健康保险法律关系主体违反健康保险法律规范产生的行为特性，即行为人违反了健康保险法律规范对其权利的约束，或者未履行健康保险法律规范规定其应当履行的法律义务，从而产生健康保险方面的行为违法性，而构成健康保险的违法性则必须要具备健康保险行为违法的主、客观要件。

（一）行为人在客观方面实施了违反健康保险法律、法规的行为

这种行为必须是客观存在的，而且违反了健康保险法律、法规的具体规定，它可以分为两种基本表现形式，一种是不作为，即消极的不实施健康保险法律要求的行为，也就是说，法律要求健康保险行为人做而其没有做的行为，判断其有无不作为的违法行为，主要看第一行为人在法律上是否有作为的义务，第二负有一定法律义务的行为人在当时是否具备了履行其行为的条件，行为人只有在健康保险法律上负有义务，并且具备履行条件而不履行，才能认定其有不作为的违法行为；另一种是作为，即积极地实施了健康保险法律法规所禁止的行为，也就是说，健康保险行为人做了健康保险法律所不允许做的行为。

（二）健康保险违法行为具有一定的社会危害性

健康保险的违法行为一定程度上侵害了健康保险法律法规所保护的社会关系和社会秩序，这

种危害性一是已经给法律保护的社会关系和社会秩序造成了实际的损害后果；二是虽然未造成实际损害后果，但是已经使健康保险法律法规所保护的社会关系和社会秩序已然处于实质的危险之中。这样的社会危害性不管是在相对方的人身上还是财产上都会造成直接或间接的不利益，即不良后果或不良状态，对于相对方是人来说不仅可能会造成伤害而且可能会造成心理上的精神损害。

（三）违法行为主体在主观方面不以有过错为必然条件

一般情况下，违法主体在主观方面必须有过错，过错是指违法行为实施者的某种主观心理状态，包括故意和过失两种形式，行为人预见到自己行为的后果并且希望或放任此种结果发生的一种心理状态是故意，行为人应该预见到自己行为的危害性但由于疏忽大意没有预见到或者已经预见到了自己行为的后果由于自以为是过于自信从而导致危害结果发生的心理状态是过失。健康保险违法主体的主观心理状态不以这两种情况为必然的充要条件，如果健康保险违法行为是因为不可抗力或者由无行为能力人造成的，则不能构成健康保险的违法。同时，对于健康保险法律规范来说，在权利人的健康权利保障方面，也常常采取无过错责任原则，如劳动者在各种意外事故和职业病中，只要不是受害者故意行为所致，就应该按照规定标准对其进行伤害赔偿，无论用人单位或劳动者是否存在过错，无论责任在谁，无需劳动者承担和举证，受到伤害的劳动者都应当得到补偿。

（四）违法行为的主体必须具有法定的责任能力

违法行为的主体必须是具有法定责任能力的公民、法人或其他组织，如果违法主体是公民则其未达到法定责任年龄或不具有法定的责任能力，则不承担相应的法律责任，对于公民个人来说，责任能力，就是一个人具有了解自己行为的性质、意义和后果，并能够自觉地控制自己行为并能对自己的行为负责任的能力，通常也就是行为人达到了法定的责任年龄，也就是说心理健康不存在精神性疾病并且具有能够控制自己行为的能力；如果违法主体是法人或组织则其必须具有法定责任能力，能够独立承担法律责任或法律义务。

（五）违法行为与损害结果之间存在因果关系

因果关系是社会现象之间的一种客观联系，即一种现象在一定条件下必然引起另一种现象发生，前一种现象是原因后一种现象是结果，这两种现象之间的联系就是因果关系。健康保险法律责任只有在违法行为损害结果之间存在因果关系时出现，如果致害人的违法行为与受害人的损失没有因果关系，也不能令违法人承担不利的法律后果。因此，违法行为与损害后果之间的因果关系是构成健康保险法律责任的要件之一。

健康保险法律责任是健康保障法律关系主体违反健康保险法律规范所应承担的不利后果，但并不是所有的健康保险违法行为都一定要承担法律责任，只有违反了健康保障法律规范在其权限范围内明确设定的规定，健康保障法律关系主体才承担相应的法律后果，违法者拒绝承担由其违法而必须承担的法律责任时，国家将强制其承担相应的法律责任。

二、健康保险违法行为的责任类型

由于违法行为的性质和后果不同，违反健康保险法者所应承担的法律责任也不同，其中主要有健康保险行政责任、健康保险民事责任、健康保险刑事责任。

（一）健康保险行政责任

健康保险行政责任是指从事与健康保险事业有关的国家行政机关、企事业单位的工作人员或公民，违反健康保险法有关健康保险行政管理方面的法律规范所应承担的法律后果。承担行政法律责任的前提条件必须有违反健康保险行政法规的行为，这是施以行政处罚和行政处分的必要条件，行为人（包括单位）主观上必须要有过错，其行为必须是触犯了法定的健康保险行政法律规范明确规定的权利、义务关系，并且行为人的违反健康保险法的违法活动已超过了批评教育的程度。追究健康保险行政责任的形式有行政处分和行政处罚两种。

1. 行政处分

行政处分是由国家机关或者企事业单位根据健康保险法律赋予的权限，给予其所属人员的行政惩处。行政处分一般是由国家机关、企事业单位针对内部所属人员的违法失职行为，而采取的行政制裁措施，其方式主要有警告、记过、记大过、降级、撤职、开除等。如根据《母婴保健法》的规定，凡从事母婴保健工作的人员违反规定，出具有关虚假医学证明或者进行胎儿性别鉴定的，由医疗保健机构或者卫生行政部门根据情节给予行政处分；情节严重的，依法取消执业资格。

2. 行政处罚

行政处罚是由法定的国家行政机关（国家工商行政管理机关、国境卫生检疫机关、食品药品卫生监督管理机构等）给予其管辖范围内的机关、组织或公民个人的行政惩罚。行政处罚是由国家行政执法机关决定的，对于违反健康保险规范行为所做出的处罚性措施，我国健康保险法律法规定所规定的行政处罚主要有警告、罚款、限期改进、没收违法所得、没收违法财物、责令停产整顿、暂扣或吊销卫生许可证、生产许可证或经营许可证等。如《母婴保健法》规定，未取得国家颁发的有关合格证书者：①从事婚前医学检查、遗传病诊断、产前诊断或者医学技术鉴定的；②施行终止妊娠手术的；③出具母婴保健法规定的有关医学证明的，其出具的有关医学证明无效。县级以上地方人民政府卫生行政部门应当予以制止，并可以根据情节给予警告或者处以罚款。

（二）健康保险民事责任

民事责任是指民事主体因违反合同或侵犯他人合法权益所应承担的民事法律后果。健康保险民事责任是指健康保障民事主体因违反有关健康保险的合同或健康保险法律规范规定的民事义务造成他人损害所应承担的不利法律后果。

根据民事责任产生的原因，可将健康保险民事责任分为违约责任、一般侵权民事责任和特殊侵权民事责任。违约责任是指健康保险民事主体违反合同规定的所应该承担的民事义务；健康保险民事责任中的一般民事侵权责任是指从事与健康保险事业有关的机构或工作人员违反健康保险法律规定侵害他人的财产与生命健康权益时，应对受害者承担损害赔偿等法律规定的民事责任。特殊民事侵权责任则是即使不具备一般民事责任构成要件在特殊的情况下，根据法律的规定仍然要承担法律不利后果的民事责任形式。健康保险民事责任在法律允许的情况下，双方当事人可以自行协商解决、也可以通过相关部门进行调解或者通过司法程序来承担健康保险民事责任。例如，在医疗事故或其他医疗健康保险纠纷中，医疗单位与患者及其家属可以就医疗事故或事件造成损害的责任问题，通过协商的方式或其他方式来解决纠纷。受害人也可以向县以上卫生行政部门请求行政处理，或者直接向人民法院提起诉讼。人身损害赔偿诉讼要求当事人应在知道或应当知道受害之日起 1 年内提出，逾期法院则不予受理。

承担健康保险民事法律责任的方式有停止侵害、排除妨碍、消除危险、返还财产、恢复原状、修理、重作、更换、赔偿损失、支付违约金、消除影响、恢复名誉、赔礼道歉，以及民事诉讼中的没收非法所得、罚款等。

（三）健康保险刑事责任

健康保险刑事责任是指行为人实施了刑事法律在健康保险方面规定的禁止性行为所必须承担的法律后果。健康保险法律规范直接引用刑法中的相关条款对犯罪分子的行为给予否定性评价和谴责，这种刑事责任实现的方法是通过剥夺犯罪分子的某些权益，其中包括财产、政治权利、人身自由，甚至剥夺其生命，从而对健康保险方面的犯罪人进行法律制裁。如《母婴保健法》规定，未取得国家颁发的有关合格证书者，施行终止妊娠手术或者采取其他方法终止妊娠，致人死亡、残疾、丧失或者基本丧失劳动能力的，依照刑法第一百三十四条、第一百三十五条的规定追究刑事责任。

健康保险法对于刑事责任的规定，直接引用刑法中有关健康保险方面的规定。根据我国刑法规定承担刑事责任的刑罚方式分为主刑和附加刑，主刑有管制、拘役、有期徒刑、无期徒刑、死刑；附加刑有罚金、没收财产、剥夺政治权利；附加刑也可以独立适用，对于犯罪的外国人，可以独立适用或者附加适用驱逐出境。我国刑法对于违反健康保障法律规范行为的法律责任做了明确规定，如《刑法》中规定的医疗事故罪，非法行医罪，生产、销售假药、劣药罪，生产、销售不符合卫生标准的食品罪，生产、销售不符合标准的医疗器械、医用卫生材料罪，非法采集、供应血液罪，非法采集、供应血液制品罪，违反国境卫生检疫罪等。在已颁布的健康保险法律中对卫生行政主管机关的渎职、失职行为也规定了所应承担的健康保险刑事法律责任，常见的有玩忽职守罪，循私舞弊罪等。

第二节　健康保险法律责任的特征

健康保险法律责任的特征，主要是探讨健康保险法律责任与传统法律责任相比较所具有的特点。健康保险法律责任是建立在综合传统法律责任的基础之上，具有自身特点的新型法律责任，主要具有以下特征。

一、综　合　性

所谓综合性，是指健康保险法主体所承担的责任存在多种责任的复合，即在健康保障法律责任形式上大量采用了传统上的行政责任、民事责任、刑事责任的形式。相比之下，虽然在行政法、民法、刑法上也有借用其他法律部门的责任形式，但大多属于个别情形，而在健康保险法领域则采用大量的并且也是主要的形式是现存三种法律责任的多重复合，这一方面是因为健康保险法作为新型的边缘性交叉学科，很难发展出全新的法律责任形式，只能借用其他部门法律的责任形式；另一方面是因为健康保险法作为现代法，其所要解决的问题多属于复杂的社会性问题，单靠某一种法律责任形式很难实现其目标与宗旨，健康保险法的具体法律部门主要由健康保险秩序法律规范和健康保险公共调控法律规范构成，故健康保险法的法律责任形式也要从两种基本的内容上构建，从法律形式上，特别实施处分性、处罚性、补偿性与惩罚性相结合、严格责任的举证责任、财产责任与非财产责任的多重复合形式，在健康保险市场秩序法律规范上讲，主体比较具体，承担法律责任的形式比较明确，在健康保险公共调控法律规范中，法律规范多涉及健康保险行政机关的违法及不作为执法行为，对其实施的健康保险法律责任方式较为有限，对其惩罚的系统方式不够明确，因而健康保险律责任制度中，真正需要更进一步完善地是健康保险公共调控法律规范中健康保险行政机关的法律责任承担方式。

二、社　会　性

由于健康保险法的社会公共利益的导向性，健康保险法对法律责任的规定，在诸多方面都是从社会公共利益的角度进行考虑的，健康保险法对违法行为惩处与惩罚也有许多是从社会整体利益的角度去考虑的，事实上，健康保险法主体的违法乱纪行为不仅侵害了特定主体的健康保险利益与权利，而且还可能给整个社会公共利益带来严重的灾难，若健康保险社会秩序规制行为不当，可能会损害社会整体秩序正常的生存与生活环境，若健康保险公共调控行为不当，可能会给人类社会的健康和谐发展带来深重的灾难，因此，从社会整体利益的角度出发，健康保险法主体的法律责任承担的内容，从目标、内容、方式上看，不仅有补偿性的，而且还有处罚性的；不仅有财产性的，而且还有非财产性的。健康保险补偿性责任是指以法律上的功利性为基础通过当事人要求或者国家强制力保证要求责任主体承担弥补或赔偿的责任方式。如民法上的损害赔偿、支付违约金、返还财产、恢复原状、交付滞纳金。健康保险惩罚性责任是指以法律上或道义上为基础通过国家强制力对责任主体实行惩罚的责任承担方式。如金钱罚、自由罚、能力罚和资格罚等。健康保险财产性责任是指责任主体以自己的财产来支付否定性法律后果的责任承担方式。如赔偿损失、罚款、罚金等。非财产性责任是以财产以外的方式承担否定性法律后果的一种责任形式。如消除影响、恢复名誉、赔礼道歉、责令停业整顿、资格减免、停止生产、信用减等、行政处分等责任类型。

法律责任与法律义务紧密相连，一个人若在法律上负有责任，或承担法律责任，那毫无疑问违反了法律上或约定上的义务。责任来源于角色、道义、职权或法律义务规定，作为义务与制裁之间的桥梁，责任是现代法律部门的核心内容之一，职权的正当行使，权利的充分实现，职责的认真履行，义务的切实担当，纠纷的公正解决，几乎都要归结到法定的法律责任。法律责任作为法律运行的保障机制，是法治不可缺少的重要环节，是任何一个法律部门必不可少的组成部分。

（李　战）

1. 健康保险违法行为的违法性要素有哪些？
2. 举例说明健康保险违法行为的责任类型？
3. 健康保险法律责任是什么？
4. 简述健康保险法律责任的特征？

案例

保险合同有效保险人应承担民事责任

2004 年 11 月，关某，女，购买某保险公司健康保险并在填写投保单时，对于如实告知栏：是否曾身患疾病、动过手术，回答为否。2005 年 3 月，关某因反复胸背痛入院治疗，在住院期间病历首次确诊为多发性骨髓转移瘤（IgG 型）。2008 年 3 月关某因该病再次住院，最终因呼吸循环功能衰竭，经医治无效死亡。在两次既往病史记载中都记有其于 2000 年曾因子宫肌瘤（子宫脱垂Ⅱ度）住院做过子宫及左侧卵巢切除手术，而 2004 年 11 月其投保健康险时却未将这一事实告知保险公司。因关某确诊多发性骨髓转移瘤（IgG 型）的时间仅为投保后 5 个月时间，故保险公司展开调查，寻求其肿瘤原发病灶的确诊时间——是否在投保前，经过调查，未找到关某既往疾病时间的证明资料。保险公司则主张因关某在投保前未如实告知其曾经动过子宫及左侧卵巢切除术为由，拒绝给付相应的保险金。关某家属以关某不知何谓保险公司所指的重要事实及子宫卵巢切除术与多发性骨髓转移瘤之间并未有明确的因果关系为由抗辩，认为并未违反告知义务，保险公司应当承担治疗多发性骨髓转移瘤所支费用，双方因此发生纠纷并提起诉讼。

问题：

1. 保险公司与投保人关某的保险合同是否有效？
2. 保险公司应该承担相应的民事责任吗？为什么？

提示：普通被保险人未将动过手术的事实如实告知于保险人，根据合同法的要义不会影响合同的有效性，在本案中子宫卵巢切除的作用力不应受保险公司所谓的重要事实条款限制；同时子宫卵巢切除与多发性骨髓转移瘤的病发没有证据证明具有直接的因果关系。本案件投保后确诊的多发性骨髓转移瘤与投保前子宫及卵巢切除术在医学上无必然的因果关系，在这种情形下，除非保险公司能举证对方的过错，否则既然合同已成立，保险人应按合同条款规定承担民事给付责任。

拓展阅读

一、法律责任

（一）概念

法律责任是指由特定法律事实所引起的对损害予以补偿，并将强制履行或接受惩罚的特殊义务，亦即由于违反第一性义务而引起的第二性义务。

（二）特点

（1）法律责任是因违反法律上的义务关系而形成的责任关系。

（2）法律责任具有内在逻辑性，即存在前因与后果的逻辑关系表示的责任方式，即承担不利后果。

（3）法律责任的追究是由国家强制力实施或者潜在保证的。

（三）分类

根据违法行为所违反的法律的性质，可以把法律责任分为民事责任、行政责任、刑事责任、违宪责任和国家赔偿责任。

（1）民事责任是指由于违反民事法律、违约或者由于民法规定所应承担的一种法律责任。

包括以下几种：停止侵害、排除妨碍、消除危险、返还财产、恢复原状、修理、重作、更换、赔偿损失、支付违约金、消除影响、恢复名誉、赔礼道歉等。

（2）刑事责任是指行为人因其犯罪行为所必须承受的，由司法机关代表国家所确定的否定性法律后果。包括主刑和附加刑。其中，主刑包括管制、拘役、有期徒刑、无期徒刑、死刑。附加刑包括：罚金、剥夺政治权利、没收财产、驱逐出境。

罚款属于行政责任，罚金属于刑事责任。“没收违法所得、没收非法财物”属于行政责任，“没收财产”属于刑事责任。对于应当判处死刑的犯罪分子，如果不是必须立即执行的，可以判处死刑同时宣告缓期2年执行。

（3）行政责任是指因违反行政法规定或因行政法规定而应承担的法律责任。

行政责任分为行政处分（内部制裁措施）、行政处罚两种。其中行政处分包括警告、记过、记大过、降级、撤职、开除。行政处罚包括警告、罚款、没收违法所得、没收非法财物、责令停产停业、暂扣或吊销许可证、暂扣或者吊销执照、行政拘留，法律、行政法规规定的其他行政处罚。

（4）违宪责任是指由于有关国家机关制定的某种法律和法规、规章，或有关国家机关、社会组织或公民从事了与宪法规定相抵触的活动而产生的法律责任。

（5）国家赔偿责任是指在国家机关行使公权力时由于国家机关及其工作人员违法行使职权所引起的由国家作为承担主体的赔偿责任。

同时，根据主观过错在法律责任中的地位，可以把法律分为过错责任，无过错责任和公平责任。根据行为主体的名义，分为职务责任和个人责任。根据责任承担的内容可以分为财产责任和非财产责任。

（四）构成

法律责任的构成要件是指构成法律责任必须具备的各种条件或必须符合的标准，它是国家机关要求行为人承担法律责任时进行分析、判断的标准。根据违法行为的一般特点，法律责任的构成要件概括为主体、过错、违法行为、损害事实和因果关系五个方面。

（1）主体。法律责任主体，是指违法主体或者承担法律责任的主体。责任主体并不完全等同于违法主体。

（2）违法行为或违约行为。违法行为是指违反法律所规定的义务、超越权利的界限行使权利及侵权行为的总称，一般认为违法行为包括犯罪行为和一般违法行为。

（3）损害事实。损害事实即受到的损失和伤害的事实，包括对人身、财产或精神的损失和伤害。

（4）主观过错。过错即承担法律责任的主观故意或者过失。

（5）因果关系。因果关系即行为与损害之间的原因与结果的因果逻辑关系。

（五）归责免责

法律责任的认定简称“归责”，它是指对违法行为所引起的法律责任进行判断、确认、归结、缓减及免除的活动。

1. 归责原则

归责原则体现了立法者的价值取向，是责任立法的指导方针，也是指导法律适用的基本准则，归责必须遵循责任法定原则、因果联系原则、责任相称原则、责任自负原则。

2. 免责

免责是指行为人实施了违法行为，应当承担法律责任，但由于法律的特别规定，可以部分或全部免除其法律责任，即不实际承担法律责任。免责的条件和方式可以分为时效免责、不诉免责、自首、立功免责、有效补救免责、协议免责或意定免责、自助免责、人道主义免责。

除此之外，根据追究责任的目的法律责任还可分为补偿性责任和惩罚性责任，惩罚，即法律制裁，是国家以法律的道义性为基础，通过强制对责任主体的人身和精神实施制裁的责任方式。补偿，是国家以功利性为基础，通过强制力或当事人要求责任主体以作为或不作为形式弥补或赔偿所造成损失的责任方式。

二、普通保险法律责任

（一）特点

1. 承担法律责任的违法主体的广泛性

因违反保险法律规范而应承担法律责任的主体，既有保险合同法律关系的主体，又有保险代理、经纪、评估关系的主体，还有保险公司的工作人员，以及保险监督管理部门的工作人员等。具体包括投保人、被保险人或者受益人；保险公司及其工作人员；保险代理人、保险经纪人或者保险公估人；保险监督管理部门及其工作人员；未经许可擅自设立保险公司或者非法从事商业保险业务活动者；未取得相应资格及经营许可非法从事保险中介活动者等。追究保险法律责任的主体，既有司法机关，又有保险监督管理部门。还有其他相关行政机关。

2. 责任种类的多样性

保险法律责任既有民事责任，又有行政责任和刑事责任。民事责任主要是财产责任，以恢复被损害的民事权益为目的，可以分为违反合同的民事责任和侵权的民事责任。刑事责任和行政责任是对具有社会危害性，损害社会经济秩序、公共秩序的违法行为的处罚，刑事责任和行政责任均应在法律中有明确规定。

3. 保险法律责任既可单独承担，也可同时承担

投保人故意虚构保险标的，骗取保险金，构成犯罪的，在依法承担刑事责任的同时，还应当承担民事责任，向保险人返还不当得利，赔偿保险人经济损失。

（二）种类

根据违法行为的性质和危害程度不同，保险法律责任可以分为刑事责任、行政责任和民事责任。

1. 刑事责任

刑事法律责任是国家依法强制犯罪人（自然人或法人）对其犯罪所承担的法律后果。刑事责任是最严厉的法律责任形式，保险违法行为是否构成犯罪，构成何种罪行，处以何种刑罚，应当根据《刑法》及《保险法》的有关规定做出。

2. 行政责任

行政责任是指行政管理相对人不履行行政法律义务构成行政违法而应依法承担的法律后果。行政责任主要由制裁性责任和补救性责任组成。行政责任的追究必须由国家行政机关依照行政法律规范，包括实体规范和程序规范所规定的条件和程序进行，行政责任的承担方式有行政处分和行政处罚。行政处罚可以分为人身罚、行为罚、财产罚、精神罚等。

我国法律规定的人身罚有行政拘留、劳动教养（已取消）；行为罚有吊销、暂扣许可证及营业执照和责令作为或不作为；财产罚有罚款、没收、追缴非法所得、没收生产工具、销毁违禁物品等。其中行政罚款是适用最广的处罚方式；精神罚主要有警告和通报批评。

3. 民事责任

民事责任是指民事法律关系主体违约或不履行其他法定和约定义务所应承担的法律后果。承担民事责任既是对被侵害的民事权益的补救，也是对不法行为的制裁，支付违约金和赔偿损失是保险活动中承担民事责任的主要方式。

第十五章

健康保险的纠纷处理

内容提要

健康保险纠纷在我们身边很常见，发生频率较高，涉及面广，为社会普遍关注。本章节重点介绍健康保险中行政和民事纠纷的概念、特征及处理方式和途径，旨在了解健康保险纠纷处理的基本知识。

第一节　健康保险中的纠纷

健康保险纠纷是保险纠纷中发生频率较高，数量较多，处理较难的一类纠纷，因其直接关系到公民的生命健康权，涉及面广，影响较大，长期为全社会所普遍关注。因此，积极防范和及时正确地处理健康保险纠纷至为重要。

如何准确界定保险纠纷的概念，这在学术界并不统一。总的来说，健康保险纠纷是指国家机关、企事业单位、公民个人同健康保险机构在健康保险服务、理赔和行政管理过程中，或因服务行为不当，或因保险合同履行争议，或因行政、监督管理行为是否侵犯了管理相对人的合法权益等问题，在认识和事实认定或处理上产生矛盾分歧，统称为健康保险纠纷。

一、健康保险中的行政纠纷

行政是国家组织活动的一部分，各级保险监督管理机构及其派出机构依其职权对保险业有关事宜实施监督管理的活动统称保险行政管理。由于保险行政涉及的范围广泛，内容繁多，情况复杂，而健康保险由于其专业性强、直接涉及人们生命健康保障，因此，保监机关在进行管理过程中，不可避免的会出现一些问题，当其这些问题涉及相对人权益时，即构成健康保险行政纠纷。

（一）健康保险行政纠纷的特征

（1）从纠纷的主体来看。主体中一方必定是国家保险监督管理机构及其派出机构，另一方则是与其有直接行政管理关系的保险机构或其他公民和法人。值得一提的是，如果纠纷任何一方都不是保监机构，则不构成健康保险行政纠纷，但以保监机构为一方主体的纠纷却不一定都是健康保险行政纠纷。

（2）从纠纷的起因来看。健康保险行政纠纷是由保监机构行使行政职权，做出具体行政行为而引起的。

（3）从纠纷的法律地位来看。健康保险行政纠纷的双方当事人在地位上既不平等，也不对等，其中一方作为国家机关，在行政活动中始终处于主动和优越的地位，享有行政管理和给予对方行政处罚的权力；而相对一方当事人处于被动、服从和被管理的地位。

（4）从纠纷的内容来看。双方争执的焦点既可以是保监机构及其工作人员在行使行政管理职权过程中的行政行为的合法性问题，也可以是合理性问题。

（二）纠纷解决途径

行政纠纷是行政管理过程中所不可避免的社会矛盾，其客观存在决定了国家必须有解决这种争议的机构和制度。否则，正常的行政管理秩序无法保证，社会安定也必然受到影响。由于健康保险行政争议是由保监机构行使职权的侵权行为造成的，公民、法人或其他组织在争议中处于被侵害的地位，所以，对行政纠纷的解决往往称为权利救济或法律救济。

从广义上说，行政侵权引起的法律救济手段，可以有民事、刑事和行政等若干种，即行政侵权可以引起行政机关及其工作人员的民事责任、刑事责任或行政责任。这里，着重从行政法律责任的角度来研究对卫生行政争议的法律救济问题。依照先现行律我国目前的行政法律救济渠道主要有行政复议和行政诉讼。此外，根据《中华人民共和国国家赔偿法》，对已经造成实际损害的行政侵权行为，还可以通过卫生行政赔偿获得法律救济。卫生行政赔偿的前提是确认行政行为违法或侵权，所以必须与行政复议或行政诉讼密切结合在一起。

1. 行政复议

（1）行政复议的概念。行政复议是指相对人（公民、法人或其他组织）不服行政主体的具体行政行为，依法向行政复议机关提出申请，受理机关依法定程序对有争议的具体行政行为和一定的抽象行政行为进行审查，并做出裁决的一种法律制度。1999 年 4 月 29 日通过的《中华人民共和国行政复议法》，是我国行政复议制度的统一法典，此外，《行政诉讼法》及诸多医事法律法规、规章中有关行政复议的条款，为我国健康保险行政复议制度提供了主要的法律依据。

（2）行政复议的原则。我国《行政复议法》第四条规定：“行政复议机关履行行政复议职责，应当遵循合法、公正、公开、及时、便民的原则，坚持有错比纠，保证法律、法规的正确实施。”根据这一规定，健康保险行政复议必须遵循以下基本原则。

1）合法性原则。合法性原则是卫生行政复议的最基本原则，是指保监机构必须以事实为依据，以法律为准绳，对申请复议的具体行政行为进行审查。合法性原则包含以下内容和要求。

首先，复议机关和复议机构主体资格合法，分别依法享有复议管辖权和复议审查权。

其次，审理复议案件的依据合法。审查争议的实体内容应当有合法的依据，要在查明事实的基础上，按照法律、法规和其他合法的规范性文件，做出复议决定。

最后，审查复议案件的程序合法。不能违反法定的步骤、方式和顺序。程序合法是行政复议不可或缺的组成部分，必须遵循法律所设置的各种程序规则来规范行政复议的实施，达到复议实体内容合法的目的。防止复议机关滥用权利，保护相对人的合法权益。否则，即使一项卫生行政复议决定的内容合法，也会因欠缺合法的程序而被认定违法。

2）公正性原则。复议机关履行复议职责应秉公执法，平等对待复议当事人，避免和排除可能导致不公正的因素，尤其要防止由于部门利益，而偏袒、庇护该部门或下属机关等狭隘因素的影响。

3）公开性原则。受理、审查、做出复议决定等都应公开地进行。公开化是现代民主对行政的一个主要要求，也是公民参政权的延伸，它对于保证卫生行政复议的合法、公正，保护相对人的合法权益及提高卫生行政机关工作的透明度和公民对卫生行政机关的信任度都有积极意义。公开性原则要求复议机关不仅应当让当事人了解复议行为，还应当充分保证当事人参与复议过程，广泛听取各方意见，允许当事人争辩和质证。《行政复议法》第二十二条、第二十三条明确规定，除有特殊规定外，应当允许复议申请人、第三人查阅被申请人提出的书面答复及做出具体行政行为的证据、依据和其他有关资料。这些规定体现了公开原则。

4）及时性原则。行政复议应以提高行政效率，实现公共利益为目标。及时性原则要求，应在保障合法、公正的前提下，尽量提高复议各个环节的运转速度。复议机关在受理复议申请，做出复议决定，执行复议决定时，都应在法律规定的时间限制内完成，保障快速实现行政目标。超过法定期限即构成违法，应当承担相应法律责任。

5）便民原则。便民原则要求复议机关尽可能减少不必要的环节和手续，为复议申请人提供便利条件。

6）合法与适当双重审查原则。在行政诉讼中，人民法院只审查具体行政行为的合法性，而不审查其适当性。然而，由于复议机关行使的是行政权而非司法权，因此复议机关既要对具体行政行为的合法性进行审查，又要对其适当性进行审查，做到有错必纠。

2. 行政诉讼

（1）行政诉讼的概念。行政诉讼是指公民、法人或其他组织认为国家行政部门及其工作人员，包括授权与委托组织的具体行政行为侵犯其合法权益时，依法向人民法院提起诉讼，由人民法院依据事实与法律进行审理并做出裁决，解决卫生行政争议的活动。

行政诉讼是解决行政纠纷的一项重要法律制度，即通常人们说的“民告官”诉讼。行政机关不能作为原告起诉，亦不能提起反诉。这是区别于民事诉讼和刑事诉讼的一个重要特征。

（2）行政诉讼判决的执行。执行法律制度是实现人民法院裁判内容的重要法律保障。根据行政诉讼法的规定，人民法院判决生效后，义务人不执行生效判决，行政机关可以在判决生效3个月内向一审人民法院申请强制执行，或行政部门做出的具体行政行为超过复议及起诉期限，当事人既不申请复议和起诉又不履行义务时，行政机关可在起诉期届满3个月内，向被申请人所在地人民法院申请强制执行。

我国尚未制定统一的强制执行法。至今，法律对强制执行的程序、强制执行的措施等没有做出详细规定。从司法实践来看，人民法院对卫生行政相对人的执行程序包括执行程序的提起，执行前的审查立案，执行前的准备，执行措施的实施，执行结束几个阶段。可采取的强制措施适用《民事诉讼法》的规定，大致包括冻结划拨、扣留、提取被执行人存款或收入、查封、冻结、扣押、拍卖、变卖被执行人的财产等。

行政机关拒绝执行生效判决，一审法院可以采取直接划拨赔偿金或应退还的罚款；给予罚款；提出司法建议（向有关机关建议进行处理等措施）。构成犯罪的，依法追究有关人员的刑事责任。

二、健康保险中的民事纠纷

（一）民事纠纷的概念与特征

健康保险中的民事纠纷是指平等的法律关系主体之间在健康保险活动中发生的涉及双方权利与义务的民事争议。健康保险中的民事纠纷只是纷繁复杂的民事纠纷中的一类。但他有别于其他民事纠纷。其主要特点如下。

（1）健康保险中的民事纠纷的主体是指平等的法律关系主体。即健康保险中的民事纠纷，是受保险法等法律法规调整的平等的公民之间、公民与法人或其他组织之间、法人之间或法人与其他组织之间发生的民事纠纷。

（2）健康保险中的民事纠纷是发生在健康保险活动中的民事纠纷。在这里，健康保险活动主要指围绕健康保险合同的订立，合同的履行和合同的变更、终止等展开。健康保险中的民事纠纷就是上诉活动。

（3）健康保险中的民事纠纷既可以是保险合同纠纷，也可以是因合同导致的侵权纠纷。

（二）健康保险中的民事纠纷处理的主要方式

健康保险中的民事纠纷是种类繁多的民事纠纷中发生频率较高，涉及面较广，情况又比较复杂的一类。正确而及时地处理这类纠纷，对于维护和稳定健康保障工作秩序，保护当事人的合法权益，至关重要。

根据现行有关法律法规的规定，解决健康保险中的民事纠纷的方式主要有三种，这里我们简要介绍这三种方式（专节论述）。

（1）当事人协商解决，即健康保险中的民事纠纷双方当事人，自觉自愿地，通过平等协商，消除争议，解决矛盾，处分自己的民事权益，互谅互让，自行和解。

（2）通过调解解决。即健康保险中的民事纠纷双方当事人协商一致，自愿在第三者的参与并主持下，通过调解，消除双方的争议和矛盾。这是"类法律式"的解决纷争和矛盾的手段。

（3）诉讼解决。即通过诉讼方式，由人民法院对医事民事争议案件行使国家审判权，按照民事诉讼法规定的程序进行立案审理，查清事实，分清是非，明确责任，做出裁决。

第二节　健康保险纠纷处理途径

一、协商解决

（一）健康保险纠纷协商解决的概念和特征

当事人协商解决又称和解。这是解决健康保险纠纷的一种常用的方式，是外国和我国都共同采用的一种办法。在我国当发生健康保险纠纷，协商解决是提倡首先采用，也是当前普遍采用的解决办法。依据私法自治的原则，民事主体可以在符合法律规定的范围内自由处分自己的民事权利。因此，健康保险纠纷双方当事人可以在法律允许的范围内对争议的问题通过自行协商的方式加以解决。这种方式的明显好处是可以减少申诉和诉讼，从而减少争议双方当事人的诉讼负担，也减少司法机关过于频繁的诉讼累赘；可以方便快捷地平息纷争，缓解矛盾，有利于安定团结。即使对健康保险纠纷的处理以司法途径为主的习惯法国家，如美国等，也因诉讼花费特别昂贵，因此当事人自行协商方式也就有了存在的余地。

健康保险纠纷协商解决方式的特点，也即应当注意的问题如下。

（1）这里双方当事人自觉自愿是自行协商解决的前提和基础，坚持在自愿基础上进行平等协商并达成和解，是实施和实现这一解决方式的基本原则。和解协议的生效落实，也主要靠双方当事人的自觉遵守和履行。

（2）协商解决，可以在争议解决过程中的任何阶段，包括诉讼阶段进行，这是优于其他解决方式的一个重要特点。

（3）协商解决，应当自觉遵守和执行有关法律法规的规定，而不得违背或者逾越法律的有关规定。

健康保险纠纷的协商解决，是为法律所认可的一种方式，在实际生活中，协商解决，只要坚持和符合上述几条要求，其和解的结果也将为法律所认可。这里需要指出的是，在协商解决过程中，或者协商解决达到一致的协议之后，如果一方坚持反悔的，将可能致使协商解决失去效力，且不影响双方当事人另择其他合法的解决方式。此外，值得注意的是，有关行政责任及可能存在的刑事责任是不能以协商方式解决的。

（二）健康保险纠纷协商解决的实践操作

1. 协商解决的本质

协商解决健康保险纠纷，本质上就是通过双方当事人之间的合意来解决健康保险纠纷。其过程表现为双方当事人在自愿的基础上，通过平等协商，自由的讨价还价来就是否该赔、怎么赔及赔偿的数额等问题反复商谈，最后，在这些主要争点上达成意思表示的一致，从而终结健康保险纠纷。

2. 协商解决遵循的原则与规定

由于协商解决健康保险纠纷的赔偿等民事责任争议的方式本质上依据的是当事人的合意，而当事人之间的合意又是双方法律行为的核心要素，因此，通过双方协商而就健康保险纠纷处理达成的协议，实质上就属于双方民事法律行为，即我们通常所说的合同。因此，其协商过程和达成的合同，必须遵循我国《民法通则》和《合同法》的原则与规定。

首先，遵循诚实信用原则。即要求医疗事故争议双方当事人在协商解决医疗事故的赔偿等民事争议活动时，应诚实守信，以合意的方式履行其义务，不得滥用权利规避法律法定或合同的义务。

其次，协议中的双方意思表示真实自愿。这意味着：①医患双方享有是否进行协商的自由，任何单位和个人，尤其是国家机关不得非法干预双方当事人进行协商的自由。②双方享有决定协议内容的自由，而不受他人的任意干涉。③一方不得采取欺诈、胁迫或趁人之危的手段使对方进行协商或与之达成协议。④协议不得存在重大误解或显失公平的情形。因重大误解而订立的合同或显失公平的合同，依据《民法通则》、《合同法》的规定，当事人一方有权请求人民法院或者仲裁机构变更或者撤销该合同。

最后，符合法定形式。通常法律并不对合同或者协议的形式做出规定，而依当事人的自由意思决定。但我们认为，健康保险纠纷往往涉及标的大，事关公民健康保障，因此，应当制作协议书。

3. 协商解决的效力及需要注意的问题

双方协商达成的合法有效的协议，主要靠双方当事人自觉的遵守和履行，不具有强制执行效力。

值得注意的是，在协商达成协议之后，一方当事人在达成协议后反悔而向人民法院提起诉讼的，人民法院应当受理该案件，因为该种协议并不能产生剥夺或者限制任何一方诉权的法律效力。而在该案件的审理过程中，人民法院也不能将协议中双方当事人确认的事项作为证明案件事实的根据，也不能将协议中双方的任何一方为实现达成协议的目的做出妥协所涉及的对案件事实的认可看作是“自认”。

二、调解解决

（一）健康保险纠纷调解概述

1. 健康保险纠纷调解的概念

调解是解决医事民事争议常用的一种方式，是指在一定组织机构的主持下，纠纷的双方当事人在自愿的基础上，就争议的问题，本着相互谅解的精神，通过平等协商，达成一定协议，消除纷争的活动。

调解作为解决纷争的一种方式，具有的特点：①调解必须是在双方当事人自愿接受的基础上进行。如果双方或一方当事人不愿调解，则不能进行调解。②调解是双方当事人在第三者参与并主持下进行的。根据我国现有的法律规定，可以主持调解的机构有人民调解委员会、仲裁庭和人民法院（由审判合议庭或合议庭的审判人员之一主持）。这与和解相区别。和解是在没有第三者参与并主持，双方当事人在没有任何干预的情况下，对自己民事权益的处分。③调解协议是调解主持者的职能活动同当事人自己的处分行为相结合的结果。如法院（仲裁）调解达成的协议是人民法院的审判职能（仲裁机构的裁决职能）活动同当事人自己的处分行为相结合的产物。④生效的调解书具有一定的法律上的执行力。生效的法院调解书，与法院的判决书具有同等的法律效力，一方不履行，对方当事人可以申请法院强制执行；生效的仲裁调解协议，义务人不履行义务，权利人可以申请人民法院强制执行；人民调解委员会的调解，其协议不具有强制执行的效力；行政调解协议，除法律另有规定外，一般也不能申请人民法院强制执行。

以调解方式解决民事争议是我国的优良传统和成功经验。实践证明，调解有利于及时快捷地彻底解决争议，提高办案效率；双方当事人在调解机构主持下的自愿调解，协商一致，也有利于消除矛盾，解决争议，促进安定团结；同时，双方当事人也可以在调解过程中接受法制宣传教育，有利于普及法律知识，增强守法观念，起到促进解决和预防争议的作用。

2. 健康保险纠纷调解的分类

其可分为诉讼外的调解和诉讼中的调解。诉讼外的调解主要是人民调解、仲裁调解和行政性调解，诉讼中的调解即人民法院调解。

3. 健康保险纠纷调解的原则

调解的原则是指进行调解，达成调解协议的过程中，调解主持人和双方当事人必须共同遵守的行为准则。

（1）自愿原则。这是指调解的主持者在进行健康保险纠纷调解的过程中，应当始终尊重争议双方当事人的意愿，使他们在自觉、自愿的前提下参加调解，在互相理解的基础上达成共识，解纷息诉。调解的组织者和调解人在调解中只表现为一种外在力量的疏导、教育劝解、协调，而最终决定的做出应基于当事人不受欺诈、胁迫而为的真实意思表示。自愿原则体现在必须是健康保险纠纷双方当事人自愿。①健康保险纠纷调解的提出和进行必须是争议双方自愿，任何其他人不得强迫当事人进行调解或不进行调解。但这并不是意味着处理该争议的人民法院或仲裁庭或行政机关在处理过程中，不能依职权主动提出对争议进行调解；而调解主持人主动提出进行调解，仍须征得双方当事人的同意，否则调解也不能进行。②调解达成的协议内容必须是双方当事人的真实意思表示，且是双方当事人自愿协议的结果；否则，即使达成协议，事后也有可能被当事人推翻。

（2）合法原则。这是指对健康保险纠纷进行调解，调解主持人和双方当事人的调解活动及其协议内容，必须符合法律的规定，其具体要求：①调解活动依法定程序和原则进行。如法院调解依照《民事诉讼法》，仲裁调解依照《仲裁法》。②当事人双方达成调解协议的内容，必须符合有关法律、法规、规章和政策的规定。在调解中允许并提倡当事人双方互谅互让，对自己的民事权利做出处分，但当事人权利的处分不得违法或者损害国家、集体和其他公民的合法权益，这是合法原则的基本要求。

在遵守以上调解原则的时候，必须明确的是，进行调解、达成调解协议必须当事人自愿，但当事人自愿的，不一定都是合法的。因此，要正确把握和处理自愿与合法的关系。

该节讲述诉讼外的调解，主要是仲裁调解和行政调解。

（二）健康保险纠纷的诉讼外调解

1. 仲裁调解

仲裁调解是指在仲裁庭主持下，健康保险纠纷双方当事人自愿协商解决民事权益争议的活动。仲裁与调解相结合，在我国仲裁实践中取得了良好的效果。《仲裁法》第五十一条、五十二条对仲裁调解做出了规定。其主要内容如下。

（1）仲裁调解的程序。提出仲裁庭在做出裁决前，可以先行调解。双方当事人自愿提出调解的，仲裁庭应当调解；仲裁庭在查清事实，分清是非的基础上，在符合法律规定的前提下，也可以主动提出调解；如果双方或一方不愿调解的，仲裁庭不能进行调解。

在双方当事人自愿接受调解的情况下，可进行调解。在调解过程中，仲裁庭可提出供当事人参考的处理争议的意见。但不能强迫当事人接受。调解因达成协议而结束，或者因调解不成而终止。调解达成协议的，仲裁庭应当制作调解书或根据协议结果制作判决书。调解书与裁决书有同等法律效力。调解书应当写明仲裁请求和当事人协议的结果，调解书由仲裁委员签名，加盖仲裁委员会印章，送达双方当事人；调解书经双方当事人签收后即发生法律效力。

仲裁庭调解不成的，应及时做出裁决。这有几种情形：在调解过程中，如双方或一方当事人要求停止调解的，仲裁庭即应停止调解，转入仲裁程序进行审理；如果在调解过程中，双方当事人分歧很大，迟迟不能达成协议的，仲裁庭也不能久调不决，应及时做出裁决；即使调解达成协议，在调解书签收前，当事人反悔的，仲裁庭应当及时做出裁决。当事人在调解过程中的意见、承诺等，不能在裁决中作为证据使用。

（2）仲裁调解的效力。在仲裁调解协议生效后，如果一方当事人不履行调解书或裁决书，另一方当事人可以依据民事诉讼法的有关规定，向法院申请执行，受申请的法院应当执行。

2. 行政调解

健康保险纠纷也可采取行政调解方式处理。行政调解已为世界上不少国家作为政府解决社会争议的一种手段而发挥作用。在我国，也作为政府机关的一项工作内容，而对政府的管理社会的职能起了重要的辅助作用。

（1）行政调解的程序。我国目前尚缺乏行政调解程序具体的法律规定，仅从行政司法实践中看，一般应经过三个阶段：调解的申请和开始。健康保险纠纷双方当事人自愿向有关部门申请调解，行政组织经过与争议双方当事人接触，了解其意愿和要求，如果发现有调解的基础，征得双方的同意后，即可进行调解。当事人若不同意调解时，不能强迫进行调解；调解的进行。行政组织出面主持双方当事人当面协商，对他们做说服教育，分清是非，消除矛盾，以求争议的解决；调解结束。经当面协商取得一致意见后，应制作调解协议书，由主持机关和双方当事人盖章。而后须将协议书送达双方当事人。正式调解协议书送达后，即产生法律效力。

（2）行政调解的效力。行政调解不属于具体行政行为，当事人对它不服，不适用行政复议和行政诉讼。其法律效力体现在行政处理效果。行政调解成立后，行政主体不能就同一事件另作行政处理；行政调解后当事人不履行调解协议，行政主体可做行政处理（包括处罚）；强制执行效果。正式行政调解成立后，一方当事人不履行，另一方当事人有权申请人民法院强制执行。法律另有规定的除外。

三、民 事 诉 讼

（一）健康保险纠纷民事诉讼概念

诉讼是由国家审判机关依法进行审判和裁判，并以国家强制力保证裁判实现的活动。因此，诉讼不仅是解决社会矛盾和冲突的常见途径，而且被认为是解决社会纠纷最具权威和最有效的手段。医事争议也可以用诉讼方法来处理。

健康保险纠纷民事诉讼，是指平等健康保险民事法律关系主体之间，发生了健康保险活动及法律调整范围相关的民事纠纷，向有管辖权的人民法院提起诉讼，由人民法院按民事诉讼程序进行审理和解决健康保险纠纷案件的各种诉讼活动，以及由此产生的各种诉讼法律关系的总和。

（二）健康保险纠纷民事诉讼的基本原则

规定和研究健康保险纠纷诉讼的基本原则具有重要意义，基本原则是健康保险纠纷诉讼本质要求的直接体现，对健康保险纠纷诉讼具有普遍规范意义，是连接抽象本质与具体规则的桥梁。

健康保险纠纷民事诉讼本质上仍然是民事诉讼活动，应当遵循我国《民事诉讼法》规定的基本原则，包括人民法院独立行使审判权；以事实为依据，以法律为准绳；在适用法律上一律平等；当事人民事诉讼权利平等；人民法院调解；合议；回避；公开审判；两审终审；使用民族语言、文字；辩论；当事人处分自己的民事权利和诉讼权利；人民检察院监督；支持受害人向人民法院起诉等原则。

健康保险纠纷民事诉讼所解决的是保险法、合同法等调整范围和健康保险活动紧密相关的民事纠纷。因此，除遵循上述原则外，还应注意科学性和专业性，健康保险纠纷民事诉讼，必须遵循医学科学原理，以严格的科学态度对待有关的医学、保险等问题，切忌简单从事，违背科学。

（三）健康保险纠纷民事诉讼的管辖

健康保险纠纷民事诉讼的管辖，是指各级人民法院之间及同级人民法院受理第一审健康保险纠纷民事案件的权限和分工。根据《民事诉讼法》的规定，主要分为级别管辖、地域管辖、移送管辖和指定管辖。这里介绍级别管辖和地域管辖。

1. 级别管辖

级别管辖是指上、下级法院受理第一审民事案件的分工和权限。除法律有特别规定外，基层人民法院（区、县级法院）管辖一审医事民事案件；中级人民法院管辖重大涉外案件和该辖区内有重大影响的案件；高级人民法院管辖本辖区内有重大影响的案件并可对该辖区的管辖分工做出具体规定；最高人民法院管辖在全国范围内有重大影响的案件和认为应由该院审理的其他案件。

2. 地域管辖

地域管辖是指同级人民法院之间受理一审医事民事案件的分工和权限。民事案件一般由被告所在地人民法院管辖；但是，被告不在我国领域内居住或正在劳教或监禁的，由原告所在地人民法院管辖。健康保险合同纠纷可以由合同履行地或者合同中约定的法院管辖；侵权案件可以由侵权行为发生地法院管辖。

（四）健康保险纠纷民事诉讼的参加人

健康保险纠纷民事诉讼的参加人，是指参加诉讼的当事人和相似于当事人诉讼地位的人，包括原告、被告、共同诉讼人、第三人和代理人。

当事人是指因发生与健康保险相关的民事纠纷，以自己的名义向人民法院起诉、应诉，并受人民法院判决、裁定、调解协议约束的人，包括原告、被告、共同诉讼人和第三人。

原告和被告是最基本的诉讼主体，都是为保护自己的健康保险相关民事权益，而以自己的名义参加诉讼，与案件有法律上的利害关系，受人民法院裁判的拘束。民事诉讼采取不告不理原则，只有原告是引起诉讼程序发生的人。在健康保险纠纷民事诉讼中，公民、法人和其他组织都可以作为原告起诉或被告应诉。

第三人因与诉讼标的关系不同又可以分为有独立请求权的第三人和无独立请求权的第三人两种。健康保险纠纷民事诉讼的当事人必须具有民事诉讼权利能力和民事诉讼行为能力。

（五）健康保险纠纷民事诉讼的时效和反诉

1. 诉讼时效

诉讼时效是权利人向人民法院请求保护其权利的法定期限。民法通则规定的诉讼时效有三种情况：①普通时效为 2 年；②短期时效为 1 年；③最长时效为 20 年。诉讼时效在一定条件下可以中止和中断。中止是因不可抗力引起，待不可抗力消除后继续计算。中断是因权利人向义务人或责任关系人提出要求，或义务人同意履行义务而引起的。时效自中断时起，重新计算。如健康保险纠纷案件中，投保人向保险机构提出交涉，保险机构历经 2 年半才答复，或者提起鉴定后 2 年后才出结论，时效从答复或鉴定之日起重新计算。

2. 反诉

反诉，是在已经开始的诉讼程序中，本诉的被告以本诉的原告为被告，向人民法院提出与本诉有直接关系的独立的诉讼请求（反请求）。反诉的目的在于抵销或吞并本诉原告的诉讼请求，使本诉原告败诉外，还对本诉的原告提出了独立的反请求。这就是反诉目的的对抗性特征。

提起反诉的条件。被告提起反诉，除必须具备反诉的要素外，还必须具备以下条件。

（1）反诉者只能是本诉被告，反诉对象只能是本诉原告，不能向原告以外的人提起反诉。双方当事人不增加，不减少，仅是诉讼地位互换。这即是反诉当事人的特定性。

（2）反诉的诉讼标的或诉讼理由、目的，必须与本诉有法律上或事实上的牵连关系，这就是反诉的关联性。

（3）反诉只能在本诉进行中提起。诉讼进行中，是指法院受理原诉提起的本诉，至判决、裁定做出前的任何阶段。但必须在法庭辩论结束之前，而且只能在一审程序中提出。这就是反诉时间的限定性。

（4）反诉只能向受理本诉的人民法院提出。这就是反诉管辖的限定性。

反诉之所以必须具备以上条件，一个重要根据是只有这样才能由同一人民法院对反诉与本诉合并审理，达到反诉的目的。

（六）民事诉讼程序

医事民事诉讼的审判程序与其他民事诉讼的审判程序是一致的。《民事诉讼法》规定，人民法院审理民事案件的程序大致分为审判程序、执行程序和涉外民事诉讼程序。在审判程序中又分为第一审程序、第二审程序、审判监督程序等。

1. 第一审程序

第一审程序有普通程序和简易程序之分，普通程序是各级人民法院审判第一审民事权益争议案件通常适用的程序。它包括起诉和受理、审理前的准备和开庭审理等法定诉讼阶段。简易程序是在普通程序基础上的简化，具有简便易行的特点。进入民事诉讼程序，首先必须经过当事人起诉，并经过人民法院审查后受理（审判实践中多称受理为立案）。民事起诉有两种形式，一是向人民法院递交起诉书，二是书写诉状确有困难的也可以口头起诉。起诉必备的实质要件是原告是与案件有直接利害关系的民事主体、有明确的被告、有具体的请求和事实理由、属于人民法院受案范围和受诉法院管辖；起诉尚须形式要件，即应向人民法院递交起诉状，并按被告人数提交副本。法院审查期限为 7 日，认为符合起诉条件的，7 日内应予立案，并通知有关当事人。此时诉讼程序开始，人民法院受理后，随即进行审理前的准备，即进入开庭审理前所进行的一系列诉讼活动。根据案件情况可采取普通程序或简易程序，并将诉状副本送被告答辩，答辩期一般是 15 天。审理前准备工作的质量高低直接关系到开庭审理的成败。它是第一审普通程序的一个重要阶段。在开庭审理过程中，人民法院可以通过调解方式解决医事民事诉讼案件，调解制作的调解书与判决书具有同等的效力，一经送达即生效，不能提起上诉。对调解不成的，人民法院予以判决，制作民事判决书，对一审判决不服，可以在 15 日内提起上诉，进入二审程序。

2. 第二审程序

因当事人提起上诉而开始，故二审程序又称为上诉审程序。二审程序主要包括上诉和对上诉的审查处理、上诉案件的审理和二审裁判。二审判决是终审判决，一经送达便发生法律效力，当事人可以提出申诉（即当事人如不服二审裁判，只能在法定期间内依审判监督程序的规定向人民法院申请再审），不得再行上诉，也不能停止执行。

3. 审判监督程序

对已经发生法律效力的判决、裁定发现确有错误的，各级人民法院审判委员会及其上级人民法院有权决定再审；上级人民检察院对已生效的法院判决、裁定认为确有错误应提出抗诉，法院对抗诉案件应当再审；当事人对已生效的判决、裁定、调解协议认为有错，在裁判生效的 2 年内可申请再审，经法院审查属实的，应当再审。再审的程序：裁定中止原判决的执行，另行组织合议庭，分别适用第一、第二审程序审理。

4. 执行程序

人民法院依照法律规定的程序，运用国家的强制力量，实现各种民事生效法律文书所确定内容的一种诉讼活动。发生法律效力的民事判决、裁定及刑事判决、裁定中的财产部分，由第一审人民法院执行，法律规定由人民法院执行的其他法律文书，由被执行人住所或者被执行的财产所在地人民法院执行。执行开始的方式包括申请执行和移送执行。执行开始后，采取措施前，法院应审查执行根据，进行必要地调查和了解，发出执行通知并指定履行期，被执行人未按执行通知履行法律文书确定的义务的，法院有权采取执行措施进行执行。

（徐正东　吕　春）

1. 请从行政法律责任的角度简要介绍健康保险行政纠纷的解决途径。
2. 健康保险中的民事纠纷处理的主要方式有哪些？

案例

患先天性疾病能不能理赔？

小强读初中的时候，父母为其投保了一份寿险附加住院医疗险。最近小强在跑步时突然晕倒，到医院详细检查后发现自己得的是先天性心脏病，必须住院治疗。但是保险公司以“没有如实告知”为由拒绝理赔，甚至还退还所缴保费并拒保。小强的父母和保险公司因此闹得不可开交。

问题：请结合该章所学内容分析保险公司是否应该理赔。

提示：先天性疾病的理赔问题大致可分为两种：一是保户在投保前，并不知道自己患有先天性疾病，因此在投保时也不可能告知，但投保后却因先天性疾病住院，其产生的医疗费用，保险公司不理赔；另一种情况是被保险人的医疗是否由先天性疾病引起，保险公司如果不理赔先天性疾病，必须在健康保险合同条款上将不承保的先天性疾病的具体名称列明，这样才能避免理赔问题的发生。

拓展阅读

民事诉讼程序法律常识

（一）起诉与受理

起诉是民事诉讼流程的地道“工序”。提起诉讼的一方当事人被称为原告。依照民事诉讼法的规定，只有与案件事实具有法律上的利害关系的人才能作为原告。原告要提起诉讼，一般而言，需要准备如下材料。

（1）起诉书。起诉书中需列明、原被告的基本情况，例如姓名、住址、联系方式等，还要具有具体的诉讼请求和事实和理由。

（2）身份证明材料。如原、被告的身份证复印件，如果被告是法人，通常法院会要求提供被告的工商登记信息，以确定被告是否存在。

(3) 证据材料。起诉时一般提供证据材料复印件，如果证据较多，应当开出证据目录，标明序号、证据名称、证明对象和页码等。

值得一提的是，如果聘请律师作为诉讼代理人，还须提交一份民事委托书，标明代理事项、代理权限、代理期间等。

受理是人民法院接收诉讼案件的程序。长期以来，我国的民事诉讼受理都是由法院立案庭审查后决定是否受理，即立案审查制度。2015 年 4 月 15 日最高人民法院公布了《关于人民法院推行立案登记制改革的意见》，明确了立案登记制的改革，改革案件受理制度，变立案审查制为立案登记制，对人民法院依法应该受理的案件，做到有案必立、有诉必理，保障当事人诉权。法院接到当事人提交的民事起诉状时，对符合法定条件的起诉，应当登记立案；对当场不能判定是否符合起诉条件的，应当接收起诉材料，并出具注明收到日期的书面凭证。需要补充必要相关材料的，人民法院应当及时告知当事人。在补齐相关材料后，应当在 7 日内做出决定是否立案登记。因此，当前的受理程序较简单。

(二) 开庭与审理

开庭审理是民事诉讼案件处理的核心环节。接到主审法官的开庭通知后，双方当事人应按时出庭参加诉讼，原告缺席的，视为撤诉，被告缺席的，法院可以做出缺席判决，这对于被告是极不利的。

(1) 核对与告知。主审法官会核实原、被告双方的的身份信息，诉讼代理人的基本情况。法官宣读法庭纪律，告知原被告双方权利、义务，法官和书记员的基本情况，询问双方是否要申请回避。

(2) 法庭调查。这一阶段由原告宣读起诉书开始，接着被告进行答辩。

(3) 举证与质证。这一阶段，原、被告各自就自己主张的案件事实举证并就对方在法定期间内提交的证据进行质证。质证就指对证据的真实性、合法性和关联性进行验证，可以要求举证责任人提交原件。

(4) 法庭辩论。法官会根据案件审理的情况总结案件争议焦点，原被告双方围绕争议焦点展开辩论。

此外，案件的开庭审理还有双方发表陈述意见、调解等诸多环节，但都比较程序化，没有实质内容，不做过多介绍。

(三) 判决

判决是案件审理的最后程序，一审判决下达后，双方当事人在法定期间内还可以提出上诉。因此一审判决只有双方当事人未在法定期间提出上诉才生效，而二审判决已经送达即生效。

参考文献

一、著作论文

1. 王金龙译 . 2004. 医疗保障政策创新［M］. 艾维・瓦罗恩，谢尼亚・舍尔–阿德龙 . 北京：中国劳动社会保障出版社
2. 陈朝先 . 1990. 人身保险经济学［M］. 北京：中国金融出版社
3. F. D. 沃林斯基，孙牧虹等译 . 1992. 健康社会学（第 2 版）［M］. 北京：社会科学文献出版社
4. 北京社会保险干部培训中心编译 . 1992. 失业 医疗 工伤保险（国际劳工局与劳动部社会保险培训班外国专家讲稿）［M］. 北京：中国劳动出版社
5. 国务院研究室课题组 . 1992. 中国社会保险制度改革［M］. 北京：中国社会科学出版社
6. 梁浩材 . 1992. 国外健康保险制度［M］. 北京医科大学、中国协和医科大学联合出版社
7. 世界银行 . 1994. 中国：卫生模式转变中的长远问题与对策［M］. 北京：中国财政经济出版社
8. 郭明政 . 1997. 社会安全制度与社会法［M］. 台北：翰芦图书出版有限公司
9. 台湾“行政院卫生署中央健康保险局”编印 . 1998. 全民健康保险法规要辑（修订版）［M］
10. 刘子操，陶阳 . 2001. 健康保险［M］. 北京：中国金融出版社
11. 杨志良 . 2003. 健康保险（第 4 版）［M］. 台北：巨流图书公司
12. 乌日图 . 2003. 医疗保障制度国际比较［M］. 北京：化学工业出版社
13. 艾维・瓦罗恩、谢尼亚・舍尔–阿德龙，王金龙译 . 2004. 医疗保障政策创新［M］. 北京：中国劳动社会保障出版社
14. 劳动和社会保障部社会保险研究所组织翻译 . 2004. 贝弗里奇报告——社会保险和相关服务［M］. 北京：中国劳动社会保障出版社
15. 张晓 . 2004. 商业健康保险［M］. 北京：中国劳动社会保障出版社
16. 陈功，庞丽华等译 . 2005. 健康人口学（第 2 版）［M］. ［美］Louis G. Pol Richard K. Thomas。北京：北京大学出版社
17. 袁志刚 . 2005. 养老保险经济学［M］. 上海人民出版社
18. 黄占辉，王汉亮 . 2006. 健康保险学［M］. 北京大学出版社
19. 罗纪琼 . 2006. 健康保险制度——日、德、法、荷的经验与启示［M］. 台北：巨流图书公司
20. 黎宗剑等 . 2007. 台湾地区全民健康保险制度研究与借鉴［M］. 北京：中国金融出版社
21. 韩风 . 2007. 它山之石：世界各国医疗保障制度考察报告［M］. 北京：中国劳动社会保障出版社
22. 饶克勤，刘新明 . 2007. 国际医疗卫生：体制改革与中国［M］. 北京：中国协和医科大学出版社
23. 詹姆斯・亨德森，向运华等译 . 2008. 健康经济学（第 2 版）［M］. 北京：人民邮电出版社
24. 王东进 . 2008. 回顾与前瞻：中国医疗保险制度改革［M］. 北京：中国社会科学出版社
25. 郑功成 . 2008. 中国社会保障改革与发展战略：理念、目标与行动方案［M］. 北京：人民出版社
26. 顾昕 . 2008. 走向全民医保——中国新医改的战略与战术［M］. 北京：中国劳动社会保障出版社
27. Richard B. Saltman 等，张晓译 . 2009. 社会医疗保险体制国际比较［M］. 北京：中国劳动社会保障出版社
28. 郝模 . 2009. 医药卫生改革相关政策问题研究［M］. 北京：科学出版社
29. 封进 . 2009. 健康需求与医疗保障制度建设：对中国农村的研究［M］. 上海：上海三联书店、上海人民出版社
30. 丁纯 . 2009. 世界主要医疗保障制度模式绩效比较（第 2 版）［M］. 上海：复旦大学出版社
31. 孙祁祥，郑伟等 . 2010. 商业健康保险与中国医改：理论探讨、国际借鉴与战略构想［M］. 北京：经济科学出版社
32. 胡爱平，王明叶 . 2010. 管理式医疗：美国的医疗服务与医疗保险［M］. 北京：高等教育出版社
33. 刘广太 . 2011. 加拿大医疗保险制度的缘起和演变［M］. 北京：世界知识出版社

34. 中国医疗保险研究会编译 . 2011. 日本健康保险法［M］
35. 罗布・巴格特，2012. 解析医疗卫生政策［M］. 赵万里等译 . 上海：格致出版社、上海人民出版社
36. 中国医疗保险研究会国际劳动保障研究所 . 2013. 部分国家（地区）最新医疗改革研究（国外医疗保障改革追踪研究 2012 年报告）［M］. 北京：经济科学出版社
37. 俞卫 . 2013. 国际社会保障动态：全民医疗保障体系建设（社会保障橙皮书 2013）［M］. 上海人民出版社
38. 杨翠迎 . 2014. 国际社会保障动态：社会养老服务体系建设（社会保障橙皮书 2014）［M］. 上海人民出版社
39. 何佳馨 . 2013. 美国健康保险立法研究［M］. 北京：法律出版社
40. 中国医疗保险研究会编译 . 2014. 德国法定保险法——德国社会法第 5 册［M］.
41. 孙淑云 . 2014. 中国基本医疗保险立法研究［M］. 北京：法律出版社
42. 郭清 . 2014. 中国健康服务业发展报告（2013）［M］. 北京：人民卫生出版社
43. 文学国，房志武 . 2014. 医改蓝皮书：中国医药卫生体制改革报告（2014–2015）［M］. 北京：社会科学文献出版社
44. 霍尔斯特・杰格尔，刘翠霄译 . 2000. 社会保险入门——论及社会保障法的其他领域［M］. 北京：中国法制出版社
45. 让–雅克・迪贝尔、爱克扎维尔・普列多，蒋将元译 . 2002. 社会保障法［M］. 北京：法律出版社
46. 罗伯特・伊斯特，周长征等译 . 2003. 社会保障法［M］. 北京：中国劳动社会保障出版社
47. 肯尼思・布莱克、哈罗德・斯基博，孙祁祥，郑伟等译 . 2003. 人寿与健康保险（第 13 版）［M］. 北京：经济科学出版社
48. 张晓，刘蓉 . 2004. 社会医疗保险概论［M］. 北京：中国劳动社会保障出版社
49. 孙祁祥，郑伟等 . 2005. 中国社会保障制度研究：社会保险改革与商业保险发展［M］. 北京：中国金融出版社
50. 内维尔・哈里斯等，李西霞，李凌译 . 2006. 社会保障法［M］. 北京：北京大学出版社
51. 坂脇昭吉，中原弘二，杨河清，冯喜良，吕学静译 . 2006. 现代日本的社会保障［M］. 北京：中国劳动社会保障出版社
52. 刘诚 . 2006. 社会保障法比较研究［M］. 北京：中国劳动社会保障出版社
53. 中国医疗保险研究会 . 2007. 中国医疗保险理论研究与实践创新［M］. 北京：中国劳动社会保障出版社
54. 中国医疗保险研究会 . 2012. 中国医疗保险理论与实践创新研究（2011 年卷）［M］. 北京：化学工业出版社
55. 周绿林，李绍华 . 2013. 医疗保险学（第 2 版）［M］. 北京：科学出版社
56. 鲍勇等 . 2013. 家庭健康管理学［M］. 上海交通大学出版社
57. 周尚成 . 2013. 中国医疗保险谈判机制研究：理论基础与框架设计［M］. 北京：科学出版社
58. 理查德・海曼，黑启明译 . 2008. 劳资关系：一种马克思主义的分析框架［M］. 北京：中国劳动社会保障出版社
59. 邓大松 . 1992. 社会保险比较论［M］. 北京：中国金融出版社
60. 邓大松 . 1999. 美国社会保障制度研究［M］. 武汉大学出版社
61. 邓大松，杨红燕 . 2013. 医疗保险与生育保险［M］. 北京：人民出版社
62. 谢建华，巴峰 . 1999. 社会保险法学［M］. 北京大学出版社
63. 蒋月 . 1999. 社会保障法概论［M］. 北京：法律出版社
64. 史探径 . 2000. 社会保障法研究［M］. 北京：法律出版社
65. 丁建定 . 2000. 从济贫到社会保险——英国现代社会保障制度的建立［M］. 北京：中国社会科学出版社
66. 董保华 . 2000. 劳动关系调整的法律机制［M］. 上海交通大学出版社
67. 董保华 . 2001. 社会法原论［M］. 北京：中国政法大学出版社
68. 王益英 . 2001. 外国劳动法与社会保障法［M］. 北京：中国人民大学出版
69. 林嘉 . 2002. 社会保障法的理念、实践与创新［M］. 北京：中国人民大学出版社
70. 赵立新 . 2008. 德国日本社会保障法研究［M］. 北京：知识产权出版社
71. 郑云瑞 . 2010. 社会保险法论［M］. 北京大学出版社
72. 黎建飞 . 2011. 社会保障法（第 4 版）［M］. 北京：中国人民大学出版社

73. 张荣芳 . 2012. 社会保险法学 [M]. 武汉大学出版社
74. 林嘉 . 2012. 社会保障法学 [M]. 北京大学出版社
75. 黎东生 . 2013. 卫生法学 [M]. 北京：人民卫生出版社
76. 和春雷 . 2001. 社会保障制度的国际比较 [M]. 北京：法律出版社
77. 蔡仁华等 . 2001. 发达国家医疗保险制度 [M]. 北京：时事出版社
78. 仇雨临，孙树菡 . 2001. 医疗保险 [M]. 北京：中国人民大学出版社
79. 胡苏云 . 2001. 医疗保险和服务制度 [M]. 成都：四川人民出版社
80. 许正中 . 2002. 社会医疗保险：制度选择与管理模式 [M]. 北京：社会科学文献出版社
81. 中国商业医疗保险研究课题组 . 2002. 中国商业医疗保险研究 [M]. 北京：中国金融出版社
82. 张琪 . 2003. 中国医疗保障理论、制度与运行 [M]. 北京：中国劳动社会保障出版社
83. 王保真 . 2005. 医疗保障 [M]. 北京：人民卫生出版社
84. 张奇林 . 2005. 美国医疗保障制度研究 [M]. 北京：人民出版社
85. 张奇林，杨红燕 . 2007. 中国医疗保障制度研究——以美国为借鉴 [M]. 武汉大学出版社
86. 葛延风，贡森等 . 2007. 中国医改：问题・根源・出路 [M]. 北京：中国发展出版社
87. 赵曼，吕国营 . 2007. 社会医疗保险中的道德风险 [M]. 北京：中国劳动社会保障出版社
88. 汪泓等 . 2008. 医疗与生育保险：政策与实务 [M]. 北京大学出版社
89. 李琼 . 2009. 中国全民医疗保障实现路径研究 [M]. 北京：人民出版社
90. 段家喜 . 2009. 市场、政府与全民医疗保障 [M]. 北京：中国财政经济出版社
91. 顾昕 . 2010. 全民医保的新探索 [M]. 北京：社会科学文献出版社
92. 王虎峰 . 2011. 医疗保障 [M]. 北京：中国人民大学出版社
93. 卢祖洵 . 2012. 社会医疗保险学（第 3 版）[M]. 北京：人民卫生出版社
94. 姚岚，熊先军 . 2013. 医疗保障学（第 2 版）[M]. 北京：人民卫生出版社
95. 王云昌，张茂松 . 2001. 社会保险理论与实务 [M]. 郑州：黄河水利出版社
96. 樊明 . 2002. 健康经济学：健康对劳动市场表现的影响 [M]. 北京：社会科学文献出版社
97. Louis G. Pol，Richard K. Thomas，陈功，庞丽华等译 . 2005. 健康人口学（第 2 版）[M]. 北京大学出版社
98. Edward P. Sarafino，胡佩诚等译 . 2006. 健康心理学 [M]. 北京：中国轻工业出版社
99. 侯文若，孔泾源 . 2008. 社会保险（第 2 版）[M]. 北京：中国人民大学出版社
100. 林义 . 2010. 社会保险（第 3 版）[M]. 北京：中国金融出版社
101. 孙树菡，朱丽敏 . 2012. 社会保险学（第 2 版）[M]. 北京：中国人民大学出版社
102. 杨志良 . 2012. 健康保险（第 3 版）[M]. 台中：华格那企业有限公司公司
103. 陈建安 . 1996. 战后日本社会保障制度研究 [M]. 上海：复旦大学出版社
104. 郭士征 . 1996. 社会保障——基本理论与国际比较 [M]. 上海财经大学出版社
105. 郭士征 . 2009. 社会保障学（第 2 版）[M]. 上海财经大学出版社
106. 李春根，赖志杰 . 2009. 社会保障理论与政策 [M]. 北京：经济科学出版社
107. 李超民 . 2009. 美国社会保障制度 [M]. 上海人民出版社
108. 陈蒙蒙 . 2009. 美国社会保障制度研究 [M]. 南京：江苏人民出版社
109. 李珍 . 2013. 社会保障理论（第 3 版）[M]. 北京：中国劳动社会保障出版社
110. 穆怀中 . 2014. 社会保障国际比较（第 3 版）[M]. 北京：中国劳动社会保障出版社
111. 郑功成 . 2000. 社会保障学 [M]. 北京：商务印书馆
112. 何文炯 . 2005. 风险管理 [M]. 北京：中国财政经济出版社
113. 陈文辉 . 2006.〈健康管理办法〉指引 [M]. 北京：中国劳动社会保障出版社
114. 梁君林 . 2006. 人口健康与中国健康保障制度研究 [M]. 北京：群言出版社
115. 申曙光 . 2008. 现代保险学教程（第 2 版）[M]. 北京：高等教育出版社
116. 曹晓兰 . 2009. 我国商业保险可持续发展研究 [M]. 杭州：浙江大学出版社
117. 袁辉 . 2010. 健康保险制度创新研究 [M]. 北京：中国社会科学出版社

118. 李玉泉 . 2010. 保险法学：理论与实务（第 2 版）[M]．北京：高等教育出版社
119. 李玉泉 . 2012. 中国健康保险市场发展研究报告（2010）[M]．北京：中国经济出版社
120. 李玉泉 . 2013. 中国健康保险发展研究报告（2011）[M]．北京：中国经济出版社
121. 唐芸霞 . 2011. 商业健康保险发展研究：基于医疗保障制度背景［M］．广州：世界图书出版广东有限公司
122. 刘京生 . 2011. 中国健康保险发展研究［M］．北京：中国社会科学出版社
123. 熊志国等 . 2012. 中国商业健康保险发展模式探索：兼论医疗保障体系发展的价值与取向［M］．北京大学出版社
124. 梁涛 . 2012. 中国商业健康保险发展规律研究［M］．北京：中国财政经济出版社
125. 陈文辉等 . 2013. 我国城乡居民大病保险发展模式研究［M］．北京：中国经济出版社
126. 贾洪波 . 2013. 中国基本医疗保险制度改革关键问题研究［M］．北京大学出版社
127. 黄丞，张录法，李玮 . 2014. 我国城镇基本医疗保险制度改革：世异与备变［M］．上海交通大学出版社
128. 尚汉冀，李荣敏，黄云敏 . 2008. 中国健康保险与医疗保障体系改革——统计分析研究［M］．上海：复旦大学出版社
129. 裴光，徐文虎 . 2009. 中国健康保险统计制度研究［M］．北京：中国财政经济出版社
130. 陈文玲，易利华 . 2011. 2011 年中国医药卫生体制改革报告［M］．北京：中国协和医科大学出版社
131. 林治芬 . 2012. 社会保障统计：国际比较与中国建构［M］．北京：经济科学出版社
132. 韩全意等 . 2012. 医疗保险管理案例分析及常用政策法规［M］．北京：当代中国出版社
133. 于德志 . 2013. 医改专题研究（中国卫生发展绿皮书 2012）[M]．北京：人民卫生出版社
134. 贾林青 . 2014. 保险法（第 5 版）[M]．北京：中国人民大学出版社
135. 孟昭喜，傅志明 . 2014. 中国社会保险管理服务发展报告（1978－2013）[M]．北京：中国劳动社会保障出版社
136. 埃里克・托普，张南，魏薇，何雨师译 . 颠覆医疗：大数据时代的个人健康革命［M］．北京：电子工业出版社
137. 周绿林 . 2008. 我国医疗保险费用控制研究［D］．江苏大学管理科学与工程博士学位论文
138. 何佳馨 . 2011. 健康保险法研究——以中美健康保险立法分析为中心［D］．复旦大学博士学位论文
139. 侯文杰 . 2012. 完善我国医疗保险法律制度研究［D］．河南师范大学硕士学位论文
140. 龚贻生 . 2012. 中国商业健康保险发展战略研究［D］．南开大学博士学位论文
141. 周玉萍 . 2013. 中国健康保险制度研究——历史、机遇与改革［D］．武汉大学博士学位论文
142. 胡敦富 . 2015. 制度变迁下台湾健康保险制度发展之研究［D］．南京大学博士学位论文
143. 李玲 . 2004. 国外医疗卫生体制以及对中国医疗卫生改革的启示［J］．红旗文稿，(21)：18～21
144. 葛延风等 . 2005. 中国医疗卫生体制改革报告［J］．国务院发展研究中心
145. 胡善联 . 2005. 中国何时走向全民健康保险——兼论世界卫生组织卫生筹资改革的策略［J］．中国卫生经济，(6)：5～9
146. 顾昕 . 2005. 全球性医疗体制改革的大趋势［J］．中国社会科学，(6)：121～128
147. 刘继同 . 2005. 中国医改，该向谁借鉴？[J]．社会保障制度，(12)：8～10
148. 孙芙蓉 . 2006. 促进健康保险规范持续发展——《健康保险管理办法》解读［J］．中国金融，(13)：50～53
149. 孙祁祥，朱俊生，郑伟，李明强 . 2007. 中国医疗保障制度改革：全民医保的三支柱框架［J］．经济科学，(5)：8～17
150. 朱铭来，奎潮 . 2009. 论商业健康保险在新医疗保障体系中的地位［J］．保险研究，(1)：70～76
151. 顾昕 . 2009. 中国商业健康保险的现状与发展战略［J］．保险研究，(11)：26～33
152. 胡鸿高，何佳馨 . 2009. 新中国 60 年健康保险法制建设述评［J］．上海市社会科学界第七届学术年会文集，149～162
153. 郑功成 . 2010. 中国医疗保障改革与发展战略——病有所医及其发展路径［J］．东岳论丛，(10)：11～17
154. 卞琳琳，周绿林，代宝珍，刘石柱 . 2010. 基于“三方四体”的健康保险系统运营的博弈分析［J］．中国卫生经济，(4)：21～23
155. 岳宗福 . 2010. 中国社会保障模式的近代转型与道路选择［J］．华东理工大学学报（社会科学版），(2)：

104 ~ 110
156. 徐海霞 . 2010. 医改与全民医保问题研究述评 [J] . 经济问题探索，(9)：162 ~ 165
157. 林嘉 . 2011. 《社会保险法》的价值与创新 [J] . 法学杂志，(9)：59 ~ 65
158. 陈鹏军 . 2011. 我国全民医保制度构建理论研究综述 [J] . 襄樊学院学报，(10)：54 ~ 59
159. 顾昕 . 2012. 走向全民健康保险：论中国医疗保障制度的转型 [J] . 中国行政管理，(8)：64 ~ 69
160. 邓大松，赵奕钧 . 2013. 我国全民医保的构建逻辑与发展路径 [J] . 求索，(12)：242 ~ 244
161. 黄清华 . 2013. 论建立统一的健康保险法律制度 [J] . 中国医疗保险，(3)：64 ~ 66
162. 李玲 . 2014. 中国新医改现状、问题与地方实践研究 [J] . 中国市场，(32)：52 ~ 56
163. 王飞鹏 . 2014. 台湾地区全民健康保险制度改革的成效及经验借鉴 [J] . 当代经济管理，(11)：78 ~ 81
164. Paul J. Feldstein. 1988. Health Care Economics, 3rd ed. John-Wiley and Sons, Inc. U. S. A.
165. World Health Organization. 1999. World Health Report 1999: Making a difference. Geneva: WHO
166. World Health Organization. 2000. World Health Report 2000: Health Systems: Improving performance. Geneva: WHO
167. World Health Organization. 2010. World health report 2010: Health systems financing: the path to universal coverage. Geneva: WHO
168. World Health Organization. 2013. World health report 2013: Research for universal health coverage. Geneva: WHO

二、法律法规

1. 《中华人民共和国保险法》(1995，2002 、2009 修订)
2. 《中华人民共和国侵权责任法》(2009)
3. 《中华人民共和国社会保险法》(2010)
4. 《中共中央 国务院关于卫生改革与发展的决定》-(中发 [1997] 3 号)
5. 《国务院关于建立城镇职工基本医疗保险制度的决定》-(国发 [1998] 44 号)
6. 《国务院办公厅转发国务院体改办等部门关于城镇医药卫生体制改革的指导意见》-(国办发 [2000] 16 号)
7. 《国务院办公厅转发卫生部等部门关于建立新型农村合作医疗制度意见的通知》-(国办发 [2003] 3 号)
8. 《国务院办公厅关于进一步做好新型农村合作医疗试点工作的指导意见》-(国办发 [2004] 3 号)
9. 《国务院关于保险业改革发展的若干意见》-(国发 [2006] 23 号)
10. 《国务院关于开展城镇居民基本医疗保险试点的指导意见》-(国发 [2007] 20 号)
11. 《中共中央 国务院关于深化医药卫生体制改革的意见》-(中发 [2009] 6 号)
12. 《医药卫生体制改革近期重点实施方案 (2009-2011 年)》(国发 [2009] 12 号)
13. 《国务院关于印发“十二五”期间深化医药卫生体制改革规划暨实施方案的通知》-(国发 [2012] 11 号)
14. 《国务院关于促进健康服务业发展的若干意见》-(国发 [2013] 40 号)
15. 《国务院关于建立统一的城乡居民基本养老保险制度的意见》-(国发 [2014] 8 号)
16. 《国务院关于加快发展现代保险服务业的若干意见》-(国发 [2014] 29 号)
17. 《国务院办公厅关于加快发展商业健康保险的若干意见》-(国办发 [2014] 50 号)
18. 《国务院关于加快发展现代保险服务业的若干意见》-(国发 [2014] 29 号)
19. 《国务院办公厅关于全面实施城乡居民大病保险的意见》-(国办发 [2015] 57 号)
20. 《国务院办公厅关于推进分级诊疗制度建设的指导意见》-(国办发 [2015] 70 号)
21. 《医疗事故处理条例》-(国务院令第 351 号，2002)
22. 《基本养老保险基金投资管理办法》-(国发 [2015] 48 号)
23. 《健康保险管理办法》-(保监发 [2006] 8 号)
24. 《全民健康保险法》(1994，2002、2011 修正)
25. 《健康保险法》(1922)、《国民健康保险法》(1958)、《高龄者医疗保障法》(1982)-2011 修订
26. 《法定医疗保险》(社会法典第 5 卷，1988)-2011 修订